Unternehmen Deutsch

Lehrwerk für Wirtschaftsdeutsch

Lehrbuch

von
C. Conlin

Unternehmen Deutsch

von C. Conlin

Unter Leitung und Mitwirkung der Verlagsredaktion Mitarbeit an diesem Werk:
Heather Jones,
Verlagsredakteurin

Sprachliche Beratung:
Christa Wiseman,
Udo Diekmann,
Anke Kornmüller

Widmung: Für Simon,
Rachel, Jonathan und Joyrite

Herausgegeben von:
Chancerel International Publishers
120 Long Acre
London WC2E 9PA

Typographie und Layout:
Valerie Sargent
Umschlag: Veronica Bailey
Bildredaktion: Martin Walsh
Druck: Istituto Grafico Bertello,
Italien

ISBN 1 899888 02 0

PN 6 5 4   / 99

Danksagung

Wir danken allen, die an der Entstehung dieses Werkes mitgewirkt haben, besonders:

Phil Barnet, Evesham Micro; Jeff Brown, Killick Martin & Co.; Christa Bürkel, Managed Learning; Colin Cartwright, Conwy Valley Railway Museum; Günter Dörfler, Trix Mangold; Kerstin Emrich, Dorint Kongress-Hotel, Freiburg; Angelika Fell, Schloss Reinach, Munzingen; Kevin Fradgley, Gamebird Products; Ian Fulston, Employment Service; Dr. Anneliese Goltz, Humboldt-Universität; Debbie Goodkin; Vic Gray; Steve Hanlon, Mekom Distribution; Bill Hartnett, Rubber Astic & Co. Ltd.; Dagmar Haslam; M. Hofherr, Hotel Ketterer, Stuttgart; Clare Jackson, GKN Automotive; Ian Kershaw, Stockfield Manufacturing; Peter Matthews, Black Country Metals Ltd.; Dr. Gunnar Pauzke, Bosch-Siemens Hausgeräte GmbH; Lars Petz, Hapag Lloyd; Liesel Rosindale, University of Central England; Rachael Saice, Managed Learning; Eckart Schlesinger, Zum Kuhhirten-Turm Speisegaststätte, Frankfurt; Tony Simpson; Elisabeth Smith, The Stampings Alliance; Dennis Steel, Hoopers Sadlers; Gabriele Steinke, University of Wolverhampton; Reinhard Tenberg, European Business Associates; Paul Tranter, Managed Learning; Simon Turk; Helen Whistance, Birmingham Chamber of Commerce; Joerg Wins, Unternehmnensgruppe Tengelmann; Helmut Wörner, Controlware Communications Systems

C16), Stadtplan S. 97; Stuttgart Marketing GmbH, Foto S. 88; Süddeutscher Verlag GmbH, S. 138; Swiss National Tourist Office London, Foto S. 8; Tengelmann Warenhandelgesellschaft, Foto S. 140, Stellenangebot S. 141; The Stampings Alliance Limited, Fotos S. 119, 128; Thüringer Landesfremdenverkehrsverband e.V., Foto S. 45; Thyssen AG, Logo S. 22; Tourismus-Zentrale Hamburg GmbH, Foto S. 21; Ullstein Verlag GmbH, S. 138; Verkehrs- und Tarifverbund Stuttgart GmbH, Streckennetzplan S. 97; Verkehrsamt der Stadt Köln, Logo S. 77; Verkehrsamt Neumagen-Dhron/Mosel, Fotos S. 43, 45; Verkehrsamt Stadt Frankfurt am Main, Umschlag, Foto: N. Guthier S. 40, J. Keute S. 41, W. Lechthaler (Sachsenhausen) S. 49, Karte S. 49; Verlag Frankfurter Allgemeine Zeitung GmbH, S. 138; Victorinox Messerfabrik, Fotos S. 18, 32; Volkswagen AG, Logo S. 22; M. Vollmer, Foto S. 147; Vorwerk Elektrowerke Stiftung & Co. KG, Logo, Karte S. 99; Jack Wolfskin Adventure Equipment Ltd., Fotos S. 107, 108; Zeitverlag Hamburg, S. 138; Zum Kuhhirten-Turm Speisegaststätte, Logos S. 39, 40

Quellennachweis: Texte

Arbeitgeberverband Gesamtmetall, edition agrippa GmbH Köln, aus *M+E Magazin* Nr. 8 (gekürzt), S. 146; Ausstellungs- und Messeausschuss der deutschen Wirtschaft e.V. (AUMA), *Erfolgreiche Messebeteiligung* (Ausschnitt, vereinfacht), S. 103, 104; Avis Autovermietung GmbH, Stellenangebot, S. 139; BASF AG, *Daten und Fakten* (Auszug), S. 157; Bent Krogh A/S, SPOGA Katalogeintrag, S. 106; Best Western Privathotels, Broschüre (gekürzt, vereinfacht), S. 152; BMW AG *City-Konzept Blaue Zone* (gekürzt, vereinfacht), S. 100, 101; Bosch-Siemens Hausgeräte GmbH, *Geschäftsbericht* (vereinfacht), S. 29; BTF Textilwerke Bremen, Anzeige m. Logo, S. 25; Bundesanstalt für Arbeit, *IZ-Informationszeitung der Berufsberatung* (vereinfacht), S. 132, 133; Bundesministerium für Arbeit und Sozialordnung, *Berufliche Qualifizierung* (gekürzt), S. 136, 137; Canon Deutschland GmbH, *Geschäftsbericht*, S. 33, Broschüren, S. 111 (gekürzt, vereinfacht); China Restaurant Nizza, Kleinanzeige, S. 36; Compaq Computer GmbH, Werbeanzeige, S. 131; CONACORD Voigt GmbH & Co KG, Katalogauszug, S. 108; Deutsche Bahn AG, *Städteverbindungen*, S. 93; Deutsche Bundespost Telekom, Textauszug, S. 66; Deutsche Gesellschaft für Freizeit, *Freizeit in Deutschland* (vereinfacht), S. 43, 44; Deutscher Gewerkschaftsbund-Bundesvorstand, *Betriebsrat im Alltag* (vereinfacht), S. 147; Deutsche Messe AG Hannover, *Messeplatz Hannover*, S. 115; Deutsche Telekom Medien GmbH, *Zeichenerklärung* (vereinfacht) S. 66, *Hinweise zum Telefonieren*, S. 68; Dorint Kongress-Hotel Freiburg, Broschüre (gekürzt u. vereinfacht), S. 79, 81; Duales System Deutschland GmbH, *Das Kleine Lexikon* (vereinfacht), S. 130; E-Z UP Europe B.V. Texte (gekürzt u. vereinfacht), S. 108, 113; Flughafen Frankfurt Main AG, Presse und Publikationen, *Flughafen-Information*, S. 91; Flughafen Hannover-Langenhagen GmbH, *Touristikflugplan*, S.162; Flughafen Köln/Bonn GmbH, *Flugplan*, S.153; Focus Magazin-Verlag GmbH, Artikel u. Schaubilder, S. 74, 75, Artikel S. 131; Freiburg Wirtschaft und Touristik GmbH, Hotelverzeichnis (Auszug), S. 77; Globus Kartendienst GmbH, Text zu Schaubildern, S. 34, 64, 130; Hotel Ketterer Stuttgart, Fax (gekürzt), S. 86; ICI Plc, Text m. Logo, S. 25; Institut der deutschen Wirtschaft Köln, *Wandel in der Wirtschaft* (Auszug), S. 34; Interswing SA, SPOGA Katalogeintrag, S. 106; KRAVAG SACH + LEBEN, Anzeige m. Logo, S. 25; Landmann GmbH & Co. KG, SPOGA Katalog-Eintrag, S. 106, Broschüre, S. 129; La Truffe Restaurant im Parkhotel Frankfurt, Kleinanzeige, S. 36; Max-Delbrück Centrum Berlin-Buch, Stellenangebot, S. 139; Otis GmbH, Text m. Logo, S. 25; Panorama Hotel Mercure Freiburg, Broschüre (gekürzt u. vereinfacht), S. 160; Pizza Hut Restaurations Gesellschaft mbH, Stellenangebot, S. 139; Porsche AG, *Geschäftsbericht* (Auszug), S. 149; Pöttinger Bauunternehmung, Stellenangebot, S. 139; Restaurant Bingelsstube, Kleinanzeige S. 36; Restaurant Dei Medici, Kleinanzeige, S. 36; Schloss Reinach Munzingen GmbH, Texte (gekürzt u. vereinfacht), S. 80, 83; Schuco GmbH & Co., Katalogauszug, S. 120; Staatliche Lotterieverwaltung München, Stellenangebot, S. 139; Stuttgart Marketing GmbH, Informationsbroschüre (Auszüge, vereinfacht), S. 88; Tengelmann Warenhandelgesellschaft, Stellenangebot, S. 141; Verkehrsamt Stadt Frankfurt am Main, *Frankfurt Welcome* (Auszüge, vereinfacht), S. 49; Victorinox Messerfabrik, Broschüre (vereinfacht), S. 32; Wrigley GmbH, Anzeige m. Logo, S. 25; Zimmermann GmbH, SPOGA Katalogeintrag, S. 106; Zum Kuhhirten-Turm Speisegaststätte, Kleinanzeige, S. 36

Trotz intensiver Bemühungen konnten nicht alle Inhaber von Text- und Bildrechten ausfindig gemacht werden. Für entsprechende Hinweise ist der Verlag dankbar.

Inhalt

Syllabus

Section	Topics/Functions	Language
1.1	Welcoming a visitor Making conversation	Greetings, forms of address Question forms; tense recognition (present, perfect, imperfect)
1.2	Offering refreshments Requests for help	*Möchten Sie?* for offers Definite, indefinite, negative article (nominative & accusative) *Kann/Darf ich? Können/Könnten Sie?* + infinitive
1.3	Making introductions Asking for personal details	Female job titles: *die Leiterin, die Sekretärin* Omission of the article with job titles The alphabet; telephone numbers Possessives: *mein, sein, ihr* etc
1.4	Explaining the programme	Clock time: *um 14.00 Uhr*; adverbs of time: *Zuerst, Dann* Word order in main clauses: position of the verb Separable verbs: *stattfinden, teilnehmen* etc
1.5	A company tour	Departmental names Describing location: *Hier nebenan ist der Einkauf.* Predicative adjectives: *Das ist interessant/modern.* etc
2.1	Companies and products	Noun plurals Relative clauses (nominative): *Das ist eine Firma, die …*
2.2	Types of business	Names of industrial and service sectors Adjective + indefinite article (nominative): *ein großer Konzern* Prepositions: *in* + dative: *im Bereich (Luft- und Raumfahrt)*
2.3	Company size and performance	Numbers above 1,000; decimals; years: *im Jahr 1992* Comparison of adjectives (1): *niedrig/niedriger, hoch/höher (als)* Perfect tense (1): *Der Umsatz ist gestiegen/gefallen.* Definite article: genitive case
2.4	Company structure	Related vocabulary: *Tochtergesellschaft, Muttergesellschaft* etc Use of the article with country names
2.5	Giving a company presentation	Referring to the past using the present tense: *Die Firma existiert seit 1949.* Infinitive with *zu* after certain verbs and verbal phrases (1): *Wir planen, unsere Märkte in … weiterzuentwickeln.*
3.1	Making/accepting/refusing invitations, fixing a time Recommending restaurants	Subjunctive of *sein, haben, werden: Das wäre schön.* Adjective endings following definite/indefinite articles (nominative): *das chinesische/ein chinesisches Restaurant* Time expressions, days of the week: *am Mittwoch* Word order: expressions of time, manner and place
3.2	Discussing a menu, ordering and paying for a meal	Verbs with indirect (dative) and direct (accusative) objects Verbs with a dative object: *passen/helfen* etc + dative
3.3	Talking about home and family	Vocabulary related to (areas of) a town/city, types of home, rooms of the house; kinship terms
3.4	Discussing leisure activities Trends in leisure expenditure	*Interessieren Sie sich für (Musik)? Gehen Sie gern ins Kino?* Referring to the future with *werden*
3.5	Talking about holidays	Perfect tense (2) with auxiliaries *sein* and *haben*
3.6	Finding out about things to see and do in a city	The imperfect passive (1) (recognition): *wurde erbaut/eröffnet/gegründet* Subordinate clauses introduced by *wenn* and *weil* (1) Modal verbs *könn(t)en, sollen, müssen* in suggestions

Section	Topics/Functions	Language
4.1	Departmental organization and functions	*Die Hauptbereiche sind: Vertrieb, Produktion ...* *Der Außendienst betreut die Kunden.* Names of jobs: *Buchhalter/in, Elektroniker/in* etc
4.2	Hours of work and pay	Time expressions: *am Freitag/freitags* Comparatives/superlatives of adjectives/adverbs (regular/irregular) (2)
4.3	Giving directions inside a building	Prepositions: *neben/hinter/gegenüber* etc + dative; *in* + accusative/dative Omission of the infinitive after modal verbs
4.4	Describing job responsibilities	*für etwas zuständig/verantwortlich sein* Reflexive verbs: *sich befassen mit, sich kümmern um* Formation of question words: *Wofür, Worum* Time expressions: *jeden Tag/einmal im Monat, manchmal, oft* etc
4.5	Explaining how items of office equipment work	The imperative form of the verb (1) Related vocabulary: *ein-/ausschalten, Starttaste drücken* etc
4.6	Discussing attitudes to work	Expressing likes/dislikes using verb + *gern, mögen, gefallen* + dative Adjectives describing personal characteristics: *zuverlässig, flexibel* etc

5.1	Dialling an international call	Related vocabulary: *Vorwahl, Landeskennzahl, Rufnummer, Teilnehmer* etc
5.2	Getting through to the right person, arranging a return call	Endings of weak nouns: *Kann ich **Herrn** Schuster sprechen?* Indirect questions (1): *Können Sie mir sagen, wann er wieder da ist?* *Wissen Sie, ob er morgen wieder im Büro ist?* Time expressions: *Er ist erst übermorgen wieder da.*
5.3	Stating your business and finding out who to speak to Spelling names and addresses	*Es geht um* + accusative/*Ich rufe an wegen* + genitive ... *Mit wem kann ich darüber sprechen?/Wer ist dafür zuständig?* The German telephone alphabet
5.4	Leaving messages, understanding recorded messages	Indirect statements: *Sagen Sie Herrn ..., daß ich angerufen habe.*

6.1	Requesting hotel recommendations	Vocabulary related to hotel facilities: *Preiskategorie, Lage, Zimmeranzahl, Tagungsräume* etc
6.2	Understanding hotel literature	Dative adjective endings (with and without preceding determiner): *in guter Nachbarschaft zum neuen Hauptbahnhof* The passive (2) (recognition)
6.3	Comparing prices for conference facilities	Related vocabulary: *Konferenzpauschale, Tagungstechnik, Raumangebot, Bestuhlung, Menüpreise* etc Comparison of adjectives (3)
6.4	Making and changing appointments, giving reasons	Ordinal numbers; dates Expressing reasons using *weil* (2), *da, denn, nämlich*
6.5	Making and altering hotel reservations	Preposition *anstatt* + genitive: *Ich brauche zwei Einzelzimmer anstatt eines Doppelzimmers.*

7.1	Finding your way around and out of an airport	Time expressions: *Züge fahren stündlich/alle 60 Minuten.* Related vocabulary: *Gepäckausgabe, Informationsschalter* etc
7.2	Enquiring about train times, buying tickets Station announcements	Related vocabulary: *einfach/hin und zurück, 1./2. Klasse, IC-Zuschlag, Großraum-, Nichtraucherwagen* etc *Am Gleis 4 bitte einsteigen.*
7.3	Directions for getting around by public transport and on foot	Using the prepositions *nach/zum/zur/zu den* with destinations *Wie komme ich am besten zum Hotel ...? Gehen Sie hier (rechts) raus, die ... Straße entlang ...*
7.4	Understanding directions for reaching places by car	Related vocabulary: *Ausfahrt, Spur, Ampel, Einbahnstraße* etc Infinitives in written instructions; imperatives in spoken instructions (2)

▼ *Der Zeitglockenturm, Bern*

▲ *Das Reichstagsgebäude, Berlin*

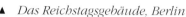

*Das Schloß
Schönbrunn, Wien* ►

Wie viele der folgenden Fragen
können Sie beantworten, ohne
im Informationskasten oder auf der
Landkarte nachzuschauen?

1 Wie viele Nachbarländer hat Deutschland?
2 Welcher Fluß bildet die Grenze zwischen Deutschland und Polen?
3 Wie heißt die Hauptstadt von Deutschland? Von Österreich? Von der Schweiz?
4 Wie viele Einwohner hat Deutschland? Österreich? Die Schweiz?
5 An welchen zwei Meeren liegt Deutschland?
6 Welche Bundesländer liegen am Meer?
7 Welche deutschen Städte sind gleichzeitig Bundesländer?
8 Liegt Bayern in Süddeutschland oder Mitteldeutschland?
9 Welches Bundesland liegt westlich von Bayern an der Grenze zu Frankreich?
10 Von welchem Bundesland ist Wiesbaden die Hauptstadt?
11 An welchem Fluß liegt Köln?
12 In welche Richtung fließt die Donau: Von Süden nach Norden oder von Westen nach Osten?

Daten	Bundesrepublik Deutschland	Österreich	die Schweiz
Einwohner	ca. 80 Millionen	ca. 8 Millionen	ca. 7 Millionen
Fläche	357.000 km²	83.855 km²	41.285 km²
Hauptstadt	Berlin	Wien	Bern
Längster Fluß	der Rhein	die Donau	der Rhein
Höchster Berg	die Zugspitze	der Großglockner	die Dufourspitze
Größter Binnensee	der Bodensee	der Neusiedler See	der Genfer See

Berlin	Hauptstadt eines Staates
Stuttgart	Landeshauptstadt
�	Kanal

1 Herzlich willkommen!

In this unit, you'll learn how to
- welcome a visitor
- offer refreshments and help
- make introductions
- explain the programme for the visit
- take someone on a company tour

You'll also learn something about German customs and values.

1.1 Sind Sie Herr Becker?

A **1** Hören Sie sich zwei Gespräche an. Welches Gespräch paßt zu welchem Bild?

„Schön, Sie wiederzusehen."

„Guten Morgen, Frau Brett."

2 Hören Sie noch einmal zu. Was ist hier richtig, falsch oder nicht bekannt?

Dialog 1
1 Anna Brett kennt Herrn Becker schon.
2 Sie ist von der Firma Norco.
3 Sie treffen sich abends.
4 Anna Brett ist verheiratet.

Dialog 2
1 Herr Dr. Hoffmann hat einen Termin bei Ulla Andersen.
2 Sie treffen sich vormittags.
3 Sie treffen sich zum ersten Mal.

3 Beantworten Sie folgende Fragen.

1 Wann sagt man *Guten Morgen/Tag/Abend*?
2 Wie begrüßt man jemanden in einer Geschäftssituation?
3 Wann geben sich die Deutschen die Hand?

B Stellen Sie sich anderen Kursteilnehmern vor.

Greetings ...		... and farewells	
Guten Morgen	- until about 9 or 10am	Gute Nacht	- at bedtime
Guten Tag	- all day until dark	(Auf) Wiedersehen	- goodbye at any time
Hallo!	- all day *(informal)*	(Auf) Wiederschauen	- goodbye in southern
Grüß Gott	- all day in southern Germany and Austria		Germany and Austria
		Tschüs	- goodbye at any time
Guten Abend	- from early evening/after dark		*(informal)*

C Wenn man sich in einer Geschäftssituation zum ersten Mal trifft, worüber spricht man?

a) Sport   b) das Wetter   c) Politik   d) das Hotel   e) Einkommen
f) die Reise   g) die Heimat   h) die Arbeit   i) den Urlaub   j) Städte, die man kennt
k) etwas anderes (Was?)

D **1** Frau Brett und Herr Becker unterhalten sich während der Autofahrt vom Flughafen.
Worüber sprechen sie? Wählen Sie von den Themen in **C**.

2 Hören Sie noch einmal zu. Wie beantwortet Herr Becker diese Fragen?
NB Eine Frage ist nicht im Hörtext. Welche?

1 Wie war die Reise?

    a) Ganz gut, danke. Wir hatten nur fünf Minuten Verspätung.
    b) Sehr gut, danke. Wir sind pünktlich gelandet.

2 Haben Sie gut zu uns gefunden?

    a) Nein, ich hatte Probleme, das Büro zu finden.
    b) Ja, danke, ohne Probleme.

3 Wie ist das Wetter in Deutschland?

    a) Wir hatten schlechtes Wetter.
    b) Heute morgen schien die Sonne.

4 Ist es Ihr erster Besuch hier?

    a) Ja, ich bin zum ersten Mal hier.
    b) Nein, letztes Jahr war ich zwei Wochen hier im Urlaub.

5 Wie hat es Ihnen hier gefallen?

    a) Prima!
    b) Ach, nicht besonders.

6 Woher kommen Sie in Deutschland?

    a) Aus Hamburg.
    b) Aus Regensburg in Bayern.

7 Das ist eine schöne Stadt, nicht wahr?

    a) Ja, das stimmt.
    b) Ja, aber nur für Touristen.

3 Wie reagiert Frau Brett auf Herrn Beckers Antworten? Wählen Sie von diesen Ausdrücken.

Aha. / Ach so! / Sehr gut! / Ach, schade! / Das ist gut. / Na so was! / Es tut mir leid.

LANGUAGE STUDY

Read the questions and answers in **D** again. The verbs are in three different tenses:
present, imperfect (past) and **perfect**. Circle all the verbs in the imperfect tense.
Underline all the verbs in the perfect tense.
Don't worry too much about how they are formed now. You will have
plenty of opportunity to practise these tenses later in the course.

► 6.6 - 6.9

E **1** Benutzen Sie die Alternativantworten in **D** und üben Sie ähnliche Dialoge.

2 Bilden Sie Ihren eigenen Dialog mit Hilfe der Stichwörter.

Büro leicht gefunden?	► Ja/kein Problem/Stadtplan
einen guten Flug?	► schrecklich/drei Stunden Verspätung
Ach, ... / Warum?	► schlechtes Wetter
Wie/Hotel?	► sehr gut/zentrale Lage
oft geschäftlich hier?	► Ja/viele Kunden in ...
Wann/das letzte Mal hier?	► vor vier Wochen
Gefällt/unsere Stadt?	► Ja/interessant/Leute freundlich

F Sie empfangen eine/n deutschsprechende/n Besucher/in.
PARTNER A benutzt Datenblatt A1, S. 148.
PARTNER B benutzt Datenblatt B1, S. 156.

1.2 Tee oder Kaffee ?

A **1** Frau Brett und Herr Becker kommen bei Norco an. Sehen Sie sich die Bilder an.
Können Sie raten, was Frau Brett zu Herrn Becker sagt?

2 Hören Sie sich ihr Gespräch an. Was ist richtig? Was ist falsch?

1 Herr Olson kommt in fünfzehn Minuten.
2 Frau Brett sagt: „Möchten Sie so lange hier Platz nehmen?"
3 Sie nimmt Herrn Beckers Koffer.
4 Herr Becker trinkt eine Tasse Tee mit Milch und Zucker.

B Mit Hilfe der Sprachmuster bieten Sie einem/einer Firmenbesucher/in folgende
Erfrischungen an. Möchte er/sie Tee oder Kaffee? Wenn ja, wie? Fragen Sie!

einen Kaffee	eine Tasse Tee	ein Mineralwasser	eine Cola
einen Orangensaft	ein Glas Apfelsaft	Kekse	

Möchten Sie	einen Kaffee/Tee? eine Cola?		Möchten Sie etwas trinken? Tee oder Kaffee? Was möchten Sie trinken? Mineralwasser?
▼	▼		▼

Nein danke. (Ich trinke keine Cola.) (Ich habe keinen Durst.)	Ja	bitte. gerne.	Ich	möchte nehme trinke	einen Kaffee. eine Tasse Tee. ein Mineralwasser.

▼

Wie trinken Sie	den Kaffee? Mit Milch und Zucker? den Tee? Mit Zitrone?

▼

Mit Milch, aber ohne Zucker. / Schwarz.

▼

So, hier ist der Kaffee/die Cola/das Mineralwasser.
Möchten Sie auch Kekse?

LANGUAGE STUDY

A **noun** is usually preceded by a **defininite article**, *der/die/das*,
an **indefinite** or **negative article**, *(k)ein/(k)eine*, or some other **determiner**,
eg *dieser/diese/dieses*, which indicates its role in the sentence.
Tho form of tho dotorminor varioo aooording to tho
gender (masculine/feminine/neuter), **number** (singular/plural) and
case (nominative/accusative/genitive/dative) of the following noun.
Underline all the determiners in **B**. Can you identify the gender and case
of the following nouns?

▶ 3.3, 3.4

C Herr Becker braucht Frau Bretts Hilfe. Wie reagiert sie auf seine Bitten?

1 Könnte ich nach Deutschland faxen?

    a) Aber selbstverständlich!
    b) Es tut mir leid, wir haben kein Fax.

2 Kann ich bitte etwas fotokopieren?

    a) Aber gerne. Ich helfe Ihnen.
    b) Das ist leider nicht möglich. Der Fotokopierer ist im Moment kaputt.

3 Darf man hier rauchen?

    a) Natürlich! Hier ist ein Aschenbecher.
    b) Das geht leider nicht. Das ist hier nicht erlaubt.

4 Wo ist die Toilette?

    a) Kommen Sie mit. Ich zeige es Ihnen.
    b) Dort in der Ecke.

5 Könnten Sie mir Ihren neuen Prospekt zeigen?

    a) Der neue Prospekt ist leider noch nicht fertig.
    b) Einen Moment, bitte. Ich hole einen.

LANGUAGE STUDY

1 To ask someone if you may do or have something, you can use
Kann ich ...? or *Darf ich ...?* (forms of the verbs *können* and *dürfen*).
To ask somone to help you, you can say *Können Sie ...?*
It is even more polite to say *Könnte ich ...?* and *Könnten Sie ...?*

2 *können* and *dürfen* are **modal verbs**. They are usually followed by
a second verb in the **infinitive** form. What do you notice about the
position of the infinitive in the sentence?
Do you know any more modal verbs?

    ▶ 6.4

D PARTNER A: Formulieren Sie Bitten mit Hilfe der Stichwörter unten.
PARTNER B: Reagieren Sie auf die Bitten Ihres Partners.

1 mir etwas Papier geben?
2 nach Deutschland anrufen?
3 Wo/der Fotokopierer?
4 ein Taxi für mich rufen?
5 Wo/meinen Koffer abstellen?
6 ein Fax an meine Firma schicken?
7 einen Taschenrechner haben?
8 mir etwas über die Firma erzählen?

*der
Fotokopierer* ▶

◀ *das
Telefaxgerät*

▼ *der Taschenrechner*

E Sie betreuen eine/n deutschsprechende/n Besucher/in.
PARTNER A benutzt Datenblatt A2, S. 148.
PARTNER B benutzt Datenblatt B2, S. 156.

1.3 Darf ich vorstellen?

A **1** Können Sie diese Funktionsbezeichnungen raten?

Leiter Marketing	Exportleiter	Leiter Qualitätssicherung

Produktionsleiter	Leiter Finanz- und Rechnungswesen	Personalleiter

2 Sprechen Sie die Wörter nach.

B **1** Frau Brett stellt Herrn Becker ihren Arbeitskollegen vor.
Was ist ihre Stellung im Betrieb? Ordnen Sie zu.

1 Herr Olson   a) technischer Leiter
2 Frau Brett   b) Leiterin Vertrieb und Marketing
3 Frau Scheiber   c) Werksleiter
4 Herr Doil   d) Geschäftsführer
5 Herr Boltmann   e) Chefsekretärin

2 Welche Stellung hat Herr Becker bei Norco?

LANGUAGE STUDY

Study these examples.
   der Leiter - **die** Leiter**in**   der Sekretär - **die** Sekretär**in**
How do you form female job titles?   ▶ 2.2

C Sie betreuen eine/n deutschsprechende/n Firmenbesucher/in.
Stellen Sie ihn/sie einigen Kollegen/Kolleginnen vor.
Benutzen Sie die Stellenbezeichnungen aus **A** und **B**.

> Herr/Frau [Müller], darf ich vorstellen? Das ist ...
>   der/unser [Geschäftsführer], Herr ...
>   die/unsere [Vertriebsleiterin], Frau ...
>   mein Chef, Herr ... . Er ist [Exportleiter] bei uns.
>   meine Kollegin, Frau ... . Sie ist ...

> Wie bitte?
> Wie war der/Ihr Name (noch mal)?

> Sehr angenehm/erfreut.
> Freut mich (sehr).
> Guten Morgen/Tag.

> Und das ist | Herr [Müller], unser neuer [Vertreter].
> | Frau [Stein]. Sie ist von der Firma [Lasco].

D **1** Sprechen Sie das Alphabet nach.

A a   B e   tC e   D e   E e   eF   G e   H a   I i   J ot   K a   eL   eM

eN   O o   P e   Q u   eR   eS   T e   U u   V au   W e   iX   Y psilon   Z ett

Ä = A-Umlaut   Ö = O-Umlaut   Ü = U-Umlaut   ß = EsZett

2 Buchstabieren Sie Ihrem Partner Ihren Namen und den Namen von einem Bekannten
bzw. Familienangehörigen. Hat Ihr Partner die Namen richtig geschrieben?

E Die meisten Geschäftsleute haben eine Karte, die sie bei der Vorstellung überreichen. Lesen Sie die Visitenkarten unten. Welche Informationen geben sie? Zum Beispiel: Name, Stellung im Betrieb, Beruf ...

F **1** Stellen und beantworten Sie Fragen über die Kartenbesitzer oben, z.B.:

   Wie ist sein/ihr Name? / Wie heißt er/sie (mit Nachnamen)?
   Bei welcher Firma ist/arbeitet er/sie?
   Was ist seine/ihre Stellung/Position im Betrieb?
   Was ist er/sie von Beruf?
   Wo ist der Sitz der Firma? / Was ist die Adresse der Firma?
   Was ist die/seine/ihre Telefonnummer/Büronummer/Durchwahlnummer/Faxnummer?
   Was ist seine/ihre Privatadresse/Privatnummer?

Wenn Sie die Antwort nicht verstehen, sagen Sie z.B.:

   Es tut mir leid, das habe ich nicht verstanden.
   Können Sie das bitte wiederholen/langsamer sagen/buchstabieren?

2 Tauschen Sie Informationen über Mitarbeiter bei anderen Firmen aus.
PARTNER A benutzt Datenblatt A3, S. 148.
PARTNER B benutzt Datenblatt B3, S. 156.

G Informieren Sie sich über Ihre Nachbarn im Kurs. Fragen Sie z.B.:

   Wie ist Ihr Name?   Sind Sie bei einer Firma?   Was sind Sie von Beruf?
   Woher kommen Sie?   Was ist Ihre Position?

Dann stellen Sie Ihre Nachbarn einander vor. Geben Sie möglichst viele Informationen über sie an.

1.4 Das Programm ist wie folgt ...

A

1 Frau Brett erklärt Herrn Becker das Tages-
programm für seinen Besuch bei der Firma Norco.
Wie ist das Programm organisiert? Numerieren
Sie die Punkte in der richtigen Reihenfolge.
NB Zwei Punkte sind nicht im Programm.

- ☐ a) Besuch bei einem Kunden
- ☐ b) Videofilm
- ☐ c) Produktpräsentation
- ☐ d) Abendessen im Restaurant
- ☐ e) Gespräch mit dem technischen Leiter
- ☐ f) Betriebsbesichtigung
- ☐ g) Mittagessen im Lokal
- ☐ h) Sitzung der Marketing-Gruppe

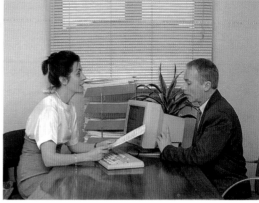

„Zuerst sehen Sie einen Videofilm."

2 Hören Sie noch einmal zu. Welche Satzteile passen zueinander?

1 Zuerst	a) essen wir zu Mittag im Lokal.
2 Dann um 11.00 Uhr	b) nehmen Sie an einer Sitzung der Marketing-Gruppe teil.
3 Um 12.30 Uhr	c) haben Sie ein Gespräch mit dem technischen Leiter.
4 Um 14.00 Uhr	d) findet eine Betriebsbesichtigung statt.
5 Um 15.30 Uhr	e) gibt es Abendessen in einem Restaurant.
6 Abschließend	f) sehen Sie einen kurzen Videofilm über die Firma.

LANGUAGE STUDY

1 The 24-hour clock is used for all official and formal purposes, eg
for train times, conference programmes etc. In everyday speech
people normally use the 12-hour clock. ▶ 9.1
2 Study these sentence pairs. What do you notice about the position
of the **subject** and **verb**?
   Sie sehen zuerst einen kurzen Videofilm.
   Zuerst **sehen Sie** einen kurzen Videofilm.
   Sie haben ein Gespräch mit dem technischen Leiter um 14.00 Uhr.
   Um 14.00 Uhr **haben Sie** ein Gespräch mit dem technischen Leiter. ▶ 7.2
3 In German many verbs split into two parts. They are called **separable** verbs.
Study these examples. What happens to each part of the verb?
   Um 11.00 Uhr **findet** eine Betriebsbesichtigung **statt**. (stattfinden)
   Sie **nehmen** an einer Sitzung der Marketing-Gruppe **teil**. (teilnehmen)
Can you think of any more separable verbs? ▶ 6.5

B PARTNER A: Sie sind Frau Brett. Erklären Sie Herrn Becker das Programm.
PARTNER B: Sie sind Herr Becker. Stellen Sie Fragen über das Programm, z.B.:

(Entschuldigung,) was	machen wir	zuerst?
	mache ich	um 11.00 Uhr?

(Wie bitte,) wann	findet die Betriebsbesichtigung statt?
	sehen wir den Videofilm?

Mit wem	spreche ich?
	habe ich ein Gespräch?

Wo essen wir	zu Mittag?
	zu Abend?

C Lesen Sie das Seminar-Programm. Beantworten Sie die Fragen.
(Wörter, die Sie nicht verstehen, finden Sie im Glossar.)

Die japanische Produktion

Programm

9.30	Anmeldung und Kaffee
9.45	Begrüßung (Dr. Jens Kovac, Handelskammer Bonn)
10.00	Lean Production, Konzepte und Lösungen (Dipl.-Ing. Udo Krämer, Nashiba Corp.)
11.00	Kaffee
11.15	Systemintegration – Traum oder Alptraum? (Prof. Inge Strohmeyer, Technische Hochschule, Darmstadt)
12.30	Mittagessen
13.30	Videofilm: Toyota in Europa
14.00	Zertifizierte Qualitätssicherung nach ISO 9000 (Dr. Reinhold Gurgl, Deutsches Institut für Normung, Berlin)
15.00	Tee
15.15	Qualitätskreise in der Produktion – Gruppendiskussion (moderiert von Dr. Helga Walter, Henssler GmbH, Augsburg)
16.30	Die Robotik der kommenden Jahre (Dr. Joachim Stern, Humboldt Universität, Berlin)
17.15	Abschluß

1 Worüber ist das Seminar?
2 Wann fängt das Seminar an? Wann hört es auf?
3 Wie viele Referenten gibt es?
4 Wann ist das Referat über Systemintegration?
5 Wie lange dauert der Videofilm?
6 Wann findet die Gruppendiskussion statt?
7 Worüber ist das Referat von Udo Krämer?
8 Worüber spricht Dr. Reinhold Gurgl?
9 Von welcher Organisation ist Dr. Gurgl?
10 Wer spricht um 16.30 Uhr?

D **1** PARTNER A: Sie organisieren das Seminar. Erklären Sie einem/einer Teilnehmer/in das Programm mit Hilfe dieser Ausdrücke.

Das Seminar ist über ... / Das Seminar hat den Titel ...
Das Seminar fängt um ... an. / Die Anmeldung ist um ...
Dann folgt die Begrüßung durch ...
Danach gibt es ein Referat über ... von ...
Um ... Uhr spricht ... zum Thema ...
Um ... Uhr gibt es Mittagessen/eine Kaffeepause.

PARTNER B: Schließen Sie Ihr Lehrbuch. Hören Sie Ihrem Partner zu.
Wenn Sie etwas nicht verstehen, fragen Sie z.B.:

Entschuldigung, worüber ist das Referat?
Was sagten Sie, wer spricht um 15.15 Uhr?

2 PARTNER A: Sie haben folgendes Problem: Ein Referent, Udo Krämer, fällt aus.
Ein anderer Sprecher, Dr. Rudolf Baum von der Handelskammer Hamburg, ist bereit,
über das Thema „Die Null-Fehler-Produktion" zu sprechen. (Dauer 60 Minuten.)
Er kann aber erst nach 13.30 Uhr kommen.
Organisieren Sie das Programm neu und erklären Sie es einem Teilnehmer.

PARTNER B: Hören Sie Ihrem Partner zu, stellen Sie eventuell Fragen
und notieren Sie das neue Programm.

E Ein potentieller Großkunde möchte Ihre Firma besuchen, bevor er bei Ihnen bestellt.
Er möchte den Geschäftsführer kennenlernen, die Produktionsanlage besichtigen und
sich über die Qualitätssysteme informieren. Er möchte auch einen Ihrer etablierten Kunden
besuchen. Außerdem spielt er gern Golf!
Stellen Sie ein Programm für seinen Besuch zusammen und erklären es ihm.

1.5 Eine Betriebsbesichtigung

A Sehen Sie sich den Plan von Norco und die Bilder an.
Wie heißen in Ihrer Sprache die Abteilungen bzw. Gebäude?

▲ *Vertrieb und Marketing*

▲ *das Konstruktionsbüro*

▲ *die Arbeitsvorbereitung*

Legende
01 das Verwaltungsgebäude
02 die Fertigungshalle
03 das Lager

▼ *die Fertigungshalle*

▼ *das Lager*

◄ *der Wareneingang*

B **1** Frau Brett und Herr Boltmann zeigen Herrn Becker die Firma Norco.
Welche Abteilungen bzw. Gebäude besuchen sie? Folgen Sie auf dem Plan.

2 Welche Abteilung bzw. welches Gebäude ist das?

1 „Hier koordinieren wir die Arbeit unserer Vertreter."
2 „Hier machen wir die Kontenführung."
3 „Hier kaufen wir das Material für die Fertigung ein."
4 „Hier entwerfen wir Designs für neue Modelle."
5 „Hier planen wir die Produktion für die kommenden Wochen."
6 „Hier fertigen wir die Produkte an."
7 „Dort testen wir unsere Produkte."
8 „Dort lagern wir die Fertigprodukte."

C Mit Hilfe der Sprachmuster und der Sätze in **B** führen Sie eine/n Besucher/in
durch die Firma Norco.

> Hier/Das ist der Empfang/die Einkaufsabteilung/das Büro [des Geschäftsführers].
> Hier nebenan/Daneben/Gegenüber ist der Einkauf/die Buchhaltung/das Konferenzzimmer.
> Hier/Dort (rechts/links) | sehen Sie den Prüfraum/die Küche/das Konstruktionsbüro.
> Da drüben (in der Ecke) |
> Jetzt gehen wir rechts/links/durch diese Tür in die Fertigungshalle.

> Sehr | schön/nett/imposant/beeindruckend/modern/interessant.
> Das ist (aber) |
> Was für eine Abteilung/ein Zimmer/ein Gebäude ist das?
> Was macht man hier/dort?

> So, das wäre dann alles. Gehen wir zurück in das Verwaltungsgebäude/mein Büro?

D Stellen und beantworten Sie Fragen über diese Abteilungen
mit Hilfe der Stichwörter unter den Bildern.

> Was für eine Abteilung ist das?   Was macht man hier?

| der Kundendienst | die Personalabteilung | der Versand | das Ausbildungszentrum |

1 Waren/verpacken und ausliefern
2 Reparaturen/für die Kunden/ausführen
3 Lehrlinge/ausbilden
4 neue Mitarbeiter/ einstellen

E Zeichnen Sie einen Plan Ihrer Firma/einer imaginären Firma, dann machen Sie eine Betriebsbesichtigung mit einem/einer Besucher/in. Erklären Sie, was die verschiedenen
Abteilungen machen, und beantworten Sie die Fragen Ihres Besuchers/Ihrer Besucherin.

Lesen Sie die folgenden Aussagen über das richtige Benehmen für die Arbeitswelt in Deutschland. Treffen sie auch für Ihr Land zu? Schreiben Sie: *Ja, Nein* oder *Es kommt darauf an*.

Verhaltensregeln in geschäftlichen Situationen

1 Man stellt sich mit dem Nachnamen bzw. mit dem Vornamen und Nachnamen vor.

2 In den meisten Firmen sagen die Mitarbeiter „Sie" zueinander und reden sich mit „Herr" oder „Frau" an.

3 Die übliche Anrede für eine unverheiratete Frau ist „Frau", nicht „Fräulein".

4 Es ist üblich, in der Anrede akademische Titel zu benutzen, z.B. „Herr Doktor" oder „Frau Professor".

5 Bei der Begrüßung und beim Verabschieden gibt man sich die Hand.

6 Wenn man einen Besuch in einer Firma plant, muß man einen Termin vereinbaren und bestätigen. Pünktlichkeit ist sehr wichtig.

7 Im Büro bietet man einem Besucher/einer Besucherin Erfrischungen an, aber keinen Alkohol.

8 Wenn man einen Geschäftspartner nicht besonders gut kennt, ist es nicht üblich, Fragen über das Privatleben zu stellen. Man schätzt es, wenn ein Ausländer Interesse an Land und Leuten zeigt.

9 Im Geschäftsleben herrscht normalerweise ein eher ernsthafter Ton und eine gewisse Förmlichkeit. Informelles Verhalten wirkt oft unseriös.

10 In einer Geschäftsbesprechung kommt man schnell zum wichtigen Punkt. Es ist nicht üblich, lange Konversation zu machen.

11 Klar seine Meinung zu sagen ist nicht unhöflich.

12 Privatleben und Geschäftsleben werden klar getrennt. Normalerweise spricht man nicht über geschäftliche Dinge außerhalb des Büros.

13 Es ist nicht üblich, Geschäftspartner oder Kunden zu sich nach Hause einzuladen. Meistens geht man in ein Restaurant.

14 Wenn man eine Einladung bekommt, kommt man genau zur vereinbarten Zeit an und bringt ein Gastgeschenk mit, z.B. Blumen für die Gastgeberin oder eine Flasche Kognak. Man entfernt das Papier, bevor man die Blumen übergibt.

Lesen Sie die Fragen und wählen Sie die richtige Antwort.
Dann kontrollieren Sie Ihre Antworten mit dem Antwortschlüssel.

Quiz

Geschichte und Politik

1   Wann wurde die Bundesrepublik Deutschland gegründet?
  a) 1949
  b) 1953
  c) 1989

2   Wer war der erste Bundeskanzler der BRD?
  a) Konrad Adenauer
  b) Willy Brandt
  c) Ludwig Erhard

3   Warum ist der 3. Oktober 1990 ein wichtiger Tag in der deutschen Geschichte?
  a) Die Berliner Mauer fällt
  b) Honecker, Kohl und Gorbatschow treffen sich zu einem Gespräch am „Runden Tisch"
  c) Die DDR tritt der Bundesrepublik bei

4   Wie heißt das deutsche Parlament?
  a) Der Bundesrat
  b) Der Bundestag
  c) Der Nationalrat

5   Welche politische Partei war unter Bundeskanzler Helmut Schmidt an der Regierung?
  a) CDU/CSU
  b) FDP
  c) SPD

Wirtschaft

6   Was ist das Ruhrgebiet?
  a) Ein schönes Erholungs-gebiet
  b) Ein wichtiges Industrie-gebiet
  c) Ein romantisches Seengebiet

7   Wo liegt das deutsche „Silikontal"?
  a) Zwischen Stuttgart und München
  b) Zwischen Hannover und Berlin
  c) Zwischen Dortmund und Düsseldorf

8   Welcher ist der wichtigste Seehafen Deutschlands?
  a) Friedrichshafen
  b) Nürnberg
  c) Hamburg

9   Wo hat die Deutsche Bundesbank ihren Sitz?
  a) In Berlin
  b) In Frankfurt am Main
  c) In Bonn

10 In welcher Stadt haben die Autohersteller Mercedes-Benz und Porsche ihren Sitz?
  a) Stuttgart
  b) München
  c) Köln

Kultur und Wissenschaft

11 Wer schrieb das Drama „Faust"?
  a) Johann Wolfgang von Goethe
  b) Friedrich Schiller
  c) Bertolt Brecht

12 Wer ist Werner Herzog?
  a) Ein Filmregisseur
  b) Ein Schriftsteller
  c) Ein Maler

13 Wer war Max Planck?
  a) Der Gründer der Max-Planck-Gesellschaft zur Förderung der Wissenschaften
  b) Ein bekannter Physiker
  c) Ein klassischer Architekt

14 Wer trainierte die deutsche Fußball-Nationalmannschaft für die Weltmeisterschaft 1990?
  a) Jürgen Klinsmann
  b) Franz Beckenbauer
  c) Berti Vogts

15 Was ist die meistgelesene Tageszeitung in Deutschland?
  a) Spiegel
  b) Bild-Zeitung
  c) Frankfurter Allgemeine Zeitung

Allgemeines

16 Was ist der „ADAC"?
  a) Ein Automobilclub
  b) Eine politische Partei
  c) Ein Fußballclub

17 Was ist die höchste Güteklasse für einen deutschen Wein?
  a) Eiswein
  b) Spätlese
  c) Qualitätswein

18 Was ist der „Grüne Punkt"?
  a) Ein Abzeichen, das die Mitglieder der Grünen Partei tragen
  b) Ein Kennzeichen für Verpackungen, die man recyceln kann
  c) Eine Auszeichnung für umweltfreundliches Verhalten

19 Welche Nummer hat die nationale Telefonauskunft in Deutschland?
  a) 110
  b) 0 11 88
  c) 112

20 Wie heißt die österreichische Währung?
  a) Die Krone
  b) Der Franken
  c) Der Schilling

2 Rund um die Firma

By the end of this unit you'll be able to ask for and give information about
- a company's products
- industrial sectors and service companies
- the size of a company's turnover and workforce
- a company's structure and ownership
- and you'll make a company presentation

You'll also learn something about the structure of the German economy.

2.1 Was produziert die Firma?

A **1** Kennen Sie diese Firmen? Sprechen Sie die Namen nach.

Mercedes-Benz

2 Buchstabieren Sie diese Firmennamen.

B **1** Wofür sind diese Firmen bekannt? Ordnen Sie Firmen und Produkte einander zu.

> **LANGUAGE STUDY**
>
> Look again at the product names in **B**. How many different plural forms can you spot? ▶ 2.3

1 Agfa 2 Rosenthal 3 Varta 4 BASF 5 Porsche

a) Porzellan   b) Batterien   c) Tonbänder und Videos
d) Sportwagen   e) Fotofilme

2 Vergleichen Sie Ihre Antworten mit Ihrem Partner.

Kennen Sie den Namen Agfa?   ▶   Agfa? Sie machen (doch) Fotofilme.
Wofür ist Rosenthal bekannt?   ▶   Rosenthal ist (doch) für Porzellan bekannt.

C Mitarbeiter der folgenden Firmen sprechen über ihre Produkte.
Sehen Sie sich die Bilder rechts an und hören Sie zu. Was produzieren die Firmen?

1 Schwarzkopf 2 Grundig 3 Bayer 4 MAN 5 Siemens

Toilettenartikel/Kosmetika

Rasierwasser

Shampoo

Kraftfahrzeuge

Reisebusse

Elektrische Haushaltsgeräte

Kaffeemaschinen

Staubsauger

Arzneimittel/Gesundheit

Schmerzmittel

Husten- und
Erkältungsmittel

Unterhaltungselektronik

Stereoanlagen

Fernsehapparate

Informationstechnik

Telefone mit
Anrufbeantworter

D   Stellen und beantworten Sie Fragen über die Firmen in **C** und ihre Produkte.

Was produziert die Firma [Schwarzkopf]?
Was für Produkte hat [Grundig]?
Was stellt [Siemens] her?

[Schwarzkopf] produziert [Toilettenartikel], zum Beispiel ...
Das ist eine Firma, die [Geräte der Unterhaltungselektronik] herstellt.
Die Firma stellt [Haushaltsgeräte] her, zum Beispiel ...

LANGUAGE STUDY

Study these sentences, which contain a **relative clause**.
   Das ist ein Unternehmen, **das Arzneimittel produziert**.
   Das ist eine Firma, **die Reisebusse herstellt**.
What words do the relative clauses begin with? Why do they vary?
What happens to the verb in a relative clause?   ▶ 7.6

E   **1**   Ordnen Sie diese Produkte den Kategorien in **C** zu.

Lieferwagen	Drucker	Hautcreme	Magenmittel	Lastkraftwagen	Haartrockner
	Videorecorder	Bügeleisen	CD-Player	Mikrowellengeräte	Vitamine
Motorräder	Zahnpasta	Personalcomputer	Seife	Hustensaft	Parfüm
	Mobilfunktelefone	Kassettenrecorder		Kühlschränke	

2   Kennen Sie weitere Produkte in diesen Kategorien?

F   Gibt es deutsche Produkte bei Ihnen zu Hause? In Ihrer Firma? In Ihrer Schule?
Was für Produkte und von welchen Firmen? Machen Sie eine Liste, dann vergleichen
Sie Ihre Liste mit anderen Kursteilnehmern.

2.2 Was für eine Firma ist das?

A **1** Die Aktivitäten einer Firma kann man nach Industriebranchen definieren. Welches Symbol paßt zu welcher Branche?

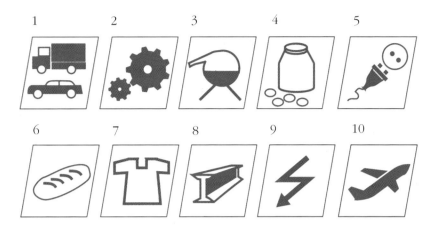

a) die Pharmaindustrie
b) die Stahlindustrie
c) die Energiewirtschaft
d) die chemische Industrie
e) der Maschinen- und Anlagenbau
f) die Elektrotechnik und Elektronik
g) der Automobil- und Kraftfahrzeugbau
h) die Luft- und Raumfahrtindustrie
i) die Textil- und Bekleidungsindustrie
j) die Nahrungsmittelindustrie

2 Nennen Sie einige Produkte, die zu diesen Branchen gehören.

B Fünf Mitarbeiter erklären, in welchen Branchen ihre Firmen tätig sind. Ordnen Sie die Firmen den Branchen in **A** zu.

1 Thyssen　2 Hoechst　3 Daimler-Benz　4 Mannesmann　5 VEBA

C **1** Vergleichen Sie Ihre Antworten in **B** mit Hilfe der Sprachmuster.

Was für eine Firma ist [Thyssen]?					
In	welcher Branche/welchen Branchen welchem Bereich/welchen Bereichen	ist	[Daimler-Benz] die Firma	tätig? aktiv?	

[Thyssen] ist	ein führender [Stahlhersteller]. ein großer [Chemiekonzern]. ein namhaftes [Elektrounternehmen]. eine große [Mineralölgesellschaft].	Die Firma ist	im Bereich [Automobilbau] in den Bereichen ... und ... im [Maschinen- und Anlagenbau] in der [chemischen Industrie]	tätig.

Wir stellen Komponenten für [die Kfz-Industrie] her.

2 Stellen und beantworten Sie ähnliche Fragen über diese Firmen.

1 Braun　2 Deutsche Shell　3 Ciba Geigy　4 Milupa　5 Adidas

LANGUAGE STUDY

1　The words *der Konzern* and *das Unternehmen* denote large groups, while *Firma* covers everything. *Gesellschaft* often refers to legal status, as in the titles
　　AG = Aktiengesellschaft (plc)
　　GmbH = Gesellschaft mit beschränkter Haftung (limited liability company)
2　Study the **adjectives** in these examples. Why do the adjective endings vary?
　　ein **großer** Konzern　　eine **große** Firma　　ein **großes** Unternehmen　　▶ 4.1, 4.4
3　**Prepositions** in German determine the case of the following noun: accusative, dative or (rarely) genitive. Study the forms of the determiners in these examples.
　　im (= in dem) Bereich Maschinenbau　　in **der** chemischen Industrie
　　What is the case of the nouns following the preposition *in* here?　　▶ 5.4

D Manche Firmen produzieren nicht, sondern gehören zum Dienstleistungssektor.
Zu diesem Sektor zählen z.B. die Bereiche:
- Banken und Versicherungen
- Handel und Verkauf
- Verkehr und Kommunikation
- Touristik, Hotels und Gaststätten

1 Sechs Mitarbeiter beschreiben ihre Firmen. Was für Firmen sind es?
Ordnen Sie zu.

1 Lufthansa	a) ist eine Speditionsfirma.
2 Aldi	b) ist eine Versicherungsgesellschaft.
3 Neckermann	c) ist eine Supermarktkette.
4 Hertie	d) ist ein Versandhaus.
5 Allianz	e) ist ein Kaufhaus.
6 Kühne und Nagel	f) ist eine Fluggesellschaft.

2 Vergleichen Sie Ihre Antworten mit Ihrem Partner.

E 1 Lesen Sie die Auszüge aus Firmenanzeigen. In welchen Branchen sind die Firmen tätig?
Was für Produkte bzw. Dienstleistungen bieten sie an? Machen Sie sich Notizen.

WRIGLEY ist der weltweit größte Hersteller von Kaugummi.
Als deutsche Tochtergesellschaft sind wir für über 40 Länder in Europa,
Asien und Afrika verantwortlich.

ICI ist eines der führenden internationalen Chemieunternehmen mit 67.000 Mitarbeitern weltweit. In Deutschland beschäftigen wir ca. 1.600 Mitarbeiter an mehreren Standorten und produzieren unter anderem Kunststoffe und Folien, Farben und Lacke, Industriesprengstoffe, Spezialchemikalien und chemische Grundstoffe.

Bad-Teppiche, Duschvorhänge
Wanneneinlagen, Accessoires

Wir sind ein im Markt führendes deutsches
Unternehmen und produzieren moderne, erfolgreiche
Heimtextilien. Unsere Produkte sind beim Fachhandel
seit Jahren gut eingeführt.

OTIS Aufzüge
Fahrtreppen
Service
Wir gehören zu den führenden Unternehmen der Branche
und stellen Spitzenerzeugnisse der technischen
Investitionsgüterindustrie her.

Versicherungen
Wir sind die führende Versicherungsgruppe für
Unternehmer des Straßenverkehrsgewerbes.
Spediteure, Lagerhalter und Busunternehmer
vertrauen seit nunmehr 40 Jahren auf unsere
Dienstleistungen und Innovationen.
Eine Tatsache, auf die wir stolz sind!

2 Stellen und beantworten Sie Fragen über die Firmen mit Hilfe Ihrer Notizen.

F Was sind die wichtigsten Wirtschaftszweige in Ihrem Land? Wie heißen die größten Firmen
in diesen Zweigen? Was für Produkte bzw. Dienstleistungen bieten sie an?
Machen Sie eine Liste, dann vergleichen Sie Ihre Liste mit anderen Kursteilnehmern.

2.3 Wie groß ist die Firma?

A

1 Die Größe einer Firma schätzt man nach dem Umsatz und nach der Anzahl der Mitarbeiter. Das bedeutet große Zahlen! Lesen Sie folgende Zahlen.

13.400	dreizehntausendvierhundert
9.377.000	neun Millionen dreihundertsiebenundsiebzigtausend
38 042 000 000 / 38 042 Mio.	achtunddreißig Milliarden zweiundvierzig Millionen
17,5%	siebzehn Komma fünf Prozent
5,26 Mrd.	fünf Komma zwei sechs Milliarden
1989	(im Jahr) neunzehnhundertneunundachtzig

2 Lesen Sie jetzt diese Zahlen vor.

1) 136.700   2) 55 673 000   3) 4 048 Mio.   4) 1.779.3 Mio.   5) 61,5%   6) 1996

LANGUAGE STUDY

In German, decimals are written with a comma.   ▶ 8.3
Thousands, millions and billions are separated by a full stop or a space.
Eine Milliarde = 1 000 000 000
Eine Billion = 1 000 000 000 000   ▶ 8.1

B

1 Mitarbeiter der Firmen *Springer Sportmoden, BASF* und *Kessel Auto-Electric* sprechen über die Größe ihrer Firmen. Notieren Sie Branche, Umsatz und Mitarbeiterzahl.

2 Welche Firma ist a) ein großer Konzern? b) ein mittelständisches Unternehmen? c) eine kleine Firma?

C

1 Interviewen Sie diese Industriellen mit Hilfe der Sprachmuster (s. auch S. 24).

1

Bernd Pischetsrieder, Vorsitzender des Vorstands der BMW AG

2

Dr. Joachim Funk, Vorsitzender des Vorstands der Mannesmann AG

Branche Automobilindustrie
Umsatz ca. 30 Mrd. DM
Mitarbeiter über 74.000

Branchen Maschinenbau, Elektrotechnik, Telekommunikation, Handel
Umsatz ca. 28 Mrd. DM
Mitarbeiter ca. 137.000

Wie hoch ist	der Umsatz von [BMW]?		Der Umsatz beträgt	(zirka)	... Mrd. Mark.
Was ist	Ihr Jahresumsatz?	▶	Wir haben einen Umsatz von	(über)	
Wieviel beträgt			Unser Umsatz liegt zwischen ... und ... Mrd. Mark.		

| Wie viele | Mitarbeiter hat die Firma? | | Wir beschäftigen (ungefähr) ... Mitarbeiter. |
| | Leute beschäftigen Sie? | ▶ | Wir haben (rund/etwa) ... Beschäftigte. |

2 Führen Sie zwei weitere Interviews.
PARTNER A benutzt Datenblatt A4, S. 148.
PARTNER B benutzt Datenblatt B4, S. 156.

D Der FAG-Konzern produziert Komponenten für verschiedene Industriebranchen.

FAG in Zahlen
Beträge in Mio. DM

	1989	1990	1991	1992	1993
FAG-Konzern					
Umsatz					
- Gesamt	3 895	4 048	3 885	3 563	3 115
- Auslandsanteil	63%	59%	59%	61%	66%
Beschäftigte (in Tsd.)					
- am Jahresende	30.938	40.289	34.675	30.847	16.164

1 Stellen und beantworten Sie Fragen zu den Zahlen in der
Mehrjahresübersicht des FAG-Konzerns, z.B.:

Wie hoch war	der Umsatz	1993?
	der Auslandsanteil	im Jahre 1992?
Wie viele Mitarbeiter hatte die Firma		im Jahr davor?

2 Vergleichen Sie die Zahlen für die verschiedenen Jahre, z.B.:

War	der Umsatz	[1993] höher oder niedriger als [1992]?
	der Auslandsanteil	[1991] höher als [1990] oder gleich hoch?
	die Zahl der Mitarbeiter	

3 Wie könnte man die Zahlen erklären? Wählen Sie eine passende Antwort aus der Liste.

Warum ist	der Umsatz	im Jahr ...	gestiegen?
	der Auslandsanteil	in den Jahren ...	gefallen?
	die Mitarbeiterzahl		

Das war eine Folge ...
der Rezession/des Wirtschaftsaufschwungs (in Deutschland/Europa).
der Akquisition/des Verkaufs einer Firma.
der Eröffnung/Schließung eines Werks.
der Umstrukturierung des Unternehmens.
der stärkeren/schwächeren Nachfrage (im Inland/Ausland).

LANGUAGE STUDY

1 How do you form the **comparative** of adjectives in German? Study these examples.
    niedrig - niedriger   stark   - stärker
    hoch - höher   schwach - schwächer
What is the German equivalent of *than*? ▶ 4.9

2 The **perfect tense** is often used in German where English requires the **imperfect** (past):

	auxiliary verb	past participle
Der Umsatz	**ist**	1990 **gestiegen.**

It is usually formed with *haben* + past participle. With verbs of movement
like *steigen/fallen*, the auxiliary *sein* is used. ▶ 6.7

3 Read the sample answers in **D3** again. Study the forms of the determiners.
Can you identify the gender and case of the following nouns?
What do you notice about masculine nouns when they are in this case? ▶ 3.3

E Tauschen Sie Informationen über Firmenergebnisse aus.
PARTNER A benutzt Datenblatt A5, S. 149.
PARTNER B benutzt Datenblatt B5, S. 157.

2.4 Wie ist die Firma strukturiert?

A **1** Mit Hilfe der Informationen rechts beantworten Sie die Fragen
über die Bosch-Siemens Hausgeräte-Gruppe.

1 Was für eine Firma ist die BSHG?
2 Was für Produkte stellt die Firma her?
3 Wem gehört die BSHG?
4 Wo ist der Hauptsitz der BSHG?
5 Hat die BSHG andere Niederlassungen in Deutschland?
6 Wie viele Tochtergesellschaften hat die BSHG im Ausland?
7 Wie heißt die Muttergesellschaft von Balay S.A., Zaragoza?
8 In welchen Ländern hat die BSHG Produktionsstätten?

LANGUAGE STUDY

1 *Tochtergesellschaft* means *subsidiary*, where the parent owns all or a majority of the capital. *Beteiligungsgesellschaft* means *associate* or *affiliated company* (where less than 50% of the capital is owned). Nowadays, however, the two terms are often used interchangeably.
2 *Niederlassung* refers to any company site, whether manufacturing, sales or service. It is not used to refer to the sites of a subsidiary or associate company. *Standort* is used for geographical location, eg *Unsere Standorte in Deutschland*.

B Es ist nützlich, Wörter, die man oft im gleichen Kontext benutzt, zusammen
aufzuschreiben. Sie können eine Liste machen oder die Wörter in einem Wortfeld
aufschreiben, wie im Beispiel unten.
Ergänzen Sie die Lücken im Diagramm mit Wörtern aus dem Text. (Wörter, die Sie
nicht verstehen, finden Sie im Glossar.)

Muttergesellschaft   *Produktionsgesellschaft*

_____   _____

                              Firmenstruktur
                              und -standorte

Hauptsitz/   *Produktionsstätte/*

_____   /

Niederlassung

LANGUAGE STUDY

Most country names have no article, eg:
   Deutschland   Spanien   Griechenland
But some take the definite article, eg:
   die Schweiz, die Türkei (*singular*)
   die Niederlande, die USA (*plural*)
Can you name all the countries on the map of Europe opposite? ▶ 3.5

C Stellen und beantworten Sie Fragen zu den Standorten der BSHG, z.B.:

Hat die BSHG Standorte in Italien/in Albanien/in Norwegen?
Wie viele Standorte hat die BSHG in den Niederlanden/in Ungarn?
Wo hat die BSHG Vertriebsgesellschaften/Werke in der Schweiz/in Irland?

Gesellschaftsrechtliche Gliederung

```
Robert Bosch GmbH          Bosch-Siemens Hausgeräte          Siemens AG
Stuttgart          50%            GmbH              50%        Berlin und München
                                 München
100%                                                          100%

Robert Bosch                                           Siemens-Electrogeräte
Hausgeräte GmbH                                              GmbH
München                                                    München

                    100%    100%                              100%

                            Neff GmbH              Constructa GmbH
                             Bretten                   München

                    50%
                                  Constructa-Neff
BSE              BS Ev Aletleri Ticaret A.S.    Vertriebs-GmbH           50%
Electroménager S.A.       (Türkei)              München
(Frankreich)
                          100%    Pitsos A.E.
                                  (Griechenland)

Bosch and Siemens    BSG German           100%    Bosch y Siemens
Domestic Appliances Ltd.  Home Appliances (H.K.) Ltd.    Electrodomésticos S.A.
(Großbritannien)      (Hongkong)                  (Spanien)

                                            92,9%    Balay S.A.
                                                    Zaragoza
BSE              BSH Sprzet Gospodarstwa
Elettrodomestici S.p.A.  Domowego Sp. z o. o.
(Italien)          (Polen)                    98,9%    BS Electrodomésticos
                                                    S.A., Pamplona

Bosch och Siemens    BSH Háztartási
Hushållsapparater A.B.  Készülék Kereskedelmi Kft.  100%    MGA Mali Gospodinjski
(Schweden)         (Ungarn)                 Aparati d.o.o. (Slowenien)

                    Vertriebs- und Kundendienstgesellschaften
                    in verschiedenen Ländern Europas
```

- - - Geschäftsbesorgungsverträge

Das Unternehmen

Die Bosch-Siemens Hausgeräte-Gruppe ist einer der führenden Hersteller elektrotechnischer Gebrauchsgüter in Europa. Das Produktspektrum umfaßt Elektro-Großgeräte (wie z.B. Kühl- und Gefriergeräte und Geschirrspüler), kleine Haushaltsgeräte sowie Geräte der Unterhaltungselektronik.

Die BSHG ist die gemeinsame Tochtergesellschaft der Robert Bosch GmbH und der Siemens AG. Diese Muttergesellschaften halten je 50% des Kapitals von BSHG.

Zu der Gruppe gehören: die Bosch-Siemens Hausgeräte GmbH (BSHG), München, die Neff GmbH, die Pitsos A.E., Athen, die Bosch y Siemens Electrodomésticos S.A., Pamplona, mit ihren Tochtergesellschaften Balay S.A., Zaragoza, und BS Electrodomésticos, S.A., Pamplona, und seit 1.3.1993 eine Produktionsgesellschaft für kleine Hausgeräte in Slowenien.

Außerdem gibt es Vertriebs- und Kundendienstgesellschaften in allen wichtigen europäischen Ländern. Die Gruppe hat Fertigungsstätten in Deutschland, Spanien, Griechenland und Slowenien.

Der Vertrieb der BSHG-Erzeugnisse erfolgt unter den Marken Bosch, Siemens, Constructa und Neff durch die Robert Bosch Hausgeräte GmbH, die Siemens-Elektrogeräte GmbH und die Constructa-Neff Vertriebs-GmbH.

Unsere Standorte in Europa

■ Werke

● Auslands-
vertriebe/
Beteiligungs-
gesellschaften

▲ Zentrale

AEG
ein Unternehmen im Daimler-Benz-Konzern

DAIMLERBENZ

Holding-Gesellschaft

Unternehmensbereiche

Mercedes-Benz	AEG	Deutsche Aerospace	debis
- Personenwagen - Nutzfahrzeuge	- Elektrotechnik - Mikroelektronik	- Luft- und Raumfahrt - Verteidigungstechnik	- Finanzdienstleistungen - Handel

Geschäftsbereiche

Automatisierungs-technik	Elektrotechnische Anlagen und Komponenten	Bahnsysteme	Hausgeräte	Mikroelektronik
Umsatz: 2.969 Mio.DM	Umsatz: 3.127 Mio. DM	Umsatz: 1.493 Mio. DM	Umsatz: 2.653 Mio. DM	Umsatz: 1.188 Mio. DM
Beschäftigte: 16.008	Beschäftigte: 17.711	Beschäftigte: 7.490	Beschäftigte: 10.052	Beschäftigte: 7.763

Stand: 1992

D **1** Mit Hilfe des Diagramms oben machen Sie sich Notizen über die AEG zu diesen Punkten.

- Holding-Gesellschaft:
- Geschäftsbereiche:
- Zahl der Tochter-/ Beteiligungsgesellschaften:
- Hauptsitz:

- Andere Standorte
  - in Deutschland:
  - im Ausland:
- Gesamtumsatz:
- Beschäftigte (Gesamt):

BUSINESS BRIEF

A *Holding-Gesellschaft (holding company)* is a non-operating company having the whole of, or a controlling interest in, the share capital of one or more operating companies.

2 Ein Firmensprecher beschreibt die Aktivitäten und die Struktur der AEG. Hören Sie zu und ergänzen Sie die restliche Information.

E Stellen und beantworten Sie Fragen über die AEG und die BSHG.

Können Sie die Firmenstruktur (kurz) beschreiben?

Die Firma gehört zum ... -Konzern/zur ... -Gruppe / ist eine Tochtergesellschaft von ...
Die Aktivitäten der Gruppe/Firma sind in ... Unternehmensbereiche gegliedert / umfassen ... Geschäftsbereiche.

Wie viele Gesellschaften gibt es in der Gruppe?

Zu der Gruppe gehören ... Tochter-/ Beteiligungsgesellschaften (in über ... Ländern).

Wo ist der Hauptsitz/die Hauptverwaltung?
Wo sind die anderen/wichtigsten Standorte (im Inland/Ausland)?

Der Stammsitz ist in [Frankfurt].
Die Firma hat Filialen/Tochtergesellschaften/ Vertretungen in ganz Europa/weltweit, z.B. in ...

F Tauschen Sie Informationen über die Struktur von zwei weiteren Firmen aus.
PARTNER A benutzt Datenblatt A6, S. 149.
PARTNER B benutzt Datenblatt B6, S. 157.

2.5 Firmenpräsentation

A

1 Sie hören eine Präsentation über den Otto-Versand. Was für eine Firma ist das?

2 Hören Sie zu und machen Sie sich Notizen zu diesen Punkten.

- Branche:
- Produkte:
- Existiert seit:
- Zahl der Gruppenunternehmen:
- Standorte:
- Umsatz:
- Mitarbeiter:
- Zukunftspläne:

3 Hören Sie noch einmal zu. Welche von diesen Sätzen benutzt der Sprecher?

Einleitung	Guten Morgen/Tag, meine Damen und Herren.
	Herzlich willkommen in unserer Zentrale hier in [Hamburg].
	Im Namen von ... möchte ich Sie hier im Hauptsitz herzlich begrüßen.
	Vor der Betriebsbesichtigung möchte ich Ihnen die Firma vorstellen.
	Zuerst möchte ich Ihnen kurz etwas über die Firma [Otto] erzählen.
zum Schluß	Das war also ein kurzer Überblick über unsere Firma.
	Soviel zum Überblick.
um Fragen bitten	Möchte jemand eine Frage stellen?
	Hat jemand (weitere) Fragen (dazu)?

LANGUAGE STUDY

1 These examples refer to an event that started in the past and continues in the present.

   Wie lange existiert die Firma?   Die Firma existiert seit 1949.

   What tense are the verbs in? How would you translate the sentences?   ▶ 6.6

2 Many verbs and verbal phrases are followed by *zu* + infinitive in German, eg:

   Wir sind daran interessiert, unseren britischen ... Versandhandel **zu konsolidieren**.

   Wir planen auch, die Märkte in Osteuropa ... **weiterzuentwickeln**.

   Can you think of any more verbs that take this construction?   ▶ 7.8

B Bereiten Sie sich darauf vor, die Firma VICTORINOX bzw. die Firma Canon zu präsentieren. Lesen Sie die Informationen auf S. 32 bzw. S. 33 und machen Sie sich Notizen zu bestimmten Punkten (ähnlich wie in **A**). Am besten schreiben Sie Ihre Notizen auf einzelne Karten, die Sie bei Ihrer Präsentation benutzen können.

C REFERENT: Mit Hilfe Ihrer Notizen machen Sie Ihre Präsentation.

GRUPPE/KLASSE: Hören Sie sich die Firmenpräsentation an und machen Sie sich Notizen. Stellen Sie eventuell Fragen, z.B.:

   Darf ich eine Frage stellen? / Ich habe (noch) eine Frage, und zwar: ...

   Entschuldigung, könnten Sie [den Umsatz] bitte wiederholen?

   Könnten Sie etwas (mehr) über [Ihre Zukunftspläne] sagen?

D Präsentieren Sie Ihre eigene Firma oder eine Firma, die Sie kennen/die Sie recherchiert haben.

VICTORINOX
SWITZERLAND
Das beliebte Werbegeschenk

Fabrik und Verwaltungsgebäude, Ibach-Schwyz (Schweiz)

Die Familienfirma VICTORINOX existiert seit 1884 und zählt heute zu den führenden und modernsten Messerfabriken der Welt. Unser Ziel ist, den Kunden mit preiswerten Qualitätserzeugnissen zu dienen. Sorgfältige und rationelle Fertigungsmethoden und erstklassige Rohmaterialien garantieren für höchste Qualität bei unseren Produkten.

Es gehört zur Familientradition des Unternehmens, nicht nur wirtschaftlichen Gewinn zu erzielen, sondern auch Arbeitsplätze zu sichern. Die 950 Mitarbeiter sind mehr als nur Personal: sie bilden eine Gemeinschaft.

Die roten VICTORINOX-Taschenmesser sind heute auf der ganzen Welt bekannt und beliebt. Das <<Schweizer Offiziersmesser>> ist in über 100 verschiedenen Varianten erhältlich. Es gilt auf der ganzen Welt als Inbegriff guter Qualitäts- und Präzisionsarbeit. Man findet es unter anderem auch in der Ausrüstung der deutschen Bundeswehr und der Space-Shuttle-Crew der NASA.

Die VICTORINOX-Taschenmesser sind die perfekte Lösung für Ihre Werbegeschenke, für Betriebs- und Arbeitsjubiläen, für Weihnachten, Ausstellungen und Verkaufsaktionen.

Auch die VICTORINOX-Haushaltsmesser sind sehr beliebt und die VICTORINOX-Metzgermesser geniessen Weltruf.

VICTORINOX hat Vertretungen in über 100 Ländern. Die wichtigsten Märkte sind die USA und Deutschland. VICTORINOX-Produkte erhalten Sie bei Ihrem Fachhändler.

Standard-Verpackung

Spezial-Verpackung
(gegen Mehrpreis)

Haushaltsbesteck

Metzgermesser

Das Original <<Schweizer Offiziersmesser>>
Das Standardmodell mit 12 Standardwerkzeugen

Die Original <<Schweizer Offiziersmesser>> sind in Standard- oder Spezial-Verpackung erhältlich.

Canon

DIE CANON STORY 1994/95

Canon ist seit über einem halben Jahrhundert Hersteller von Spitzenerzeugnissen im Büromaschinenbereich, bei Kameras und in der Optik. Zur Canon-Gruppe gehören über 90 Tochter- und Beteiligungsgesellschaften weltweit. Unsere Produkte sind in über 140 Ländern auf dem Markt. Wir haben mehr als 67.000 Mitarbeiter und einen Gesamtumsatz von rund 25 Milliarden DM.

Bei Canons 50jährigem Jubiläum im Jahre 1987 prägten wir für unsere Firmenphilosophie den Begriff „kyosei" oder „Zusammenleben zum Wohle aller Beteiligten". In der Praxis bedeutet „Kyosei" gesellschaftliches Engagement, anwenderfreundliche Technologien und Sorge für unsere Umwelt.

Canon Deutschland GmbH 1994/95

Nationale Fundamente

Wichtiger Erfolgsfaktor des globalen Konzeptes von Canon ist die Dezentralisierung. Und so ist Canon Deutschland in erster Linie als

deutsches Unternehmen zu verstehen. Über unsere neue Hauptverwaltung in Krefeld und weitere neun Niederlassungen können wir unseren deutschen Kunden Nähe garantieren. Mehr als 300 Fachhändler bieten vor und nach dem Kauf Beratung und Service.

Erfolg in Deutschland

Die Geschäftsentwicklung der Canon Deutschland GmbH ist überdurchschnittlich erfolgreich gewesen. Seit der Gründung der Firma im Jahre 1972 ist der Umsatz kontinuierlich gestiegen. 1993 ist er als Folge der Rezession erstmals gefallen. Doch blieb er nur um wenig Prozent hinter dem Rekordjahr 1992.

Canon Deutschland GmbH: Umsatzentwicklung 1989 - 1993

1993	945
1992	1013
1991	961
1990	762
1989	559

(Mio. DM)

Unsere erfolgreichsten Produkte sind die Kopiersysteme, die mehr als zwei Drittel zum Gesamtumsatz beitragen. Die Produktgruppe der Bubble-Jet-Drucker entwickelt sich auch sehr positiv. Das sind Ergebnisse, die optimistisch für die Zukunft stimmen.

Canon Deutschland GmbH: Produktpalette mit Umsatzanteilen 1993

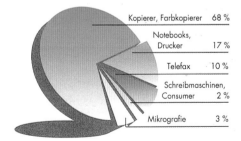

Kopierer, Farbkopierer	68 %
Notebooks, Drucker	17 %
Telefax	10 %
Schreibmaschinen, Consumer	2 %
Mikrografie	3 %

Mit technischen Neuerungen, anwenderfreundlichen und umweltgerechten Produkten sowie einer umfassenden Kundenbetreuung wird Canon auch in Zukunft den deutschen Markt bedienen.

■ Die deutsche Wirtschaft ist vorwiegend mittelständisch strukturiert. Was bedeutet das?

Die westdeutsche Wirtschaft ist eine überwiegend mittelständische Wirtschaft. Rund zwei Millionen Unternehmen sind kleine oder mittlere Betriebe mit bis zu 500 Beschäftigten und einem Jahresumsatz von bis zu 100 Millionen Mark. (Im Dienstleistungsgewerbe und im Handel liegt die Umsatzgrenze bei 25 Millionen Mark.)

Kleine und mittlere Unternehmen ...

- *entscheiden über 44% aller Investitionen.*
- *erarbeiten 41% des Bruttosozialprodukts.*
- *beschäftigen 64% aller Arbeitnehmer.*
- *bereiten 80% aller Lehrlinge auf ihren künftigen Beruf vor.*

Auch in Ostdeutschland gewinnt die Wirtschaft immer mehr mittelständische Konturen.

Merkmale für die Unterteilung in Klein-, Mittel- und Großbetriebe sind z.B. die Zahl der Beschäftigten und der Umsatz. Ergänzen Sie die Tabelle mit Hilfe der Informationen im Text oben.

Betriebsgrößen: Klein-, Mittel- und Großbetriebe		
Unternehmens-größe	Merkmal Zahl der Beschäftigten	Umsatz DM/Jahr
klein	bis 49	bis 1. Mio.
mittel	50 bis _____	1 bis _____ Mio.
groß	_____ und mehr	_____ Mio. und mehr

1 Welcher Wirtschaftszweig gewinnt in Deutschland immer mehr an Bedeutung?
2 Gibt es in Ihrem Land einen Trend zu mehr Service-Branchen?

Wandel in der Wirtschaft

Keine andere westliche Volkswirtschaft ist so stark industriell geprägt wie Deutschland.

Zur Zeit arbeiten 37 von 100 westdeutschen Arbeitnehmern in der Industrie. In den übrigen EU-Ländern sind es dagegen kaum mehr als 30.

Seit 1970 aber gibt es einen Trend zu mehr Service-Branchen. Der Anteil der Industrie am Brutto-sozialprodukt ist von 51,7% auf 37,7% gefallen. **Zwischen 1980 und 1992 stieg die Zahl der Beschäftigten im Dienstleistungssektor um fast 2,8 Millionen auf 12,7 Millionen.**

Die *Prognos* AG in Basel rechnet für ganz Deutschland bis zum Jahr 2010 mit rund 2,5 Millionen neuen Arbeitsplätzen bei Banken, Versicherungen und im Bereich der Sonstigen Dienstleistungen (Gastgewerbe, Bildung, Kultur, Gesundheitswesen, Beratung usw.)

Fast alle Großunternehmen haben die Rechtsform einer **Aktiengesellschaft.**
Mittelgroße oder kleine Firmen haben meistens die Rechtsform einer
Gesellschaft mit beschränkter Haftung.
Was ist eine AG? Was ist eine GmbH? Wie unterscheiden sie sich?

Struktur einer AG

Zur Gründung einer **AG** sind mindestens fünf **Gesellschafter** und ein **Grundkapital** von DM 100.000 erforderlich.

Die **Aktien** einer AG kann man an der **Börse** handeln.

Eine AG hat zwei Führungsgremien, einen **Aufsichtsrat** und einen **Vorstand.** Der Aufsichtsrat ist das Kontrollorgan der AG. Er ist verantwortlich für langfristige Planung und überwacht den Vorstand. Er besteht aus Experten von außerhalb des Unternehmens und aus Vertretern der Arbeitnehmer. Die **Aktionäre** wählen den Vorsitzenden des Aufsichtsrats.

Der Vorstand leitet die AG unter eigener Verantwortung. Die Mitglieder des Vorstands werden vom Aufsichtsrat gewählt.

Struktur einer GmbH

Eine **GmbH** ist auch eine **Kapitalgesellschaft**. Sie muß mindestens zwei Gesellschafter und ein **Stammkapital** von DM 50.000 haben.

Eine GmbH wird von einer **Geschäftsführung** oder einem **Geschäftsführer** geleitet. Wenn sie mehr als 500 Mitarbeiter beschäftigt, hat sie auch einen Aufsichtsrat wie in der AG. Die meisten Unternehmen in Deutschland sind Gesellschaften mit beschränkter Haftung.

Womit verdienen die Deutschen das meiste Geld? Und die Schweizer?

Die deutschen Spitzenreiter		
Rang	**Firma, Sitz**	**Wirtschaftszweig**
1.	Daimler-Benz AG, Stuttgart	Auto, Elektro, Luftfahrt
2.	Volkswagen AG, Wolfsburg	Auto
3.	Siemens AG, München	Elektro
4.	VEBA AG, Düsseldorf	Energie, Chemie
5.	RWE AG, Essen	Energie, Bau
6.	Hoechst AG, Frankfurt	Chemie, Pharma
7.	BASF AG, Ludwigshafen	Chemie, Energie
8.	Bayer AG, Leverkusen	Chemie, Pharma
9.	Thyssen AG, Duisburg	Stahl, Maschinen
10.	Bosch GmbH, Stuttgart	Elektro

WOMIT DIE SCHWEIZER GELD VERDIENEN

UNTERNEHMEN	GEWINN 1993 in Mrd. DM
Nestlé (Nahrungsmittel)	3,5
Roche (Pharma)	3,0
Schweizerische Bankgesellschaft SBG	2,3
Ciba-Geigy (Pharma, Chemie)	2,2
Sandoz (Chemie)	2,1
CS Holding (Finanzdienstleistungen)	1,7
Schweizerischer Bankverein	1,4
Richemont (Luxusgüter)	0,5
Holderbank (Zement)	0,5
SMH (Uhren)	0,5

DAS REICHSTE LAND der Welt erwirtschaftet das meiste Geld mit Banken, Pharma- und Chemie-Unternehmen.

3 Sich kennenlernen

In this unit you'll learn how to
- make, accept or refuse an invitation and recommend a restaurant
- discuss the menu, order and pay for a meal
- talk about home and family
- talk about leisure interests
- exchange holiday experiences
- ask for and give advice about things to see and do

You'll also learn about some regions of Germany.

3.1 Darf ich Sie einladen?

A **1** Einladungen zum Essen spielen eine wichtige Rolle im Geschäftsleben. In Deutschland lädt man Geschäftsfreunde meistens zum Essen im Restaurant ein. Es ist natürlich wichtig, ein passendes Restaurant zu wählen. Lesen Sie die Restaurantanzeigen unten. Welche Restaurants ...

1 bieten deutsche Küche / französische Küche / Fischspezialitäten an?
2 bieten eine elegante Atmosphäre / eine Terrasse im Freien / musikalische Unterhaltung / einen Blick auf den Main an?
3 sind sonntags geschlossen / bleiben bis 1.00 Uhr auf?
4 sind wahrscheinlich erstklassig / gut / preiswert?

2 In welches Restaurant würden Sie einen wichtigen Kunden zum Essen einladen?

RESTAURANTS

China Restaurant Lotus
Original Spezialitätenküche aus Hongkong und Peking
Elegante und gemütliche Atmosphäre mit Blick auf den Main
Untermainkai 17 - 6000 Frankfurt - Tel. 0 69 / 23 51 85

tägl. geöffnet v. 11.30-15.00 Uhr u. 17.30-24.00 Uhr - Sa., So. und feiertags geöffnet.

„Zum Kuhhirten – Turm"
Speisegaststätte
Inh. E. Schlesinger
28 Jahre
Wechselnde saisonbedingte Tages- und Frankfurtergerichte
Fisch – Fleisch – Wild
Warme Küche 11.30-14.30 Uhr u. 17.00-24.00 Uhr
Sonntag und Montag Ruhetag (außer an Messen)
Geschlossene Gesellschaft nach Vereinbarung
Tel. 0 69 / 61 75 89, Große Rittergasse 114, Frankfurt-Sachsenhausen

La Truffe
»Savoir vivre« in Frankfurt
La Truffe: ... das anspruchsvolle Restaurant mit Vinothek bringt ein bißchen französische Lebensart nach Frankfurt.
Öffnungszeiten: Montag bis Freitag von 11.30 Uhr bis 14.30 Uhr und von 18.30 bis 24.00 Uhr.
Samstag und Sonntag außerhalb der Messen geschlossen.
Wiesenhüttenpl. 28–38 · 6000 Frankfurt/Main · Tel. (069) 26970

Budweiser Budvar vom Faß
Restaurant Bingelsstube
Pfungstädter

- Gut bürgerliche Küche • Eisköstlichkeiten
- verschiedene Biere vom Faß
- gepflegte Räumlichkeiten für ca. 70 Personen
- Freiterrasse • Parkplätze

Di-Sa 11.00-14.00 Uhr
     17.00-24.00 Uhr
So   11.00-24.00 Uhr

Bingelsweg 1 • 65933 Frankfurt-Griesheim • Tel. 0 69/38 69 07

- Guten Appetitt -

Italienisches Ristorante
Dei Medici
Lassen Sie sich mal verwöhnen !

Speisen Sie in romantischer Atmosphäre
bei Klavierunterhaltung. es singt für Sie
zwischendurch der Chef persönlich.

Wir bieten:
Verschiedene Vorspeisen, hausgem. Nudeln,
Nudelgerichte, Fleisch,-u.Fischspezialitäten

Öffnungszeiten:
Mo. - So. ab 18.00 - 1.00 Uhr
Mittagstisch mit Menüwahl
Mo. - Fr. ab 12.00 - 14.30 Uhr

Ziegelhüttenweg 33, 60598 Ffm. Sachsenhausen

☎ 069 - 63 98 98, Fax 069 - 63 83 67
RESERVIERUNG ERBETEN!

B

Manfred Weber besucht den Frankfurter Hauptsitz der
Firma Morita Deutschland, die seinen Betrieb in Weimar
(in der ehemaligen DDR) übernommen hat. Sein neuer
Chef, Herr Noske, lädt ihn zum Abendessen ein. Hören Sie
dem Gespräch zu und beantworten Sie die Fragen.

1 Für wann ist die Einladung?
2 Welche von den Restaurants links empfiehlt Herr Noske?
3 Für welches Restaurant entscheiden sie sich? Warum?
4 Um wieviel Uhr wollen sie sich treffen? Wo?

> **CULTURE BRIEF**
>
> Germans tend to eat quite
> early, at 7pm rather than
> 8pm or later. This is
> because the working day
> starts early and lunch is
> often eaten at noon. Some
> restaurants in small towns
> stop serving hot food at
> 9.30pm.

C Laden Sie einen Geschäftsfreund zum Essen in Frankfurt ein.

> Darf ich Sie (irgendwann) diese/nächste Woche zum Mittagessen/Abendessen einladen?

> Gern, das ist sehr freundlich von Ihnen. / Das wäre (sehr) schön/nett.

> Hätten Sie [am Mittwoch] Zeit? / Würde Ihnen [Freitag abend] passen?

> Ja, das geht. / Ist gut.
> Ja, da habe ich nichts anderes vor.

> Es tut mir leid, da kann ich nicht/da geht es nicht.
> Da habe ich leider keine Zeit/bin ich beschäftigt.

> Essen Sie gern [französisch/chinesisch]? / Möchten Sie [Fisch/Wild] essen?

> Ja, sehr gern.

> Mir schmeckt die [chinesische] Küche leider nicht.
> Eigentlich esse ich lieber [deutsche Küche].

> Dann empfehle ich das [französische] Restaurant [La Truffe].
> Gehen wir (also) in ein [traditionelles deutsches] Restaurant, [Zum Kuhhirten-Turm].
> Die Küche ist ausgezeichnet. / Die Atmosphäre ist sehr angenehm. / Der Service ist erstklassig.

> Gut. / Prima. Wann und wo sollen wir uns treffen?

> Treffen wir uns um [sieben Uhr] im Restaurant/vor dem Hotel.
> Ich hole Sie um [halb sieben] mit dem Auto vom Hotel ab.

LANGUAGE STUDY

1 Study these forms of the verbs *sein*, *haben* and *werden*.
   Das **wäre** schön.
   Hätten Sie am Mittwoch Zeit?
   Würde Ihnen Freitag abend passen?
   This is the subjunctive form, which you met in Unit 1.2 (*Möchten Sie?*
   Könnte ich/Könnten Sie?).
   How is it formed?
   Why do you think it is used here?   ▶ 6.3

2 Compare the adjective endings in these examples.
   Ich empfehle **das** französisch**e** Restaurant ...
   Gehen wir in **ein** traditionell**es** deutsch**es** Restaurant.
   Why is there an -*e* on the end of *französisch*, but an -*es* on the end of *traditionell*
   and *deutsch*?   ▶ 4.3 - 4.5

3 Can you identify the expressions of time, manner and place in this example?
   Ich hole Sie um halb sieben mit dem Auto vom Hotel ab.
   Why are they in that order?   ▶ 7.12

D Machen Sie eine Liste von Restaurants in Ihrer Stadt, in die Sie einen deutschsprachigen
Besucher zum Essen einladen könnten. Dann laden Sie den Besucher zum Essen ein.
Helfen Sie ihm/ihr, ein Restaurant zu wählen.

3.2 Guten Appetit!

A **1** Lesen Sie die Speisekarte rechts. Welche Gerichte kennen Sie?

2 Welche Definition paßt zu welcher Speise auf der Speisekarte?

1 Das ist etwas, das man in eine Suppe tut, z.B. Fleisch, Nudeln oder Ei.
2 Auf englisch nennt man das einen „Hamburger".
3 Das ist ein Blatt Weißkohl, mit Hackfleisch und Gewürzen gefüllt.
4 Das ist eine Spezialität der Gegend: ein gekochtes Stück Bein vom Schwein.
5 Das sind rote Beeren, die man oft mit Wild ißt. Sie schmecken etwas säuerlich.
6 Das ist eine Beilage, die man aus alten Brötchen macht. Ein anderes Wort dafür ist „Knödel".
7 Das ist eine Art von Gelee aus roten Früchten.

3 Machen Sie eine Liste von allen Abkürzungen auf der Speisekarte. Was bedeuten sie?

4 Wie viele Zubereitungsmethoden finden Sie? Z.B.: *gekocht*

5 Was würden Sie von der Speisekarte bestellen? Was würden Sie dazu trinken? Was würden Sie nicht bestellen? Warum nicht?

B Herr Noske und sein Gast, Herr Weber, sind in der Speisegaststätte „Zum Kuhhirten-Turm". Was bestellen Sie? Nehmen Sie die Bestellung auf.

C Sie essen mit einem Geschäftsfreund im Kuhhirten-Turm. Sprechen Sie über die Speisekarte und bestellen Sie beim Kellner. Der Kellner nimmt die Bestellung auf.

> Was nehmen Sie als Vorspeise/Hauptgericht?
> Was trinken Sie/wir dazu? (Wein oder Bier?)

> Ich nehme/möchte/probiere [die Hühnerbrühe].
> Können Sie (mir/uns) etwas/eine Vorspeise empfehlen?

> [Die Leberknödelsuppe] schmeckt sehr gut/lecker.
> Ich empfehle Ihnen [den Rinderbraten/das Eisbein].
> (Das ist eine Hausspezialität/Spezialität der Gegend.)

> Nein, sowas mag/esse ich nicht gern.
> Das ist mir zu schwer/scharf.
> Da nehme ich lieber etwas anderes/Warmes/Kaltes.

> Herr Ober/Fräulein, wir möchten bestellen.

> Bitte schön (die Herrschaften), was bekommen Sie?

> Einmal/Zweimal [Hacksteak] und [ein Pils] dazu. / [Die Salatschüssel] für die Dame/den Herrn.
> Zu trinken nehmen wir/hätten wir gern [eine Flasche Riesling/den Trollinger/zwei Glas Rotwein].

LANGUAGE STUDY

1 The dative case is used to indicate the **indirect object** of a sentence, ie the person or thing the action is done **to** or **for**. Study these examples. What are the word order rules?

	Indirect object	Direct object	
Können Sie	mir/uns	eine Vorspeise	empfehlen?
Ich empfehle	Ihnen	den Rinderbraten.	
Frau Brett bietet	dem Besucher	eine Erfrischung	an.
Sie holt	ihm	den neuen Prospekt.	▶ 6.13

2 Note that some verbs are followed by the dative case when you would expect a direct object in the accusative case, eg:

Paßt **Ihnen** Freitag abend?

Können Sie **mir** helfen?

Er dankte **ihr** für den interessanten Rundgang.

Can you think of any more verbs like this? ▶ 6.14

"Zum Kuhhirten-Turm"

Heute zu empfehlen ! ! !

Vorspeisen:
Leberknödelsuppe	DM 6,50
Hühnerbrühe mit Einlage	DM 6,50
Feldsalat mit Nüssen und Croutons	DM 9,50
Avocado mit Garnelen gefüllt und franz. Brot	DM 14,50

Hauptspeisen:
Salatschüssel mit gekochtem Schinken, Ei und Schafskäse	DM 14,50
Hacksteak mit Röstzwiebeln, Salat und Bratkart.	DM 16,50
Pärchen Bratwurst mit Kraut und Brot	DM 16,50
Hühnerfrikassee mit Reis und gem. Salat	DM 19,50
hausgem. Kohlroulade mit Pfeffersauce, Salzkart.	DM 19,50
Champignonschnitzel mit Rahmsauce und Reis	DM 19,50
Backofenfrische Schweinshaxen mit Sauerkraut und Bratkart.	DM 21,50
Eisbein mit Sauerkraut und Salzkart.	DM 19,50
Rinderbraten mit feinem Gemüse und Salzkart.	DM 21,50
Schweinelendchen mit Ananas und Käse überbacken	DM 26,50

Wildspezialitäten:
1/2 Wildente entbeint mit Rotkraut, Preiselbeeren, Semmelkloß	DM 28,50
Wildschweinkoteletts mit Pilzen, Rotkraut, Bratkart.	DM 33,00
gegrillter Rehrücken mit frischen Pilzen, Preiselbeeren und Speckkart. ab 2 Personen Port. ab	DM 48,00

Fischgerichte:
Wildlachssteak oder Heilbuttsteak gegrillt auf Blattspinat mit Knoblauch überbacken und Salzkart.	DM 29,50

Beilagen: hausgemachte Bandnudeln	DM 4,50
oder Portion Reis	DM 4,50

Desserts:
Frische Heidelbeeren oder Pflaumenkompott mit Vanilleeis, Sahne	DM 12,50
Rote Grütze mit Sahne	DM 9,50

Getränke

Aperitifs
Campari Soda o. Orange	DM 7,00
Sherry	DM 6,00

Bier
Pils vom Faß	DM 4,50
Alkoholfreies Bier	DM 4,50

Offene Weißweine
92er Riesling »halbtrocken«	DM 6,00
93er Müller-Thurgau »trocken«	DM 5,50

Offene Rotweine
93er Astheimer Karthäuser	DM 5,00
91er Trollinger »trocken«	DM 7,50

Flaschenweine:
Bitte verlangen Sie unsere Weinkarte.

FRANKEN

1991er Volkacher Ratsherr
Müller-Thurgau
Qualitätswein
Amtl. Prüf-Nr. 4000-415-93 3 53137
ERZEUGERABFÜLLUNG
Gebiets-Winzergenossenschaft Franken eG · D 97307 Kitzingen
10,5% vol
Volkach 0,75l

Alkoholfreie Getränke
Säfte (Orange, Apfel, Tomate)	DM 4,50
Apollinaris Mineralwasser	DM 4,00
Coca Cola	DM 3,50

Heiße Getränke
Tasse Kaffee	DM 3,00
Tasse Espresso, Cappucino	DM 4,00

D Nach der Hauptspeise kommt der Kellner wieder.
Wie beantwortet Herr Noske seine Fragen?

1 Hat es Ihnen geschmeckt?

    a) Ja, es war köstlich, danke.
    b) Schon gut, aber die Ente war etwas zäh.

2 Möchten Sie noch etwas bestellen?

    a) Nein danke, ich bin satt. Kann ich zahlen, bitte?
    b) Ich nehme noch eine Rote Grütze.
       Und bringen Sie mir die Rechnung, bitte.

3 Geht die Rechnung zusammen oder getrennt?

    a) Getrennt, bitte.
    b) Alles zusammen, bitte.

4 So, die Rechnung, bitte schön.

    a) So, 110 Mark, stimmt so.
    b) Ich glaube, die Rechnung stimmt nicht.

E Welche Informationen können Sie dieser Rechnung entnehmen?

1 Wie viele Leute haben zusammen gegessen?
2 Was haben sie bestellt?
3 Ist die Rechnung inklusive/ exklusive Mehrwertsteuer? Bedienung?
4 Stimmt die Rechnung? Überprüfen Sie sie.

Gartenlokal in Sachsenhausen

F GÄSTE: Sie möchten das Essen, das Sie in **C** bestellt haben, bezahlen. Rufen Sie den/die Kellner/in.
KELLNER/IN: Fragen Sie die Gäste, ob sie noch etwas bestellen möchten. Machen Sie die Rechnung fertig und geben Sie sie den Gästen.

G Stellen Sie eine Speisekarte zusammen, die für Ihr Land typisch ist. Empfehlen Sie einem deutschsprachigen Gast, was er/sie essen und trinken könnte, und erklären Sie ihm/ihr eventuell die Gerichte.

Speisegaststätte
"Zum Kuhhirten-Turm"
Inh. E. Schlesinger

Rechnung

03.04.9-

Kellner-Nr. 8

2x LEBERKNÖDELSU.	6,50	13,00
1x AVOC.	14,50	14,50
1x WILDSCHWEINKOT.	33,00	33,00
1x KOHLROUL.	19,50	19,50
1x HÜHNERFRIK.	21,50	21,50
2x TROLLINGER	7,50	15,00
1x ORANGENSAFT	4,50	4,50
3x APOLLINARIS	4,00	12,00
3x TASSE KAFFEE	4,00	12,00

S U M M E:

       145,00

Inkl. 15% MwSt. = 18,91
       ======

Wir danken Ihnen für Ihren Besuch.

Im Gesamtbetrag sind Bedienungsgeld sowie die gesetzliche Mehrwertsteuer enthalten.

CULTURE BRIEF

VAT (*Mehrwertsteuer*) and service (*Bedienung*) are generally included in German restaurants. However, it is common to give an additional tip of between 5% and 10%.

3.3 Wohnung und Familie

A **1** Herr Noske wohnt in Frankfurt, Herr Weber wohnt in Weimar. Was für Städte sind das? Wie wohnt man Ihrer Meinung nach dort? Antworten Sie mit Hilfe der Ausdrücke unten.

▼ *Weimar Markt*

◄ *Frankfurt Skyline*

Das ist eine Großstadt/mittelgroße Stadt/Kleinstadt/ein Dorf.
Das ist eine Industriestadt/ein Handelszentrum/Finanzzentrum/eine historische Stadt.
Die Stadt ist bekannt/berühmt für ihre Verbindungen mit [Goethe]/ihre Wolkenkratzer.
Die Stadt ist/Einige Stadtteile sind (sehr/ganz) schön/sauber/schmutzig/(etwas) heruntergekommen.
Es gibt eine schöne Altstadt/viele/wenige architektonisch interessante Gebäude/ Sehenswürdigkeiten/Grünflächen.
Das kulturelle Angebot/Das Freizeitangebot ist groß/klein.
Die Verkehrs- und Straßenverbindungen sind sehr/relativ gut/schlecht.
Das Leben ist (sehr/ziemlich) teuer/billig/hektisch/ruhig. Es gibt viel/wenig Streß.
Es gibt viel/wenig Verkehr/Kriminalität. Die Umweltverschmutzung ist ein großes/kein Problem.

2 Beschreiben Sie Ihre eigene Stadt.

B **1** Lesen Sie die Fragen und Antworten. Welche Antworten treffen auf Sie zu?

Wo wohnen Sie?	► In der Nähe des Stadtzentrums. / In der Altstadt. / Am Stadtrand. / Außerhalb der Stadt. / In einem Dorf.
Wie wohnt man dort?	► Es ist sehr schön dort/relativ ruhig. Es ist direkt am Park/fast im Grünen. Es ist nicht weit zum Bus/zur U-Bahn. Es gibt gute Einkaufsmöglichkeiten/Schulen.
Wie kommen Sie zur Arbeit?	► Mit dem Auto/Bus/Fahrrad/Zug/mit der U-Bahn/S-Bahn. Zu Fuß.
Wie wohnen Sie?	► In einer Wohnung/Doppelhaushälfte. In einem Einfamilienhaus/Reihenhaus.
Gehört die Wohnung/das Haus Ihnen?	► Ja, es ist eine Eigentumswohnung/das Haus gehört mir. Nein, es ist eine Mietwohnung/ein Mietshaus.
Wie groß ist Ihre Wohnung/Ihr Haus?	► Relativ klein. / Mittelgroß. / Groß. / Ungefähr 80/120/150 Quadratmeter. / Wir haben 3/4/5 Zimmer.

2 Welche Antworten sind für Herrn Weber und Herrn Noske richtig? Hören Sie zu.

IMMOBILIEN-MARKT

HÄUSER

180 m²
Wohn- Nutzfläche
für DM 760.000,-
in begehrter Wohnlage
direkt am Tierpark

Attraktives Einfamilienhaus, Altbau, 7 Zimmer, großzügiger Wohn-Eßbereich mit ca. 38 m², 3 Schlafräume, Gästezimmer, Gäste-WC, Hobbyraum mit Weinkeller, Arbeitszimmer mit sep. Zugang, Wintergarten, 360 m² Garten mit Teich
M. Kuhfuss Immobilien, Tel 069/39 42 13

CAPITAL IMMOBILIEN

Attr. DHH, am westlichen Stadtrand, Wohnfl. ca. 150 m², ruh. u. sonn. S-Grundstück, 2 Balkone, Garage, wenige Gehminuten von S-Bahn, allen Einkaufsmöglichkeiten und Schulen entfernt, **DM 644 800,-**
Tel. 06192/36 77 88

F-Niederrad, Reihenhaus

Neubau, absolut ruhige Lage trotz guter Verkehrsverbindungen, 130 m² Wfl., Wohnküche, Keller, Dachausbau, Gäste-WC, Garage, ca. 190 m² SW-Garten, Terrasse
KP DM 498.000,-
IHS Immobilien, Tel. 069/38 35 80

EIGENTUMSWOHNUNGEN

Im Süden von Frankfurt, verkehrsgünstige Lage, 3 Zi.-ETW 100 m² Wfl., EBK, Westbalkon, Pkw-Stellplatz, Etagenheizung, 5. OG., Lift, **KP DM 385 000,-**
Privat 06910 / 93 06 98

MIETWOHNUNGEN

1 Zimmer-Whg., EG mit Gartenanteil, möbliert, EBK, Dusche, WC, Gasetagenheizung, Kabelanschluß, zentrale Lage, **Miete DM 550,- + NK + Kt.**
Tel. 069 / 75 13 51

Zentrumslage, helle 4 Zi-Whg., 110 m², Ausstattung: EBK, Gäste-WC, Abstellraum, Balkon, TG-Stellplatz, Nähe U-/S-Bahn,
DM 1700,- NK + Kt.
Tel. 069/59 81 42

Zu vermieten: Zimmer

Möbliertes Zi. in Einfam.-Haus, 14 m², Bad-, Küchenbenutzung, Kühlschrank u. Kabel-TV i. Zi., 5 Min. m. Bus zur S-Bahn, DM 500,- inkl.
Tel. 069/75 13 41

Abkürzungen:

KP = Kaufpreis	EG = Erdgeschoß	NK = Nebenkosten
ETW = Etagenwohnung	OG = Obergeschoß	Kt. = Kaution
EBK = Einbauküche	TG = Tiefgarage	

C Mit Hilfe der Immobilienanzeigen und der Ausdrücke in **A** und **B** beschreiben Sie Ihr eigenes Haus/Ihre eigene Wohnung unter folgenden Gesichtspunkten.

• Haus-/Wohnungstyp • Lage/Wohnqualität • Wohnfläche/Zahl der Zimmer • Ausstattung

D Herr Noske und Herr Weber reden über ihre Familien. Welche Aussagen beschreiben ihre Familienverhältnisse?

1 Herr Weber hat zwei Töchter/einen Sohn und eine Tochter/keine Kinder.
2 Seine Frau ist Hausfrau/berufstätig.
3 Der Sohn von Herrn Noske ist 10 Jahre alt/wird bald 18.
4 Er geht noch zur Schule/lernt Industriemechaniker/studiert an der Universität.
5 Herr Noske hat zwei Schwestern/eine Schwester und einen Bruder/keine Geschwister.
6 Sein Schwager arbeitet bei Morita/ist im Moment arbeitslos.
7 Sein Neffe ist der Sohn von seinem Bruder/von seiner Schwester.
8 Herr Noske ist ledig/verheiratet/geschieden/verwitwet.

E Unterhalten Sie sich mit einem deutschsprachigen Gast über Heimatstadt, Wohnung und Familie. Bringen Sie eventuell Ihre eigenen Fotos mit!
PARTNER A benutzt Datenblatt A7, S. 150.
PARTNER B benutzt Datenblatt B7, S. 158.

3.4   Was machen Sie in Ihrer Freizeit?

A   **1**   Wenn man sich mit Geschäftsfreunden unterhält, ist die Freizeit immer ein gutes Gesprächsthema. Sehen Sie sich die Tabelle an. Welche Aktivitäten machen Sie in Ihrer Freizeit gern?

Freizeitverhalten - Freizeittätigkeiten			
Von je 100 Bundesbürgern üben regelmäßig aus (N = 2000 ab 14 Jahren)			
	%		%
fernsehen	89	Ausflüge, Wochenendfahrt machen	27
Radio, Musik hören	76	heimwerken, basteln (Wohnung renovieren, Auto	
Zeitung, Illustrierte lesen	76	warten usw.)	21
telefonieren mit Freunden	64	in die Kneipe gehen	21
sich mit Freunden treffen	53	selbst Sport treiben, trimmen (joggen, Aerobik usw.)	19
im Garten arbeiten	38	Handarbeiten (stricken, nähen)	15
Bücher lesen	36	Sportveranstaltungen besuchen	13
Rad fahren	34	tanzen, in die Disco gehen	12
spazierengehen, wandern	33	ins Kino gehen	10
Einkaufs-, Stadtbummel machen	32	in die Oper, ins Konzert, Theater gehen	5
Besuche machen, Besuch bekommen	29	Rock-, Pop-, Jazzkonzert besuchen	4
essen gehen	28	Museum, Kunstausstellung besuchen	4
Quelle: Freizeit 2001, und „Urlaub 91" B.A.T. Freizeit-Forschungsinstitut			

2   Wie viele Arten von Fernsehsendungen können Sie nennen? Z.B.:

Sportsendungen, Spielfilme, die Nachrichten ...

3   Wie viele Sportarten können Sie nennen? Z.B.:

Skilaufen, kegeln, wandern ...

4   Haben Sie Freizeitinteressen oder Hobbys, die nicht auf dieser Liste stehen? Wie heißen sie auf deutsch?

B   **1**   Herr Noske und Herr Weber sprechen über ihre Freizeitinteressen. Welche Fragen stellen sie?

Was machen Sie in Ihrer Freizeit?
Interessieren Sie sich für Musik oder Theater?
Gehen Sie gern ins Kino?
Was für Filme sehen Sie gern?
Haben Sie in letzter Zeit einen guten Film gesehen?
Sehen Sie viel fern?
Was für Sendungen sehen Sie gern?
Treiben Sie Sport?
Sind Sie sportlich aktiv?
Was für Sportarten treiben Sie?
Sind Sie Mitglied in einem Sportverein?
Wie oft treffen Sie sich?
Wie oft joggen Sie?
Haben Sie noch andere Hobbys?
Lesen Sie gern?
Welche Bücher lesen Sie am liebsten?
Wer sind Ihre Lieblingsautoren?

2   Hören Sie noch einmal zu. Was für Antworten geben sie?

C   Sprechen Sie mit Ihrem Partner über Ihre Freizeitinteressen. Stellen und beantworten Sie ähnliche Fragen wie in **B**. Haben Sie etwas gemeinsam?

D **1** Lesen Sie den Text über das Freizeitbudget der Deutschen. Was bedeuten die <u>unterstrichenen</u> Wörter? Können Sie sie auf deutsch erklären?

2 Sehen Sie sich die Tabelle an. Welche Ausgaben (in Prozent) sind seit 1988 gestiegen/gefallen? Was könnten die Gründe dafür sein?

Freizeitbudget

Das Freizeitbudget der privaten <u>Haushalte</u> in der westlichen Bundesrepublik Deutschland ist seit 1965 um 650% gestiegen. Je nach Einkommenssituation erreichen die Freizeitausgaben 10% bis 20% der <u>Haushaltsausgaben</u>.
1992 hatte ein durchschnittlicher Haushalt (d.h. eine Familie mit vier Personen) ein <u>ausgabenfähiges Einkommen</u> von DM 5.143,-- im Monat. Davon waren DM 3.976,-- Ausgaben für <u>den laufenden Bedarf</u>, gespart wurden DM 639,--. Die monatlichen Freizeitausgaben betrugen DM 732,--, also 14,23% des ausgabenfähigen Einkommens.

Das Freizeitbudget - West - 1988 - 1993
Jahresausgaben von Arbeitnehmerhaushalten (West)
4 Personen, mit mittlerem Einkommen

	1988		1993	
	DM	%	DM	%
Urlaub	1 828	25,5	2 434	27,0
Auto für Freizeit	949	13,2	1 187	13,2
Sport, Camping	937	13,1	1 171	13,0
Radio, Video	812	11,3	1 058	11,7
Bücher, Zeitungen, Zeitschriften	632	8,7	709	7,9
Garten, Haustiere	516	7,2	570	6,3
Spiele, Spielzeug	324	4,5	451	5,0
Foto, Film	239	3,3	239	2,6
Kino, Theater, Konzert	154	2,1	208	2,2
Heimwerken	80	1,1	78	0,9
Sonstige Ausg.	746	10,4	917	10,2
Insgesamt	7 177	100,0	9 022	100,0

Freizeit-Ausgaben-Trends
Über das künftige private Ausgabeverhalten für Freizeit und Tourismus kann man sagen:
■ Der Anteil der Freizeitausgaben an den Haushaltsausgaben wird weiter wachsen, obgleich mit einer flacheren Kurve.
■ Man wird das Geld für die Freizeit kritischer ausgeben, d.h., man wird sich weniger, aber dafür teurere Freizeitwünsche leisten.
■ Nicht-materielle, besonders ökologische Überlegungen werden das Freizeitverhalten immer mehr beeinflussen.
■ Es wird eine zunehmende Gruppe von Menschen geben, die sich viele Freizeitangebote und -produkte nicht mehr leisten können.

3 Lesen Sie die **Freizeit-Ausgaben-Trends**. Was sind Ihrer Meinung nach die Gründe für diese Trends? Z.B.:

Die Zahl der Arbeitslosen/Teilzeitarbeiter wird steigen.

Mehr Leute werden einen Nebenberuf haben.

Die Lebenskosten/Steuern werden steigen.

Die Kaufkraft wird stagnieren/sinken.

Das Umweltbewußtsein wird weiter wachsen.

LANGUAGE STUDY

Underline all the examples of the future tense in the text **Freizeit-Ausgaben-Trends.**
How is it formed?
Note: When there is a future time reference, you can use the present tense, eg:
Ich rufe Sie morgen an.
Ich reserviere einen Tisch für Donnerstag abend.

▶ 6.10

E **1** Machen Sie eine Umfrage zum Thema Freizeit. Welche sind die drei beliebtesten Freizeitaktivitäten? Vergleichen Sie Ihre Ergebnisse mit der Tabelle in **A**.

2 Stellen Sie Ihre Freizeitausgaben graphisch in einer Tabelle dar.
Vergleichen Sie Ihr Freizeitbudget mit dem Ihres Partners.

3.5 Wo waren Sie im Urlaub?

A 1 Das Hauptreiseland der Deutschen ist Deutschland. Einige beliebte Reiseziele
sehen Sie unten. Ordnen Sie die Beschreibungen den Bildern zu.

▲ *Vesper im Weinberg*

Sonne, Strand, Meer ▶

▲ *Die Wald-Romantik
erleben*

*Eisstockschießen
in den Alpen* ▶

A

Bayern ist Deutschlands beliebtestes Reiseland.
Hauptattraktionen sind die bayerischen Alpen – mit
Deutschlands höchstem Berg, der Zugspitze – die
malerischen Seen des Alpenvorlands, der Bayerische
Wald mit dem ersten deutschen Nationalpark oder die
Täler von Donau und Main.

B

Schleswig-Holstein liegt als einziges deutsches
Bundesland an zwei Meeren: Nord- und Ostsee.
Tausende von Touristen fahren an die Ostsee nach
Lübeck oder Travemünde. Für einen Badeurlaub sind
die Nordfriesischen Inseln sehr beliebt, darunter die
Insel Sylt. Naturfreunde lockt der Nationalpark
Wattenmeer an der Nordsee.

C

Das Gebiet rund um die Mosel ist nicht nur bekannt
für seine landschaftlichen Schönheiten und sein
angenehmes Klima, sondern auch für seine
kulinarischen Spezialitäten und natürlich seinen Wein.
Fast jede Stadt hat ihr Weinfest, das manchmal
mehrere Tage dauert. Höhepunkte sind die Krönung
einer Weinkönigin, ein Festumzug und abendliches
Feuerwerk. Der Humor und die Kontaktfreudigkeit
der Moselaner machen es Gästen leicht, fröhlich
mitzufeiern.

D

Thüringen nennt man das „Grüne Herz
Deutschlands". Der Thüringer Wald, mit seinen
anziehenden Tälern und prächtigen Wäldern, ist ein
vielbesuchtes Reiseziel von Wanderfreunden und
Liebhabern der Natur. Attraktive Ausflugsorte sind
auch die historischen Städte im Thüringer Becken,
wie die über 1.250 Jahre alte Landeshauptstadt Erfurt,
oder Eisenach, Geburtsort von Johann Sebastian
Bach.

2 Welches sind die beliebtesten Ferienorte bzw. -gebiete in Ihrem Land? Warum sind sie beliebt?

3 Die Urlaubsgewohnheiten der Deutschen haben sich geändert. Früher ruhten sie sich lieber aus
und lagen am Strand, heute bevorzugen sie den Aktiv-Urlaub mit viel Bewegung. Welche Art
von Urlaub bevorzugen Sie? Den Strandurlaub, den Stadturlaub, den Aktiv-Urlaub? Warum?

B 1 Österreich ist auch ein beliebtes Ferienland. Können Sie einige Reiseziele nennen?

2 Informieren Sie sich über St. Gilgen. Lesen Sie den Text aus einem Reiseprospekt.

1 Wo liegt dieser Ferienort?   3 Was kann man dort machen?
2 Was für ein Ort ist das?   4 Wo kann man dort wohnen?

ÖSTERREICH SALZKAMMERGUT

WOLFGANGSEE (550 m)

**HOTEL JODLERWIRT und
PENSION SALZKAMMERGUT**

GASTHOF PENSION ZUR LINDE

St. Gilgen ist ein bekannter Urlaubsort am Westufer des Wolfgangsees. Dieses malerische Städtchen, einst Wohnort der Familie Mozart, bietet seinen Gästen Ruhe und Erholung, aber auch viel Abwechslung.
Machen Sie einen gemütlichen Stadtbummel durch die bunten Straßen und Gassen mit ihren faszinierenden Geschäften und schmucken Häusern. Besichtigen Sie die alte Kirche mit ihrem Zwiebelturm, den Mozartbrunnen, das Geburtshaus der Mutter Mozarts.
Von der Uferpromenade genießen Sie den Blick über den See zum Schafberg. Fahren Sie mit der Seilbahn zum Zwölferhorn hinauf und wandern Sie in den umliegenden Bergen.
An sportlichen Aktivitäten steht der Wassersport im Vordergrund: Baden oder Surfen, Segeln und Rudern. Das Hallenbad mit Sauna und Solarium sowie Minigolf, Kegelbahnen und Fahrradvermietung runden das sportliche Angebot ab. Oder Sie können einfach am Strand in der Sonne liegen!
Konzerte im Park oder in der Kirche, Kinderfeste, Folkloreabende mit Musik und Tanz und vieles mehr erwarten Sie.
Kosten Sie die österreichische Küche und österreichische Weine in den vielen Restaurants und Cafés.
Machen Sie Tagesausflüge in die Mozartstadt Salzburg oder nach Wien und entdecken Sie diese traditionsreichen Städte.
Unsere gemütlichen, familiären Gasthöfe, Pensionen und Hotels liegen rund um den See. Noch mehr Auswahl gibt's in unserem neuen Katalog: Bauernhöfe und Ferienwohnungen für Selbstversorger!

3 Würden Sie diesen Ferienort wählen? Warum? Warum nicht? Sprechen Sie darüber mit Ihrem Partner.

C Herr Weber erzählt Herrn Noske von seinem letzten Urlaub, den er in St. Gilgen verbracht hat. Was ist richtig? Was ist falsch?

1 Herr Weber und seine Familie haben eine Woche in St. Gilgen verbracht.
2 Es hat ihnen sehr gut gefallen.
3 Sie haben in einer Familienpension gewohnt.
4 Sie sind viel in den Bergen gewandert.
5 Herr Webers Sohn ist auf dem See gesegelt.
6 Sie haben einen Tagesausflug nach Wien gemacht.
7 Abends ist Herr Weber mit seiner Frau oft ins Konzert gegangen.
8 Es hat viel geregnet.

LANGUAGE STUDY

In spoken German, the perfect tense is preferred for describing past events. How is it formed? Study these pairs of sentences. Can you work out the rule for the use of the auxiliaries *haben* and *sein*?

Wir **haben** einige Wanderungen in den Bergen **gemacht**.
Wir **sind** viel in den Bergen **gewandert**.
Ich **bin** auf dem See **gesegelt**.
Ich **habe** mein Boot auf dem See **gesegelt**.

▶ 6.7

D 1 Herr Weber fragt Herrn Noske nach seinem letzten Urlaub. Ergänzen Sie die Verben im Perfekt mit der richtigen Form von *haben* oder *sein*. Dann lesen Sie den Dialog mit Ihrem Partner und vergleichen Ihre Antworten.

■ Wo waren Sie letztes Jahr im Urlaub?
▶ Wir (1)... in die Türkei geflogen und (2)... zwei Wochen in Side verbracht.
■ Aha! Da war ich noch nie. Wie (3)... es Ihnen gefallen?
▶ Es war wunderbar. Wir (4)... uns richtig erholt!
■ Prima! Wo (5)... Sie denn gewohnt?
▶ Wir (6)... in einem Luxushotel gewohnt, direkt am Strand. Der Service war ausgezeichnet, und das Essen (7)... uns sehr gut geschmeckt. Die Leute waren auch sehr freundlich.
■ Und was (8)... Sie dort gemacht?
▶ Natürlich (9)... wir viel am Strand gelegen und wir (10)... auch jeden Tag geschwommen. Wir (11)... die römischen Ruinen besucht, die direkt in Side sind. Wir (12)... auch einige Ausflüge mit dem Bus ins Landesinnere gemacht. Und abends (13)... wir durch die Bazars gebummelt. Es war ein sehr schöner Urlaub.
■ Und wie war das Wetter?
▶ Meistens herrlich, nur am letzten Tag (14)... es geregnet!
■ Wunderbar. Da muß ich auch mal hin! Und haben Sie schon Reisepläne für dieses Jahr?
▶ Ja, dieses Jahr wollen wir wahrscheinlich nach Spanien fahren.

 2 Kontrollieren Sie Ihre Antworten anhand der Kassette.

LANGUAGE STUDY

1 List all the past participles in **C** and **D**. Can you write their infinitive form? Eg:
gehen - gegangen   wohnen - gewohnt
Now try to group the verbs according to the way the past participle is formed.
2 The perfect is the main tense for talking about the past. But look for examples in **D** of *sein* and *haben* used as full verbs. What tense are they in?

▶ 6.8

▶ 6.9

E Wo und wie haben Sie Ihren letzten Urlaub verbracht? Tauschen Sie Ihre Urlaubserlebnisse mit einem Partner aus.

3.6 Was kann man hier tun?

A Sie sind auf Geschäftsreise in Frankfurt und haben einen freien Tag. Lesen Sie das Informationsblatt rechts und entscheiden Sie, was Sie am Tag/am Abend machen möchten. Dann vergleichen Sie Ihre Wahl mit Ihrem Partner, z.B.:

> Ich möchte den Römer besichtigen. Ich interessiere mich nämlich für deutsche Geschichte. Und Sie?

> Ich möchte einen Schaufensterbummel auf der Zeil machen. So was macht mir immer Spaß.

LANGUAGE STUDY

Study these examples of the **passive** from the text about Frankfurt.
   Das Museum für Moderne Kunst **wurde** 1991 **eröffnet**.
   Der Palmengarten **wurde** 1869 von Frankfurts Bürgern **gegründet**.
The passive is formed using the relevant tense of *werden* and the past participle of the verb. Can you find any more examples in the text?

▶ 6.11

B **1** Herr Weber und Herr Noske sprechen darüber, was es in Frankfurt zu tun gibt. Was möchte Herr Weber tun? Was empfiehlt Herr Noske? Suchen Sie die Orte auf dem Informationsblatt rechts.

2 Hören Sie noch einmal zu. Was sagt Herr Noske über
a) das Museumsufer?   b) die Zeil?   c) die Alte Oper?

LANGUAGE STUDY

The **conjunctions** *wenn* and *weil* introduce a subordinate clause.

Subordinate clause	Main clause
Wenn Sie sich für Filme interessieren,	**könnten** Sie das Filmmuseum besuchen.
Main clause	**Subordinate clause**
Die Straße dort nennt man „Museumsufer",	**weil** es dort so viele Museen **gibt**.

What happens to the verb in the subordinate clause?
If the subordinate clause is first, what does the main clause begin with?
Note that there is always a comma between the two clauses.

▶ 7.5

C Bilden Sie *Wenn*-Sätze mit Hilfe des Informationsblatts, z.B.:

Wenn Sie ...

einige Sehenswürdigkeiten besichtigen wollen,	könn(t)en Sie	[den Römer] besuchen.
sich für Naturkunde/Kunst interessieren,	sollten Sie	ins [Naturmuseum]
Andenken/Geschenke kaufen wollen,	müssen Sie	in die [Zeil] gehen.
gern Oper/Jazz hören/ins Theater gehen,		nach [Sachsenhausen]
Spezialitäten der Gegend probieren wollen,		

D Spielen Sie abwechselnd die Rolle von Gast und Gastgeber in Frankfurt. Stellen Sie diese oder ähnliche Fragen.

> Was kann man hier tun/sehen?
> Wo kann ich am besten einkaufen gehen?
> Was kann man am Abend machen?

> Was möchten Sie machen?
> Haben Sie besondere Interessen/Wünsche?
> Es kommt darauf an, was Sie machen wollen/ wofür Sie sich interessieren.

PARTNER A benutzt Datenblatt A8, S. 150.
PARTNER B benutzt Datenblatt B8, S. 158.

E Machen Sie eine Liste von Dingen, die man in Ihrer Stadt sehen und tun kann, und beraten Sie einen deutschsprachigen Gast. Laden Sie ihn/sie eventuell zu etwas ein.

Frankfurt Welcome

Sehenswürdigkeiten

Alle interessanten Sehenswürdigkeiten liegen zentrumsnah und sind ohne Mühe zu Fuß zu erreichen. Besonders empfehlenswert:

der Römerberg
Frankfurts ältester Platz im historischen Zentrum der Stadt. Auf dem Römerberg fanden im 11. Jahrhundert erstmals Messeveranstaltungen statt.

der Römer
Das mittelalterliche Rathaus Frankfurts, seit 1405 Wahrzeichen der Stadt.

der Kaiserdom
Seit 1356 offizieller Wahlort und seit 1562 die Krönungsstätte der deutschen Könige und Kaiser.

St. Leonhard
Die älteste Kirche Frankfurts.

die Paulskirche
Die Paulskirche wurde 1789-1833 erbaut und war Sitz der ersten Deutschen Nationalversammlung 1848/49.

das Goethehaus
Hier wurde Deutschlands größter Dichter, Johann Wolfgang von Goethe, am 28.8.1749 geboren.

Unser Tip: Eine Stadtrundfahrt – täglich ab Römer oder Hauptbahnhof – oder ein individueller Stadtrundgang mit Walkman und Cassette.

Museen

Frankfurt hat fast 40 Museen. Acht davon finden sich am Ufer des Mains, gennant das „Museumsufer". Besonders empfehlenswert:

Historisches Museum
Besonders interessant ist das Altstadtmodell.

Museum für Moderne Kunst
Das Museum wurde von dem österreichischen Architekten Hans Hollein erbaut und 1991 eröffnet. Ein besonders spektakuläres Beispiel Frankfurter Museumsarchitektur.

Kunsthalle Schirn
Hier finden erstklassige internationale Wechsel-ausstellungen statt.

Deutsches Filmmuseum
Das Kommunale Kino im Filmmuseum präsentiert täglich (außer montags) mehrere Vorstellungen.

Naturmuseum Senckenberg
Das größte Museum seiner Art in der BRD. Besonders sehenswert sind die riesigen Skelette der Donnerechsen und Saurier.

Öffnungszeiten: Alle Frankfurter Museen sind, außer montags, von 10 bis 17 Uhr geöffnet, mittwochs oft länger.

Einkaufsstraßen und Märkte

Einkaufen in Frankfurt ist angenehm und bequem. Die wichtigsten Einkaufsstraßen der Innenstadt sind:

die Zeil
Frankfurts berühmte Einkaufsmeile ist auch Fußgängerzone durch den Stadtkern. Auf der Zeil befinden sich fast alle großen Kauf- und Warenhäuser.

die Große Bockenheimer Straße / Goethestraße
Frankfurts exklusive Einkaufszone. Hier findet man Niederlassungen internationaler Modeschöpfer und Juweliere. Die Große Bockenheimer Straße nennt man die „Freßgass", weil man hier eine Vielzahl von Delikatessenläden und Feinschmeckerrestaurants findet. Die meisten Geschenk- und Andenkenläden findet man **unter der Hauptwache**, im **Bahnhofsviertel** und in **Sachsenhausen**.

Typische Souvenirs sind der Frankfurter *Äppelwoi*-Bembel, aus Steinzeug, blau bemalt, und das Bethmännchen aus Marzipan.

Wer Wochenmärkte liebt, kann samstags vormittags den **Flohmarkt am Museumsufer** besuchen. Hier findet man alles vom wertlosen Gerümpel bis zur Antiquität.

Freizeit in und um Frankfurt

Frankfurt hat viele Grünflächen und Parks. Besonders beliebt sind Ausflüge in den ...

Frankfurter Zoo
Der ca. 11 ha. große Zoo wurde 1858 vom Tierarzt Max Schmidt gegründet.

Palmengarten
Der Palmengarten, 1869 von Frankfurts Bürgern gegründet, zeigt tropische und subtropische Pflanzen. Besonders berühmt für seine Orchideensammlung.

Frankfurt und seine Umgebung bieten viele Ausflugs-möglichkeiten. Attraktive Ziele für Tagesausflüge sind **das Taunusgebirge, Heidelberg, Rothenburg ob der Tauber** oder **Würzburg**.

Unser Tip: Eine Schiffsfahrt auf dem Main oder Rhein.

Unterhaltung

Frankfurt bietet viele Unterhaltungsmöglichkeiten: Theater, klassische Konzerte, Ballett- oder Opernveran-staltungen, Kinos, Diskotheken, Musikkeller usw. Für Kulturinteressenten:

die Alte Oper

Konzert- und Kongreßhaus. International renommierte Konzertinterpreten gastieren regelmäßig hier.

die Stadtoper Frankfurt
das Schauspielhaus Frankfurt
Genauere Informationen über alle wichtigen Ereignisse findet man in den verschiedenen Veranstaltungskalendern oder in der Tagespresse.

Unser Tip: ... besonders sehenswert:

Alt-Sachsenhausen
Frankfurts Vergnügungsviertel am südlichen Mainufer. Hier erlebt man die echte Frankfurter Atmosphäre. Traditionelle Lokale mit Frankfurter Spezialitäten wie

Äppelwoi (Apfelwein), *Handkäs' mit Musik* (Käse mit Zwiebeln), Straßencafés, Jazzkeller.

— set aside —

Wie in den meisten Ländern gibt es in Deutschland verschiedene Landschaftstypen, klimatische, wirtschaftliche, kulturelle und sprachliche Unterschiede zwischen den einzelnen Regionen.

1 Sehen Sie sich die Landkarte an. Können Sie die Städte nennen? Z.B.:
D steht für *Düsseldorf*, oder *Duisburg* oder ...

2 Lesen Sie die Kurzinformationen in den Kästen. Welche landschaftlichen Unterschiede gibt es zwischen den einzelnen Regionen? Was sind die wichtigsten Industriegebiete?

3 Können Sie einem deutschsprechenden Gast ähnliche Informationen über Ihr Land/Ihre Region geben?

12
Die Lüneburger Heide ist das bekannteste Naturschutzgebiet Norddeutschlands. Auf trockenem, sandigem Boden wachsen hier Heidekraut, Kiefern und Birken.

1
Hamburg ist der wichtigste Seehafen der Bundesrepublik und zugleich Deutschlands zweitgrößter Industriestandort. Es ist Zentrum eines Wirtschaftsraumes von 2,8 Millionen Menschen, mit Branchen wie Maschinenbau, Nahrungsmittel-, Textil- und Elektroindustrie.

11
An der Nordseeküste ist die Landschaft flach, wie in Holland. Zahlreiche Deiche schützen das Land vor der See. Die Menschen leben von der Seefahrt und der Fischerei. Der Dialekt dieser Region ist „plattdeutsch".

2
Sachsen ist das am dichtesten besiedelte, am stärksten industrialisierte der neuen Bundesländer (Maschinenbau, Automobilbau, Mikroelektronik). Hier liegt die traditionelle Messestadt Leipzig, die einer der Brennpunkte des friedlichen Widerstandes gegen das DDR-Regime war.

10
Das Ruhrgebiet ist Deutschlands wichtigstes Zentrum für Schwerindustrie (Kohle, Stahl, Kraftwerke) und ist gleichzeitig ein sehr dicht besiedeltes Wohngebiet mit rund 7,5 Millionen Einwohnern.

3
In Thüringen liegt Weimar, die Stadt, in der Goethe und Schiller lebten. Hier wurde die erste Republik gegründet, die sogenannte „Weimarer Republik". Die Berge des Harz und der Thüringer Wald charakterisieren hier die Landschaft.

9
Das Land zwischen Rhein und Mosel ist bekannt für seine romantische Landschaft, seine Schlösser und Burgen, und seine malerischen Weinorte. Rheinland-Pfalz erzeugt zwei Drittel der deutschen Weinernte.

Tiefland
Mittelgebirge
Alpenvorland
Alpen
Industriegebiet

8
Frankfurt am Main ist das Finanzzentrum Deutschlands und ein wichtiger Messeplatz. Hier ist der Sitz der Bundesbank und der Börse.

7
Der Schwarzwald, im Dreiländereck mit der Schweiz und Frankreich, ist eine reizvolle Mittelgebirgslandschaft und ein beliebtes Urlaubsziel. Hier entspringt die Donau. Im Schwarzwald konzentriert sich die Feinmechanische Industrie.

6
Baden-Württemberg ist hochindustrialisiert und gehört zu den wirtschaftlich stärksten Bundesländern. In der Landeshauptstadt Stuttgart haben weltbekannte Unternehmen wie Daimler Benz, Porsche, IBM und Bosch ihren Sitz. Weitere wichtige Industriezentren sind Mannheim, Heidelberg und Karlsruhe.

4
In den Alpen ist Tourismus die wichtigste Einnahmequelle. Hier liegt Garmisch Partenkirchen, der bekannte Wintersportort, und die Zugspitze (2962m), der höchste Berg Deutschlands.

5
Bayern ist das größte deutsche Agrarland. Heute ist die Landeshauptstadt München Zentrum einer zukunftsorientierten Wirtschaftsregion mit Elektro- und Elektronikindustrie, Auto- und Flugzeugbau als wichtigsten Branchen.

Als Besucher beginnen Sie eine Unterhaltung am besten, indem Sie Interesse an Land und Leuten zeigen, und nicht mit einer persönlichen Frage oder Bemerkung. Die Deutschen sind mit Recht stolz auf ihr Land, ihre Geschichte, Kultur und ihren wirtschaftlichen Erfolg.

1 Stellen Sie sich vor, Sie besuchen einen Geschäftspartner in Berlin oder Bayern. Bereiten Sie einige allgemeine Fragen über das Land/die Stadt und die Bewohner vor, die Ihr Partner dann mit Hilfe des Textes beantwortet.

2 Stellen Sie ein kurzes Profil einer Stadt oder einer Region Ihres Landes für einen deutschsprechenden Besucher zusammen.

Berlin

Einwohner	3,4 Mio.
Landeshauptstadt	Berlin

Landtagswahl 1990	
CDU	40,4%
SPD	30,4%
PDS	9,3%
FDP	7,1%
Bündnis 90/ Die Grünen	4,4%

Bereits in den zwanziger Jahren war Berlin eines der wichtigsten kulturellen und wirtschaftlichen Zentren Europas. Seit 1991 ist Berlin wieder Hauptstadt des vereinten Deutschlands. Bis zur Jahrhundertwende wird die Bundesregierung auch von Bonn nach Berlin umziehen.

Berlin gilt mit Recht als die aufregendste Stadt Deutschlands. Für jeden Geschmack hat die Stadt ein passendes Angebot bereit: Es gibt Tausende von Kneipen, Restaurants, Nachtlokalen,

Einkaufszentren, über 50 Theater, drei Opernhäuser, die Berliner Philharmoniker, zahlreiche Museen, Galerien, Konzertsäle und mehr als hundert Kinos.

Berlin ist auch die größte deutsche Industriestadt (besonders wichtig ist die Elektroindustrie, der Maschinenbau und die chemische Industrie) und ein Zentrum für Bank- und Finanzwesen.

Berlin ist eine Stadt am Wasser. Die beiden Flüsse Spree und Havel haben viele kleine Seen und Inseln gebildet und sind durch zahlreiche Kanäle miteinander verbunden. Berlin hat 1.662 Brücken!

Das Umland Berlins ist bekannt für seine Seen, Wälder und historischen Sehenswürdigkeiten. Die Mark Brandenburg, Potsdam

Kurfürstendamm. Im Hintergrund: Kaiser-Wilhelm-Gedächtniskirche

mit seinen Parkanlagen und Schlössern, die von den preußischen Königen gebaut wurden, gehören zu den beliebtesten Ausflugszielen der Berliner.

Gibt es den „typischen" Berliner? Natürlich kann man nicht verallgemeinern, aber es gibt doch einige typische

Eigenschaften in der Bevölkerung. Die Berliner sind Großstadtmenschen, an Tempo gewöhnt, schnell in der Reaktion, weltoffen. Sie sprechen „berlinerisch" und sind bekannt für ihren Witz und für ihre Schlagfertigkeit. Keine andere Stadt erfindet so viele neue Wörter!

Bayern

Einwohner	11,8 Mio.
Landeshauptstadt	München

Landtagswahl 1994	
CSU	52,8%
SPD	30,1%
Die Grünen	6,1%
FDP	2,8%
Republikaner	3,9

Bayern – da denkt man an Bauernhöfe mit blumengeschmückten Holzbalkonen, Kühe auf grünen Wiesen, im Hintergrund hohe Berge. Man denkt an Urlaub, Wandern, Bergsteigen und Skilaufen. Das alles gilt aber nur für den südlichsten Teil, nämlich für die Alpen.

Bayern bedeutet auch das fruchtbare Hügelland in Niederbayern (die bayerische Kornkammer südlich der Donau), oder Weinberge und malerische alte Städtchen mit Fachwerkhäusern im

Frankenland oder bewaldete Hügel und kleine Seen im Bayerischen Wald an der Grenze zur tschechischen Republik.

Neben der Landwirtschaft haben sich auch neuere Industrien angesiedelt, besonders Elektrotechnik und Elektronik. Eine alte Tradition hat in Bayern die Bierbrauerei.

Wie sind die Bayern? „Sie tragen alle Lederhosen, singen und jodeln bei jeder Gelegenheit und trinken Unmengen von Bier". Das ist natürlich ein Klischee, aber man kann sagen, daß die Bayern ursprünglich ein Bauernvolk sind und Sinn für Tradition haben. Sie schätzen Ruhe und Gemütlichkeit und mögen keine Hektik. Die überwiegende Mehrheit der

Bevölkerung ist katholisch (Norddeutschland ist hauptsächlich protestantisch) und feiert gern farbenfrohe Feste. Der bayerische Dialekt, der auch in Österreich

gesprochen wird, ist nicht nur für Fremde, sondern auch für die Nord- und Ostdeutschen manchmal schwer zu verstehen.

Oktoberfest im Bierzelt

4 Am Arbeitsplatz

The language in this unit will help you to
- discuss departmental organization and functions
- talk about hours of work and pay
- ask for and understand directions inside buildings
- talk about job responsibilities and routines
- ask and explain how some office equipment works
- discuss attitudes to work

You'll also find out what young people in Germany look for in a job.

4.1 Die Firmenorganisation

A **1** Sehen Sie sich das Organigramm der Maschinenbaufirma Rohrbach an.
Welche Abteilungen kennen Sie schon?

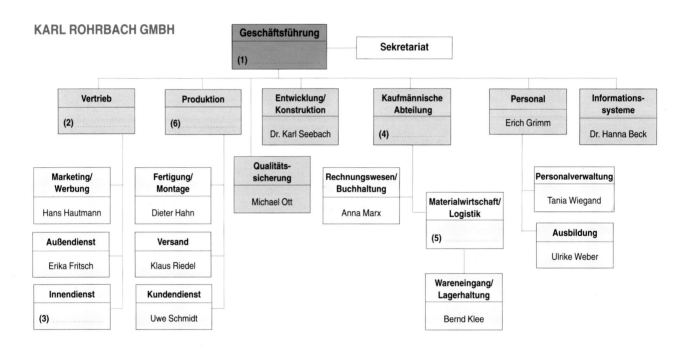

2 Ergänzen Sie die Beschreibung der Firmenorganisation.

Bei der Firma Rohrbach GmbH gibt es eine Geschäftsführung und sieben Hauptbereiche.
Die Hauptbereiche sind: Vertrieb, Produktion, (1)..., Entwicklung und (2)..., die (3)...
Abteilung, Personal und (4)...
Der Bereich (5)... umfaßt die Abteilung Marketing und Werbung, den Außendienst und
den (6)...
Die Produktion umfaßt die (7)..., den Versand und den (8)...
Zum kaufmännischen Bereich gehören die Abteilungen (9)..., (10)... und die Lagerhaltung.
Der Bereich (11)... besteht aus den Abteilungen Personalverwaltung und (12)...

B **1** Wolfgang Wenz, ein Student, macht sein Praktikum bei Rohrbach. Der Personalleiter,
Herr Grimm, erklärt ihm den Ablauf seines Praktikums.
Sehen Sie sich das Organigramm an. In welchen Abteilungen soll Herr Wenz arbeiten?

2 Hören Sie noch einmal zu. Schreiben Sie die im Organigramm fehlenden Namen auf.

C Stellen und beantworten Sie Fragen über das Personal von Rohrbach, z.B.:

| Wie heißt | (der/die) | Leiter/in Vertrieb? |
| Wer ist | | Abteilungsleiter/in Innendienst? |

Wer leitet die Produktionsabteilung/den Kundendienst?
Wer ist für das Personal/die Buchhaltung verantwortlich?

D Was für Funktionen haben diese Rohrbach-Abteilungen? Ordnen Sie zu.

1 Die Entwicklung/Konstruktion
2 Die Fertigung/Montage
3 Die Materialwirtschaft/Logistik
4 Der Vertrieb
5 Der Außendienst

a) beschafft das nötige Produktionsmaterial.
b) betreut die Kunden.
c) verkauft die Produkte.
d) fertigt, bzw. montiert die Produkte.
e) entwickelt die Produkte und konzipiert Prototypen.

E Stellen und beantworten Sie Fragen zu den Funktionen anderer Abteilungen.

Welche Abteilung ...
1 beobachtet den Markt und den Wettbewerb?
2 schickt den Kunden Rechnungen?
3 ist verantwortlich für die Planung, Einrichtung und Betreuung der EDV-Systeme?
4 entscheidet über die Marketing-Strategie?
5 nimmt Rohmaterialien an, prüft und lagert sie?
6 versorgt die Kunden mit Ersatzteilen?
7 ist für die Fertigungsplanung und -steuerung verantwortlich?
8 ist für die Aus- und Weiterbildung der Mitarbeiter verantwortlich?
9 bearbeitet schriftliche und telefonische Aufträge?
10 verwaltet das Qualitätssicherungssystem im Gesamtbetrieb?

F **1** Ordnen Sie die Berufe den Kategorien im Schaubild zu.

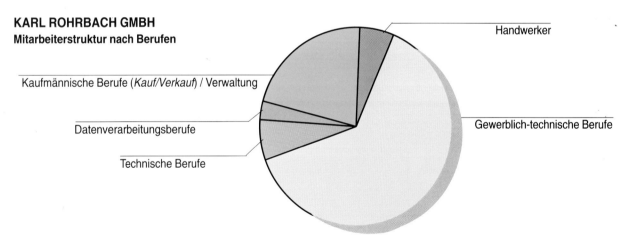

KARL ROHRBACH GMBH
Mitarbeiterstruktur nach Berufen

Handwerker

Kaufmännische Berufe (*Kauf/Verkauf*) / Verwaltung

Datenverarbeitungsberufe

Technische Berufe

Gewerblich-technische Berufe

Buchhalter/in	Industriemechaniker/in	Verpackungshelfer/in	Dreher/in
Diplom-Ingenieur/in	Programmierer/in		Technische/r Zeichner/in
Verkaufsberater/in	Service-Monteur/in	Einkäufer/in	Chemiker/in
Systemanalytiker/in	Industriekaufmann/-frau		Elektroniker/in
Lagerist/in	Architekt/in	Sachbearbeiter/in	Maurer/in

2 In welchen Abteilungen bei Rohrbach findet man diese Berufe?
Welche Berufe gibt es bei Rohrbach nicht?

G Welche sind Ihrer Meinung nach die wichtigsten Abteilungen bei folgenden Unternehmen?

● Versicherungsgesellschaft
● Automobilhersteller
● Chemieunternehmen
● Hersteller von Genußmitteln

4.2 Zeit und Geld

A **1** Der Praktikant Wolfgang Wenz fragt den Personalleiter Herrn Grimm nach den Arbeitszeiten bei der Firma Rohrbach. Ergänzen Sie die Lücken mit Hilfe der Wörter im Kasten.

Kernzeit	Überstunden	Mittagspause	Schichtarbeit
Feiertage	gleitende Arbeitszeit	Urlaubstage	Feierabend

Wie sind die Arbeitszeiten bei der Firma? ▶ In der Fabrik gibt es (1)..., aber in der Verwaltung haben wir (2)... . Die (3)... geht von 9.00 bis 16.00 Uhr.

Und wann kann man morgens anfangen? ▶ Man kann zwischen halb acht und neun Uhr anfangen, und aufhören kann man zwischen 16.00 Uhr und 18.30 Uhr, außer freitags. Freitags machen wir schon um 16.00 Uhr (4)...

Wie viele Stunden muß man pro Woche arbeiten? ▶ 37,5 Stunden einschließlich einer halben Stunde (5)...

Muß man auch (6)... machen? ▶ Die gibt es normalerweise hier in der Verwaltung nicht, aber in der Fabrik manchmal schon, wenn viel Arbeit da ist.

Eine Frage noch: Wie viele (7)... gibt es im Jahr? ▶ 30, und die gesetzlichen (8)... kommen noch dazu.

2 Kontrollieren Sie Ihre Antworten anhand der Kassette.

LANGUAGE STUDY

Look at these time expressions. What is the difference in meaning?
Freitags machen wir um 16.00 Uhr Feierabend.
Am Freitag bin ich nicht im Büro.
Complete these pairs:
am Morgen/...   .../nachmittags   am Abend/...   ▶ 9.2

B Machen Sie eine Umfrage zum Thema Arbeitszeit. Fragen Sie andere Kursteilnehmer, z.B.:

Wann fangen Sie mit der Arbeit an?

Wie lange machen Sie Mittagspause?

Gibt es große Unterschiede?

C **1** Anhand der Tabelle beantworten Sie die Fragen zu den durchschnittlichen Wochenarbeitszeiten in verschiedenen Ländern.

1 Wie viele Stunden arbeiten die Deutschen pro Woche? Und die Österreicher? Die Schweizer?
2 Vergleichen Sie die Arbeitswoche in Ihrem Land mit anderen Ländern. Ist sie länger, kürzer oder so lang wie bei Ihnen?
3 In welchen Ländern arbeitet man am meisten/am wenigsten?

Wochenarbeitszeit
in der Verarbeitenden Industrie 1992 in Stunden

P 42,0 J 42,0 CH 40,5 GR 40,0 I 40,0 L 40,0 E 40,0 S 40,0 USA 40,0
F 39,0 IRL 39,0 NL 38,8 GB 38,8 A 38,6 B 37,8 D 37,5 N 37,5 DK 37,0

2 1950 arbeitete man in Deutschland durchschnittlich 48 Stunden pro Woche.
Gibt es auch in Ihrem Land den Trend zu kürzeren Wochenarbeitszeiten?
Glauben Sie, daß diese Entwicklung positiv oder negativ ist?

D

1 Herr Wenz stellt Herrn Grimm einige Fragen zu
seiner Bezahlung. Welche Aussagen sind richtig?

1 Herr Wenz verdient DM 850 pro Woche/pro Monat.
2 Das ist sein Bruttogehalt/Nettogehalt.
3 Als Praktikant bekommt er noch Wohngeld/Fahrgeld.
4 Angestellte bei Rohrbach bekommen zu Weihnachten
eine Zulage/ein 13. Monatsgehalt.
5 Herr Wenz bittet um eine Gehaltserhöhung/
einen Vorschuß.

2 Vergleichen Sie diese Bedingungen mit Ihrem Land.

E

1 Wieviel man in Deutschland verdient,
kommt auch auf die Branche an.
Stellen und beantworten Sie Fragen zu
dem Schaubild, z.B.:

    Was ist der durchschnittliche Monatsverdienst [im
    Gastgewerbe/im Dienstleistungssektor]?

    Ist der Monatsverdienst [im Handel/im
    öffentlichen Dienst] höher/niedriger als [in der
    Industrie]?

    In welcher Branche verdient man
    mehr/weniger: [im Verkehrssektor] oder
    [im Baubereich]?

    In welcher Branche verdient man das
    meiste/wenigste Geld?
    Welche Branche zahlt die höchsten/
    niedrigsten Löhne?

2 Können Sie dieselben Fragen in bezug
auf Ihr Land beantworten?

Verdiener 1992

Durchschnittliche Brutto-monatsverdienste 1992 in Westdeutschland

(Sonderzahlungen eingerechnet)

2 560 DM	**Gastgewerbe**
2 780 DM	**Dienstleistungen**
3 500 DM	**Handel**
3 850 DM	**Bau**
Bahn, Post, Verkehr 4 060 DM	
Öffentlicher Dienst 4 260 DM	
Industrie 4 440 DM	
Banken, Versicherungen 4 840 DM	

© **Globus** Quelle: DIW   1256

LANGUAGE STUDY

1 How do you form the **superlative** of adjectives and adverbs in German?
What are the comparative and superlative forms of these?
    lang/kurz   hoch/niedrig   viel/wenig   früh/spät
2 What is the German equivalent of *as ... as*? Complete this example.
    Die Briten arbeiten ... viele Stunden pro Woche ... die Holländer.   ▶ 4.9

F Vergleichen Sie Deutschland und Ihr Land in bezug auf Arbeitszeiten,
Urlaubstage, Einkommen usw., z.B.:

    Die Arbeitswoche ist kürzer/gleich lang.
    Wir fangen mit der Arbeit früher/später an.
    Bei uns gibt es (nicht) so viele Urlaubstage wie in Deutschland.

4.3 Wo ist das Büro?

Geländeplan

Legende
1 Fabrik
2 Materiallager
3 Prüflabor
4 Fertiglager
5 Verwaltung
6 Parkplatz für Personal
7 Parkplatz für Besucher

Plan des Verwaltungsgebäudes

2.Stock

1. Stock

Erdgeschoß

A **1** Sehen Sie sich den Geländeplan von Rohrbach an. Setzen Sie das richtige Wort ein.

in	hinter	gegenüber	rechts vom	neben	zwischen	links vom

1 Der Haupteingang ist ... der Industriestraße.
2 Das Verwaltungsgebäude ist ... dem Haupteingang.
3 ... Haupteingang sind das Materiallager und die Fabrik.
4 ... Haupteingang ist der Parkplatz für Besucher.
5 ... dem Verwaltungsgebäude ist der Parkplatz für das Personal.
6 Das Fertiglager ist ... der Fabrik.
7 Das Prüflabor ist ... dem Fertiglager und dem Parkplatz.
8 ... dem Verwaltungsgebäude sind die Eisenbahnschienen.

2 Vergleichen Sie Ihre Antworten mit Ihrem Partner.

Wo ist der Haupteingang? ▶ In der Industriestraße.

LANGUAGE STUDY

Study these examples.
links/rechts **vom** (= von dem) Haupteingang
neben/gegenüber **der** Fabrik
hinter **dem** Verwaltungsgebäude
What is the case of the noun following these prepositions?   ▶ 5.3, 5.4

B **1** Sehen Sie sich den Plan des Verwaltungsgebäudes an.
Stellen und beantworten Sie Fragen dazu, z.B.:

Wo ist der Empfang? ▶ Im Erdgeschoß.
Wo ist das Büro des
Produktionsleiters? ▶ Im ersten Stock.

2 Am Anfang seines Praktikums kennt sich Herr Wenz
bei Rohrbach nicht sehr gut aus. Er muß öfter nach
dem Weg fragen. Lesen Sie die Dialoge.
Wo will er hin?

Dialog 1
Entschuldigung, wo ist das Büro des ... ? ▶ Sein Büro ist im zweiten Stock. Vom Empfang aus
gehen Sie zwei Treppen hoch. Wenn Sie oben sind,
sehen Sie seine Tür schon vor sich.

Dialog 2
Wie komme ich zur Abteilung ... ? ▶ Gehen Sie wieder nach unten ins Erdgeschoß,
dann links um die Ecke, den Gang entlang, und es
ist die vierte Tür links.

Dialog 3
Ich muß in die ... . Wie komme ich
dahin? ▶ Gehen Sie zurück zum Empfang, dann eine Treppe
hinauf in den ersten Stock. Dort gehen Sie links,
dann geradeaus bis fast zum Ende. Sie sehen die
Abteilung auf der linken Seite.

Dialog 4
Wo ist der ... ? ▶ Gehen Sie hier rechts raus, zurück zur Treppe,
dann die Treppe runter ins Erdgeschoß. Wenn Sie
unten sind, gehen Sie links, und er ist auf der
rechten Seite gleich hinter dem Empfang.

3 Kontrollieren Sie Ihre Antworten anhand der Kassette. Folgen Sie auf dem Plan links.

LANGUAGE STUDY

1   Compare these examples.
Der Haupteingang ist **in der** Industriestraße.
Gehen Sie hinauf **in den** ersten Stock.
The preposition is the same, but the following nouns are in different cases.
Which cases and why? ▶ 5.4
2   When the meaning is clearly implied, the main verb can often be omitted
after a modal verb. What verb is missing in these examples?
Wo wollen Sie hin?   Ich muß in die Produktionsabteilung. ▶ 6.4

C **1** Üben Sie die Dialoge in **B**.

2 Spielen Sie weitere Dialoge.
PARTNER A benutzt Datenblatt A9, S. 150.
PARTNER B benutzt Datenblatt B9, S. 158.

D Skizzieren Sie einen Plan Ihrer Firma/Ihrer Schule. Schreiben Sie die Namen der
Abteilungen bzw. Zimmer nicht auf den Plan, sondern schreiben Sie eine Legende dazu.
Geben Sie einem/einer Besucher/in Anweisungen, wie er/sie vom Eingang aus verschiedene
Räume erreicht. Kann sich der/die Besucher/in mit Hilfe Ihrer Anweisungen gut orientieren?

4.4 Wofür sind Sie zuständig?

A **1** Herr Wenz beginnt sein Praktikum in der Vertriebsabteilung. Der Chef, Herr Dorn, stellt ihn einigen Kollegen vor. Welche Position haben sie? Ordnen Sie zu.

1 Frau Kern   a) Verkaufsberater
2 Herr Barth   b) Auftragssachbearbeiterin
3 Herr Abt   c) Sekretärin
4 Frau Richter   d) Marketing-Assistent

2 Hören Sie noch einmal zu. Welche/r Kollege/ Kollegin ...

1 ist für die Kundenbetreuung verantwortlich?
2 ist für allgemeine Büroarbeiten zuständig?
3 kümmert sich um die Aufträge?
4 befaßt sich mit Marktforschung und Werbung?

LANGUAGE STUDY

1 Study these sentences, which contain a **reflexive verb**.
     Ich **kümmere mich** um die Aufträge.
     Er **befaßt sich** mit Marktforschung und Werbung.
Why does the reflexive pronoun change?
What other reflexive verbs do you know?   ► 6.15

2 The usual way of asking *Für was sind Sie zuständig?* is to say:
     Wofür sind Sie zuständig?
Can you see how the question word is formed?
Try converting these questions in the same way. Be careful!
     Mit was befassen Sie sich?   **Um was** kümmern Sie sich?   ► 3.11

B PARTNER A: Stellen Sie Herrn Wenz den Kollegen vor.
PARTNER B/C: Spielen Sie die Rollen von Herrn Wenz und den Kollegen.

C Die Auftragsabwicklung ist eine wichtige Aufgabe der Vertriebsabteilung. Wofür benutzt man folgende Formulare?

der Auftrag	die Anfrage	die Auftragsbestätigung
der Lieferschein	die Rechnung	das Angebot

1 Ein Kunde möchte etwas kaufen. Mit einer ... fragt er nach Preis und Lieferzeit der Ware.
2 Der Lieferant beantwortet die Anfrage mit einem ..., in dem er eine Produktspezifikation, den Preis und die Lieferzeit angibt.
3 Wenn ein Kunde bestellen möchte, schickt er dem Lieferanten einen ...
4 Mit der ... nimmt der Lieferant den Auftrag an.
5 Der ... geht mit der Ware zum Kunden.
6 Mit der ... fordert der Lieferant Zahlung.

D **1** Frau Kern erklärt Herrn Wenz, worin ihre Arbeit als Auftragssachbearbeiterin besteht. Numerieren Sie ihre Aufgaben in der richtigen Reihenfolge.

☐ a) Angebote erstellen
☐ b) Aufträge bestätigen
☐ c) Verkaufsberichte schreiben
☐ d) Liefertermine überwachen
☐ e) Kundenanfragen entgegennehmen
☐ f) Reklamationen bearbeiten

2 Hören Sie noch einmal zu. Beantworten Sie die Fragen.

1 Mit welchen Abteilungen arbeitet Frau Kern eng zusammen?
2 Wie oft muß sie Verkaufsberichte schreiben?
3 Kommen Reklamationen oft vor?

E   Lesen Sie die Stellenbeschreibungen. Ergänzen Sie die fehlenden Informationen (s. auch S. 52/53).

1

Name: Birgit Richter

Stellenbezeichnung: ....

Abteilung: Vertrieb (Innendienst)

Zuständigkeiten: allgemeine Büroarbeiten/Büroorganisation

Aufgaben: die Korrespondenz erledigen, die Ablage machen, Termine vereinbaren und überwachen, bei Sitzungen das Protokoll führen, Kunden empfangen

2

Name: Jochen Barth

Stellenbezeichnung: ....

Abteilung: Vertrieb (Außendienst)

Zuständigkeiten: Betreuung der Kundschaft, Gewinnung neuer Kunden

Aufgaben: Kundenbesuche machen, den Kundenbedarf besprechen, fachliche Beratung geben, Produkte vorführen, Verkaufsbedingungen besprechen, die Verkaufsstatistik führen

3

Name: Anna Doliwa

Stellenbezeichnung: ....

Abteilung: ....

Zuständigkeiten: Finanzbuchhaltung

Aufgaben: Kundenkonten verwalten, Rechnungen schreiben und an die Kunden schicken, Monats- und Jahresabschlüsse erstellen

4

Name: Jörg Walisch

Stellenbezeichnung: ....

Abteilung: ....

Zuständigkeiten: Materialauswahl und -beschaffung

Aufgaben: den Lagerbestand überwachen, Angebote von Lieferanten einholen, Bestellungen vorbereiten, Liefertermine festlegen und überwachen

F **1** Sie sind neu bei der Firma. Stellen Sie sich den Kollegen oben vor, dann fragen Sie sie nach ihrer Arbeit.

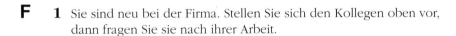

| In welcher Abteilung arbeiten Sie? Was ist Ihre Funktion in der Firma/Abteilung? | ▷ | Ich arbeite in der Abteilung ... Ich bin [Sekretärin]. |

| Wofür sind Sie zuständig/verantwortlich? | ▷ | Ich bin für ... zuständig/verantwortlich. Ich befasse mich mit [den Büroarbeiten]. |

| Was müssen Sie bei der Arbeit (alles) machen? Worin besteht Ihre Arbeit? | ▷ | Ich [erledige die Korrespondenz], ... Zu meinen (Haupt)Aufgaben gehören: ..., ... Jeden Tag/Einmal im Monat/in der Woche muß ich ... Ich muß manchmal/oft/regelmäßig/ständig ... |

2 Fragen Sie zwei andere Kollegen nach ihrer Arbeit.
PARTNER A benutzt Datenblatt A10, S. 150.
PARTNER B benutzt Datenblatt B10, S. 158.

G   Schreiben Sie Ihre eigene Stellenbeschreibung. Tauschen Sie Informationen über Ihr Aufgabengebiet mit anderen Kursteilnehmern aus.

4.5 Wie funktioniert das Gerät?

A Wie heißen die Teile eines Fotokopierers?

a) **Kopienauffang**
b) **Bedienfeld**
   Hier finden Sie die zur Bedienung
   des Kopierers nötigen Tasten und
   Anzeigen.
c) **Papierkassetten**
d) **Hauptschalter**
   Stellung „1": an.
   Stellung „2": aus.
e) **Grüner Hebel**
   Mit diesem Hebel können Sie
   gestautes Papier im Inneren des
   Kopierers lösen.
f) **Ablage für Heftklammern**
g) **Originalabdeckung**
h) **Vorlagenglas**

B Frau Richter erklärt dem Praktikanten Herrn Wenz, wie der Fotokopierer in
der Vertriebsabteilung funktioniert. Welche Sätze spricht sie?

1 a) Hier kann man das Gerät ein- und ausschalten.
   b) Mit diesem Hauptschalter hier schalten Sie das Gerät ein.
2 a) Das Gerät ist nicht angeschlossen.
   b) Der Stecker ist nicht in der Steckdose.
3 a) Die Steckdose ist hier unter dem Schreibtisch.
   b) Hier schließt man das Gerät an.
4 a) Wenn Sie eingeschaltet haben, müssen Sie etwas warten, bis diese Anzeige grün leuchtet.
   b) Wenn Sie eingeschaltet haben, warten Sie einige Sekunden, bis das Gerät betriebsbereit ist.
5 a) Heben Sie die Abdeckung hoch und legen Sie den Text auf das Vorlagenglas.
   b) Öffnen Sie die Abdeckung und legen Sie den Text hier auf.
6 a) Schließen Sie die Abdeckung.
   b) Vergessen Sie nicht, die Abdeckung zu schließen.
7 a) Wählen Sie die Kopienanzahl mit den Zahlentasten.
   b) Mit diesen Tasten hier stellen Sie die Kopienanzahl ein.
8 a) Dann drücken Sie die Starttaste – fertig!
   b) Dann drücken Sie den Startknopf – fertig!

LANGUAGE STUDY

1 In commands and instructions, the **imperative** is normally used. Find and
   underline all the verbs in the imperative form in **B**. What do you notice
   about the position of the verb in the sentence or clause?
2 The form of the imperative depends on the person you are talking to.
   If you are adressing one or more people with the formal *Sie*, you use
   the same form as the infinitive, followed by *Sie*.
   How would you give the instructions in **B** if you were adressing someone
   with the informal *you* in a) the singular b) the plural?

▶ 6.12

C PARTNER A: Bitten Sie Ihren Partner, Ihnen zu zeigen, wie man den Fotokopierer benutzt.
PARTNER B: Mit Hilfe der Sätze in **B** erklären Sie, wie der Fotokopierer funktioniert.

D   **1**   Lesen Sie die Bedienungsanleitungen für ein Faxgerät und numerieren Sie
sie in der richtigen Reihenfolge anhand der Piktogramme.

a) **Wählen Sie die Faxnummer des Empfängers.**

b) **Übertragungsprotokoll**
Bei jeder Sendung/jedem Empfang wird ein Übertragungsprotokoll ausgedruckt.

c) **Legen Sie das Original mit der bedruckten Seite nach unten auf die Originalauflage.**
Das Original wird automatisch eingezogen.

d) **Stellen Sie die Papierführung entsprechend der Breite des Originals ein.**

e) **Drücken Sie die START-Taste für den Sendebeginn.**

f) **Übertragungsende**
Nach Beendigung der Übertragung ertönt das Abschlußsignal. Das Display zeigt „SENDUNG OK."

2   Frau Kern erklärt Herrn Wenz, wie man das Faxgerät benutzt.
Kontrollieren Sie Ihre Antworten anhand der Kassette.

E   PARTNER A: Sie haben folgende Probleme mit dem Fotokopierer:

1   Es ist kein Papier mehr im Fotokopierer. Sie wissen nicht, wie man es auffüllt.

2   Diese Anzeige leuchtet: Sie wissen nicht, was es bedeutet.

Bitten Sie eine/n Kollegen/Kollegin um Hilfe.

PARTNER B: Mit Hilfe der Stichwörter unten erklären Sie einem/einer neuen
Kollegen/Kollegin, was er/sie machen muß, damit der Fotokopierer wieder funktioniert.

PAPIERZUFUHR: LEUCHTET

Papierkassette herausziehen/ca. 250 Blatt Papier
einlegen/darauf achten, daß das Papier unter den
Befestigungsecken liegt/Kassette in den Kopierer
zurückschieben/weiter kopieren

PAPIERSTAU: LEUCHTET

vordere Abdeckung öffnen/grünen Hebel nach links
umlegen/gestautes Papier vorsichtig herausziehen/
darauf achten, daß das Papier nicht reißt/Abdeckung
wieder zumachen/weiter kopieren

F   **1**   In den Texten in **B**, **D** und **E** kommen viele Verben vor, die wichtig sind, wenn man
ein Gerät bedienen oder seine Funktion erklären muß. Machen Sie eine Liste von
Verben, die Sie benutzen könnten, um die Funktion der folgenden Geräte zu erklären.

1   ein Kassettenrecorder   2 ein Videogerät   3 eine Kaffeemaschine   4 ein Overheadprojektor

2   Wählen Sie eins von diesen Geräten und erklären Sie Ihrem Partner, wie man es benutzt.

4.6 Wie finden Sie Ihre Arbeit?

A

1 Bei einer Kaffeepause im Büro sprechen Frau Kern, Frau Richter und der Praktikant, Herr Wenz, über ihre Einstellung zur Arbeit. Wer sagt was? Schreiben Sie *K*, *R* oder *W*.

1 „Wie ich Reklamationen hasse!"
2 „Unangenehme Telefongespräche mit Kunden mag ich nicht."
3 „Anfragen entgegennehmen, neue Produkte anbieten, solche Sachen mache ich gerne."
4 „Ich verhandle auch gern mit Kunden über Preise."
5 „Ich arbeite am liebsten selbständig."
6 „Mir gefällt die Arbeit ganz gut."
7 „Geschäftsreisen für den Chef zu organisieren macht mir Spaß."
8 „Die langen Arbeitsstunden mag ich nicht."
9 „Die Ablage machen finde ich todlangweilig!"
10 „Bei Sitzungen führe ich nicht gern Protokoll."
11 „Ich arbeite gern hier, denn die Arbeit ist sehr abwechslungsreich."
12 „Das beste an dem Job sind die netten Kollegen!"

2 Wem gefällt die Arbeit besser, Frau Kern oder Frau Richter?

LANGUAGE STUDY

Find examples in **A** of these ways of expressing likes and dislikes.
1 verb + *(nicht) gern(e)*
   This is the commonest way of saying *I like/don't like **doing** something.* ▶ 4.10
2 the modal verb *mögen* + noun object
   Note that *mögen* is most often used with a negative. ▶ 6.4
3 *jdm gefallen*
   Can you identify the **subject** and **object** of the verb in the example?
   What case is the object in?
   Note that *gefallen* is most often used for first impressions, eg:
      Mir gefällt das neue Büro nicht. ▶ 6.14

B **1** Schreiben Sie möglichst viele Sätze über Ihre Einstellung zur Arbeit.
(Wenn Sie noch nicht berufstätig sind, wählen Sie eine Stelle aus **4.4**.)
Benutzen Sie folgende Fragen.

Gefällt Ihnen Ihre Arbeit? / Arbeiten Sie gern bei der Firma?
Welche Aufgaben machen Sie gern/nicht gern?
Was machen Sie am liebsten?
Was gefällt Ihnen am besten an Ihrer Stelle? / Was gefällt Ihnen nicht so gut?

Beispiele:
Ich mache gern/nicht gern Kundenbesuche.
Ich nehme gern/nicht gern an Besprechungen teil.
Ich telefoniere gern/nicht gern.
Ich arbeite gern/nicht gern am Computer/im Büro.
Am besten gefällt mir die selbständige Arbeit.
Routinearbeiten mag ich nicht.
Ich reise nicht gern/übernachte nicht gern im Hotel.

2 Vergleichen Sie Ihre Einstellung zur Arbeit mit Ihrem Partner.

C Man arbeitet besser, wenn das Arbeitsklima gut ist, d.h. wenn man mit seinen Kollegen und Vorgesetzten gut auskommt. Welche der folgenden Eigenschaften sind Ihrer Meinung nach besonders wichtig für einen Vorgesetzten? Einen Kollegen?

Beispiel: Ein Vorgesetzter soll zugänglich sein.

teamfähig	hilfsbereit	ehrgeizig	geduldig
zuverlässig	einsatzbereit	sympathisch	gelassen
fair	freundlich	genau	höflich	gutmütig
zugänglich	humorvoll	flexibel	intelligent

D In der Kantine lernt Wolfgang Wenz den Praktikanten Udo Petzold kennen. Sie unterhalten sich über das Arbeitsklima in ihren Abteilungen.

1 Wie lange arbeitet Udo Petzold schon bei der Firma?
2 In welcher Abteilung arbeitet er zur Zeit?
3 Ist das Arbeitsklima in der Abteilung gut oder schlecht?
4 Wie findet Udo seinen Chef, Herrn Swoboda, und die Kollegen Herrn Marek und Herrn Uhl?
5 Wie beschreibt Wolfgang Wenz das Arbeitsklima in seiner Abteilung?

> **CULTURE BRIEF**
>
> Notice that the two trainees use the informal *du*, not the formal *Sie*, to address each other. This indicates a degree of equality and intimacy. The use of the *du* form is more common among colleagues today than it was. However, always use the *Sie* form yourself and wait until you are invited before switching to *du*!

E Die Tabelle unten zeigt die Ergebnisse einer Mitarbeiterbefragung bei einem großen deutschen Unternehmen. Die Prozentzahlen drücken aus, für wie viele der Befragten die Aussagen zutreffen.

Einflußfaktoren für gutes und schlechtes Betriebsklima			
+		**–**	
Man arbeitet gut zusammen.	82%	Ich kann die Kollegen nicht um Rat fragen.	15%
Man hilft sich gegenseitig.	73%	Man informiert sich zu wenig gegenseitig.	12%
Ich fühle mich im Kollegenkreis sehr wohl.	58%	Man hat zu wenig Freiraum, die Arbeit selbst zu gestalten.	11%
Wir treffen uns auch privat.	48%	Wir konkurrieren fast immer miteinander.	8%
Wir versuchen, die Arbeit selbständig aufzuteilen.	46%	Man macht oft Doppelarbeit, weil man zu wenig miteinander spricht.	7%
Wir halten in allen Situationen zusammen.	30%	Meist herrscht ein gespanntes Klima.	6%

1 Wie würden Sie das Arbeitsklima bei dieser Firma beurteilen?

a) sehr gut
b) gut
c) könnte besser sein
d) nicht gut

2 Mit Hilfe der Befragungsergebnisse numerieren Sie folgende Faktoren in Rangordnung (von sehr wichtig bis weniger wichtig).

☐ private Kontakte mit den Kollegen
☐ selbständige Arbeitsaufteilung
☐ effektive Kommunikation
☐ nette Kollegen
☐ gute Zusammenarbeit
☐ Teambewußtsein

F 1 Welche von den Aussagen in der Tabelle oben treffen für Ihre Firma/Schule zu?

2 Wenn das Arbeitsklima schlecht ist, wie könnte man versuchen, es zu verbessern? Machen Sie Vorschläge.

Im Vergleich zu anderen Ländern ist die Zahl der Feiertage in der Bundesrepublik Deutschland relativ hoch. Die meisten dieser Feiertage sind religiöse Feste. Deshalb gibt es manchmal Unterschiede von Land zu Land je nach Konfession (katholisch oder protestantisch). Außerdem gibt es politisch begründete Feiertage wie z.B. den 1. Mai (Tag der Arbeit).
NB Die Daten von einigen Feiertagen sind vom Kalender abhängig. In dieser Tabelle sind nur die unveränderlichen Daten angegeben.

1 Füllen Sie die Spalte für Ihr Land aus. Haben Sie noch weitere Feiertage in Ihrem Land?
2 Vergleichen Sie die Zahl der Feiertage in Ihrem Land mit Deutschland, Österreich und der Schweiz.

Gesetzliche und religiöse Feiertage		BRD	Österreich	Schweiz	Großbritannien	Frankreich	Italien	Spanien	Dänemark	Niederlande	Schweden	Norwegen	Finnland
1. Januar	Neujahr	■	■	■									
6. Januar	Heilige Drei Könige	■	■										
-	Karfreitag	■		■									
-	Ostersonntag	■	■	■									
-	Ostermontag	■	■	■									
1. Mai	Maifeiertag	■	■	■									
-	Christi Himmelfahrt	■	■	■									
-	Pfingstsonntag	■	■	■									
-	Pfingstmontag	■	■	■									
-	Fronleichnam	■	■	■									
1. August	Nationaler Feiertag			■									
15. August	Mariä Himmelfahrt	■	■	■									
3. Oktober	Tag der Deutschen Einheit	■											
26. Oktober	Nationaler Feiertag		■										
1. November	Allerheiligen	■	■										
2. November	Allerseelen		■										
-	Buß- und Bettag	■											
8. Dezember	Mariä Empfängnis		■	■									
25. Dezember	1. Weihnachtstag	■	■	■									
26. Dezember	2. Weihnachtstag	■	■	■									

Vergleichen Sie Ihre Ladenschlußzeiten mit anderen europäischen Ländern.
Glauben Sie, daß Geschäfte bis spät/sonntags geöffnet sein sollen?
Was sind die Vor- und Nachteile?

Ladenschluß in Europa
Regelungen für die Verkaufstage Montag bis Freitag

Italien
regional unterschiedlich bis 22.00 Uhr — 20⁰⁰

Portugal
regionale Einzelbestimmungen — 24⁰⁰

Frankreich, Griechenland, Schweden, Spanien
keine Begrenzung

Belgien
Freitag bis 21.00 Uhr — 20⁰⁰

Irland
Donnerstag bis 21.00 Uhr — 17⁰⁰

Norwegen
Abendverkauf von Gemeinden geregelt — 20⁰⁰

Dänemark
+10 Stunden pro Woche (jedoch nicht über 20.00 Uhr hinaus) — 17³⁰

Großbritannien
einmal pro Woche bis £1.00 Uhr — 20⁰⁰

Niederlande
Donnerstag oder Freitag bis 21.00 Uhr — 18⁰⁰

Österreich
einmal pro Woche bis 21.00 Uhr — 19³⁰

Deutschland
Donnerstag bis 20.30 — 18³⁰

Schweiz
einmal pro Woche bis 21.00 Uhr (meistens Donnerstag)

© Globus
1404

Die Läden in Deutschland sind normalerweise von 9.00 Uhr bis 18.00 Uhr oder 18.30 Uhr geöffnet, donnerstags oft bis 20.30 Uhr. Samstags machen sie nur bis 13.00 Uhr auf, außer am ersten Samstag im Monat. Am „langen Samstag" bleiben sie bis 16.00 Uhr geöffnet.
Das deutsche Ladenschlußgesetz wird aber immer wieder diskutiert. Sprecher von CDU, FDP und SPD fordern die Aufhebung der Ladenschlußzeiten. Jeder Geschäftsinhaber sollte tun können, was er für richtig hält – so wie in Frankreich, Griechenland, Schweden und Spanien. Hier ist es Ladenbesitzern oder Tarifpartnern überlassen, wie die Verkaufszeiten eingeteilt werden.

Ansprüche junger Menschen an Arbeit und Beruf

„Wichtige Dinge an einer (späteren) Arbeit/Berufstätigkeit sind für mich..."

Merkmal	1989	1984	Mädchen 1989	Jungen 1989
ein sicherer Arbeitsplatz	74	75	73	76
finanziell unabhängig zu sein	63	68	64	62
mit Menschen umzugehen	44	52	57	29
etwas Nützliches zu tun	42	56	43	40
die Existenzgrundlage für mich bzw. meine Familie zu sichern	41	47	31	54
vorzusorgen für das Alter	39	40	37	42
eine berufliche Perspektive	38	30	32	46
viel Geld zu verdienen	38	32	26	52
viel Zeit für andere Dinge zu haben	32	30	26	38
etwas organisieren zu können	29	30	28	30
für andere Menschen dazusein	26	35	33	18
mit moderner Technik umzugehen	26	24	14	39
flexible Arbeitszeiten			26	25
Karriere zu machen	22	18	16	30
etwas selbst herzustellen	21	26	15	28
mit anderen zusammen etwas aufzubauen	16	22	16	17
mit Tieren umzugehen	5	6	6	5

n = 1497

Angaben jeweils in Prozent der befragten Personen im Erwerbsleben (Auszubildende/Erwerbstätige/Praktikanten); Mehrfachnennungen möglich
Quelle: Institut für Entwicklungsplanung und Strukturforschung Hannover: Jugend Kompass '89

Die Berufswahl wird nicht nur von den Verhältnissen am Arbeitsmarkt beeinflußt, sondern auch von den persönlichen Zukunftsvorstellungen und Wertorientierungen der Jugendlichen, wie die Ergebnisse einer Meinungsumfrage unter jungen Menschen in Deutschland zeigen.

1 Sehen Sie sich zuerst die rechte Spalte der Tabelle an. Was ist wichtiger für Mädchen bzw. Jungen in bezug auf den Beruf?

2 Lesen Sie jetzt die linke Spalte. Welche Ziele waren am Anfang der 80er Jahre wichtiger oder weniger wichtig als am Ende? Gab es einen merklichen Wandel in den Wertorientierungen junger Menschen?

3 Wählen Sie fünf Punkte, die für Sie im Berufsleben besonders wichtig sind. Dann vergleichen Sie Ihre Liste mit Ihrem Partner.

5 Am Telefon

By the end of this unit, you'll be able to
- dial an international call
- get through to the right person and arrange a return call
- state your business and find out who to speak to
- leave a message and understand recorded messages

You'll also find out about the impact of the communications revolution on the workplace.

5.1 Das Auslandsgespräch

A **1** Lesen Sie folgende Texte. Was bedeuten die <u>unterstrichenen</u> Wörter in Ihrer Sprache?

Rund ums Telefon

Anrufe aus dem Ausland

Wenn Sie vom Ausland zu Hause oder in ein anderes Land anrufen wollen, wählen Sie zunächst die <u>Vorwahl</u> für ein internationales Gespräch. Sie ist abhängig vom Land, aus dem Sie telefonieren (oft <<00>>, wie aus Deutschland, aus den USA z.B. <<001>>). Wählen Sie dann die <u>Kennzahl</u> 49 für Deutschland. Es folgt die <u>Ortsnetzkennzahl</u> (ohne die erste 0) und die <u>Rufnummer des Teilnehmers</u>. Also in der Reihenfolge: internationale Vorwahl, Land, Ort, Teilnehmer.

■ Manchmal müssen Sie nach der Landeskennzahl erneut einen <u>Wählton</u> abwarten, bevor Sie weiterwählen.

Zeichenerklärung

Es bedeuten:

432-1 **543-0** **654-01** **765-00**	Rufnummern von Telefonanlagen mit <u>Durchwahl</u>. Wenn Sie -1, -0, -01 oder -00 nach der Rufnummer wählen, erreichen Sie die <u>Nebenstellenvermittlung</u> (die Zentrale).
432-516	<u>Durchwahlnummer</u> einer <u>Nebenstelle</u>. Wenn die Nummer der Nebenstelle bekannt ist, läßt man nach der Rufnummer die -0/-1 weg und wählt die Durchwahlnummer.
Ω 65 43 21	Anschluß mit einem automatischen <u>Anrufbeantworter</u> bzw. Auskunftgeber.

Selbstwahl für Deutschland, Österreich und die Schweiz

Internationale Vorwahl von		Landeskennzahl (Landesvorwahl)		Ortsnetzkennzahl (Ortsvorwahl) z.B.:	
GB	00	D	49	Berlin	(0)30
DK	00			Bonn	(0)2 28
I	00			München	(0)89
F	19	A	43	Wien	(0)1 / 222
S	009	CH	41	Genf	(0)22

2 Beantworten Sie die Fragen mit Hilfe der Informationen oben.

1 Die Firma Vontobel hat die Telefonnummer (41) 022/9 25 11 41.
- Identifizieren Sie die Landeskennzahl, die Ortsnetzkennzahl und die Rufnummer.
- In welchem Land ist die Firma?
- Was wählen Sie, wenn Sie die Firma aus Deutschland anrufen?
2 Wenn man die Nummer 84 00 03-43 wählt, erreicht man a) eine Nebenstelle b) die Zentrale?
3 Bei welcher Nummer kann man eine Nachricht hinterlassen?
 a) (Ω 0 40) 0 78 74 64   b) (04 21) 1 47 78

B Elke Novak, Auszubildende bei einer österreichischen Firma, muß Frau Seidel bei der Firma Gummimeyer in München anrufen. Die Nummer ist 17 33 - 24. Eine Kollegin erklärt, wie man das macht. Vervollständigen Sie den Text mit Hilfe der Informationen links, dann kontrollieren Sie Ihre Antworten anhand der Kassette.

„ Sie wählen zuerst die (1)..., also von uns aus 00. Dann wählen Sie die (2)..., das heißt 49 für Deutschland.

Danach kommt die (3)... für München. Sie lassen da die (4)... weg und wählen also 89.

Dann kommt die (5)... der Firma, also 17 33. Auf diesem Brief steht auch Frau Seidels (6)... . Wenn Sie direkt nach der (7)... -24 wählen, erreichen Sie Frau Seidel direkt.
So, alles klar? Oder soll ich's wiederholen? Also, noch einmal ... "

C Erklären Sie Ihrem Partner, wie man folgende Firmen von Ihrem Land aus anruft.

1 Zimmerli & Co. AG in Basel, Tel. (0 61) 2 43 31 95
2 Frau Wittich bei Gerberich GmbH in Bonn, Tel. (02 28) 16 78 - 34

D Vier Personen in Deutschland rufen die internationale Auskunft an, um nach einer Telefonnummer zu fragen. Notieren Sie die Nummern.

1 Flora-Print, Wien
2 Intrex Trading, Paris
3 UNISYS España, Madrid
4 International Watch & Co., Schaffhausen

LANGUAGE STUDY

In German the dialling code (*die Vorwahl*) is always given in individual digits. The actual number (*die Rufnummer*) can be given in individual digits or in pairs, eg:
(0 89) 2 33 16   null acht neun - zwei (zwo) - drei drei - eins sechs or
                           null acht neun - zwei (zwo) - dreiunddreißig - sechzehn
Tip! When noting a telephone number given in pairs, try writing down the figures as you hear them, ie back to front!

E Vergleichen Sie Ihre Antworten in **D** mit Ihrem Partner. Benutzen Sie diese Ausdrücke.

Was ist die Telefonnummer der Firma ...?
Geben Sie mir bitte die Nummer von ...

Könnten Sie das in einzelnen Ziffern sagen?
Bitte langsamer.

Sie wählen ... für [Österreich].
Die Vorwahl für [Wien] ist ... , die Rufnummer ist ...

Haben Sie das? / Soll ich das wiederholen?
Also, ich wiederhole ...

F Rufen Sie die nationale Auskunft an.
PARTNER A benutzt Datenblatt A11, S. 151.
PARTNER B benutzt Datenblatt B11, S. 159.

67

5.2 Kann ich Herrn Schuster sprechen?

A   **1** Hören Sie zu und identifizieren Sie die Signaltöne des deutschen Telefonnetzes (1 - 3).

	Töne im Inlandsverkehr	Bedeutung
a)	t ü ü ü ü ü ü ü	**Wählton:** Bitte wählen.
b)	tüüt tüüt	**Freiton:** Der erreichte Anschluß ist frei und wird gerufen.
c)	tüt tüt tüt tüt tüt tüt	**Besetztton:** Der erreichte Anschluß oder die Leitungswege sind besetzt.
d)	tüt tüt tüt tüt	**Aufschalteton:** Eine Dienststelle der Deutschen Bundespost Telekom hat sich eingeschaltet (z. B. beim Eingrenzen von Störungen).
e)	t ü ü ü ü ü ü ü	**Datenton:** (anhaltend hoher Ton): Anschluß für Datenübertragung oder Telefaxanschluß mit automatischer Empfangsstation ist angewählt.

2 Sie hören vier automatische Hinweisansagen. Vervollständigen Sie die Sätze, dann kontrollieren Sie Ihre Antworten anhand des Hörtextes.

1 „Kein ... unter dieser Nummer.“

2 „Die Rufnummer des ... hat sich ... . Bitte ... Sie 6 72 85 60.“

3 „Die ... für Hinterliederbach hat sich ... . Bitte ... Sie vor der ... 20.“

4 „Alle ... sind zur Zeit ... . Bitte ... Sie nicht ... ! Sie werden gleich ... !“

B   Sie hören den Anfang von drei Telefongesprächen. Beantworten Sie die Fragen zu jedem Gespräch.

Anruf 1
1 Welche Firma ruft Frau Henrik an?
2 Wen möchte sie sprechen?

Anruf 3
1 Welche Firma wollte der Anrufer?
2 Warum erreicht er die Firma nicht?

Anruf 2
1 Aus welchem Land ruft Herr Werner an?
2 Ist Frau Pfeiffer gleich zu sprechen?

C Üben Sie ähnliche Dialoge mit Hilfe der Sprachmuster.

Guten Tag. / Firma [Krone GmbH], guten Morgen/Tag.

Ist da (nicht) die Firma [Adler]?

Guten Morgen/Tag. Hier spricht/ist [Berg] von der Firma [Arco] in [London].
Kann/Könnte ich bitte Herrn [Holt] sprechen?
Ich möchte Frau [Raue] von der [Buchhaltung] sprechen.

Nein, hier [Krone GmbH, Bielefeld].
Nein, hier ist eine Privatnummer.
Sie sind falsch verbunden.

Verzeihung, ich habe die falsche Nummer gewählt!

(Einen) Moment, bitte. Ich verbinde.

Der Anschluß ist besetzt. / Es meldet sich niemand. Wollen Sie warten?

Guten Morgen/Tag, [Holt] am Apparat.   Ja, ich warte.   Nein danke, ich rufe zurück.

LANGUAGE STUDY

Compare these examples.
Herr Schuster arbeitet bei Videco.
Kann ich **Herrn** Schuster sprechen?
Herr is one of a small group of masculine nouns that ends in *-n/-en* in all forms except the nominative. Can you think of any more examples? Eg:
Kollege (-n, -n), Kunde (-n, -n)

▶ 2.4

D In folgenden drei Anrufen bei der Firma Braun sind die Gesprächspartner im Moment nicht zu erreichen. Notieren Sie zu jedem Gespräch:

1 den Namen des gewünschten Gesprächspartners
2 warum der Gesprächspartner nicht zu erreichen ist
3 wann der Anrufer wieder anruft

E Üben Sie ähnliche Dialoge mit Hilfe der Sprachmuster und der Zeitangaben.

[Steinke], Apparat [Müller] / Büro [Bach], guten Tag. / [Linz] (am Apparat).

▽

Ich möchte bitte Herrn/Frau [Müller] sprechen. / Ist da Herr/Frau [Bach]?

▽

Herr/Frau [Müller] ist im Moment leider nicht da/in einer Besprechung/auf Geschäftsreise.

Soll ich etwas ausrichten? / Kann ich Ihnen helfen?   Wollen Sie zurückrufen?

▽

Nein, danke. (Ich muß ihn/sie persönlich sprechen.)

Wann kann ich ihn/sie erreichen?
Können Sie mir sagen, wann ich ihn/sie erreichen kann?
Wissen Sie, ob er/sie diese Woche wieder im Büro ist?

▽

Sie könnten es [in einer halben Stunde/gegen 16.00 Uhr] wieder probieren.
Am besten rufen Sie [morgen] zurück. (Er/Sie ist ab [8.30 Uhr] im Büro.)
Er/Sie ist [(erst) nächsten Montag] wieder da.

▽

Gut, dann rufe ich ... wieder an. Vielen Dank, auf Wiederhören.

ZEITANGABEN FÜR DEN RÜCKRUF

Sie können ...
etwas später/in 10 Minuten/in zwei Stunden
nach der Mittagspause/nach 14.00 Uhr
heute nachmittag
... zurückrufen.

Er/Sie ist (erst) ...
übermorgen/am Freitag/Montag
nächsten Dienstag/Donnerstag
nächste Woche
... wieder im Büro.

LANGUAGE STUDY

1 What does *erst* mean in these examples?
    Er ist **erst** übermorgen wieder im Büro.
    Ich arbeite **erst** seit zwei Monaten bei der Firma.

▶ 9.4

2 Study these examples of indirect questions.
    Können Sie mir sagen, **wann er wieder da ist?**
    Wissen Sie, **ob er morgen im Büro ist?**
Can you form the direct questions? What does *ob* mean?

▶ 7.7

F Spielen Sie weitere Telefongespräche.
PARTNER A benutzt Datenblatt A12, S. 151.
PARTNER B benutzt Datenblatt B12, S. 159.

5.3 Mit wem spreche ich am besten?

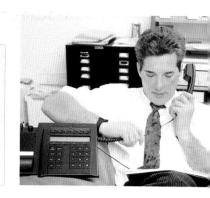

TELEPHONE TIP

Before making a phone call in a foreign language, work out beforehand what you are going to say, particularly if you need to state your business to the switchboard operator. Be as brief as possible, so that you can be transferred quickly. Once you are given the name of a person or department to speak to, note it down, as this is your toehold within the organisation. And if you are phoning about an order or delivery, always have the relevant documentation to hand.

A

1 Wenn man nicht weiß, mit wem man in einer Organisation sprechen soll, muß man der Zentrale den Grund seines Anrufs kurz erklären. Sie hören den Anfang von drei Anrufen nach Deutschland. Beantworten Sie die Fragen zu jedem Gespräch.

1 Was ist der Grund des Anrufs?
2 Mit wem/mit welcher Abteilung wird der Anrufer verbunden?

2 Hören Sie noch einmal zu. Welche Sätze benutzen die Sprecher?

Dialog 1

| Ich möchte gern Informationsmaterial | über | Ihre Konferenzeinrichtungen. |
| Ich brauche einige Informationen | | Ihre Firma. |

Können Sie mir das schicken? / Wer kann mir das senden?

▼

Ich verbinde Sie mit der Bankettabteilung/der Öffentlichkeitsabteilung.

Dialog 2

Ich muß eine Lieferung reklamieren.
Es geht um die Reklamation einer mechanischen Presse.

Mit wem spreche ich am besten darüber? / Wer kann mir da helfen?

▼

Ich verbinde Sie mit dem Kundendienst/der Verkaufsabteilung.

Dialog 3

Es handelt sich um eine Rechnung. / Ich rufe an wegen einer Rechnung.
Mit wem kann ich darüber sprechen? / Wer ist dafür zuständig?

▼

Ich verbinde Sie mit Herrn ... von der Buchhaltung/vom Finanzwesen.

▼

Es geht um folgendes: mit Ihrer letzten Rechnung gibt es ein Problem.
Ich habe eine Frage zu Ihrer letzten Rechnung Nr. ...

▼

Da sprechen Sie am besten mit ... . Ich verbinde Sie weiter.
Ich verbinde Sie mit Frau ... weiter.

LANGUAGE STUDY

Study these examples.
Es handelt sich/geht **um** einen Auftrag/eine Reklamation/folgendes.
Ich rufe an **wegen** eines Auftrags/einer Rechnung/eines Angebots.
Ich habe eine Frage **zu** Ihrem letzten Auftrag/unserer Bestellung/Ihrem Angebot.
What cases do the prepositions *um*, *wegen* and *zu* take?

▶ 5

B Mit Hilfe der Ausdrücke in **A** spielen Sie abwechselnd die Rolle von Anrufer und
Zentrale in folgenden Situationen. Anrufer, fassen Sie sich kurz!

ANRUFER: Sie rufen die Firma Dresselhaus, München, aus folgenden Gründen an:

1 Sie interessieren sich für die Produkte der Firma, die Sie bei der Hannover-
Messe gesehen haben, und möchten die neueste Broschüre mit Preisliste haben,
bzw. die Adresse einer Vertretung in Ihrem Land.

2 Ihr Lagerbestand an Kaffeemaschinen geht bald zu Ende. Ihr jetziger Lieferant
kann im Moment nicht liefern. Sie möchten ein Angebot für 100 Stück.

3 Die Lieferung Ihres Auftrags Bestell-Nr. 281/A ist gerade eingetroffen.
Einige der bestellten Produkte sind defekt.

4 Sie haben vor zwei Wochen eine Bestellung über Ersatzteile aufgegeben
(Bestell-Nr. 361-10), aber noch keine Bestätigung erhalten. Sie brauchen die
Ersatzteile dringend.

5 Die Lieferung Ihres Auftrags Nr. AM/89 ist noch nicht eingetroffen, und Sie
möchten wissen, wo sie bleibt. Sie haben Kunden, die schon seit einigen
Wochen auf die Ware warten.

6 Sie haben vor sieben Wochen Ware geliefert und warten noch auf Zahlung
Ihrer Rechnung Nr. 98106.

ZENTRALE: Verbinden Sie den Anrufer mit der richtigen Abteilung:
der Kundendienst / die Verkaufsabteilung / die Öffentlichkeitsabteilung /
die Buchhaltung / die Marketing-Abteilung / die Versandabteilung

C Am Telefon muß man oft Namen und Adressen buchstabieren.
Buchstabieren Sie folgende Namen mit dem Telefonalphabet.

1 Jäger 2 Münch 3 Swarowski 4 Zeiss 5 Weyhe 6 Quantas

Buchstabiertafel Inland

A	=	Anton	G	=	Gustav	O	=	Otto	U	=	Ulrich
Ä	=	Ärger	H	=	Heinrich	Ö	=	Ökonom	Ü	=	Übermut
B	=	Berta	I	=	Ida	P	=	Paula	V	=	Viktor
C	=	Cäsar	J	=	Julius	Q	=	Quelle	W	=	Wilhelm
Ch	=	Charlotte	K	=	Kaufmann	R	=	Richard	X	=	Xanthippe
D	=	Dora	L	=	Ludwig	S	=	Samuel/Siegfried	Y	=	Ypsilon
E	=	Emil	M	=	Martha	Sch	=	Schule	Z	=	Zacharias/Zeppelin
F	=	Friedrich	N	=	Nordpol	T	=	Theodor			

Beispiele

Bach: B wie Berta, A wie Anton, C wie Cäsar, H wie Heinrich *oder* Berta, Anton, Charlotte
Tøbol: Theodor, Otto mit Strich, Berta, Otto, Ludwig

D Eine Mitarbeiterin einer französischen Firma ruft eine Firma in Deutschland an,
um sich einen Katalog schicken zu lassen. Notieren Sie ihren Namen und die
Adresse ihrer Firma. Dann vergleichen Sie Ihre Notizen mit Ihrem Partner.

E Wählen Sie eine dieser Firmen. Stellen und beantworten Sie folgende Fragen am Telefon.

Kühlmann & Blasius
Rolladen-Fabrikation
Hemelinger Str. 30
85551 Kirchheim bei München
Tel. (0 89) 9 21 12 48

Wie heißt Ihre Firma?
Was ist die Adresse?
Wie schreibt man das? /
Können Sie das buchstabieren?

Wöbse & Co
Kunstglaserei
Bayreuther Str. 89
41189 Mönchengladbach
Tel. (021 66) 4 10 57

F Spielen Sie weitere Telefongespräche.
PARTNER A benutzt Datenblatt A13, S. 151. PARTNER B benutzt Datenblatt B13, S. 159.

5.4 Eine Nachricht hinterlassen

A

Sie hören den Anfang von drei Telefongesprächen. Aus welchem Grund ist der gewünschte Gesprächspartner nicht zu erreichen?

Er/Sie ...   ... ist krank.   ... ist beim Mittagessen.

... ist in einer Sitzung.

... ist heute nicht im Haus.

... ist auf Dienstreise.

... ist nicht an seinem/ihrem Platz.

... spricht auf der anderen Leitung.

B 1 In den folgenden drei Telefongesprächen hinterläßt der Anrufer eine Nachricht. Vergleichen Sie Gespräch 1 und 2 mit der entsprechenden Notiz und korrigieren Sie eventuelle Fehler.

> **TELEPHONE TIP**
>
> When taking German phone messages, try to write it all down in German. If you didn't quite understand it at the time, you can work out its meaning after the phone call.

1

📞 **Gesprächsnotiz**

An Herrn Kaderli

☐ Herr ☑ Frau Dupont
Firma: AVN
Straße: Ort: Lyon
Tel.-Nr.: 33 24 79 36 80   Datum: 14.3.
Uhrzeit: 7 8 9 <u>10</u> 11 12 13 14 15 16 17 18

☑ hat angerufen
☑ erbittet Rückruf
☐ ruft wieder an am/um
☐ erbittet Besprechungstermin am/um

Betrifft: Einen Besuchstermin.
    Ist bis 17.00 Uhr im Büro.
Aufgenommen: Zimmermann

2

📞 **Gesprächsnotiz**

An Frau Lutz

☑ Herr ☐ Frau Peterson
Firma: Teleteknik
Straße: Ort: Viborg
Tel.-Nr.:   Datum: 19.5.
Uhrzeit: 7 8 9 10 11 <u>12</u> 13 14 15 16 17 18

☑ hat angerufen
☑ erbittet Rückruf
☐ ruft wieder an am/um
☐ erbittet Besprechungstermin am/um

Betrifft: Erbittet Bestätigung von
    Auftrag Nr. 2834/b. Dringend.
Aufgenommen: Schmidt

2 Schreiben Sie die dritte Nachricht selbst auf. Dann vergleichen Sie Ihre Notizen mit Ihrem Partner.

> **LANGUAGE STUDY**
>
> Study these examples.
>   Sagen Sie ihm/ihr/Herrn/Frau ...,
>   **daß** ich angerufen habe.
>   **daß** ich bis 18.00 Uhr im Büro zu erreichen bin.
>   **daß** wir den Auftrag erhalten haben.
> The word *daß* introduces an indirect statement. Can you form the direct statements?   ▶ 7.5

C **1** Üben Sie ähnliche Dialoge mit Hilfe der Sprachmuster.

Büro Herr/Frau [Kaderli], guten Tag. / Zimmermann (am Apparat).

Hier spricht/ist ... . Kann ich bitte Herrn/Frau [Kaderli] sprechen?

Herr/Frau ... ist (leider) mit einem Kunden zusammen/hat heute einen Tag Urlaub/...

| Soll ich etwas ausrichten? | Könnten Sie ihm/ihr etwas ausrichten? |
| Wollen Sie ihm/ihr eine Nachricht hinterlassen? | Könnte ich eine Nachricht hinterlassen? |

Aber gern! / Natürlich! / Selbstverständlich!

(Ja.) Sagen Sie bitte Herrn/Frau ..., daß ich angerufen habe.
Es geht um einen Besuchstermin/Ihren Auftrag Nummer ... /Ihre letzte Lieferung.
Könnte er/sie mich (sobald wie möglich) zurückrufen?
(Ich bin bis [17.00] im Büro zu erreichen. / Es ist (nicht) dringend.)

Ist gut. Wiederholen Sie Ihren Namen, bitte.	▶	Mein Name ist ... . Ich buchstabiere: ...
Und von welcher Firma sind Sie?	▶	Von der Firma ...
Was ist Ihre Telefonnummer?	▶	Die Telefonnummer ist ...
Hat Herr/Frau ... Ihre Telefonnummer?		Ja, aber ich gebe sie Ihnen noch mal durch: ...

In Ordnung, Herr/Frau ... . Ich sage Herrn/Frau ... Bescheid. / Das richte ich Herrn/Frau ... aus.

2 Hinterlassen Sie Telefonnachrichten und nehmen Sie welche entgegen.
Dann vergleichen Sie Ihre Notizen mit Ihrem Partner.
PARTNER A benutzt Datenblatt A14, S. 151.
PARTNER B benutzt Datenblatt B14, S. 159.

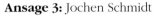

D Sie hören drei Ansagen auf Anrufbeantwortern.
Beantworten Sie die Fragen zu jeder Ansage.

Ansage 1: Firma Wollgast & Co.
1 Warum ist das Büro geschlossen?
2 Wenn Sie eine Nachricht hinterlassen, wann können Sie einen Rückruf erwarten?

Ansage 2: Firma Klaus Forsbach
1 Wann ist das Büro geöffnet?
2 Welche Einzelheiten sollen Sie in einer Nachricht angeben?

Ansage 3: Jochen Schmidt
1 Warum hören Sie den Anrufbeantworter?
2 Sie müssen Herrn Schmidt dringend sprechen. Welche Nummer wählen Sie?

E Schreiben Sie eine Nachricht, die Sie auf einem Anrufbeantworter hinterlassen können.
Benutzen Sie diese Notizen. Nehmen Sie Ihre Nachricht eventuell auf Band auf.

1
```
Name/Firma: ...
Datum/Uhrzeit: ...
Nachricht für: Frau Doliwa
Grund des Anrufs: Ankunft Montag
15.10 Uhr Frankfurter Flughafen,
Flugnummer LH 103. Abholen?
Bitte zurückrufen.
```

2
```
Name/Firma: ...
Datum/Uhrzeit: ...
Nachricht für: Herrn Fromme
Grund des Anrufs: Nächsten
Dienstag in Nürnberg. Treffen
möglich? Bitte zurückrufen, um
passenden Termin zu vereinbaren.
```

Können Sie die folgenden Fragen anhand des Textes und der Schaubilder beantworten?

Welche Konsequenzen hat die Multimedia-Revolution für ...
... den Arbeitsplatz?
... die Organisation der Arbeit?
... die Berufsmöglichkeiten der Zukunft?
... die Arbeitgeber?

DIE INFOTECHNIK REVOLUTIONIERT DIE BERUFE.

Unabhängigkeit vom Büro, Zugang zu Expertenwissen und Teamwork werden bald für alle Berufstätigen Realität. Für einige hat das neue Arbeiten schon begonnen

„Ich arbeite, wann und wo es mir gefällt."

ZEITREISE IN DIE MULTIMEDIAWELT

1975
Briefe
Telefon
Fernseher

1985
Briefe
Modem
PC
Fernseher und Video
Faxgerät
Telefon

1990
Kombigerät: Telefon, Fax und Anrufbeantworter
Stereofernseher mit Video
Laptop

1995
Die Multimedia-Workstation
Lautsprecher
Integriertes Informationssystem
Mikrofon
Videokonferenz
Videokamera
ID-Kartenleser
Standbildkamera
Barcode-Leser
Telefon, Drucker
FOCUS-Magazin/M. Zang

In der neuen Arbeitswelt stehen Informationen und Experten-Know-how allen Arbeitnehmern zur Verfügung.

Selbständig wickeln sie in immer neuen Teams unterschiedliche Projekte ab. Dabei sind sie nicht mehr an herkömmliche Büros und Arbeitszeiten gebunden, die Multimedia-Workstation läßt sich auch zu Hause an den Information-Highway anschließen.

„In der Kommunikationsbranche können bis zu fünf Millionen neue Arbeitsplätze entstehen", schätzt Unternehmensberater Roland Berger. Gut eine Million davon sind völlig neue Berufe wie Netzwerkintegrator oder Bildschirmdesigner.

Eigentlich gute Aussichten für Arbeitnehmer. Doch mit den Chancen steigen auch die Anforderungen. Der Umgang mit modernen Kommunikationsmitteln wie elektronischer Post (E-Mail), Videokonferenzen oder der gemeinsamen Arbeit an räumlich getrennten Computern gerät zur unvermeidbaren Notwendigkeit.

Teams bilden sich, die gemeinsam Probleme lösen. Diese Arbeitsweise wird bald für die meisten Berufstätigen alltägliche Realität sein. „Schon heute ist der Projektmanager der meistgesuchte Job in deutschen Unternehmen", erklärt Heide Huck, Geschäftsführerin der Personalberatung SCS in Frankfurt.

„Die Arbeit in Projektteams erfordert Flexibilität, Organisationstalent und Kommunikationsfähigkeit", definiert Huck die wichtigsten Qualifikationen der Zukunft.

Revolutio der Arbeit alte Beruf werden frisch definiert, neue entstehe

VOTUM DER WIRTSCHAFT

Verändert der Einsatz von Multimedia-Techniken die Arbeitsplätze?

- ja — 81 %
- nein — 19 %

Welche Wirkung erwarten Sie?

- schnellere Kommunikation — 76 %
- höhere Arbeitsproduktivität — 67 %
- größere Arbeitsfreude — 61 %
- mehr Kreativität — 52 %
- hoher Lernaufwand — 42 %
- anstrengenderes Arbeiten — 31 %
- Ängste vor den neuen Techniken — 19 %

MEHR SPASS AM JOB bringt Multimedia den Mitarbeitern. Die 300 von FOCUS befragten Manager rechnen daher auch mit Effizienzgewinnen

FOCUS-Magazin   Quelle: Trend Research Heinrich

Büros sind nicht mehr nötig. Denn wer ständig neue Aufgaben mit anderen Partnern erledigt, muß seinen Online-Computer nicht unbedingt am festen Arbeitsplatz in der Firma stehen haben. Er kann überall dort arbeiten, wo ein Anschluß an die Datenautobahn existiert. So zum Beispiel die 75 Mitarbeiter der Werbeagentur Rauser in Reutlingen: Nur fünf sind ständig im Unternehmen, die anderen brüten zu Hause über Kampagnen. In den USA wird die Zahl der Teleworker schon auf sechs Millionen geschätzt.

Via Datenleitung können diese modernen Heimarbeiter sämtliche Informationen nutzen, die ihnen sonst nur im Büro zur Verfügung stehen. Ein Vorteil, den sich die Unternehmen vor allem im Vertrieb zunutze machen wollen.

Die Sparkassen zum Beispiel, LBS und Provinzial planen, ihre Finanzberater mit Multimedia-Laptops auszurüsten. „Mit den interaktiven Programmen können sie beim Kundenbesuch gleich individuelle Angebote errechnen, die das gesamte Fachwissen der Zentrale enthalten", erklärt Holger Stiebing.

Völlig neue Berufe wie Screen-Designer entstehen täglich. „In der Kommunikationstechnik, der Produktion der Inhalte und bei Informationsdiensten entwickelt sich ein riesiger Arbeitsmarkt mit ganz neuen Tätigkeiten", weiß Waldemar Timm, Personalberater bei Kienbaum und Partner.

Die Vorteile von Multimedia erkennen die Firmenstrategen sehr klar. Nach Schätzungen der EU-Kommission sind Einsparungen von durchschnittlich vier Prozent der Umsätze drin.

DICKES WACHSTUM

Umsatz der Infobranche in Mark — 1993: 90 Mrd. / 2000: 150 Mrd.

DIE KOMMUNIKATIONSBRANCHE liefert Inhalte für die neuen Infowege – das bringt dickes Wachstum und Jobs

Quelle: Deutscher Kommunikationsverband

NEUE JOBS

Multimedia schafft Arbeitsplätze (Angaben in Millionen Personen)

- Deutschland
- Europa

Medienindustrie: 0,77 / 3,0
Dienstleistungen: 0,3 / 2,0

EINE MILLION Deutsche arbeiten bis 2000 in Multimediaberufen

Quelle: Arthur D. Little

„Das Ende des Jobs"
Der alte Arbeitsplatz verschwindet in der Infogesellschaft

Multimedia verändert das Sozialleben - ganz besonders die Art zu arbeiten
ANDY HOPPER OLIVETTI RESEARCH

FOCUS: Wie verändert Multimedia die Arbeitsplätze?

Ehrhardt: Die neuen Kommunikationstechniken ändern nicht nur Jobs, sie schaffen sie ab. Den herkömmlichen Arbeitsplatz wird es bald nicht mehr geben.

FOCUS: Also noch mehr Arbeitslose?

Ehrhardt: Die Arbeitslosigkeit im traditionellen Sinn wird sicher steigen. Arbeitsplätze mit genau definierter Aufgabe, klarer Kompetenz und festem Vertrag fallen weg. Man wird nur noch für eine bestimmte Aufgabe eingekauft.

FOCUS: Aber die Arbeit wird doch nicht weniger.

Ehrhardt: Im Gegenteil, der Bedarf an Leistung steigt sogar. Die Bewältigung der Aufgaben wird aber anders organisiert. Man trennt zwischen der Arbeit, die getan werden muß, und dem festen Arbeitsverhältnis.

FOCUS: Wie funktioniert das?

Ehrhardt: Jeder bietet seine Kompetenz an und bringt sie in komplexe Projekte ein, die von immer neu zusammengesetzten Teams bearbeitet werden.

FOCUS: Wir sollen also alle kleine Unternehmer werden?

Ehrhardt: Ein Rest an Festangestellten bleibt sicher, zum Beispiel im Staatsdienst oder bei besonderen Aufgaben wie Piloten oder Krankenhausärzten. Die anderen aber müssen sich die Arbeit für ihre Fähigkeiten selbst suchen.

FOCUS: Und wie finden sie die?

Ehrhardt: Durch Teamarbeit bilden sich schnell persönliche Netzwerke. Außerdem bieten die Unternehmen ja die Projekte an.

75

6 Planen und Reservieren

The language in this unit will help you to
- ask the local tourist board for hotel recommendations
- understand hotel literature
- compare prices for conference facilities
- make and change business appointments
- make and alter hotel bookings by phone and in writing

You'll also find out what Stuttgart is doing to attract visitors.

6.1 Können Sie mir einige Hotels empfehlen?

A Claudia Lind, Personalreferentin bei HML, organisiert die internationale Jahreskonferenz der Firma und ihrer Auslandsgesellschaften für das folgende Jahr. Der Tagungsort ist Freiburg. Lesen Sie den Text. Warum, glauben Sie, hat die Firma diesen Ort gewählt?

Freiburg hat, was Sie suchen

Freiburg, die deutsche Universitätsstadt im Dreiländereck mit der Schweiz und Frankreich war schon immer – dank der Lage im Zentrum Europas – eine Stadt der Begegnungen. Zieht man um Paris – London – Berlin – Wien – Rom einen Kreis, dann liegt Freiburg zentral im Mittelpunkt. Hier kommen Menschen verschiedenster Nationalitäten zusammen, wählen Freiburg als internationalen Treffpunkt. Man weiß, hier läßt sich gut reden. Hier, wo andere Urlaub machen, ist der Geist frei für neue Eindrücke, Impulse, Kreativität.

B

1 Frau Lind ruft das Verkehrsamt in Freiburg an, um sich nach Kongreß-Hotels zu erkundigen. Hören Sie dem ersten Teil des Gesprächs zu.
Was für ein Hotel sucht Frau Lind? Beantworten Sie die Fragen.

1 Wie viele Teilnehmer hat die Konferenz?
2 Sollen alle Teilnehmer im Hotel wohnen?
3 Was für Tagungsräume soll das Hotel haben?
4 In welcher Preiskategorie soll das Hotel sein?
5 Welche Lage soll das Hotel haben?
6 Welche weiteren Wünsche hat Frau Lind?

2 Hören Sie weiter. Welche Hotels empfiehlt das Verkehrsamt? Schreiben Sie die Namen und die Telefonnummern auf und notieren Sie zusätzliche Informationen.

	Kat	Km	🛏	1*	2*	3*	👫	♿	☎	TV	🍴	DIÄT	P	Ⓟ	↕	🌊	S	🔆	©	🐕
Hotel AM RATHAUS, Rathausgasse 4–8, 79098 FR, Tel. 31129, Fax 286514	C	0,6 L1/5	60			EZ 98 DZ 175			x	x			x	x					x	x
Hotel BÄREN, Zum Roten, Oberlinden 12, 79098 FR, Tel. 3 87 87-0, Fax 3 87 87-17	B	1,0 L1	45			EZ 175–195 DZ 220–250	x	x	x	x	x	x	x	x		x	x		x	x
Hotel BARBARA, Poststraße 4, 79098 FR, Tel. 2 60 60, Fax 2 66 88	C	0,3	40			EZ 105–115 DZ 160–170			x	x			x							
Gasthaus DEUTSCHER KAISER, Günterstalstraße 38, 79100 FR, Tel. 7 49 10, Fax 70 98 22	D	2,0 L2/4 B12	30	EZ 65 DZ 90	EZ 75 DZ 100			x			x	x	x	x					x	x
INTERCITYHOTEL Freiburg, Bismarckallee 3, 79098 FR, Tel. 38 00-0, Fax 3 80 09 99	C	direkt	198			EZ 165–195 DZ 205–235	x	x	x	x	x	x	x	x	x				x	x
Hotel KREUZBLUME, Konviktstraße 31, 79098 FR, Tel. 3 11 94/95	C	1,0 L1	12			EZ 108 DZ 156			x	x	x				x					
Hotel MARKGRÄFLER HOF, Gerberau 22, 79098 FR, Tel. 3 25 40, Fax 3 79 47	C	1,0 L1,4,5	29	EZ 65– 90 DZ 110–120		EZ 120–160 DZ 180–200			x	x	x	x		x					x	x
Hotel MINERVA, Poststraße 8, 79098 FR, Tel. 3 14 66, Fax 3 64 20	C	0,3	49			EZ 95–135 DZ 160–175			x	x	x		x	x					x	x
NOVOTEL, Am Karlsplatz, 79098 FR, Tel. 38 51–0, Fax 3 07 67	B	1,1 B14	228			EZ 160–170 DZ 190–206	x		x	x	x	x	x						x	x
PANORAMA Hotel Mercure, Wintererstraße 89, 79104 FR, Tel. 51 03–0, Fax 5 10 33 00	B	8,0 B14	145			EZ 170–225 DZ 190–275	x		x	x	x	x	x	x	x	x	x		x	x
Hotel RHEINGOLD, Eisenbahnstraße 47, 79098 FR, Tel. 28 21–0, Fax 28 21–111	B	0,1	95			EZ 165–210 DZ 220–320	x		x	x			x	x					x	x
Hotel SCHIFF, Basler Landstraße 35–37, 79111 FR, Tel. 47 30 41, Fax 47 55 63	C	4,0 B14	120			EZ 115–145 DZ 155–185	x	x	x	x	x	x	x	x		x			x	x
Hotel SCHWARZWÄLDER HOF, Herrenstraße 43, 79098 FR, Tel. 3 23 86, Fax 3 08 53	D/C	0,8 L1	72	EZ 65– 75 DZ 108–115	EZ 75 DZ 118	EZ 95–125 DZ 168–175			x	x	x		x		x				x	
Hotel VICTORIA, Eisenbahnstraße 54, 79098 FR, Tel. 3 18 81, Fax 3 32 29	B	0,2	100			EZ 135–165 DZ 185–235	x		x	x	x		x	x	x				x	x

Hotel-Kategorie: E = Economy   D = Standard   C = Komfort   B = First Class   A = Luxus

* Inklusivpreise pro Zimmer und Frühstück in DM

Kat	**Kategorie**
Km	**Entfernung vom Hauptbahnhof in km** L = Straßenbahn B = Omnibus
🛏	**Bettenanzahl**
1	**Zimmer mit fließend kalt/warm Wasser**
2	**Zimmer mit Bad oder Dusche**
3	**Zimmer mit Bad/Dusche und WC**
EZ	**Einzelzimmer**
DZ	**Doppelzimmer**
👫	**Kinderermäßigung**
♿	**Behindertenfreundlich**
☎	**Zimmertelefon**
TV	**TV im Zimmer**
🍴	**Restaurant**
DIÄT	**Diätkost auf Wunsch**
P	**Parkplatz**
Ⓟ	**Garage**
↕	**Lift**
🌊	**Schwimmbad**
S	**Sauna, Solarium**
🔆	**Konferenzräume**
©	**Kreditkarten**
🐕	**hundefreundlich**

C **1** Sehen Sie sich den Auszug aus dem Freiburger Hotelverzeichnis an. Welche anderen Hotels kommen für Frau Lind in Frage?

2 Mit Hilfe des Hotelverzeichnisses empfehlen Sie einem Anrufer passende Hotels.
Partner A benutzt Datenblatt A15, S. 152.
Partner B benutzt Datenblatt B15, S. 160.

D Schreiben (oder faxen) Sie an das Verkehrsamt in Köln oder Stuttgart und bitten Sie um ein Hotelverzeichnis und Informationsmaterial über die Stadt. Benutzen Sie das Muster im Arbeitsheft.

COLONIA · ケルン
科隆 · KEULEN
COLOGNE · コローニ
КЕЛЬН · KÖLN
Stadt Köln

Verkehrsamt der Stadt Köln
Unter Fettenhennen 19,
50667 Köln
Tel. (02 21) 2 21 33 45
Fax (02 21) 2 21 33 20

STUTTGART

Lautenschlagerstraße 3
70173 Stuttgart
Telefon 07 11/22 28 - 0
Telefax 07 11/22 28 - 217

6.2 Wann dürfen wir Sie begrüßen?

A Frau Lind hat die Hotels, die das Verkehrsamt empfohlen hat, angerufen und sie gebeten, ihr Informationsmaterial über die Hotel- und Konferenzeinrichtungen zu schicken.
PARTNER A: Lesen Sie die Informationen über das Kongreß-Hotel Dorint rechts.
PARTNER B: Lesen Sie die Informationen über Schloß Reinach auf S. 80.
Machen Sie sich Notizen zu diesen Punkten.

• Hoteltyp (groß/klein; modern/traditionell; exklusiv/gemütlich)
• Lage
  Entfernung
  - vom Flughafen
  - vom Hauptbahnhof (= Stadtmitte)
  - von der Autobahn
• Zimmeranzahl
• Zimmerausstattung
• Tagungsräume
• Kapazität
• Küche
• Fitness- und Freizeitangebot
• Sonstige Vorteile

B Benutzen Sie folgende Fragen und tauschen Sie Informationen über die beiden Hotels mit Ihrem Partner aus. Machen Sie sich Notizen über das andere Hotel.

1 Was für ein Hotel ist das?
2 Wo liegt das Hotel?
3 Wie weit ist es vom Flughafen/Hauptbahnhof Freiburg/von der Autobahn entfernt?
4 Wie viele Zimmer hat das Hotel?
5 Wie sind die Hotelzimmer ausgestattet?
6 Was für Konferenzeinrichtungen bietet das Hotel?
7 Wie groß ist die Konferenz-Kapazität?
8 Was für eine Küche bietet das Hotel?
9 Was für Fitness- und Freizeitmöglichkeiten bietet das Hotel?
10 Bietet das Hotel sonst noch Vorteile?

C Welches Hotel würden Sie persönlich a) für eine Konferenz b) für einen Urlaub wählen? Warum? Sprechen Sie darüber mit Ihrem Partner.

D Lesen Sie beide Texte. Machen Sie eine Liste von allen Adjektiven, die das Hotel und die Ausstattung beschreiben. Schreiben Sie die Adjektive in der Form auf, in der sie im Wörterbuch stehen, z.B.:
ein alter Gutshof → alt

LANGUAGE STUDY

1 Study these examples from the Dorint Hotel brochure.

	Preposition	Def. article	Adjective	Noun
in guter Nachbarschaft	zu	dem	neuen	Hauptbahnhof
	zu	der	historischen	Altstadt
Das Haus ist eine Symbiose	aus	-	exklusivem	Stadthotel
und	(aus)	-	sympathischer	Eleganz

What is the gender and case of the nouns?
What endings do the adjectives take when there is a) a definite article b) no article?
Can you find any more examples of each type in the brochure and the letter ?   ▶ 4.3, 4.6
2 How many examples of the passive can you find in each text?   ▶ 6.11

E Tauschen Sie Informationen über zwei weitere Hotels in Freiburg aus.
PARTNER A benutzt Datenblatt A16, S. 152.
PARTNER B benutzt Datenblatt B16, S. 160.

Dorint®
KONGRESS - HOTEL · FREIBURG

Lage: Freiburg, die sonnenreichste Stadt Deutschlands, hat in doppelter Hinsicht eine exzellente Lage: ausgesprochen verkehrsgünstig und klimatisch überaus attraktiv. Im Stadtzentrum Freiburgs, in guter Nachbarschaft zum neuen Hauptbahnhof und zur historischen Altstadt, liegt das Dorint Kongreß-Hotel Freiburg-City.

Ausstattung: Ein modernes Hotel, das seinen Gästen erstklassige Wohnkultur, komfortable Ausstattung und professionellen Service bietet. Das Haus ist eine Symbiose aus exklusivem Stadthotel und sympathischer Eleganz. Alle Gasträume und die 219 eleganten Zimmer und Suiten sind im Art-Deco-Stil eingerichtet. Alle Zimmer haben Bad/Dusche, WC, Fön im Bad, Selbstwahltelefon, Kabel-TV, Minibar und Klima-Anlage. Als zusätzliches Angebot: Entspannung und Erholung. In der DORIMARE-Badelandschaft mit Sauna, Solarien und Dampfbad können Sie den Alltag abschalten und sich entspannen.

Tagungsangebot: Im Hotel steht ein modernes Tagungszentrum zur Verfügung. Unsere exklusive Business-Etage bietet 7 vollklimatisierte Konferenz- und Seminarräume für 10 bis 200 Personen. Alle Zimmer haben Tageslicht und sind mit modernster Kommunikationstechnik ausgestattet. Ihr Freizeitprogramm – ein Bummel durch die Altstadt oder eine Bootsfahrt auf dem Rhein – steht vor der Tür. Wir organisieren gern Veranstaltungen für Sie.

Gastronomie: Kaum ein Ort in Deutschland wird wegen seiner guten Küche so gelobt wie Freiburg. Die Freiburger Tradition guter Gastlichkeit wird im Dorint Hotel kultiviert und fortgeführt. Verwöhnen Sie Ihren guten Geschmack im Spezialitäten-Restaurant „La Rotonde" oder in der eleganten Lobby Lounge, die kulinarische Spezialitäten den ganzen Tag serviert. *Als Gast werden Sie es erleben – wann dürfen wir Sie begrüßen?*

So finden Sie uns:

ICE Intercity-Express
200m bis zum Hotel

Flughafen EuroAirport
70 km bis zum Hotel

BAB5 Freiburg-Mitte
7 km bis zum Hotel

P hoteleigene
Tiefgarage mit 100
Einstellplätzen

Busparkplatz am
Hotel

79

SCHLOSS REINACH MUNZINGEN GMBH - ST. ERENTRUDIS-STR. 12 -

Frau Claudia Lind
Firma HML
...

Munzingen, 14.06.19--

Sehr geehrte Frau Lind,

ich beziehe mich auf unser gestriges Telefongespräch und übersende Ihnen wunschgemäß unsere Unterlagen über unser Haus, eine Tagungsmappe und Bankettunterlagen.

Schloß Reinach ist ein alter, traditionsreicher Gutshof aus dem 16. Jahrhundert. Nach aufwendigen Renovierungsarbeiten wurde es Mitte 1993 eröffnet und wird seither von der Freiburger Familie Hosp geführt. Durch den aufmerksamen und freundlichen Service spürt der Gast das persönliche Engagement der Inhaber.

Unser Haus liegt nur neun Kilometer von Freiburg entfernt. Von der Autobahn Karlsruhe - Basel erreichen Sie uns in zehn Minuten. Eine hoteleigene Tiefgarage und genügend Parkplätze sind vorhanden. Die Fahrzeit vom Flughafen Basel/Mulhouse beträgt circa 30 Minuten. Vom Freiburger Hauptbahnhof fahren Sie mit dem Bus Linie 33 bis vor das Hotel, Fahrzeit circa 20 Minuten. Ein Hol- und Bringservice vom Flughafen oder Bahnhof steht auf Wunsch bereit.

Für Tagungen, Kongresse und Bankette bietet Schloß Reinach ein stimmungsvolles Ambiente. In modernsten Seminarräumen können 10 bis 400 Teilnehmer ungestört arbeiten. Alle Räume haben Tageslicht und sind mit neuester Tagungstechnik ausgestattet. Ruhig gelegen im Obergeschoß befinden sich Seminarraum I und II, mit Kapazitäten von 35 bis zu 70 Personen. Im Erdgeschoß befindet sich der Saal Reinach, unser Bankettsaal, der bis zu 400 Personen faßt, und der in zwei kleinere Säle unterteilt werden kann, mit Platz für 100 bzw. 200 Personen. Durch die stilvolle Kulisse wird eine angenehme Atmosphäre vermittelt.

Unsere 72 elegant und modern eingerichteten Zimmer sind mit Bad oder Dusche, Selbstwahltelefon und Farb-TV ausgestattet. Im Schloß befinden sich vier Appartements. Selbstverständlich stehen Nichtraucherzimmer sowie ein behindertengerechtes Zimmer zur Verfügung.

Kulinarisch verwöhnt werden die Gäste mit exzellenten badischen und internationalen Spezialitäten in unseren zwei geschmackvoll restaurierten Restaurants. Weinliebhaber können sich im Barrique treffen, unserem rustikal-eleganten und romantischen Weinlokal mit großem offenen Kamin.

Für Ihre Gäste stellen wir gerne ein individuelles Programm zusammen. Freiburg, Colmar und Basel bieten dem Kunst- und Kulturliebhaber fast alles, was er in einer Metropole finden könnte. Ein Golfplatz, Joggingpfade und Kanutouren stehen Sportlern zur Verfügung. Wer Sport am liebsten passiv treibt, kann sich in der dem Haus angeschlossenen Massagepraxis massieren und im Solarium bräunen lassen.

Wir freuen uns, wenn Ihnen unser Haus und unsere Leistungen zusagen. Rufen Sie uns einfach an, und wir vereinbaren gerne einen Termin für eine individuelle Hausführung, bei der wir uns persönlich kennenlernen können.

Mit freundlichen Grüßen

Angelika Fell

Angelika Fell
Bankettabteilung

6.3 Einige Fragen zu Ihren Preisen

A **1** Viele Kongreß-Hotels bieten eine Konferenzpauschale an, d.h. einen inklusiven Tagespreis für Konferenzraum, Tagungstechnik und Essen. Wenn Sie die Konferenzpauschale buchen, bekommen Sie oft eine Zimmerpreisermäßigung. Informieren Sie sich über den Tagungstarif des Hotels Dorint.

1 Wovon hängt der Zimmerpreis ab?
2 Ist die Konferenzpauschale zahlenunabhängig?
3 Ist die Konferenzpauschale inklusive oder exklusive Abendessen?
4 Welche Geräte sind in der Grundausstattung inbegriffen?
5 Werden zusätzliche Konferenzräume separat berechnet?

Übernachtung / Zimmer

- 219 elegant und modern ausgestattete Zimmer und Suiten stehen Ihnen zur Verfügung.
- Alle Zimmer haben Bad/Dusche, WC, Fön im Bad, Selbstwahltelefon, Kabel-TV, Minibar und (individuell regelbare) Klima-Anlage.

Alle Zimmerpreise erhalten Sie auf Anfrage. Die Zimmerpreise variieren bei Konferenzen und Seminaren nach Jahreszeit/Saison, Wochentagen, Teilnehmerzahl und Aufenthaltslänge.

Konferenzpauschale

Die Dorint-Konferenzpauschale ist gültig ab einer Teilnehmerzahl von 15 Personen – unabhängig von der Zimmerreservierung. Sie beinhaltet folgende Leistungen:

- Bereitstellung eines passenden Konferenzraumes
- Grundausstattung Tagungstechnik (Overhead- oder Diaprojektor mit Leinwand, Flipchart)
- Kaffeepause vormittags mit Obstkorb
- Mittagessen als Business-Lunch-Buffet
- Kaffeepause nachmittags mit Gebäck
- 2 Softgetränke im Konferenzraum

... und das alles für DM 69,- pro Person und Tag

Für Sie und Ihre Gäste arrangieren wir gerne den gemeinsamen Abend. Treffen Sie mit unserem Küchenchef die Auswahl aus feinen Menüs oder Büffets. Gerne erhalten Sie hierfür unsere Vorschläge.

Ihre Gesprächspartner

- Herr Olaf Offers – Direktor
- Frau Kerstin Emrich – Verkaufsleiterin

Tagungstechnik

Folgende Grundausstattung steht Ihnen im Rahmen der Konferenzpauschale zur Verfügung bzw. ist in den Bereitstellungskosten für das Plenum enthalten:
- Overhead- oder Diaprojektor mit Leinwand
- 1 Flipchart mit 1 Block Papier, 2 Stifte
- 2 Pinnwände/Metaplanwand
- Notizblöcke, Stifte für alle Teilnehmer
- Zeigestock
- Rednerpult
- 1 Videorecorder und Monitor

Zusätzliche mobile Tagungstechnik (pro Tag, gegen Berechnung auf Selbstkostenbasis)
- Kassettenrecorder	DM 40,-
- Videokamera	DM 150,-
- Mikrofon, Verstärker, Boxen	DM 150,-
- Schreibmaschine	DM 50,-

Weitere Geräte können auf Anfrage gemietet werden.

Bereitstellungskosten

Bereitstellungskosten und Raummieten für Konferenzräume entfallen bei der Buchung der Konferenzpauschale.

Alle genannten Preise beinhalten Bedienungsgeld und die Mehrwertsteuer. Preisänderungen vorbehalten.

2 Informieren Sie sich über das Raumangebot des Hotels Dorint. Welcher Konferenzraum und welche Bestuhlung wären am besten geeignet ...

1 für eine Plenarsitzung mit 70 Teilnehmern?
2 für eine Gruppendiskussion mit 35 Teilnehmern?

Dorint
KONGRESS·HOTEL·FREIBURG

Raum- und Saalangebot

Konferenzräume	Fläche	Maximale Anzahl der Personen/Plätze Bestuhlung				Bereitstellungs-kosten pro Tag
	qm	Stuhlreihen	Parlament	U-Form	Bankett	
Baden-Baden	122	70	76	-	80	800,-
Mühlhausen	71	55	32	22	42	500,-
Basel	53	45	28	19	30	350,-
Baden-Baden + Mühlhausen	193	140	120	-	115	1200,-
Mühlhausen + Basel	124	100	74	-	75	800,-
Baden-Baden, Mühlhausen, Basel, kombiniert	246	200	150	-	180	1500,-
Colmar	43	35	26	18	30	300,-
Straßburg	43	35	26	18	30	300,-
Luzern (teilbar)	44	35	26	18	30	300,-
Kehl (teilbar)	44	35	26	18	30	300,-

B **1** Frau Lind ruft das Hotel Dorint an, um weiteres über die Preise zu erfahren. Hören Sie dem ersten Teil des Gesprächs zu. Richtig oder falsch?

1 Die HML-Konferenz findet Mitte Juni nächstes Jahr statt.
2 Der Anreisetag ist Sonntag und die Abreise ist Dienstag.
3 Das Hotel Dorint ist in der 3. Juniwoche völlig ausgebucht.

2 Hören Sie weiter. Frau Lind stellt folgende Fragen. Notieren Sie die Antworten.

1 Was wäre der Zimmerpreis für 70 Teilnehmer für drei Nächte?
2 Was kosten zusätzliche Konferenzräume?
3 Können Sie einige Menüpreise nennen?

C Lesen Sie das Angebot rechts, das Frau Lind von Schloß Reinach bekommen hat. Vergleichen Sie die Preise mit denen des Hotels Dorint. Welches Hotel ist billiger?

D Welches Hotel soll Frau Lind Ihrer Meinung nach für ihre Konferenz wählen? Überlegen Sie: Welches Hotel ...

1 hat eine günstigere Lage, d.h. ist für die Teilnehmer leichter zu erreichen?
2 hat geeignetere Konferenzräume?
3 hat eine gemütlichere Atmosphäre, so daß sich die Teilnehmer besser kennenlernen können?
4 bietet bessere Möglichkeiten für ein Freizeitprogramm?
5 ist preisgünstiger?

SCHLOSS REINACH
FREIBURG-MUNZINGEN

Frau Claudia Lind
Firma HML
...

Munzingen, 05.07.19--

Angebot für Ihre Veranstaltung im Juni 19--

Sehr geehrte Frau Lind,

vielen Dank für Ihre Anfrage und das Interesse an unserem Haus. Gerne unterbreiten wir Ihnen das gewünschte Angebot wie folgt:

Anreise: Sonntag, 18.06.19--
Abreise: Mittwoch, 21.06.19--

70 Einzelzimmer zum Preis von DM 105,00 pro Person und Tag, inklusive Frühstück.

Veranstaltungsablauf:
Sonntag: individuelle Anreise von 70 Personen
Montag: gemeinsames Frühstück
Tagungsbeginn
Tagungspauschale No. 1 DM 55,00 pro Person/Tag inklusive folgender Leistungen:
2 Tagungsgetränke pro Person in den Räumen, 2 Pausen mit Kaffee/Tee, feinem Gebäck und Joghurt/Obstkorb, ein 3-Gang-Tagungsmenü oder Lunch-Buffet, die Bereitstellung der Räume und die Standardtagungstechnik
oder
Tagungspauschale No. 2 DM 70,00
bei der zusätzlich zur Tagungspauschale No. 1 ein Drei-Gang-Menü zum Abendessen enthalten ist.
3 Tagungsräume zu Ihrer Verfügung:
Tagung in einem Konferenzraum für 70 Personen, 2 weitere Räume für je 35 Personen
Standardtagungstechnik in den Räumen: Overheadprojektor mit Leinwand, Rednerpult, Flipchart, Pinnwand

Dienstag: **siehe Montag**
Mittwoch: **siehe Montag**
Abreise der Tagungsteilnehmer

Für eine Abendveranstaltung in unserem Haus möchten wir Ihnen folgendes vorschlagen:
- eine Weinprobe mit verschiedenen Weinen und Baguette für DM 18,00 pro Person
- musikalische Unterhaltung
- Volkstanz-Vorführung mit Musik
- ein badisches Buffet

Die Zimmer und den Veranstaltungsraum haben wir gerne vorreserviert und möchten Sie um eine Entscheidung bis zum 30.09.19-- herzlich bitten. Sollten Sie noch weitere Fragen bezüglich der Tagungsorganisation haben, rufen Sie uns an, wir stehen Ihnen gerne jederzeit zur Verfügung.

Herzliche Grüße von SCHLOSS REINACH

Ihre

Angelika Fell
Bankettabteilung

6.4 Können wir einen Termin vereinbaren?

A Frau Lind ruft das Schloß Reinach an, um einen Termin für eine Hausführung zu vereinbaren. Danach ruft sie Herrn Frey, den Geschäftsführer einer HML-Tochtergesellschaft in Stuttgart, an. Beantworten Sie die Fragen zu jedem Gespräch.

Dialog 1

1 In welcher Woche möchten Frau Lind und ihr Chef das Hotel besichtigen?
2 Welcher Tag paßt ihnen am besten?
3 Für welche Uhrzeit ist der Termin?

Dialog 2

1 Warum ist Herr Frey im Moment nicht erreichbar?
2 Worum geht es bei dem Anruf?
3 Wann ist Herr Frey frei?
4 Für welchen Tag und welche Uhrzeit wird der Termin vereinbart?

LANGUAGE STUDY

1 Ordinal numbers, *der erste, zweite, dritte, vierte* etc. are used for giving dates.
Can you continue the sequence up to the thirty-first?
At what point does the ending of ordinal numbers change from *-te* to *-ste*? ▶ 8.2

2 Study these ways of saying the date.
    Heute ist Montag, der 21. (einundzwanzigste) Juni.
    Wir sehen uns am Donnerstag, dem 7. (siebten) Oktober.
Ordinal numbers are adjectives and require normal adjective endings.
Why is a masculine ending used in each example above? ▶ 9.3

B Üben Sie Dialoge, in denen Sie einen Termin vereinbaren.

Ich möchte Sie/Ihre Firma gerne besuchen. Können wir einen Termin vereinbaren?
Ich möchte (gern) einen Termin/eine Besprechung mit Ihnen (in den nächsten Tagen/
in der nächsten Woche/in der Woche vom 13. März) vereinbaren.

Geht es am [Mittwoch, dem 7. Juni]?
Paßt Ihnen [Montag, der 13. März]?
Wäre Ihnen [Donnerstag vormittag] recht?
Hätten Sie [nächsten Dienstag] Zeit?

Wann möchten Sie kommen?
Welches Datum/Welcher Tag paßt Ihnen am besten?

Vormittags oder nachmittags?
Um welche Uhrzeit? / Um wieviel Uhr möchten Sie kommen?

Vormittags/Nachmittags wäre mir lieber.
Sagen wir um [10.00 Uhr]?

Einen Moment, ich sehe in meinem Terminkalender nach.

Ja, das paßt sehr gut.
Ja, [Mittwoch um 10.00 Uhr] geht.
Ja, am [Donnerstag] bin ich den ganzen Tag frei.

Das geht leider nicht/paßt mir schlecht.
Da habe ich schon einen Termin/eine Besprechung.
Da bin ich nicht im Haus.
[Nachmittag um 14.00 Uhr] / [Donnerstag vormittag] paßt mir besser.

Gut, wir treffen uns also am ... um ... Uhr. (Ich bestätige Ihnen den Termin per Fax.)

C **1** Sie hören drei Telefongespräche. Aus welchen Gründen müssen
die Anrufer ihre Termine absagen bzw. verschieben?

Ich muß unseren Termin leider absagen/verschieben ...
1 ... Es ist nämlich etwas dazwischen gekommen.
2 ..., denn ich stehe im Moment auf der Autobahn im Stau.
3 ..., da ich ganz plötzlich eine Geschäftsreise machen muß.
4 ..., weil die Fluglotsen hier am Flughafen streiken.
5 ..., weil ich im Moment zu beschäftigt bin.
6 ..., weil wir hier in der Firma im Augenblick einige Probleme haben.
7 ... Ich muß den Termin aus persönlichen Gründen absagen.

2 Hören Sie noch einmal zu. Welche neuen Vereinbarungen treffen die Gesprächspartner?

LANGUAGE STUDY

Four different words for *because* are used in **C**. What are they?
Which two words introduce a subordinate clause, where the verb goes to the end? ▶ 7.4, 7.5

D Ändern Sie Ihre Termine. Spielen Sie abwechselnd die Rolle
des Anrufers und des Angerufenen in folgenden Situationen.

Anruf 1
Sie haben einen Termin mit Herrn Krause von
der Fima Klingspor am Mittwoch, dem 29.
November um 11.15 Uhr, müssen aber leider
absagen. Rufen Sie ihn an und vereinbaren Sie
einen neuen Termin.

Anruf 2
Sie haben eine Besprechung mit Ihrer Kollegin,
Frau Walter, am nächsten Dienstag um 15.30
Uhr, können sie aber leider nicht einhalten und
möchten sie auf die folgende Woche
verschieben.

Benutzen Sie diese Ausdrücke und wählen Sie einen passenden Grund aus **C**.

Es geht um unseren Besuchstermin/unsere Besprechung am ...
Ich muß diesen Termin leider absagen. / Ich kann den Termin leider nicht mehr einhalten.
Wäre es möglich, einen neuen Termin zu vereinbaren?
Könnten wir den/unseren Termin um eine Woche/einige Tage / auf den [4. Dezember]/die
folgende Woche verschieben?

E Vereinbaren und ändern Sie einen Termin mit einem Geschäftspartner.
PARTNER A benutzt Datenblatt A17, S. 152.
PARTNER B benutzt Datenblatt B17, S. 161.

F Sie haben einen Kundentermin für die folgende Woche, müssen aber leider absagen.
Hinterlassen Sie eine Nachricht auf seinem/ihrem Anrufbeantworter. Sagen Sie:
• Namen und Firmennamen
• für wann der Termin vereinbart wurde
• warum Sie den Termin absagen müssen
• wann Sie wieder anrufen
Nehmen Sie Ihre Nachricht eventuell auf Band auf.

6.5 Ich möchte zwei Zimmer reservieren

A Frau Lind ruft zwei Hotels in Stuttgart an, um eine Zimmerreservierung zu machen. Beantworten Sie die Fragen zu jedem Gespräch.

Dialog 1
1 Welches Hotel ruft Frau Lind an?
2 Wie hat sie den Namen des Hotels erfahren?
3 Wie kann man das Hotel vom Hauptbahnhof erreichen?
4 Was möchte Frau Lind reservieren? Für wann?
5 Was ist das Problem, und wie reagiert Frau Lind?

Dialog 2
1 Welches Hotel ruft Frau Lind dann an?
2 Was kostet ein Einzelzimmer?
3 Was ist der Unterschied zwischen den niedrigeren und höheren Zimmerpreisen?
4 Was ist im Zimmerpreis inbegriffen?
5 Wo liegt das Hotel?
6 Für welchen Zimmerpreis entscheidet sich Frau Lind?

B Das Hotel schickt Frau Lind eine schriftliche Bestätigung ihrer Zimmerreservierung per Fax. Lesen Sie den Text und vervollständigen Sie die fehlenden Informationen mit Hilfe Ihrer Notizen in **A**. Dann beantworten Sie diese Fragen.

1 Ab wann stehen die Zimmer zur Verfügung?
2 Was muß ein Gast tun, wenn er spät anreisen will?

TELEFAX-NACHRICHT

HOTEL KETTERER
STUTTGART

Marienstr. 3, 70178 Stuttgart 1
Tel. (0711) 20 39-0
Fax (0711) 203 96 00
Telex 722340kettrd

An/To: Firma HML
zu Hd. von/Attention: Frau Lind
Telefax Nr./No.:
Betrifft/Subject: Reservierungsbestätigung
Seitenzahl/Pages: 1

Stuttgart, den <u>25. Juli 19--</u>

Sehr geehrte Frau Lind,

wir bedanken uns für Ihr Interesse an unserem Haus und
☒ bestätigen Ihre Reservierung wie folgt:
☐ unterbreiten Ihnen folgendes Angebot:

_____ Einzelzimmer mit Dusche/Bad/WC   zum Preis von DM _____ pro Tag/pro Zimmer
_____ Doppelzimmer mit Dusche/Bad/WC   zum Preis von DM _____ pro Tag/pro Zimmer

Der Zimmerpreis ist inklusive Frühstücksbüffet, Service und Mehrwertsteuer.

Anreise: _____ 19--
                              für _____ Nacht
Abreise: _____ 19--

Bitte berücksichtigen Sie, daß die Zimmer am Anreisetag ab 14 Uhr zur Verfügung stehen. Im Falle einer Spätanreise bitten wir um telefonische Benachrichtigung, da die Zimmer nur bis 18 Uhr freigehalten werden.

Für Rückfragen stehen wir Ihnen jederzeit gerne zur Verfügung.

Wir freuen uns auf Ihren Besuch und wünschen Ihnen schon heute eine angenehme Anreise.

Mit freundlichen Grüßen

C Sie hören zwei Telefongespräche, in denen der Anrufer eine Zimmerreservierung ändern bzw. absagen muß. Beantworten Sie die Fragen zu jedem Gespräch.

1 Was hat der Anrufer reserviert?
2 Was möchte er/sie jetzt tun?
3 Geht das in Ordnung, oder gibt es ein Problem?

D Ändern Sie folgende Hotelreservierungen, die Sie schon gemacht haben.

Ein Doppelzimmer vom 8.4. - 9.4. im Panorama-Hotel
Zwei Einzelzimmer vom 18.9. - 22.9. im Hotel Sieben Schwaben
Ein Einzelzimmer und ein Doppelzimmer vom 24.5. - 26.5. im City-Hotel
Zwei Einzelzimmer und drei Doppelzimmer vom 30.7. - 1.8. im Hotel Föhr

[Panorama-Hotel], guten Tag.

Guten Tag, hier spricht ... . Ich möchte bitte eine Reservierung ändern.

Was haben Sie reserviert?

[Ein Doppelzimmer/Zwei Einzelzimmer] auf den/die Namen ... und ... vom ... bis zum ...

Und was möchten Sie jetzt reservieren?

Ich hätte gern [zwei Einzelzimmer] anstatt [eines Doppelzimmers].
Ich möchte noch ein Zimmer reservieren, und zwar ...
Ich möchte die Buchung auf den [15. April] verschieben.
Ich möchte die Reservierung für Herrn/Frau ... absagen.

Es tut mir leid, aber in der Zeit haben wir keine [Einzelzimmer]/
überhaupt nichts mehr frei.

Ja, das geht in Ordnung.

Ach so. Haben Sie denn am ... / vom ... bis ... etwas frei?
(Dann muß ich die Reservierung leider absagen. Ich versuche es bei einem anderen Hotel. Fallen da Stornierungskosten an?)

Vielen Dank! Soll ich das Ihnen bestätigen?
Könnten Sie mir die Umbuchung schriftlich bestätigen?

Nein, eine kostenfreie Stornierung ist bis drei Wochen vor Anreisedatum möglich.

Ja, bitte. / Nein, das ist nicht nötig. / Ja, selbstverständlich.

Gut, danke schön. Auf Wiederhören.

LANGUAGE STUDY

Look at this example.
   Ich brauche zwei Einzelzimmer **anstatt** eines Doppelzimmers.
What is the case of the noun following the preposition *anstatt*?   ▶ 5.6

E Nach ihrem Besuch in Freiburg macht Frau Lind die endgültige Hotelbuchung für die Jahreskonferenz der Firma HML in Freiburg. Beantworten Sie die Fragen und notieren Sie die Reservierung.

1 Für welches Konferenzhotel hat sich Frau Lind entschieden?
2 Bis wann kann sie kostenfrei absagen?
3 Welche Ermäßigung gibt das Hotel, wenn weniger Teilnehmer kommen?
4 Notieren Sie Frau Linds Reservierung.

F Machen und ändern Sie Zimmerreservierungen.
PARTNER A benutzt Datenblatt A18, S. 153.
PARTNER B benutzt Datenblatt B18, S. 161.

Die Stuttgart-Marketing GmbH gibt es seit 1993 als Nachfolgeinstitution des städtischen Amts für Touristik. Ihr Ziel: Die Spitzenposition der Region Stuttgart als hochrangige Tourismus- und Wirtschaftsregion stärken und ausbauen.

1 Eine Initiative der Stuttgart-Marketing GmbH ist der Stuttgarter City-Pass. Was ist der City-Pass? Welche Leistungen umfaßt er?

2 Was würden Sie anbieten, um Ihre Stadt für Touristen und die Industrie attraktiv zu machen?

Das ist Stuttgart:

▲ Landeshauptstadt von Baden-Württemberg, in reizvoller Lage und eine der grünsten Großstädte. 207 km² groß, 580.000 Einwohner.

▲ Bedeutendes Industriezentrum, in dem weltbekannte Unternehmen wie Daimler-Benz, Porsche, Bosch und IBM ihren Sitz haben. Wiege des Automobils!

▲ Hochrangiges Innovationszentrum: Zwei Universitäten, drei Fachhochschulen, mehrere Forschungseinrichtungen, darunter zwei Max-Planck-Institute.

▲ Eine der führenden Kongreßstädte und Messeplätze in Europa mit idealen Verkehrsanbindungen und 50.000m² Ausstellungsfläche.

▲ Kulturangebot von hohem, internationalem Rang.

Der Stuttgarter City-Pass

Mit dem Stuttgarter City-Paß wird ein Aufenthalt in Stuttgart erst so richtig zu einem Ereignis. Er bietet für wenig Geld viel Gutes. Und er ist so etwas wie der rote Faden, der Sie mit Gutscheinen und Vergünstigungen sicher durch die Landeshauptstadt führt.

Am Anfang steht eine Stadtrundfahrt. Sie verspricht zweieinhalb Stunden „Sehenswertes Stuttgart". An der Route liegen die wichtigsten Sehenswürdigkeiten der Stadt: Neue Staatsgalerie, Staatsoper, Landtag, Neues und Altes Schloß. Weiter geht es zu den Schauplätzen der Internationalen Gartenbauausstellung „IGA Stuttgart Expo 93", Baden-Württembergs erster Weltausstellung. Zur „Wilhelma", einem der schönsten zoologisch-botanischen Gärten in Europa. Über reizvolle Panoramastraßen auf die Höhen der Stadt zum Fernsehturm. Mit 217 Metern ist er das Wahrzeichen des modernen Stuttgarts.

Wo ist in Stuttgart was los? Die neuesten Ausgaben der „Stuttgarter Zeitung" oder der Stadtillustrierten PRINZ oder LIFT geben darüber detailliert Auskunft. Je ein Exemplar bietet Ihnen der City-Pass umsonst. Im Restaurant „Alte Kanzlei" wird das Mittagessen eingenommen; der City-Pass „spendiert" für den großen Durst ein Glas kühles Bier der „Stuttgarter Hofbräu AG".

Nach der Stadtrundfahrt der Einkaufsbummel. Königstraße und Calwer Passage, Eberhard-Straße und Schwabenzentrum – überall befinden sich viele gute

Geschäfte, Kaufhäuser, Boutiquen, Restaurants, Cafés und Weinstuben. In einer der Hochland-Filialen verhilft der City-Pass zu 125 Gramm Kaffee nach Wahl. Die Firma Steinmann verwöhnt mit einer leckeren Zuckertüte.

Bevor das Programm für den Abend festgelegt wird, sollte im Mineral-Bad Cannstatt etwas für die Gesundheit getan werden. Für diese und für weitere Erlebnisse bietet der City-Pass ermäßigte Eintrittspreise. Das gilt auch für eine Fahrt mit der Neckar-Personen-Schiffahrt neckarabwärts, an reizvollen Weinbergen vorbei, nach Ludwigsburg – bekannt für seine Gartenschau „Blühendes Barock".

Der beginnende Abend führt den City-Pass-Bummler zunächst in die „1. Stuttgarter Lokalbrauerei". Bei einem Glas „Calwer Eck Bräu" lassen sich am besten Pläne für den weiteren Verlauf schmieden. Darf es ein anspruchsvolles Schauspiel im Alten Schauspielhaus sein, modernes Theater im Theater der Altstadt, oder steht der musikalische Sinn mehr nach einem klassischen Konzert mit weltberühmten Orchestern, Solisten und Ensembles? Kein Problem, der City-Pass mit seinen Ermäßigungen bietet ungewöhnlich vieles.

Haben Sie Ihre Wahl getroffen? Prima, dann kann der Abend beginnen.

Stuttgart hat ein umfangreiches, internationales Hotelangebot aller Kategorien.
Sie wohnen im Hotel REGA. Lesen Sie die Hotel-Information. Was tun Sie in folgenden Situationen?

1 Sie möchten morgen um 6.00 Uhr geweckt werden.
2 Sie müssen Geld wechseln.
3 Sie möchten das Frühstück im Zimmer.
4 Es ist 11.00 Uhr abends. Sie haben Hunger.

5 Ihr Zimmer ist zu warm.
6 Ihr Anzug hat einen Fleck.
7 Sie möchten außer Haus anrufen.
8 Sie wollen eine Nacht länger bleiben.
9 Sie müssen ein Fax an Ihre Firma schicken.

HOTEL-INFORMATION

Anreise: Das Zimmer steht am Anreisetag ab 15.00 Uhr zur Verfügung und bleibt bis 18.00 Uhr reserviert, falls nicht eine spätere Ankunftszeit vereinbart wird.

Abreise: Bis 12.00 Uhr, Aufenthaltsverlängerung bitte bis 10.00 Uhr dem Empfangspersonal – Hausruf 100 – mitteilen.

Rezeption: Rund um die Uhr besetzt, Hausruf 100.

Frühstück: Das internationale Frühstücksbüffet servieren wir täglich von 6.00 Uhr bis 10.00 Uhr, an Wochenenden bis 10.30 Uhr, in unserem Restaurant im Erdgeschoß.

Warme Küche: Von 11.30 Uhr bis 14.00 Uhr und von 18.00 Uhr bis 22.00 Uhr.

Hotelbar: Die Bar ist geöffnet bis 24.00 Uhr. Neben Getränken sind auch kleinere Speisen, wie Suppen oder belegte Brote, erhältlich.

Autovermietung: Bitte wenden Sie sich an den Empfang, Hausruf 100.

Geldwechsel: Rund um die Uhr an der Rezeption.

Hotelsafe: Steht kostenlos an der Rezeption. Das Hotel haftet nicht bei Verlust von Bargeld oder anderen Wertgegenständen im Zimmer und in anderen Räumen!

Kreditkarten: Wir akzeptieren: Visa, Eurocard, American Express, Diners Club.

Telefon: Steht als Direktwahltelefon im Zimmer. Um eine Amtsleitung zu erhalten, wählen Sie bitte die 8. Die Einheiten der einzelnen Gespräche werden automatisch auf Ihre Rechnung gebucht.

Klimaanlage: In Ihrem Zimmer können Sie mit Hilfe eines Thermostats die Zimmertemperatur höher oder niedriger stellen.

Minibar: Wir bitten Sie, täglich den Minibarzettel ausgefüllt und unterschrieben am Empfang abzugeben.

TV: Mit der TV-Selbstbedienung wählen Sie ganz nach Wunsch Ihr Fernseh-, Kabel-, Video- oder Radioprogramm.

Stromanschluß: Achtung! Nur 220 Volt!

Schuhputzautomat: Steht in jeder Etage zu Ihrer Verfügung.

Post: An der Rezeption.

Fax- und Fotokopie-Service: An der Rezeption.

Taxi: Über Rezeption – Hausruf 100.

Friseur: Wir arrangieren für Sie gern einen Termin bei einem Stuttgarter Stylisten – Hausruf 100.

Wäsche und Reinigung: Geben Sie Ihre Wäsche montags bis freitags bis 9.00 Uhr an der Rezeption ab, erhalten Sie Ihre Kleidung am nächsten Tag spätestens um 12.00 Uhr zurück.

Wecken: Ihren Weckruf bestellen Sie bitte an der Rezeption, Hausruf 100.

Zimmerservice: Von 6.00 Uhr bis 24.00 Uhr über Hausruf 100.

Sauna und Solarium: Im Erdgeschoß, rund um die Uhr geöffnet, die Solariumbenutzung kostet fünf Mark.

Zimmerschlüssel: Bitte das Abgeben vor der Abreise nicht vergessen!

7 Unterwegs in Deutschland

In this unit you'll learn how to
- find your way from the airport to the city centre
- enquire about train times, buy a ticket and reserve a seat
- get around a city by public transport or on foot
- follow directions for reaching places by car

You'll also find out about efforts to ease traffic congestion in the cities.

7.1 Wie geht's vom Flughafen weiter?

A Wenn man zum ersten Mal mit dem Flugzeug in einer Stadt ankommt, muß man wissen, wie es vom Flughafen weitergeht. Das kann man im voraus erfahren, z.B. aus Informationsbroschüren des Verkehrsamts oder vom Flughafen selbst.

Informieren Sie sich über die Verkehrsverbindungen vom Flughafen Frankfurt/Main.

Situation 1
Sie fahren zur Frankfurter Messe. Das Messegelände befindet sich in der Stadtmitte, etwa zehn Gehminuten vom Hauptbahnhof entfernt.
1. Mit welchen öffentlichen Verkehrsmitteln kommt man zum Hauptbahnhof?
2. Wie kann man direkt zur Messe fahren?
3. Von wo fährt a) die S-Bahn b) der Messebus am Flughafen ab?
4. Wie oft fährt die S-Bahn nach Frankfurt-Hauptbahnhof? Wie lange dauert die Fahrt?
5. Wo kann man Fahrscheine bzw. Fahrkarten im Flughafen kaufen? Kann man sie im Zug kaufen?

Situation 2
Sie wollen mit dem Taxi zu Ihrem Hotel in der Innenstadt fahren.
1. Wo ist der Taxistand?
2. Was sollte die Fahrt kosten?
3. Wie lang ist die Fahrzeit?

Situation 3
Vom Flughafen müssen Sie weiter mit dem Zug nach Koblenz fahren.
1. Wie oft fahren die InterCity-Züge?
2. Von welchem Gleis fahren sie ab?

Situation 4
Sie fahren weiter mit einem Mietwagen nach Wiesbaden.
1. Welche Autobahn müssen Sie nehmen?
2. Wie kommen Sie auf die Autobahn?

LANGUAGE STUDY

Study these ways of describing frequency.
> Züge fahren **stündlich/alle 60 Minuten** in Richtung [Koblenz].

How would you say these?
> daily/weekly/monthly
> every 15 minutes/half an hour/two hours

You may also see this method of describing frequency on train and bus timetables:
> Der Airport Bus fährt täglich **im 15 Minuten-Takt** zwischen Hauptbahnhof und Flughafen.

▶ 9.6

Flughafen
Frankfurt Main AG

Schiene

Der Flughafen-Bahnhof im **Terminal 1** ist über die Ebene „Unterm Flughafen" zu erreichen.
Elektronische Informationstafeln in der Ebene „Unterm Flughafen" und in der Ankunftsebene geben Auskunft über
- Zuganschluß
  Nahverkehr – S-Bahn (FVV)
  Fernverkehr – Intercity/Eurocity
- Fahrtrichtung
- Abfahrtszeit
- Gleisnummer
  Bahnsteig 1: S-Bahn Richtung Frankfurt-Innenstadt
  Bahnsteig 2: Fernzüge Richtung Süddeutschland
  Bahnsteig 3: S-Bahn Richtung Mainz/Wiesbaden
  Fernzüge Richtung Rheinland und Norddeutschland

Fahrscheine

An blauen FVV-Automaten und am Verkaufsschalter der Deutschen Bahn AG (DB Reisezentrum, Ebene „Unterm Flughafen", Bereich B) erhältlich. Im DB-Reisezentrum befinden sich auch Schalter zur Gepäckaufgabe und Gepäckausgabe. FVV-Automaten gibt es in der Ankunftsebene, Bereich B, in der Ebene „Unterm Flughafen" und auf den Bahnsteigen.

Fahrscheine bitte vor Fahrtantritt lösen; ein Nachlösen in der S-Bahn ist nicht möglich.

Fernverkehr

Ab Flughafen Frankfurt bestehen von 7.00 - 23.00 Uhr stündliche Intercity-Direktverbindungen in folgende Richtungen:
- Koblenz - Bonn - Köln - Dortmund - Bremen - Hamburg
- Würzburg - Nürnberg (München/Wien)

Straße

Autobahn

Die Terminals sind angeschlossen an die A3 aus Richtung - München, Würzburg, Offenbach
- Köln, Mainz, Wiesbaden
A5 aus Richtung - Hamburg, Hannover, Kassel
- Basel, Karlsruhe, Heidelberg, Darmstadt

Abfahrten führen direkt vor die Terminals. Folgen Sie bitte den Hinweisschildern „Abflug" beziehungsweise „Ankunft".

Bus

Nahverkehr

Reise- und Linienbusse halten am **Terminal 1** am Busbahnhof vor der Ankunftshalle auf der Ebene 1
und am
Terminal 2 an der Haltebucht vor der Ankunfts-/Abflughalle.

Fahrscheine sind entweder beim Busfahrer oder aus den blauen FVV-Automaten erhältlich. Fahrpläne finden Sie im Terminal in der Ankunftsebene, in der Ebene „Unterm Flughafen" und an den Abfahrtsbuchten.

Taxis

Taxistände befinden sich vor beiden Terminals. Eine Fahrt von/nach Frankfurt-Innenstadt kostet ca. 40 Mark. Die Fahrzeit beträgt ca. 20 - 25 Minuten.

Mietwagen

Autovermietungen sind in beiden Terminals vertreten.
Im **Terminal 1** in der Ankunftshalle A.
Im **Terminal 2** in der Ebene 3, Mitte.

S-Bahnen, Linien S 14 und S 15
Suburban Rail Services S 14 and S 15

Abfahrt vom Flughafen nach Frankfurt-Hauptbahnhof
Departure from Airport to Frankfurt Central Station

04.33	w 06.43●	w 08.43●	w 10.43●	w 12.43●	w 14.43●	a 16.43●	a 18.43●	21.13	00.23●
04.53	06.53	08.53	10.53	12.53	14.53	16.53	18.53	21.23●	00.33
w 05.03●	w 07.03●	w 09.03●	w 11.03●	w 13.03●	w 15.03●	a 17.03●	a 19.03●	21.33	
05.13	07.13	09.13	11.13	13.13	15.13	17.13	19.13	21.53	
05.23●	07.23●	09.23●	11.23●	13.23●	15.23●	17.23●	19.23●	22.13	
05.33	07.33	09.33	11.33	13.33	15.33	17.33	19.33	22.23●	
w 05.43●	w 07.43●	w 09.43●	w 11.43●	w 13.43●	w 15.43●	a 17.43●	a 19.43●	22.33	
05.53	07.53	09.53	11.53	13.53	15.53	17.53	19.53	22.53	
w 06.03●	w 08.03●	w 10.03●	w 12.03●	w 14.03●	a 16.03●	a 18.03●	20.13	23.13	
06.13	08.13	10.13	12.13	14.13	16.13	18.13	20.23●	23.23●	
06.23●	08.23●	10.23●	12.23●	14.23●	16.22●	18.23●	20.33	23.33	
06.33	08.33	10.33	12.33	14.33	16.33	18.33	20.53	23.53	

Fahrzeit Flughafen-Hauptbahnhof **ca. 11 Minuten.**/Travel time from Airport to Frankfurt Central Station is about 11 minutes.
● Die Züge der **Linie S 14** halten im Tiefbahnhof des Frankfurter Hauptbahnhofs und fahren von dort aus weiter in die Frankfurter Innenstadt und nach Frankfurt-Sachsenhausen.
● The trains of the S 14 line stop at the underground station of Frankfurt Central Station and from there travel on into downtown Frankfurt and to Frankfurt-Sachsenhausen.

Busse
Buses

Haltestelle Bus Stop	Linie Line	Zielort Destination	Haltestelle Bus Stop	Linie Line	Zielort Destination
14	250	Darmstadt	18	964	Neu-Isenburg, Dreieich
	975	Offenbach			
	975	Rüsselsheim	19		Messe Frankfurt Walldorf-Mörfelden
15	62	Schwanheim, Kelsterbach			
	73	Kelsterbach	20		Heilbronn
16	61	Frankfurt-Niederrad, Südbahnhof	21		Prag
17	68	Zeppelinheim, Neu-Isenburg	22		Straßburg
	915	Bad Homburg	23		Seeheim (DLH-Werkverkehr)

Abfahrtszeiten bzw. Zwischenhalte sind den Aushangfahrplänen zu entnehmen.
For departure times and further stops see timetables.

B Welche Flughafen-Dienstleistungen passen zu welchen Piktogrammen?

 1   2   3   4   5   6

 7   8   9   10   11   12

a) Informationsschalter   g) Post
b) Treffpunkt   h) Linienbusse/Busbahnhof
c) Gepäcknachforschung   i) Bank/Geldwechsel
d) Mietwagen   j) Geschäfte/Zeitungskiosk
e) Gepäckausgabe   k) Gepäckwagen
f) Gepäckschließfach   l) Apotheke

C   Vier Reisende bitten um Informationen bzw. Hilfe im Flughafen. Beantworten Sie die Fragen zu jedem Gespräch.

1 Wo findet das Gespräch statt? Wählen Sie das entsprechende Piktogramm in **B**.
2 Welche Frage bzw. Bitte hat der/die Reisende?
3 Welche Antwort bekommt er/sie?

D Bilden Sie ähnliche Dialoge mit Hilfe der Stichwörter.

Dialog 1
helfen? / Koffer nicht angekommen!   ▶   Von wo geflogen?
Maschine aus Istanbul   ▶   Mit welcher Fluggesellschaft?
Lufthansa   ▶   zum Lufthansa-Schalter/gehen
sagen/wo/Schalter?   ▶   Ecke/drüben links

Dialog 2
Wie/am besten/in die Stadtmitte?   ▶   S-Bahn Linie 14/15/zum Hauptbahnhof
sagen/wo/Bahnhof?   ▶   unterm Terminalgebäude
Wie/dahinkommen?   ▶   die Treppe runter/zwei Etagen tiefer
Wissen/wie oft/fahren?   ▶   alle 10 Minuten

Dialog 3
hier/Haltestelle/Messebus?   ▶   Nein/hier/Busse für den Fernverkehr
Wissen/wo/Messebus/abfahren?   ▶   vom Busbahnhof/gegenüber / Haltestelle 19
Wo/Fahrschein/bekommen?   ▶   beim Busfahrer/vom Automaten
sagen/was/kosten?   ▶   7/8 Mark

Dialog 4
20 Mark in Kleingeld wechseln?/   ▶   Mal gucken/ Einen Zehnmarkschein/
Münzen für das Telefon   ... Fünfmarkstücke/ ... Markstücke/
                                             ... Fünfzigpfennigstücke/den Rest
                                             in Zehnpfennigstücken/Groschen

E Informieren Sie sich über die Verkehrsverbindungen von anderen Flughäfen.
PARTNER A benutzt Datenblatt A19, S. 153.
PARTNER B benutzt Datenblatt B19, S. 162.

7.2 Wann fahren die Züge?

A **1** Sehen Sie sich die Zeichenerklärungen an.

1 Wie viele Zugtypen gibt es bei der Deutschen Bahn?
2 Welche Zugtypen sind für den Fernverkehr? Für den Nahverkehr?
3 Welche Züge sind zuschlagpflichtig?
4 Wie viele Zugtypen haben Sie in Ihrem Land? Gibt es bei Ihnen auch zuschlagpflichtige Züge?
5 Was bedeuten die Symbole in Ihrer Sprache? Haben Sie die gleichen Symbole?

2 Sehen Sie sich den Streckennetzplan an. Er zeigt die IC-Verbindungen von Frankfurt/Main.

1 Über welche Städte fährt man von Frankfurt/Main nach
   a) Freiburg?   b) Dortmund?   c) München?
2 Was ist der kürzeste Weg zwischen Frankfurt und Berlin?
3 Kann man direkt von Frankfurt nach Wien fahren?
4 Wie oft fahren die Züge von Frankfurt nach Amsterdam?

Zeichenerklärungen

ICE **InterCityExpress**
Hochgeschwindigkeitszug mit bis zu 250 km/h. Besonderer Fahrpreis. Übergang aus anderen Zügen ist nur gegen Zahlung des Preisunterschiedes möglich.

EC **EuroCity-Zug**
Internationaler Qualitätszug. EC/IC-Zuschlag erforderlich.

IC **InterCity-Zug**
Nationaler Qualitätszug. Größtenteils im Stundentakt mit bis zu 200 km/h. EC/IC-Zuschlag erforderlich.

IR **InterRegio**
Überregionaler Zug mit gehobenem Komfort. Meistens im 2-Stunden-Takt. Bei Fahrten unter 50 Km Zuschlag erforderlich.

D **Schnellzug**
Bei Fahrten unter 50 Km Zuschlag erforderlich.

RSB **RegionalSchnellBahn**
Qualitätszug des Regionalverkehrs. Überbrückt die längeren Distanzen zwischen größeren Orten der Region. Fährt mindestens alle zwei Stunden.

E **Eilzug**
N **Zug des Nahverkehrs**
S **S-Bahn**
Zug des Verdichtungsverkehrs mit dichtem Taktverkehr.

🚌 Busverbindung
⛴ Schiffsverbindung
🚃 Kurswagen
🛏 Schlafwagen
🛏 Liegewagen 2. Klasse
✕ **Bord Restaurant,** Zugrestaurant
Ⓜ Bistro Café, Zugrestaurant
⚲ Imbiß und Getränke im Zug erhältlich

ICE/IC/EC-Verbindungen
ICE/IC/EC-Connections

IC/EC-Direktverbindungen
Direct IC/EC Rail Service

IC/EC-Verbindungen
IC/EC-Rail Service

System-Umsteigebahnhöfe
System-Transfer Stations

2-Stunden-Takt der Züge –
trains every 2 hours

unregelmäßiger Zeittakt der Züge
trains various times daily

B Beantworten Sie die Fragen unten anhand des Fahrplans.

1 Wie oft fahren ICE-Züge direkt von Frankfurt/Main nach München? Wie lange dauert die Fahrt?

2 Mit welchen IC-Zügen können Sie direkt fahren? Wie lang ist die Fahrzeit?

3 Wo müssen Sie umsteigen, wenn Sie den EC-Zug um 12.14 Uhr von Frankfurt nehmen? Mit welchem Zugtyp fahren Sie weiter nach München?

4 Sie wollen in Stuttgart aussteigen. Können Sie mit dem IC-Zug um 7.14 Uhr fahren?

5 Welche Züge kommen nicht in Frage, wenn Sie an einem Sonntag nach München fahren wollen?

6 Welche Züge haben kein Zugrestaurant?

7 Sie haben einen Termin mit einem Kunden um 14.00 Uhr in München. Sie brauchen 20 Minuten vom Hauptbahnhof bis zu seiner Firma. Mit welchem Zug fahren Sie am besten ab Frankfurt?

Frankfurt(Main)Hbf → München Hbf

423 km

ab	Zug		Umsteigen	an	ab	Zug			an	Verkehrstage	
0.02	D	1123 ⚲🛏🍴	München Ost	4.04	4.27	Ⓢ		2.Kl	4.35	täglich	01
5.42	IC	821 ⚲							9.20	Mo - Sa	02
6.14	IC	721 ⚲	Regensburg Hbf	9.29	9.37	IR	2068	🍴	11.01	täglich	
6.28	D	350	Heidelberg Hbf	7.22	8.07	EC	15	✕	11.10	täglich	
6.31	ICE	993 ✕							9.41	Mo - Fr	03
6.40	ICE	271 ✕	Mannheim Hbf	7.23	7.27	ICE	995	✕	10.15	täglich	
7.14	IC	723 ✕	Würzburg Hbf	8.26	8.41	D	2085	⚲	11.16	Mo - Sa	02
7.43	ICE	997 ✕							11.15	Mo - Sa	02
7.47	IR	2671 🍴	Heidelberg Hbf	8.40	9.07	EC	113	✕	12.10	täglich	
8.43	ICE	999 ✕							12.15	täglich	
8.51	IC	552 ✕	Mannheim Hbf	9.44	9.55	EC	13	✕	13.10	Mo - Sa	02
9.43	ICE	791 ✕							13.15	Mo - Sa	02
9.47	IR	2571 🍴	Heidelberg Hbf	10.40	11.07	IC	119	✕	14.10	täglich	
10.09	ICE	771 ✕	Mannheim Hbf	10.50	10.55	IC	119	✕	14.10	täglich	
10.14	EC	25 ✕	Würzburg Hbf München Ost	11.26 14.35	12.02 14.39	IC Ⓢ	781	⚲ 2.Kl	14.48	täglich	04
10.43	ICE	591 ✕							14.15	täglich	
11.14	IC	725 ✕							15.18	täglich	
11.43	ICE	793 ✕							15.15	täglich	
12.14	EC	27 ✕	Würzburg Hbf	13.26	13.41	D	2089	⚲	16.16	täglich	
12.43	ICE	593 ✕							16.15	täglich	
12.51	IC	556 ✕	Mannheim Hbf	13.44	13.55	IC	513	✕	17.10	täglich	
13.43	ICE	895 ✕							17.15	täglich	
13.47	IR	2575 🍴	Heidelberg Hbf	14.40	15.07	IC	613	✕	18.10	Mo - Fr, So	05
14.43	ICE	595 ✕							18.15	täglich	
14.51	EC	56 ✕	Mannheim Hbf	15.44	15.55	EC	19	✕	19.10	täglich	
15.14	IC	621 ✕							19.18	Mo - Fr, So	05
15.43	ICE	897 ✕							19.15	täglich	
16.14	IC	729 ✕	Würzburg Hbf	17.26	17.41	D	2183	⚲	20.16	täglich	
16.43	ICE	597 ✕							20.15	täglich	
16.51	IC	558 ✕	Mannheim Hbf	17.44	17.55	IC	617	✕	21.10	täglich	
17.43	ICE	899 ✕							21.15	täglich	
17.47	IR	2579 🍴	Heidelberg Hbf Stuttgart Hbf	18.40 19.50	19.07 20.02	IC EC	719 67	✕ ✕	22.10	täglich	
18.43	ICE	599 ✕							22.15	täglich	
19.14	IC	523 ✕	Würzburg Hbf	20.26	20.41	D	2187		23.16	täglich	
19.43	ICE	795 ✕							23.18	täglich	
19.47	IR	2673 🍴	Darmstadt Hbf Stuttgart Hbf	20.04 22.03	20.33 22.16	IC IR	619 2299	⚲	0.35	Mo - Fr, So	05
20.43	ICE	695 ✕	Stuttgart Hbf	22.08	22.16	IR	2299		0.35	täglich	06

01 = an München Hbf (Tief); nicht 30. Okt bis 31. Mär
02 = nicht 3. Okt, 26. bis 31. Dez, 15., 17. Apr, 1. Mai
03 = ICE-Sprinter incl. Service; nicht 18. Jul bis 26. Aug, 3. Okt, 26. bis 30. Dez, 14., 17. Apr, 1., 25. Mai
04 = an München Hbf (Tief)
05 = nicht 2. Okt, 25. bis 30. Dez, 14., 16., 30. Apr
06 = nicht 24., 31. Dez

C Eine Reisende, Frau Brenner, ruft die Reiseauskunft am Frankfurter Hauptbahnhof an, um sich nach Zügen nach München zu erkundigen. Notieren Sie folgende Einzelheiten, dann vergleichen Sie Ihre Notizen mit Ihrem Partner.

- Reisetag
- gewünschte Reisezeit
- Abfahrts- u. Ankunftszeit der Züge
- Anschlußverbindungen
- Service im Zug

Die S-Bahn (Nahverkehrszüge)

Der ICE: der High-Tech-Zug der Deutschen Bahn

D   Spielen Sie ähnliche Dialoge.

REISENDE/R: Entscheiden Sie, wann Sie nach München fahren wollen,
bzw. wann Sie dort sein müssen. Bitten Sie um Auskunft über Züge.

AUSKUNFT: Geben Sie einem Kunden/einer Kundin die
gewünschte Auskunft anhand des Fahrplans links. Beginnen Sie so:

> Deutsche Bahn Frankfurt, guten Tag. Wie kann ich Ihnen helfen?
>
> ▼
>
> Guten Tag. Ich hätte gern eine Zugauskunft.
> Ich möchte [morgen vormittag gegen ... Uhr] nach München fahren. Wann fahren die Züge, bitte?
>
> ▼
>
> Da fahren Sie um ... Uhr mit ... und kommen um ... Uhr in München an.

E   Frau Brenner bucht ihre Fahrkarte telefonisch. Welche Aussagen sind richtig?

1   Sie fährt einfach/hin und zurück.
2   Sie möchte erste/zweite Klasse.
3   Sie möchte eine Platzreservierung für die
    Hinfahrt/für die Hin- und Rückfahrt.
4   Sie fährt am Samstag, dem 17. Juni/am Freitag, dem
    14. Juli.
5   Für die Platzreservierung muß sie extra
    bezahlen/braucht sie nicht extra zu bezahlen.
6   Sie möchte im Großraumwagen/im Abteilwagen sitzen.
7   Sie möchte einen Raucher-/einen
    Nichtraucherwagen.
8   Sie möchte einen Fensterplatz/einen Gangplatz.
9   Das macht DM 318,- mit/ohne DM 12,- ICE-Zuschlag.
10 Sie kann die Fahrkarte bei allen Fahrkartenschaltern/beim Schalter für vorbestellte
    Fahrscheine abholen.
11 Die DB akzeptiert Kreditkarten/keine Kreditkarten.

F   Spielen Sie ähnliche Dialoge mit Hilfe der Alternativen in **E**. Beginnen Sie so:

> Guten Tag. Ich fahre mit dem [ICE/InterCity] nach München und möchte
> [eine Fahrkarte/zwei Fahrkarten] buchen.
>
> ▼
>
> Fahren Sie einfach oder hin und zurück?

G   Sie hören vier Durchsagen am Bahnhof. Was bedeuten die Durchsagen für Sie?

1   Sie kommen im Bahnhof an. Der Zug, mit dem Sie
    fahren wollen, steht auf Gleis 4. Was müssen Sie
    tun? Warum?
2   Sie stehen am Gleis 9 und warten
    auf den Zug nach Stuttgart. Ihr Zug wird
    angekündigt. Was müssen Sie tun?
3   Sie stehen am Gleis 8. Ihr Zug aus München hat
    Verspätung. Wie lange müssen Sie noch warten?
4   Sie stehen am Gleis 2 und warten auf den EC nach
    Amsterdam. Eine Gleisänderung wird angekündigt.
    Zu welchem Gleis müssen Sie gehen?

H   Erkundigen Sie sich nach Abfahrts- und Ankunftszeit
eines Zuges und kaufen Sie Fahrkarten.

PARTNER A benutzt Datenblatt A20, S. 153.
PARTNER B benutzt Datenblatt B20, S. 162.

7.3 Wie komme ich hin?

A 1 Sehen Sie sich den Verkehrslinienplan des VVS (Verkehrsverbund Stuttgart) an.
Mit welchen öffentlichen Verkehrsmitteln kann man in Stuttgart und Umgebung fahren?

2 Am Stuttgarter Hauptbahnhof fragen vier Besucher nach dem Weg ...

1 nach Untertürkheim
2 zu den Mineralschwimmbädern, Bad Cannstatt
3 zum Hotel Ketterer
4 zur Universität

Notieren Sie die Anweisungen, die sie erhalten. Dann folgen Sie den Anweisungen auf den Plänen.

LANGUAGE STUDY

1 To ask how to get somewhere, you begin *Wie komme ich ...?* followed by *nach*
or one of the forms of *zu: zum/zur/zu den*. When do you use *nach*, when *zu* ? ▶ 5.5
2 Study this example.
Sie können entweder mit der S-Bahn **fahren** oder zu Fuß **gehen**.
When do you use *fahren* and *gehen*?

B 1 Suchen Sie folgende Ziele auf dem Verkehrslinienplan. Mit Hilfe der Sprachmuster
fragen bzw. erklären Sie, wie man vom Hauptbahnhof aus dorthin fährt.

1 Flughafen **S** 2/3
2 Killesberg-Messe **U** 7
3 Russische Kirche **🚋** 2 Russische Kirche
4 Hauptverwaltung, Porsche AG **S** 6 Neuwirtshaus
5 Fernsehturm in Degerloch **🚋** 15 Ruhbank/Fernsehturm
6 Gottlieb Daimler-Gedächtnisstätte **S** **U** Charlottenplatz, **🚋** 2 Kursaal

Wie komme ich am besten zum/zur/zu den ...?
(Mit welcher Linie fahre ich?) (Wie viele Haltestellen sind das?)

▼

| Nehmen Sie | die [S2/U7] direkt [zum Flughafen/zur Messe]. |
| | die Straßenbahn [Nr. ...] Richtung [Heumaden]. |

Fahren Sie mit der [S-Bahn] bis [zum Rotebühlplatz]. (Das sind ungefähr ... Haltestellen.)
[Am Rotebühlplatz] steigen Sie in die ... um (und fahren [vier] Haltestellen).
Steigen Sie am .../an der Haltestelle ... aus.

2 Suchen Sie diese Sehenswürdigkeiten auf dem Stadtplan. Mit Hilfe der Sprachmuster
fragen bzw. erklären Sie, wie man sie zu Fuß vom Hauptbahnhof aus erreicht.

1 Staatsgalerie, Konrad-Adenauer-Str.
2 Altes Schloß
3 Haus der Wirtschaft, Willi-Bleicher-Straße
4 Leonhardskirche am Leonhardsplatz

Gehen Sie	hier rechts/links raus, die ... Straße entlang/runter/hoch.
	(immer) geradeaus (bis zur Kreuzung/zum Ende).
	rechts/links in die ... Straße.
	über die Kreuzung/quer durch den Park/am [Postamt] vorbei.
	durch die Straßenunterführung und nehmen Sie den Ausgang ...

Nehmen Sie die erste/zweite Straße rechts/links.
Überqueren Sie die ... Straße. (Nach zirka [500 Meter] kommen Sie zu [einer Grünanlage].)
Sie sehen es auf der rechten/linken Seite/direkt vor sich. Sie können es überhaupt nicht verfehlen.
Das sind nur [5] Minuten/gute [15] Minuten zu Fuß.

3 Spielen Sie weitere Gespräche.
PARTNER A benutzt Datenblatt A21, S. 154. PARTNER B benutzt Datenblatt B21, S. 163.

C Fragen Sie bzw. geben Sie Anweisungen, wie man bestimmte Orte in Ihrer Stadt
mit öffentlichen Verkehrsmitteln bzw. zu Fuß erreicht.

▲ STUTTGART: INNENSTADTPLAN   ▼ VERBUND - SCHIENENNETZ

7.4 Mit dem Auto unterwegs

A **1** Die Firma Vorwerk & Co., die u.a. Elektrogeräte und
Teppichböden herstellt, hat verschiedene Standorte
in Wuppertal, einer Stadt im Ruhrgebiet (Nordrhein-
Westfalen). Wie viele Firmen hat Vorwerk eine Karte
mit Fahrthinweisen für Besucher.
Lesen Sie die Fahrthinweise rechts und sehen Sie
sich die Karte an. Welche Standort-Adressen passen
zu welchen Hinweisen?

1	Rauental 38	3 Mühlenweg 17 - 37
2	Am Diek 52	

2 Lesen Sie die Anweisungen noch einmal. Was
bedeuten die <u>unterstrichenen</u> Wörter in Ihrer
Sprache?

B Ein Firmenbesucher hat einen Termin mit Herrn Blaue im Werk Am Diek.
Er ruft Herrn Blaue an, um sich zu erkundigen, wie er am besten dorthin kommt.
Hören Sie sich das Gespräch an und ergänzen Sie die fehlenden Wörter im Text.

„ Wenn Sie (1)... der A46 (2)... Düsseldorf kommen, (3)...
Sie die Ausfahrt Wuppertal-Wichlinghausen.

Dann (4)... Sie geradeaus (5)... die erste Ampel. (6)...
der zweiten Ampel (7)... Sie links (8)...
in Richtung Wichlinghausen.

Dann (9)... Sie sich immer geradeaus, am Wichlinghauser
Markt (10)..., und nach etwa einem Kilometer (11)...
Sie das Vorwerk-Gebäude auf der rechten Seite.
Sie können es gar nicht (12)... "

LANGUAGE STUDY

Compare the written and spoken instructions for how to get to the site address
Am Diek 52. How do they differ? Complete these rules.
- In .... instructions, the infinitive form of the verb is used. Sometimes
  the verb is omitted altogether. Articles and prepositions are also omitted.
- In .... instructions you use the imperative form of the verb.

Can you turn the written instructions to the other two sites into spoken instructions?

Schildern Zentrum folgen   →   ... Sie ... Schildern ... Richtung Zentrum
links einordnen   →   ... Sie sich links ...   ▶ 6.12

C Mit Hilfe der Fahrthinweise rechts spielen Sie ähnliche Dialoge wie in **B**.
PARTNER A: Erklären Sie, wie ein/e Firmenbesucher/in aus Richtung Düsseldorf
zur Hauptverwaltung im Mühlenweg kommt.
PARTNER B: Erklären Sie, wie ein/e Firmenbesucher/in aus Richtung Köln
zu den Elektrowerken in Rauental kommt.

D Fragen Sie bzw. geben Sie Anweisungen, wie man in die Mercedes-Benz
Hauptverwaltung in Stuttgart-Untertürkheim kommt.
PARTNER A benutzt Datenblatt A22, S. 154.
PARTNER B benutzt Datenblatt B22, S. 163.

E Schreiben Sie Fahrthinweise für Ihre Firma/Schule und skizzieren Sie einen Plan.

Damit
Sie uns leichter
finden

A

A 46 aus Richtung Düsseldorf
<u>Ausfahrt</u> Wuppertal-Barmen (linke
<u>Spur)</u>
<u>Schildern</u> Zentrum folgen
Carnaper Straße ca. 1 km
hinunterfahren
Nach Eisenbahn-Viadukt in
Abbiegespur <u>links einordnen</u>
<u>Einbahnstraße</u> bis zum Ende
fahren
Dort scharf links in den
Mühlenweg einbiegen

B

A1 aus Richtung Köln
Ausfahrt Wuppertal-Ost/Schwelm
B 7 Richtung Wuppertal
B 51 Richtung Remscheid/
Solingen abbiegen (links, über die
Brücke)
linke Spur, geradeaus
100 m hinter der <u>Biegung</u> auf der
rechten Seite

C

A 46 Ausfahrt Wuppertal-
Wichlinghausen
1. <u>Kreuzung</u> <u>(Ampel)</u> geradeaus
2. Ampel links abbiegen in
Richtung Wichlinghausen
Immer geradeaus halten, dem
Straßenverlauf folgen. Am
Wichlinghauser Markt vorbei.
Nach ca. 1,2 km auf der rechten
Seite

Überall auf der Welt sucht man Lösungen für das Problem der zunehmenden Verkehrsdichte auf unseren Straßen.

1 Was halten Sie von den Konzepten, die der Münchner Automobilhersteller BMW für die Lösung des Verkehrsproblems in der Innenstadt Münchens vorgelegt hat?

2 Mit welchen Maßnahmen hat Ihr Land/Ihre Stadt auf das Verkehrsproblem reagiert?

Kooperatives
Verkehrsmanagement

City-Konzept „Blaue Zone"

Die Vision einer fußgängerfreundlichen Innenstadt: Mit dem Projekt „Blaue Zone" will BMW die Münchner City für alle Verkehrsteilnehmer attraktiver machen. Trotzdem bleibt die Innenstadt gut erreichbar – ein durchdachtes öffentliches Verkehrssystem macht's möglich.

1987 erste Überlegungen zu einer besseren Verkehrssteuerung

Heute besitzen rund 84 Prozent aller Haushalte in der Bundesrepublik Deutschland ein Kraftfahrzeug. Der zunehmende Verkehr auf unseren Straßen wird immer stärker als Belastung empfunden. Gegen die hohe Verkehrsdichte helfen rein fahrzeugbezogene technische Lösungen (z.B. Verringerung der Emissionen, sparsame Motoren usw.) allein nicht.
Angesichts dieser Entwicklung initiierte BMW 1987 das Forschungsprojekt „Kooperatives Verkehrsmanagement München". Zur Projektgruppe gehören heute über 50 Partner aus Politik, Verwaltung, Industrie und Wissenschaft.

Im Mittelpunkt steht das „Gesamtsystem Verkehr"

Im Mittelpunkt der Überlegungen steht nicht das Automobil, sondern das „Gesamtsystem Verkehr". Auto, Bus und Bahn dürfen nicht konkurrieren, sondern müssen in kooperativem Miteinander genutzt werden. Und die Attraktivität der Öffentlichen Verkehrsmittel muß erhöht werden.

City-Konzept „Blaue Zone"

Während sich das „Kooperative Verkehrsmanagement" vorwiegend mit den Verkehrsproblemen im Großraum München befaßt, behandelt ein weiteres BMW Verkehrskonzept in logischer Ergänzung die Münchner City. Dieses Konzept, „Blaue Zone" genannt, möchte die Ziele im Kern der Innenstadt – Geschäfte, Restaurants etc. – für alle Verkehrsteilnehmer gut erreichbar machen und damit die Lebensqualität in der Großstadt verbessern.

Bisherige Konzepte europäischer Großstädte

In den vergangenen zehn Jahren haben einige europäische Städte bereits unterschiedliche Konzepte entwickelt. In Athen haben Fahrzeuge mit Katalysatoren bei extremer Witterung stets Vorrang. In den Kurorten Zermatt, Berchtesgaden und Oberstdorf gibt es elektrisch betriebene Citybusse. Bergen und Oslo verlangen Straßengebühren.

„Blaue Zone": keine Einzellösungen, sondern vernetzte Maßnahmen

Dies sind jedoch alles Einzelmaßnahmen, die „Blaue Zone" versucht, eine Gesamtlösung anzubieten. Die hier dargestellten Vorschläge sollen nicht als endgültiges Konzept verstanden werden, sondern als Anregung zur Diskussion. Bei entsprechendem politischen Willen könnte die „Blaue Zone" in 10 bis 15 Jahren Wirklichkeit werden.
Was verbirgt sich also hinter diesem Projektnamen?

Die Elemente der „Blauen Zone"

1. Automatisierte Tiefgaragen

Am Rand der Zone gibt es zehn automatisierte Parkgaragen mit je etwa 600 Stellplätzen. Im Parkhaus stellt der Autofahrer sein Fahrzeug in der Übergabebox ab. Er steigt aus und überläßt alles weitere der Technik: Sein Auto steht in der Box auf einer fahrbaren Palette. Auf dieser Palette wird das Fahrzeug ohne Insassen automatisch in die Parkebenen transportiert und dort eingelagert.

2. Das City-Straßennetz

Das komplette Straßennetz in der „Blauen Zone" besteht ausschließlich aus vorhandenen

Automatisiertes Parkhaus: 600 Stellplätze, aber nur geringer Flächenbedarf

Umweltfreundliche Citybusse transportieren die Besucher der „Blauen Zone". Die nächste erreichbare Citybus-Haltestelle ist nie mehr als rund 3 Gehminuten entfernt.

Straßen. Die Citybusse fahren in einem rund 20 Kilometer langen Ringstraßennetz (s. Grafik). Die äußeren Ringlinien führen unmittelbar an den automatisierten Tiefgaragen vorbei. So können die Autofahrer bequem vom Auto in den Citybus umsteigen. Während der Spitzenzeiten fahren die Citybusse im Abstand von vier Minuten in beide Richtungen. Die fünf Citybus-Ringlinien sind an vier Umsteigeknoten miteinander und mit dem Schnellbahnnetz sowie den Straßenbahnlinien und Buslinien verbunden.

3. Die Citybusse
Die Citybusse sollen in der „Blauen Zone" so weit wie möglich das private Automobil ersetzen. Sie bieten etwa 40 bis 60 Fahrgästen Platz und können auch enge Altstadtstraßen befahren. Sie sind abgasarm und geräuschgekapselt. Als Antrieb kommt ein schadstoffarmer Dieselmotor mit Oxidationskatalysator in Betracht.

4. Fußgängerzonen
Zusätzlich zur zentralen Fußgängerzone in der Münchner Altstadt sind noch sechs weitere, kleinere Fußgängerzonen geplant.

5. Radwege
Das Radwege-Netz nutzt das gesamte Straßennetz der „Blauen Zone". Dies ist möglich, da auf allen Straßen in der „Blauen Zone" ein 30 km/h-Tempolimit gilt. Nur in den Grünanlagen und in den weniger stark besuchten Fußgängerzonen gibt es eigene Radwege.

Die Einfahrt: Wer darf hinein?
Am Gürtel um die „Blaue Zone" sind 12 Ein- und Ausfahrten vorgesehen. Der Zugang könnte per Ampel-system geregelt werden. Je nach Tageszeit sind unterschiedliche

Regelungen für Einfahrtberechtigte geplant. So dürfen während der Geschäftszeiten in die „Blaue Zone":
• Anwohner
• Beschäftigte von Firmen und Behörden bei Nachweis eines eigenen Stellplatzes

• Fahrzeuge von Behinderten
• Hotelgäste
• Wirtschaftsverkehr und Taxen
• Rettungsdienste, Polizei, Ärzte im Einsatz
Außerhalb der Geschäftszeiten ist die Zufahrt für alle Verkehrs-teilnehmer frei.

Die Elemente der „Blauen Zone" auf einen Blick

○ Umsteigeknoten

▰ Blauer Ring

▶ Ein- und Ausfahrten

🅿 Autopark-Tiefgaragen

▰ Autopark-Zufahrtstraßen und Parkstraßen

▰ Cityringe mit Citybussen

▰ Citystraßen

▰ Anliegerstraßen

☐ Fußgängerzonen

▰ Grünanlagen

R Rathaus

HBF Hauptbahnhof

8 Auf der Messe

The language in this unit will help you to
- understand and express reasons for attending a trade fair
- respond to visitors when manning a stand
- describe products in terms of dimensions, use or purpose
- compare and recommend products
- follow up contacts made at a trade fair

You'll also be given some tips for planning a successful visit to a trade fair.

8.1 Messeplatz Deutschland

A Beantworten Sie die Fragen über das deutsche Messewesen anhand der Informationen im Text rechts.

1 Warum könnte man Deutschland „Messeland Nr. 1" nennen?
2 Seit wann gibt es Messen in Deutschland?
3 Was war die erste „Messestadt" Deutschlands?
4 Nennen Sie einige Messestädte, die heute wichtig sind.
5 Was bedeutet der Ausdruck „Fachmesse"?
6 Welchen Nutzen hat die Messebeteiligung für Aussteller und Besucher?
7 Ungefähr welcher Prozentsatz a) der Aussteller b) der Besucher
   auf deutschen Messen kommt aus dem Ausland?

Aussteller	☐ 10%	☐ 40%	☐ 60%
Besucher	☐ 5%	☐ 15%	☐ 30%

8 Warum ist ein hoher Prozentsatz ausländischer Teilnehmer bei einer Messe wichtig?

B Diese sind fünf der wichtigsten Fachmessen in Deutschland.
Kennen Sie weitere Messen, die in Deutschland stattfinden?

Welt-Centrum
Büro • Information • Telekommunikation

Internationale
Fachmesse für
Sportartikel,
Campingbedarf
und Gartenmöbel
Köln

LANGUAGE STUDY

1 The form of the imperfect tense depends on whether the verb is **weak** *eg entwickeln*, **strong** eg *erhalten*, or irregular eg *sein*.
   Find and circle all the verbs in the imperfect tense in the text opposite.
   What is added to the stem of weak verbs?
   What change occurs to the stem of strong verbs?   ▶ 6.9
2 Now find and underline all the verbs in the perfect tense.
   What is the difference in use here between the imperfect and the perfect tense?   ▶ 6.7

Hier handelt die Welt

Messeplatz Deutschland
Durch seine geographische Lage im Herzen Europas ist Deutschland schon immer Knotenpunkt für den Handel gewesen. Heute gehört die Bundesrepublik mit einem Gesamtwert der Ein- und Ausfuhr von mehr als 1 308 Milliarden DM im Außenhandel zur Weltspitze.

Messe ist Kommunikation
Für den Handel sind Informationen ebenso wichtig wie die Waren selbst. Neue Produkte und Dienstleistungen müssen den Kunden präsentiert werden. Persönliche Kontakte müssen geknüpft und gepflegt werden. Wo könnte dies besser geschehen als auf Messen und Ausstellungen, im direkten Gespräch mit Kunden und Interessenten? Die Messe ist ein wichtiges Marketinginstrument im Marketing-Mix des Unternehmens.

Deutsche Messen haben Tradition
Deutsche Handelsmessen entwickelten sich im Mittelalter aus einzelnen Jahrmärkten, auf denen die Menschen zusammenkamen, um Handel zu treiben. Im Jahr 1240 verlieh Kaiser Friedrich II. der Stadt Frankfurt am Main das erste Messeprivileg und stellte die Kaufleute, die zur Messe reisten, unter seinen Schutz. Die Stadt Leipzig erhielt das Messeprivileg 1507. Jahrhundertelang war die Leipziger Messe ein Inbegriff für das Messewesen selbst.

Deutschland: Messeland Nr. 1
Nach dem Ersten Weltkrieg entstanden auch in anderen Ländern Messen, von denen einige sich zu weltweiter Bedeutung entwickelt haben. Deutsche Messen und Ausstellungen haben jedoch in den letzten Jahrzehnten eine dominante Position im Welthandel erlangt. Von den international etwa 150 führenden Fachmessen finden derzeit 110 bis 120 in Deutschland statt. Die wichtigsten deutschen Messestädte sind: Berlin, Düsseldorf, Essen, Frankfurt am Main, Hamburg, Hannover, Köln, Leipzig, München, Nürnberg und Stuttgart.

Deutsche Fachmessen: Branchentreffpunkte
Die Messeart, die heute am Messeplatz Deutschland vorherrscht, ist die Fachmesse. Ein immer größeres Produktangebot machte die Konzentration auf bestimmte Produktgebiete notwendig. Fast alle Branchen sind auf deutschen Fachmessen vertreten. Einige Beispiele: Büro- und Informationstechnik, Chemie, Elektronik und Elektrotechnik, Fotografie, Maschinenbau, Mode, Möbelindustrie und Unterhaltungselektronik.

Zahl der Aussteller und Besucher
Die Zahl der Aussteller ist kontinuierlich gewachsen. 1994 lag sie bei über 130 000. Die Auslandsbeteiligung stieg auf über 40 Prozent: 54 000 der Aussteller, die ihre Waren auf deutschen Fachmessen präsentierten, kamen aus dem Ausland. Von den jährlich über 9 Millionen Besuchern kommen ca. 1,5 Millionen aus dem Ausland. Ausländische Besucher gehören oft zum Top-Management. Je weiter die Anreise, desto größer die Entscheidungskompetenz im Unternehmen. Diese Multinationalität weckt noch mehr internationales Interesse.

Messeplatz Deutschland:
Hier ist der Weltmarkt präsent.

Messestädte in Deutschland

C Vor der Entscheidung über eine Messebeteiligung muß man genaue Ziele
erarbeiten und definieren. Es ist möglich, verschiedene Ziele zu kombinieren.
Welche der folgenden Beteiligungsziele sind Ihrer Meinung nach am wichtigsten ...

1 für eine kleine Firma, die versucht, ihre Exportmärkte aufzubauen?
2 für ein etabliertes Unternehmen, das ein neues Produkt auf den Markt bringt?

Allgemeine Beteiligungsziele
- neue Märkte kennenlernen, Marktnischen entdecken
- sich über Neuheiten und Entwicklungstrends informieren
- den Absatz steigern, Aufträge bekommen
- die Konkurrenz beobachten

Kommunikationsziele
- den Kontakt zu Stammkunden pflegen
- Wünsche und Ansprüche der Kunden herausfinden
- neue Kunden werben
- das Firmen- und Produktprofil erhöhen
- Marktinformationen sammeln

Produktziele
- Produktinnovationen vorstellen
- Prototypen vorstellen
- Akzeptanz des Produktsortiments am Markt testen

Distributionsziele
- Vertreter suchen
- Händler und Vertriebsgesellschaften suchen
- Kontakt mit potentiellen Lieferanten aufnehmen

D Vertreter der folgenden Unternehmen erklären einem Journalisten, warum
 sie auf der Messe ausstellen. Welche der Ziele oben erwähnen sie?

Interview 1: Herr Steiner, Sonnenstrand Freizeitartikel
Interview 2: Frau Burkart, Technotalk
Interview 3: Herr Lindner, Karat Fahrradwerk, Chemnitz

LANGUAGE STUDY

1 What construction is used in these examples?
   Unser Ziel ist, Marktinformationen **zu sammeln**.
   Wir hoffen, deutsche Vertreter **zu finden**.
   Can you think of any more verbs that take this construction? ▶ 7.8
2 Study these examples from the tapescript. What does *um ... zu* mean?
   Wir sind hier, **um** Aufträge **zu** bekommen.
   Wir stellen aus, **um** den Prototyp unseres neuen Systems vor**zu**stellen.
   What happens to *zu* when the verb is separable? ▶ 7.9

   Try converting the bullet points in **C** into sentences using one or both
   of these constructions.

E Was sind die wichtigsten Messen bzw. Ausstellungen in Ihrem Land? Wo finden sie statt?
Waren Sie schon einmal als Besucher oder Aussteller auf einer Messe? Wenn ja, was waren
Ihre Eindrücke?
Warum sollten sich gerade kleine und mittelständische Unternehmen an Messen beteiligen? Warum
tun viele es nicht?

8.2 Ich sehe, Sie interessieren sich für ...

A **1** Sie hören zwei Gespräche auf einem Messestand der SPOGA-Messe in Köln. (Das ist eine Fachmesse für Sportartikel, Campingbedarf und Gartenmöbel.) Beantworten Sie die Fragen zu jedem Gespräch.

▼ Hauszelte

Dialog 1

1 Wofür interessiert sich die Standbesucherin?
2 Was bietet ihr der Standmitarbeiter an?
3 Was fragt die Besucherin dann?
4 Wann ist die nächste Produktvorführung?

Dialog 2

1 Ist der Standbesucher Großhändler oder Einzelhändler?
2 Worüber möchte der Besucher sprechen, und warum?
3 Mit wem und für wann vereinbart die Standmitarbeiterin einen Termin?

Garten-möbel ▶

▲ Badeboote

2 Hören Sie sich beide Gespräche noch einmal an. Welche von diesen Sätzen spricht der/die Standmitarbeiter/in?

Die Aufmerksamkeit des Besuchers wecken	Ich sehe, Sie interessieren sich für unsere ...
	Wir haben ein umfangreiches Angebot in dieser Serie.
	Sind Sie an einem besonderen Modell interessiert?
	Dieses Modell ist besonders beliebt/gefragt.
	Diese Serie verkauft sich dieses Jahr besonders gut.
Produktliteratur überreichen	Darf ich Ihnen (vielleicht) unseren Katalog mitgeben?
	Da können Sie alles über unsere Produkte nachlesen.
	Da ist auch eine Preisliste drin.
	Darin ist eine Liste unserer Händler/Auslandsvertretungen.
	Wenn Sie weitere Fragen haben, stehe ich Ihnen gerne zur Verfügung.
Einen Termin vereinbaren	Möchten Sie zu einer Produktvorführung kommen?
	Die nächste Produktvorführung ist um ... Uhr.
	Am besten sprechen Sie mit unserem [Geschäftsführer] darüber.
	Unser [Verkaufsleiter] ist dafür zuständig.
	Ich vereinbare gern einen Termin für Sie.

B Mit Hilfe Ihrer Antworten und der Sätze in **A** üben Sie ähnliche Dialoge auf einem Messestand. Spielen Sie abwechselnd die Rolle von Standmitarbeiter und Besucher.

C Sie hören jetzt noch ein Gespräch auf dem Stand der Firma Sonnenstrand Freizeitartikel, die u.a. PVC-Luftmatratzen herstellt. Eine Besucherin erkundigt sich nach Preisen, Lieferzeiten und Zahlungsbedingungen. Wie beantwortet der Standmitarbeiter ihre Fragen?

1 Was kostet dieses Modell?	a) Der Katalogpreis ist 49,95 Mark.
	b) Alle Preise sind in der Preisliste.
2 Ist der Preis inklusive Zubehör?	a) Ja, da ist eine Pumpe dabei.
	b) Nein, die Pumpe wird extra berechnet.
3 Wieviel Rabatt geben Sie für Händler?	a) Ich kann Ihnen unsere Händlerpreisliste geben.
	b) Das kommt auf die Stückzahl an.
4 Wie sind Ihre Lieferzeiten?	a) Kleinere Mengen können wir ab Lager innerhalb einer Woche liefern.
	b) Die Lieferzeit ist normalerweise eine Woche.
5 Wie sind Ihre Zahlungsbedingungen?	a) Die üblichen Zahlungsbedingungen.
	b) 30 Tage nach Rechnungsdatum.
6 Soll ich Ihnen einen Katalog schicken?	a) Ja, bitte, hier ist meine Karte.
	b) Nein, danke, ich nehme ihn lieber mit.

D Benutzen Sie die Alternativantworten in **C** und üben Sie ähnliche Dialoge.

E Der Messe-Katalog ist eine wichtige Informationsquelle für Aussteller und Besucher. Lesen Sie die Eintragungen im Katalog der SPOGA-Messe. Welche Stände würden Sie in folgenden Situationen besuchen?

1 Ihre Firma stellt Schlafsäcke her und möchte ein Vertriebsnetz in Deutschland aufbauen.
2 Ihre Firma ist Großhändler für Grillgeräte und sucht einen neuen Lieferanten.
3 Sie arbeiten bei einer Firma, die Gartenmöbel herstellt, und möchten etwas Marktforschung betreiben (Produkte, Preise und Bedingungen vergleichen).
4 Sie sind Wassersportfan und interessieren sich für die neuesten Boote.

F Schreiben Sie einen ähnlichen Katalog-Eintrag für Ihre Firma/eine imaginäre Firma.

Les Exposants • List of firms • Firmen

Bent Krogh A/S, Grønlandsvej 5, DK-8660 Skander-borg/Dänemark – ☏ +45 / 86-520922. Tx 63120 bksdk. Fax +45 / 86-523698 – Hochwertige Garten- und Objektmöbel aus Aluminium und Stahlrohr – Vertretung für Deutschland: Robinson GmbH, Tegelbarg 43, D-24576 Bad Bramstedt – ☏ 04192 / 7901. Fax 04192 / 7996 – In Köln anwesend: Herren P. Rasmussen, E. Raunsgaard. **Halle 11.1, Gang C Stand 21; Gang D Stand 20**

INTERSWING SA, Via Bernasconi, 16, CH-6850 Mendrisio/Switzerland – ☏ 4191 / 466477. Fax 4191 / 466065 – Campingmöbel (weltweit die einzigen Campingstühle mit TÜV-GS-Zertifikat sowie patentiertem Gelenk), Gartenmöbel aus Metall, Vollkunststoff und Holz, Gartenschaukeln, Gartenschirme, Gartenschirmständer, Schutzhüllen für Gartenmöbel, Camping und Gartenmöbelauflagen, Badeboote, Luftmatratzen, Stahlrohrbecken, Blasebälge, Paddel, Kühltaschen. **Halle 2.1, Gang C Stand 30; Gang D Stand 31**

Landmann GmbH & Co. KG, Am Binnenfeld 3, D-27711 Osterholz-Scharmbeck – ☏ 04791 / 3080. Fax 04791 / 30835 – Holzkohle-Grillgeräte, Gas-Grillgeräte, Elektro-Grillgeräte, Grill-Zubehörartikel, Holzkohle und Grillbriketts; Marke: «Grill-Chef» – In Köln anwesend: Geschäftsleitung, Verkaufsmanagement, Inlands- und Auslandsvertretungen. **Halle 10.2, Gang F Stand 81** – Stand-Tel. 81 91 17

Zimmermann U., Einzel- und Großhandel, Im- und Export GmbH, Gerhard-Stalling-Str. 9, D-26135 Oldenburg – ☏ 0441 / 92070-0. Tx 254983 uzett. Fax 0441 / 92070-98 – Importeur von Schlafsäcken, Haushalts- und Freizeitartikel, Gartenartikel – Marken: «PULLY'S» / «ZIMMERMANN» – In Köln anwesend: Geschäftsleitung, Verkaufsmitarbeiter. **Halle 10.2, Gang G Stand 72**

8.3 Können Sie mir etwas zu diesem Produkt sagen?

A 1 Astra Products, ein Hersteller von Campingbedarf, stellt auf der ISPO-Messe in München aus. (Das ist eine internationale Fachmesse für Sportartikel und -mode.) Sehen Sie sich die Eintragung im Firmenkatalog an. Für wen ist dieser Schlafsack geeignet?

2 Ein Besucher interessiert sich für diesen Schlafsack. Hören Sie sich das Gespräch auf dem Stand an und vervollständigen Sie die Produktspezifikation.

IDAHO

Der universelle 3-Jahreszeitenschlafsack für Leute, die Gewicht sparen wollen und keinen extrem warmen Schlafsack brauchen. Das wasser- und winddichte TEXAPORE LIGHTWEIGHT Außenmaterial schützt vor Feuchtigkeit und Wind. Durch die hochwertige Gänsedaune und das überzeugende Kammer- und Füllsystem bietet IDAHO trotz seiner Leichtigkeit noch unter Null Grad Celsius angenehmen Schlafkomfort.

Regular

Länge: _____ cm

Material außen: _____

Material innen: _____

Füllung: _____

Gewicht: _____ g

Packmaß: _____ x _____ cm

Farben: _____

Zubehör: _____

Art. Nr. 94211-55 DM _____

Baumwollaufbewahrungsbeutel und Nylonpacksack für alle Daunenschlafsäcke.

Temperaturbereich:

Extrem	Komfort	Maximal
-27°	-9°	+23°

B Vergleichen Sie Ihre Notizen in **A** mit Ihrem Partner. Stellen und beantworten Sie diese Fragen über den IDAHO.

1 Für welchen Temperaturbereich ist dieser Schlafsack geeignet?
▶ Für den Temperaturbereich bis zu minus ... Grad.

2 In wie vielen Größen ist er erhältlich?
▶ In zwei Größen, ...

3 Wie lang ist der Schlafsack?
▶ Die Regular-Ausführung hat eine Länge von ... Zentimetern.

4 Aus welchem Material ist er?
▶ Das Außenmaterial ist ... . Die Füllung ist aus ...

5 Wieviel wiegt er?
▶ Das Gewicht ist ... Gramm.

6 Wie groß ist der Schlafsack eingepackt?
▶ Er hat ein Packmaß von ... mal ...

7 In welchen Farben ist er erhältlich?
▶ In der Farbkombination ...

8 Gibt es dafür Zubehör?
▶ Ja, der Schlafsack wird mit ... geliefert.

9 Was kostet er?
▶ Der Katalogpreis ist ...

C Welche Produktbeschreibung paßt zu welchem Bild?

1 Hängesitz

2 CITY-CRUISER Fahrrad

3 „E-Z Up INSTANT SHELTERS®"

4 LUFTIKUS
Wanderrucksack

C

Für Wanderfreunde und Liebhaber der freien Natur. Zwei geräumige Seitentaschen, eine große Deckeltasche, alle mit Reißverschluß. Das integrierte Tragegestell verbessert den Tragekomfort. Weitere Komfortdetails: höhenverstellbarer Brustgurt, abnehmbarer Bauchgurt.

Material:	Nylon
Maße:	Höhe: 44 cm,
	Breite: 34 cm,
	Tiefe: 17 cm
Volumen:	ca. 30 l
Gewicht:	1150 g
Farben:	Rot/Violett,
	Art. Nr. 23420-30
	Blau/Beige
	Art. Nr. 23420-34
	DM 149,-

A

Speziell für die Stadt geeignet. Fahren Sie bequem ohne Stau und Streß zur Arbeit oder zum Shopping.

- ❑ Aluminium-Rahmen mit Kunststoff beschichtet
- ❑ 7 Gänge
- ❑ Aluminium Cantileverbremse vorne
- ❑ bequemer, verstellbarer Sattel für entspanntes Fahren
- ❑ ergonomisch geformter Lenker
- ❑ leistungsstarke Lichtanlage
- ❑ attraktives Design
- ❑ Farbkombination: Silber/Schwarz
- ❑ Herren- und Damenausführung

unverbindliche Preisempfehlung **DM 1.098,-**

B

**Ideal für entspanntes Schaukeln im Garten, auf Balkon und Terrasse.
Stabiler Rahmen aus Hartholz, feuchtigkeitsbeständig,
Bezug aus festem Baumwollstoff.
Sitzpolster und Kopfkissen in den Bezug eingearbeitet.
Aufhängeseile längenverstellbar, mit Montageanleitung.
Rahmengröße 90 x 70 cm.**

In Verkaufskarton mit Klarsichtfenster.

„Acapulco"	36 001 8
Baumwollbezug in buntem Streifenmuster	
„Amalfi"	36 002 5
Baumwollbezug naturbolaõooon	

Verbraucherpreis DM 80,-/85,-.

D

- Ideal für Gartenfeste. Als Regen- oder Sonnenschutz geeignet. Auch bei Ausstellungen einsetzbar.
- Schnelle Aufbauzeit (kann innerhalb von 60 Sekunden aufgebaut werden).
- Verstärkter Stahlrahmen und Qualitätsdach aus wasserdichtem Kunststoff garantieren eine lange Lebensdauer.
- Pflegeleichtes Design.
- Bequem und kompakt zusammenlegbar, mit praktischer Aufbewahrungstasche.
- Leicht zu transportieren.
- Farbauswahl: blau, rot, weiß, grün, champagne sind Standardfarben für sofortige Lieferung.
- Lieferbar mit viel Zubehör (extra berechnet), z.B. Seitenwände, Halbwände, Gardinen usw.
- Erhältlich in den Größen 2,5m x 2,5m, 3,0m x 3,0m, 3,0 x 4,5m.

D Lesen Sie die Produktbeschreibungen in **A** und **C** noch einmal.

1 Machen Sie eine Liste von allen Farbwörtern. Welche anderen Farbwörter kennen Sie?

2 Machen Sie eine Liste von allen Materialien. Kennen Sie weitere Materialien?

3 Machen Sie eine Liste der Adjektive, die diese Produkte beschreiben.
Ordnen Sie die Wörter in zwei Gruppen:

GRUPPE 1: Adjektive, mit denen man Produktmerkmale objektiv beschreibt.
GRUPPE 2: Adjektive, die man für subjektive Produktbeschreibungen benutzt.

4 Aus welchen Verben sind diese Adjektive gebildet? Was bedeutet die Endung -*bar*?

verstellbar   abnehmbar   einsetzbar   lieferbar   zusammenlegbar

E Spielen Sie Gespräche auf einem Messestand.
BESUCHER: Wählen Sie ein Produkt aus **C**. Bereiten Sie einige Fragen
über das Produkt vor, die Sie einem Standmitarbeiter stellen können.
STANDMITARBEITER: Beantworten Sie die Fragen eines potentiellen Kunden
über Ihr Produkt. Dann bieten Sie ihm/ihr Produktliteratur an.

> Guten Tag, mein Name ist ... Ich sehe, Sie interessieren sich für unsere [Fahrräder].
> ▼

> Ja, ich bin an diesem Modell besonders interessiert.
> Können Sie mir etwas mehr darüber sagen? Zum Beispiel, wofür ist das geeignet?
> ...
> Gut, vielen Dank für das Gespräch.
> ▼

> Darf ich Ihnen also unseren Katalog mitgeben?
> Er enthält eine Preisliste/eine Liste unserer Händler.

F Bereiten Sie eine kurze
Präsentation eines Produktes
in **C** oder eines Produktes
Ihrer Firma vor. Erwähnen
Sie folgende Punkte.

- für wen/wofür das
  Produkt geeignet ist
- die Spezifikationen/
  technischen Daten
- Besonderheiten

Beginnen Sie so:

> Meine Damen und Herren,
> Sie sehen hier ...

*Verkaufsgespräch
auf dem Messestand* ▶

109

8.4 Welches Modell würden Sie empfehlen?

A Sie arbeiten bei einer Firma, die Laser- und Tintenstrahldrucker herstellt. Die Firma stellt auf der CeBIT-Messe aus (die Fachmesse für Büro- und Kommunikationstechnik). Informieren Sie sich im voraus über die Vor- und Nachteile ihrer Produkte und vervollständigen Sie die Sätze unten.

Welcher Drucker der richtige ist, hängt davon ab, welche Dokumente für wen produziert werden sollen. Kommt es auf hohe Druckqualität an, auf schnellen Druck, große Auflagen, farbige Darstellung oder eine Kombination aus diesen Kriterien? Jeder Druckertyp hat seine Vor- und Nachteile, die ihn für unterschiedliche Einsatzzwecke mehr oder weniger geeignet machen.

	Vorteile	Nachteile
Tintenstrahl-drucker	leise; gute Druckqualität; ausreichende Druckgeschwindigkeit; relativ niedriger Kaufpreis (ab 300 DM); niedrige Betriebskosten	sehr gute Druckqualität nur auf speziellem Papier; wenige eingebaute Schriftarten
Laser-drucker	hervorragende Druckqualität; schneller Druck; große Auswahl von Schriftarten; relativ leise	relativ teuer (ab 1.000 DM); hohe Betriebskosten

Laserdrucker bieten (1)... Druckqualität, (2)... Druckgeschwindigkeit und eine (3)... Auswahl von Schriftarten als Tintenstrahldrucker.
Auf der anderen Seite bieten Tintenstrahldrucker (4)... Druckqualität bei relativ geringen Kosten. Sie sind (5)... als Laserdrucker und die Betriebskosten sind auch (6)... .
Tintenstrahldrucker sind auch etwas (7)... als Laserdrucker.

B Ein Standbesucher fragt, welche Art von Drucker für seine Bedürfnisse geeigneter wäre. Wie beantwortet er folgende Fragen? Was würden Sie diesem Kunden empfehlen?

1 Wofür braucht der Kunde den Drucker? ☐ für die Heimanwendung ☐ für das Büro
2 Was möchte er drucken?
   ☐ Routinearbeiten ☐ Korrespondenz ☐ Tabellen und Grafiken ☐ Publikationen
3 Druckt er große Auflagen? ☐ Ja ☐ Nein
4 Was ist für ihn wichtig/nicht so wichtig?

	wichtig	nicht so wichtig
die Druckgeschwindigkeit	☐	☐
die Druckqualität	☐	☐
der Kaufpreis	☐	☐
die Betriebskosten	☐	☐
der leise Druck	☐	☐

C Vergleichen Sie die beiden Tintenstrahldrucker rechts in bezug auf Druckqualität (Auflösung), Geschwindigkeit, Geräuschpegel usw., z.B.:

Bei dem ... ist die [Druckqualität] ebenso gut/nicht so gut wie bei dem ...
Der ... ist [schneller/lauter/leichter] als/nicht so [schnell/laut/leicht] wie der ...
Der ... hat mehr/weniger [Schriften] als der ...
Beide Modelle drucken/bieten ...
Nur der ... ist [aufrüstbar]/bietet ...
Ein Vorteil/Eine Besonderheit des ... : Er ...

D Beraten Sie einen Interessenten/eine Interessentin auf dem Messestand.
PARTNER A benutzt Datenblatt A23, S. 155.
PARTNER B benutzt Datenblatt B23, S. 164.

Canon

Der BJ-300 ist der perfekte Drucker für den Einsatz direkt am Arbeitsplatz. Mit einer Geschwindigkeit von bis zu 300 Zeichen pro Sekunde druckt er Briefe, Tabellen, Grafiken oder Adreßaufkleber in außergewöhnlicher Qualität. Außerdem arbeitet er extrem leise. Weitere Vorteile sind seine hohe Zuverlässigkeit und Belastbarkeit. Der BJ-300 läßt sich problemlos an Ihr vorhandenes System anschließen. Er emuliert den IBM Proprinter sowie den Epson LQ 850. Damit können Sie mit einer Vielzahl von Softwareprogrammen arbeiten.

Die Bedienung ist äußerst anwenderfreundlich, und die Wartung beschränkt sich auf ein Minimum. Dieses Modell hat 3 integrierte Schriften. Optional zusätzliche Schriftkarten stehen zur Verfügung. Außerdem kann der interne Speicher mit einer Speichererweiterung um 128 KB aufgerüstet werden.

BJ-300

Büro- / Desktopdrucker

Technische Daten:

Auflösung:	360 x 360 dpi
Geschwindigkeit:	300 Zeichen/Sekunde
Schriften fest:	3 (5 Punktgrößen)
Emulationen:	IBM Proprinter X24E, Epson LQ 850
Tintenpatrone (schwarz):	Lebensdauer ca. 1 Mio. Zeichen
Druckpapier:	Normalpapier, Briefumschläge, OHP-Folien
Papierformat:	A4 (Hoch- und Querformat) A3 (Hochformat), Endlospapier
Papier-Management:	Einzelblatt-, Endlospapier
Geräuschpegel:	< 45 dB
Speicherkapazität:	30 KB
Abmessungen (BxTxH)	45,8 x 33,3 x 13,7 cm
Gewicht:	ca. 6,9 kg
Optionen:	automatischer Einzelblatteinzug – Schriftkarten – Speichererweiterung

Preis: 1.495 DM* zuzüglich Mehrwertsteuer

* unverbindlich empfohlener Verkaufspreis

BJ-230

Kompakter DIN A3-Drucker

Der BJ-230 überzeugt durch Laserdruckqualität, hohe Druckgeschwindigkeit von 248 Zeichen pro Sekunde und extrem niedrige Geräuschentwicklung. Mit 40 Dezibel gehört er zu den leisesten Tintenstrahldruckern der Welt und ist somit für den täglichen Einsatz in Großraumbüros bestens geeignet.

Der BJ-230 druckt mit wasserlöslicher und ungiftiger Tinte. Sie haben außerdem die Wahl zwischen Normal- und Recyclingpapier. So wird die Umwelt geschont.

Trotz seinen kompakten Abmessungen und geringem Gewicht (nur 3,5 kg inkl. automatischer Einzelblattzuführung und integriertem Netzteil) druckt der BJ-230 auf A3-Formaten. Das macht ihn für alle interessant, die z.B. mit CAD-Anwendungen und großformatigen Tabellen arbeiten.

Technische Daten:

Auflösung:	360 x 360 dpi
Geschwindigkeit:	max. 248 Zeichen/Sekunde
Schriften:	8 interne Fonts in 6 verschiedenen Punktgrößen
Emulationen:	IBM ProPrinter, Epson LQ
Druckpapier:	Normal- oder Recyclingpapier, Overheadfolien DIN A4, Briefumschläge, Zweckform-Etiketten
Papierverarbeitung:	max. Papierformat: DIN A3 Hochformat automatische Einzelblattzuführung (100 Blatt)
Geräuschpegel:	ca. 40 dB
Abmessungen:	42,8 x 20,8 x 20,1 cm (BxHxT)
Gewicht:	ca. 3,5 kg

Preis: 1.090,00 DM* exkl. MwSt.

* unverbindlich empfohlener Verkaufspreis

8.5 Nach der Messe

A Nach der Messe schreiben viele Aussteller an ihre Standbesucher, um die gewünschten Unterlagen zu senden, oder einfach, um den Kontakt aufrecht-zuerhalten. Lesen Sie den Brief rechts und beantworten Sie die Fragen.

1 Auf welcher Messe hat der Absender ausgestellt?
2 Was für ein Produkt stellt die Firma her?
3 Was ist in der Anlage?
4 Welche Produkteigenschaften werden im Brief noch einmal erwähnt?

B 1 Die Bestandteile des deutschen Geschäftsbriefes sind unten aufgelistet. Lesen Sie den Brief rechts noch einmal und numerieren Sie die Bestandteile (1 - 9).

---

1 Briefkopf
Der Briefkopf besteht aus dem Namen und der Anschrift der Firma, gegebenenfalls mit dem Firmenzeichen oder -logo.

2 Anschrift des Empfängers
Die Anschrift besteht aus dem Namen und der Postanschrift des Empfängers.
Wenn der Brief einer bestimmten Person in einer Firma zugeleitet werden soll, setzt man den Namen dieser Person unter den Firmennamen.

```
Graphopack GmbH
Herrn Dr. Rolf Schwarz
```

Bei Briefen an Einzelpersonen setzt man den Namen oberhalb des Firmennamens.

```
Herrn Dr. Rolf Schwarz
Graphopack GmbH
```

Die Postanschrift besteht aus:
a) Straße und Hausnummer bzw. Postfachnummer
b) Postleitzahl und Ortsangabe.

3 Datum
So kann man das Datum schreiben:
04.08.19--   *4. Aug. 19--*
4.8.19--   *4. August 19--*

4 Betreffzeile
Die Betreffzeile – eine stichwortartige Inhaltsangabe – steht vor der Anrede, gegebenenfalls mit dem Vermerk *Betreff* oder *Betr.*

5 Anrede
Nach der Anrede kann man entweder ein Ausrufezeichen (!) oder ein Komma (,) setzen. Nach einem Ausrufezeichen hat das erste Wort des Brieftextes einen Großbuchstaben, nach einem Komma einen Kleinbuchstaben.
Die Standardanrede für Firmen und Organisationen lautet:
Sehr geehrte Damen und Herren
Bei Einzelpersonen lautet die Standardanrede:
Sehr geehrter Herr Schmidt oder
Sehr geehrte Frau Müller

6 Brieftext
Damit der Inhalt übersichtlich wird, macht man für jedes neue Thema einen Absatz. Der Brieftext und alle Absätze beginnen am linken Rand des Briefblatts.

7 Schlußformel
Die meistgebrauchte Schlußformel bei Geschäftsbriefen ist: *Mit freundlichen Grüßen* Andere Varianten sind: *Mit freundlichem Gruß* oder *Freundliche Grüße*

8 Unterschrift
Die Abkürzungen *i.V.* (*in Vollmacht / in Vertretung*) bzw. *i.A.* (*im Auftrag*) vor der Unterschrift bedeuten, daß ein Bevollmächtigter den Brief in Abwesenheit des Absenders unterschrieben hat.

```
Mit freundlichen Grüßen
i.A. H. Maschlich
```

9 Anlagevermerk
Der Anlagevermerk steht links unten auf dem Briefblatt. Es gibt verschiedene Möglichkeiten:

```
Anlage
```

```
2 Anlagen
```

```
Anlage:
Katalog
```

```
Prospekt
Preisliste
```

---

2 Vergleichen Sie einen deutschen Geschäftsbrief und einen Geschäftsbrief in Ihrer Sprache in bezug auf die äußere Form.

E-Z UP Europe B.V.
Zandweg 19
P.O. Box 339
3960 BG Wijk bij Duurstede
The Netherlands
Tel.: (31) 3435-78269
Fax: (31) 3435-78254
ID. no.: NL-801754732

Ellermann KG
Frau Katrin Busch
Gottfried-Daimler-Ring 49
63654 Büdingen
DEUTSCHLAND

20. September 19--

SPOGA 19--
Ihr Besuch vom 05.09.19--

Sehr geehrte Frau Busch,

wir bedanken uns recht herzlich für Ihren Besuch auf unserem Stand während der SPOGA '9- und für Ihr Interesse an unserem Schutzdach **E-Z Up Instant Shelter**®. In der Anlage senden wir Ihnen unsere neueste Broschüre sowie die aktuelle Preisliste.

Auf einer Messe bekommt man so viele Informationen, daß es manchmal schwierig ist, alle Einzelheiten zu behalten. Deshalb möchten wir Sie gern noch einmal kurz über unser **E-Z Up Instant Shelter**® informieren. Das **E-Z Up Instant Shelter**® ist berühmt als "das schnellste Dach der Welt". Innerhalb von 60 Sekunden entsteht aus einem golftaschenähnlichen Paket ein fertiges, freistehendes Schutzdach. Das Gestell ist aus verzinktem Stahl, und das Dach ist aus Polyester mit Poly-Urethane beschichtet. Eine Kreuzrahmen-Konstruktion verhindert ein Verbiegen des Rahmens unter größter Belastung und bei Dauergebrauch. So ist das **E-Z Up Instant Shelter**® ein starkes Schutzdach für die höchsten Ansprüche. Das Dach ist in 12 Standardfarben erhältlich und auch Farbkombinationen sind lieferbar. Das **E-Z Up**-Zubehör umfaßt z.B. Seitenwände, Eckgardinen und vieles mehr. **E-Z Up Instant Shelters**® können u.a. als Gartenpavillon, als Festzelt oder als Verkaufsstand eingesetzt werden. Als Innovation können wir das Schutzdach jetzt mit Kundenaufschrift bzw. -Logo anbieten.

Für weitere Informationen oder für ein individuelles Angebot stehen wir Ihnen jederzeit gerne zur Verfügung.

Wir würden uns freuen, bald von Ihnen zu hören.

Mit freundlichen Grüßen,

i. A. J. Evalude

Eveline van Gemert
Director of European Operations

Anlage

C Ihre Firma hat auf einer Messe in Deutschland ihre Produkte ausgestellt.
Schreiben Sie einen Brief an einen deutschsprechenden Messestandbesucher.
(Sie können auch eine der Firmen aus **8.3** wählen.) In diesem Brief ...

- danken Sie für seinen Besuch bei Ihrem Stand und sein Interesse an Ihrem Produkt
- übersenden Sie einen Katalog und eine Preisliste
- erinnern Sie nochmals an Ihr Produkt, indem Sie Eigenschaften und Verwendungszweck(e) kurz erwähnen
- bieten Sie weitere Informationen an, falls erwünscht.

Eine erfolgreiche Messebeteiligung erfordert eine gezielte Planung und Budgetfestlegung. Aus diesen Texten können Sie ersehen, welche Faktoren zu berücksichtigen sind.

1 Sehen Sie sich die **Checkliste für die Messebeteiligung** an. Können Sie die Aktivitäten den drei Überschriften zuordnen?

2 Sehen Sie sich die Checkliste **Kosten einer Messebeteiligung** an. Welche Überschrift paßt zu welcher Spalte?

3 Würde sich eine Messebeteiligung für Ihre Firma/eine Firma, die Sie kennen, lohnen?

Wie plane ich die Messebeteiligung und deren Erfolg?

Bevor sich der Messeverantwortliche mit der Beantwortung dieser wichtigen Fragen beschäftigt, muß er sich darüber im klaren sein, daß eine optimale und erfolgreiche Messebeteiligung gut durchdacht, detailliert geplant und straff organisiert werden sollte. Bei einer Messebeteiligung handelt es sich um einen Prozeß, der schon vor der Messe beginnt und nicht mit dem letzten Messetag endet. Die Aufgaben unterteilen sich in die, die vor, während und nach einer Messe durchgeführt werden. Dabei fallen die meisten Aufgaben in die Vorplanung. Bereits in der Planungsphase läßt sich feststellen, ob sich eine Messebeteiligung lohnt.

Die Kölner Messe:
Treffpunkt der SPOGA

Checkliste für die Messebeteiligung
1. Vor der Messe: Planung und Vorbereitung
2. Während der Messe: Messedurchführung
3. Nach der Messe: Messenachbearbeitung

- Messeziele erarbeiten und exakt definieren
- Manöverkritik am letzten Messetag
- Anmeldung beim Veranstalter
- Internen Abschlußbericht anfertigen
- Werbe-Konzeption
- Auswerten der Gesprächsprotokolle
- Tägliche Lagebesprechungen

- Bearbeitung des Serviceangebotes vom Veranstalter
- Besucher-Einladungen versenden
- Dankeschön an das Messeteam
- Terminplanung
- Training des Messeteams
- Unterkunftsreservierung für das Standpersonal
- Nachbearbeiten der Messekontakte

- Budgetfestlegung
- Pressekonferenz
- Bestellung der benötigten Standausstattung
- Standabbau und Abreise
- Bestätigung der Standfläche durch den Veranstalter
- Gesprächsprotokolle ausfüllen
- Auswahl der Exponate und Ausstellungsprogramm

Das Kölner Messehaus

Die Hannover Messe: Treffpunkt der CeBIT

Kosten einer Messebeteiligung

Personalkosten

Kosten für das Ausstellungsgut

Kostenbeiträge an den Veranstalter

Kosten für Standbau und Versorgung

Kosten für Werbung, Presse und Verkaufsförderung

1. ...
- Standmiete
- evtl. Zuschläge
- Eintragung in den Messe-Katalog
- Eintragung in Messe-Informationssysteme
- Ausstellerausweise
- Parkscheine

2. ...
- Vorführmodelle
- Transport und Lagerung
- Versicherung

3. ...
- Standbaumaterial
- Leistungen des Standbauunternehmens
- Transport

- Standausstattung (Möbel, Bodenbeläge, Beleuchtung usw.)
- Standbeschriftung
- Technische Versorgung (Strom, Wasser usw.)
- Telekommunikationsanschluß
- Standreinigung und -bewachung

4. ...
- Direktwerbung
- Besondere Einladungen
- Anzeigen
- Drucksachen und Prospekte
- Pressemappen
- Übersetzungen

5. ...
- Reisekosten
- Tagegeld
- Unterkunft
- Dolmetscher
- Aushilfskräfte

Sehen Sie sich den Geländeplan unten an. Welche von diesen Dingen kann man oder kann man nicht auf der Messe machen?

1 seinen Mantel abgeben
2 Reiseschecks einlösen
3 Briefmarken kaufen
4 zum Friseur gehen
5 Schmerztabletten kaufen

6 ins Kino gehen
7 einen Arzt konsultieren
8 mit dem Hubschrauber fliegen
9 einen Imbiß einnehmen
10 ein Geschenk kaufen

Die CeBIT bietet mehr als jede andere Messe

Als internationale Leitmesse der Büro-, Informations- und Telekommunikationstechnik stellt die CeBIT den Weltmarkt in konzentrierter Form dar. Hier treffen über 5.000 Aussteller aus 50 Nationen auf mehr als eine halbe Million Besucher aus über 100 Ländern.
Weil Entscheidungsträger und Fachleute aus allen Anwenderbereichen wie Industrie, Handel, aus Handwerk, den freien Berufen, der Verwaltung und Wissenschaft nach Hannover kommen, erspart Ihnen die CeBIT viele Messen im Laufe des Jahres. Auf einen Schlag können Sie in mehreren Anwendungsbereichen neue Kontakte knüpfen und Ihre Absatzchancen erhöhen.

Ausstellungsprogramm

9 Import-Export

The language in this unit will help you to
• understand general terms and conditions of trade
• deal with enquiries and quotation requests
• place and confirm orders
• deal with delivery problems
• deal with complaints
You'll also learn something about German technical and safety standards
and environmental concerns.

9.1 Allgemeine Geschäftsbedingungen

A **1** Der Kauf und Verkauf von Produkten erfolgt in mehreren Schritten. Numerieren Sie die Schritte
in einer logischen Reihenfolge für den Käufer bzw. den Verkäufer.

der Käufer
- a) zwischen Konkurrenzangeboten wählen
- 1 b) Lieferanten suchen
- c) einen Auftrag erteilen
- d) die Lieferung entgegennehmen
- e) Anfragen machen
- f) die Rechnung bezahlen
- g) ein Angebot erbitten
- h) die Ware prüfen
- i) über die Preise und Bedingungen verhandeln

der Verkäufer
- a) die Rechnung an den Kunden schicken
- b) Referenzen einholen (bei neuen Kunden)
- c) eine Anfrage entgegennehmen
- d) einen Auftrag erhalten
- e) die Zahlung erhalten
- f) ein Angebot erstellen
- g) eventuelle Reklamationen bearbeiten
- h) den Auftrag bestätigen
- i) die Ware liefern

2 Vergleichen Sie Ihre Antworten mit Ihrem Partner, z.B.:

Zuerst sucht der Käufer Lieferanten. Dann macht er Anfragen.
Danach ... / Zuletzt ...

3 Von welchen Abteilungen einer Firma werden diese Aufgaben erledigt?
Bilden Sie Sätze.

Lieferanten	werden	von der	Vertriebsabteilung	gesucht.
Ein Angebot	wird		Versandabteilung	erstellt.
Die Ware			Buchhaltung	bezahlt.
Die Rechnung			Einkaufsabteilung	geliefert.

B **1** Mit einer Bestellung akzeptiert der Käufer die Geschäftsbedingungen des Verkäufers.
Sehen Sie sich die Geschäftsbedingungen der Firma XYZ rechts an. Was bedeuten
die <u>unterstrichenen</u> Wörter?

2 Lesen Sie die Geschäftsbedingungen noch einmal und beantworten Sie die Fragen.

1 Sind telefonische Bestellungen möglich?
2 Wann wird eine Bestellung verbindlich?
3 In welcher Währung sind die Preise?
4 Wie lang ist die Zahlungsfrist?
5 Wann gewährt der Verkäufer Skonto?
6 Was geschieht, wenn der Käufer nicht rechtzeitig bezahlt?
7 Wer trägt die Kosten und die Gefahr der Lieferung?
8 Was geschieht, wenn der Verkäufer nicht rechtzeitig liefert?
9 Welche Garantie gibt der Verkäufer?

Allgemeine Verkaufs-, Liefer- und Zahlungsbedingungen der XYZ AG
(Auszug)

Allgemeine Bestimmungen
1. Bestellungen führen wir ausschließlich zu nachstehenden Bedingungen aus. Andere Einkaufs- und Zahlungsbedingungen des Käufers können nicht anerkannt werden.
2. Telefonische Bestellungen müssen grundsätzlich schriftlich oder per Fax bestätigt werden, bevor die Sendung ausgeliefert wird.

Angebot und Annahme
1. Unsere Angebote sind grundsätzlich unverbindlich.
2. Die Annahme von Bestellungen wird für uns nur durch unsere schriftliche Bestätigung verbindlich.

Preise, Zahlungsbedingungen
1. Die in Katalogen genannten Preise sind unverbindlich und jederzeit änderbar.
2. Die Preise sind DM-Preise und verstehen sich ohne gesetzliche Mehrwertsteuer.
3. Wir räumen ein Zahlungsziel ab Rechnungsdatum von 30 Tagen ein. Bei Bar- oder Scheckzahlung innerhalb von 14 Tagen ab Rechnungsdatum gewähren wir 3% Skonto.
4. Rabatte für Einzelhändler sind bei der Vertriebsabteilung zu erfragen.
5. Bei Zahlungsverzug sind wir berechtigt, Verzugszinsen in Höhe von 2% zu verlangen.

Lieferbedingungen, Lieferfristen
1. Wir liefern in Verpackung nach unserer Wahl ab Werk.
2. Versand erfolgt auf Gefahr des Käufers.
3. Lieferfristen sind verbindlich, wenn wir sie schriftlich bestätigt haben. Die Lieferfrist ist erfüllt, sobald die Sendung dem Spediteur, der Bahn oder der Post übergeben ist.
4. Bei Betriebs- und Transportstörungen, Verzögerungen durch unsere Zulieferanten sowie ähnlichen Lieferhindernissen werden vereinbarte Lieferfristen verlängert.
5. Bei Lieferverzug wird der Anspruch des Käufers auf Schadenersatz für jede Woche des Verzuges auf maximal 5% des Wertes der Ware begrenzt.

Garantie
1. Bei Mängeln der gelieferten Ware verpflichten wir uns zu kostenloser Nachbesserung oder Ersatzlieferung. Wir tragen die Kosten für die Versendung von uns zum Käufer.
2. Mängel jeder Art sind uns spätestens innerhalb von 10 Tagen nach Zugang der Ware schriftlich anzuzeigen. Versteckte Mängel sind spätestens 10 Tage nach ihrer Entdeckung schriftlich anzuzeigen.
3. Die Garantiezeit ist 6 Monate.

XYZ Aktiengesellschaft, Frankfurt am Main.

LANGUAGE STUDY

1 Study these examples of the passive used with a modal verb from the text above.
   Telefonische Bestellungen **müssen** grundsätzlich schriftlich **bestätigt werden**.
   Andere Einkaufsbedingungen des Käufers **können** nicht **anerkannt werden**.
   Can you transform the examples into active sentences? ▶ 6.11
2 Notice how *sein* + infinitive is used to express the idea that you must or should do something.
   Mängel **sind** innerhalb von 10 Tagen schriftlich **anzuzeigen**.
   Can you find another example of this construction in the text? ▶ 7.10

C Die Incoterms (International Commercial Terms) sind international verwendete Ausdrücke für die Lieferung von Waren. Sie legen die Pflichten der Vertragsparteien, vor allem die Kostenübernahme (Wer trägt die Kosten der Lieferung?) und den Gefahrenübergang (Wer trägt das Risiko?), eindeutig fest. Dadurch werden Mißverständnisse vermieden. Ordnen Sie folgende Incoterms ihren Definitionen zu.

1 **EXW** Ex works / Ab Werk

2 **FOB** Free on board / Frei an Bord

3 **CFR** Cost and freight / Kosten und Fracht

4 **CIF** Cost, insurance and freight / Kosten, Versicherung und Fracht

a) Der Verkäufer trägt alle Kosten einschließlich der Versicherung bis zu dem vom Kunden benannten Bestimmungshafen/-ort.

b) Der Verkäufer stellt dem Käufer die Ware auf seinem Gelände (Werk, Lager usw.) zur Verfügung. Der Käufer trägt alle Kosten für Fracht und Versicherung.

c) Der Verkäufer trägt alle Kosten, bis die Ware an Bord des Schiffes bzw. Flugzeugs geladen wird.

d) Der Verkäufer trägt alle Kosten ausschließlich der Versicherung bis zu dem vom Kunden benannten Bestimmungshafen/-ort.

D **1** Zahlungsbedingungen sind Vereinbarungen über Zeitpunkt und Ort der Zahlung einer Rechnung. Sie werden oft mit Lieferbedingungen verbunden. Welche der folgenden Bedingungen kommen beim Import-Export-Geschäft am häufigsten vor?

- Vorauszahlung
- Zahlung bei Erhalt der Ware (Nachnahme)
- Zahlung bei Rechnungserhalt
- Zahlung innerhalb 30/60/90 Tage nach Rechnungsdatum
- Drittelzahlung (1/3 bei Auftragserteilung, 1/3 bei Lieferung, 1/3 innerhalb (30) Tagen nach Lieferung)

1

2 Welche Zahlungsform paßt zu welchem Bild?

2

3

4

a) Barzahlung
b) Zahlung mit Scheck
c) Zahlung mit Kreditkarte
d) Zahlung durch Banküberweisung auf das Konto des Verkäufers

E Wer sind die wichtigsten Handelspartner Ihres Landes? Was sind die wichtigsten Einfuhr- und Ausfuhrgüter: Fertigwaren wie z.B. Maschinen, elektrotechnische Erzeugnisse usw.? Rohstoffe wie z.B. Öl? Agrarprodukte?

9.2 Unser Angebot zu Ihrer Anfrage

A Vulcan Forgings ist eine Firma, die Schmiedeteile herstellt. Ihre Kunden sind vorwiegend Zulieferungsfirmen für die Automobilindustrie.

▲ *Fertigungsprozeß eines Gesenks*

▲ *Heiße Schmiedeteile*

▲ *Fertige unbearbeitete Motorbauteile*

1 Frau Keller, Vertriebsassistentin bei Vulcan, bekommt eine telefonische Anfrage von einem Kaufinteressenten, Herrn Schuster von der Firma Habermann, München. Herr Schuster sucht einen neuen Lieferanten für Bremspedale. Er hat den Namen und die Adresse von Vulcan von Geschäftspartnern erfahren und möchte sich erst einmal allgemein über ihre Preise und Lieferbedingungen informieren. Welche Fragen stellt er?

> Können Sie mir Näheres über Ihre Preise und Lieferbedingungen sagen?
> Haben Sie eine Mindestabnahmemenge?
> Geben Sie Rabatt auf Ihre Katalogpreise?
> Ab welcher Menge geben Sie Rabatt?
> Was ist der Stückpreis bei dieser Menge?
> Ist das Ihr Nettopreis, ohne Rabatt?
> Können Sie mir einen Preis für 1.000 Stück nennen?
> Wie lange bleibt dieser Preis gültig?
> Wie sind Ihre Zahlungsbedingungen?
> Gewähren Sie Skonto für prompte Zahlung?
> Wie schnell können Sie liefern?
> Wie sind Ihre Lieferbedingungen?
> Haben Sie die Ware auf Lager?
> Können Sie mir ein schriftliches Angebot machen?

2 Hören sie noch einmal zu. Notieren Sie folgende Informationen.

Mindestabnahmemenge: Zahlungsfrist: Lieferbedingungen:
Mengenrabatt: Skonto: Lieferzeit:
Stückpreis:

B Mit Hilfe Ihrer Notizen in **A** spielen Sie das Gespräch zwischen Frau Keller und Herrn Schuster nach.

C Lesen Sie die schriftliche Anfrage an die Firma Spielco, einen Hersteller von Modellspielzeugen in Deutschland, und das entsprechende Angebot rechts. Benutzen Sie die Informationen und spielen Sie ein Telefongespräch. Der/Die Kaufinteressent/in soll sich zuerst allgemein über die Preise und Verkaufsbedingungen der Firma informieren, dann ein schriftliches Angebot erbitten.

Renault 6 CV

In Frankreich heißt ein kleines Auto „voiturette". Der erfolgreiche Renault 6 CV von 1911 ist eines davon. Wir haben ihn 1964 erstmals präsentiert. Mit detaillierter Technik: linke Tür und Motorhaube lassen sich öffnen, Handbremse und Schalthebel für Leerlauf und Vorwärtsfahrt sind funktionsfähig. Das robuste Federwerk erzeugt das typische Rütteln – und im Motorraum imitiert eine Glühlampe mit Batterie-Unterstützung die Zündfunken!

Renault 6CV Voiturette 81230

12.1.19--
Spielco GmbH
Postfach 33 57
90027 Nürnberg
Deutschland

Sehr geehrte Damen und Herren,

wir sind Einzelhändler für Spielzeugwaren mit fünf Verkaufsstellen in unserem Gebiet (Gesamtumsatz ca. 1 Million DM). Letztes Jahr haben wir Ihren Messestand in Nürnberg besucht und Ihren Katalog bekommen. Wir sind sehr an Ihrer Oldtimer Replica-Serie interessiert. Wir beabsichtigen, einen Markttest durchzuführen und möchten Ihnen zu diesem Zweck einen Probeauftrag erteilen. Bitte senden Sie uns ein Angebot mit Mustern für folgende Artikel:

Art.-Nr.	Bezeichnung	Stück
81238	Repl. Opel Doktorwagen	20
81237	Repl. Ford Coupé schwarz	20
81230	Repl. Renault 6CV	20

Wir wären Ihnen auch dankbar für die Sendung ausführlicher Informationen über Ihre Zahlungs- und Lieferbedingungen sowie Ihre Lieferzeiten.

Bankreferenzen und Auskünfte über unsere Firma erhalten Sie jederzeit von der ... Bank in ... .

Wenn der Markttest positiv ausfällt, können Sie mit regelmäßigen Aufträgen rechnen.

Mit freundlichen Grüßen

Christian Legrand

Christian Legrand
Geschäftsführer

Spielco GmbH Nürnberg

Spielco

Spielco GmbH - Postfach 33 57 - 90027 Nürnberg

Telefon: (09 11) 4 60 23 - 0
Telefax: (09 11) 4 60 23 42

[Herr Legrand
Firma
Adresse]

Ihr Zeichen	Ihre Nachricht vom	Unser Zeichen	Durchwahl	Datum
		HH/b	-33	17. Januar 19--

ANGEBOT

Sehr geehrter Herr Legrand,

wir danken Ihnen für Ihre Anfrage vom 12.1. und freuen uns, daß Sie an unseren Produkten interessiert sind. Gerne unterbreiten wir Ihnen folgendes Angebot:

Um Ihnen die Einführung unserer Produkte zu erleichtern, gewähren wir einen 5%-igen Rabatt auf die Preise unserer Händlerpreisliste, die Sie in der Anlage finden.

Art.-Nr.	Bezeichnung	Menge	Stückpreis (minus 5% Rabatt)
81238	Repl. Opel Doktorwagen	20	DM 88,25
81237	Repl. Ford Coupe schwarz	20	DM 75,50
81230	Repl. Renault 6CV	20	DM 88,25

Die Preise verstehen sich ab Werk, ausschließlich Verpackung, in DM zuzüglich der jeweils gültigen Mehrwertsteuer. Für Verpackung berechnen wir DM 6,- extra.

Unsere Zahlungsbedingungen lauten: 14 Tage – 2% Skonto, 30 Tage netto. Die Lieferung kann sofort nach Erhalt der Aufträge erfolgen.

Wir halten Ihnen unser Angebot für zwei Wochen offen.

Mit getrennter Post senden wir Ihnen je ein Musterexemplar der oben genannten Artikel. Diese werden berechnet, auch wenn der Auftrag nicht erteilt wird.

Wir freuen uns auf Ihren Auftrag.

Mit freundlichen Grüßen

Hartmut Holtkamp
Verkaufsleiter

Anlage

D   Mit Hilfe der Muster schreiben Sie die Anfrage der Firma Habermann an Vulcan Forgings und das entsprechende Angebot. Benutzen Sie Ihre Notizen in **A** (S.119) und die folgenden Informationen.

- Herr Schuster bezieht sich auf sein Telefongespräch mit Frau Keller vom 23.6.19-- und erbittet ein Angebot auf der Basis CIF München über 10.000 Bremspedale nach der beiliegenden Zeichnung KN 3594. Er bittet Frau Keller auch, ihm mitzuteilen, wie die Ware verpackt wird. Als Referenz nennt er die Deutsche Bank AG, München. Die Adresse der Firma ist: Wilhelm Habermann GmbH & Co. KG Postfach 1266 D-80819 München.

- In ihrem Angebot nennt Frau Keller einen Stückpreis von DM 1,42 (d.h. der Nettopreis von DM 1,50 minus 5% Mengenrabatt). Sie erklärt, daß die Ware in Pappkartons in Holzkisten verpackt wird. Das Angebot ist für vier Wochen gültig.

9.3 Wir danken für Ihre Bestellung!

A
Frau Keller von Vulcan Forgings hat ein Angebot über 10.000 Bremspedale an die Firma Habermann geschickt. Jetzt ruft sie Herrn Schuster an, um sich zu erkundigen, ob er die Ware bestellen will. Was ist hier richtig, falsch oder nicht bekannt?

1 Herr Schuster erwartet noch das Angebot eines Konkurrenten.
2 Frau Keller ist nicht bereit, über den Preis zu verhandeln.
3 In ihrem Angebot hat Frau Keller einen Stückpreis von DM 1,42 genannt.
4 Das ist der Nettopreis von DM 1,50 minus 5 Prozent Mengenrabatt.
5 Herr Schuster verlangt einen Rabatt von 9 Prozent.
6 Sie einigen sich auf 6 Prozent.
7 Herr Schuster hat Probleme mit der Lieferzeit von vier Wochen.
8 Die Firma Vulcan kann die Lieferfrist nicht verkürzen.

B Ordnen Sie die Sätze zu einem sinnvollen Dialog. Dann üben Sie den Dialog mit Ihrem Partner.

Verkäufer	**Käufer**
[1] Ich rufe an wegen unseres Angebots über Bremspedale. Haben Sie eine Entscheidung getroffen?	☐ Gut. In Ihrem Angebot haben Sie uns einen Rabatt von 5% genannt. Können Sie uns bei dieser Bestellmenge einen besseren Rabatt geben?
☐ Ja, in unserem Angebot nennen wir vier Wochen.	☐ Gut, ich erwarte Ihren Anruf. Auf Wiederhören.
☐ Ich kann Ihnen maximal 6% anbieten. Das ist leider mein letztes Angebot.	☐ Wir haben Ihr Angebot mit der Konkurrenz verglichen, und Ihr Preis ist uns zu hoch. Können Sie uns da etwas entgegenkommen?
☐ Ich glaube nicht, denn wir sind im Moment völlig ausgelastet, aber ich kann mit dem Produktionsleiter sprechen.	☐ Nun, gut. Einigen wir uns auf 6%. Da ist aber auch noch die Lieferzeit.
☐ Ja, natürlich, ich rufe Sie morgen an.	☐ Können Sie nicht schneller liefern, sagen wir drei Wochen? Wir brauchen die Ware dringend.
☐ Ja, über den Preis können wir noch verhandeln.	☐ Danke. Könnten Sie mich sobald wie möglich zurückrufen?

C **1** Die Firma Habermann erteilte Vulcan Forgings die Bestellung rechts. Wenn man eine Bestellung bekommt, muß man nachprüfen, ob sie mit dem Angebot übereinstimmt, oder ob sie eventuell Fehler enthält. (Falls es Diskrepanzen oder Fehler gibt, muß man diese mit dem Kunden klären, bevor man die Bestellung bestätigt.) Lesen und überprüfen Sie die Bestellung.

1 Wieviel Stück hat der Kunde bestellt?
2 Hat er den Rabatt bei der bestellten Menge richtig berechnet, oder hat er zuviel Rabatt abgezogen?
3 Stimmt der Gesamtbetrag?
4 Welche Lieferzeit gibt der Kunde an? Konnte Vulcan die Lieferfrist verkürzen?

2 Spielen Sie die Rolle von Frau Keller und klären Sie eventuelle Diskrepanzen oder Fehler mit Herrn Schuster am Telefon.

D Füllen Sie die Auftragsbestätigung rechts aus.

E Der Spielzeughersteller Spielco hat einen Auftrag für seine Oldtimer Replica-Serie bekommen. Schreiben Sie die Auftragsbestätigung anhand der Informationen in der Anfrage und dem entsprechenden Angebot auf S. 120/121.

Postfach 1266 80819 München

Wörlitzer Str. 52 - 55 80819 München

[Vulcan Forgings
...
...
...   ]

Wilhelm Habermann

GmbH & Co. KG
Telefon: (0 89) 66 31 92 - 1
Telefax: (0 89) 66 31 92 71

Bestell-Nr.	119771
Bestelldatum	04.07.19--
Lieferant-Nr.	994258
Zuständig	Herr Schuster
Telefon/Durchwahl	- 672

BESTELLUNG

Wir danken für Ihr Angebot vom 25.6.19-- und bitten um Lieferung gemäß umseitigen Einkaufsbedingungen:

Pos.	Art.-Nr.	Menge	Einh.	Bezeichnung	Preis je Stück
1	S-9751	10.000	Stck.	Bremspedal-Rohling gemäß unserer beiliegenden Zeichnung KN 3594	DM 1.35

Gesamt-Bestellwert   DM 1.350

Zahlungsbedingungen: 14 Tage 3% Skonto, 90 Tage netto; Zahlung durch Banküberweisung
Lieferbedingungen: CIF München einschließl. Verpackung
Versandart: per LKW
Liefertermin: 3 Wochen vom Auftragseingang (K.W. 30/19--)
Lieferanschrift: s.o. (Tor 1). Bitte beachten Sie folgende Warenannahmetermine:
Mo. - Fr.: 6.30 Uhr - 14.00 Uhr

Als Anlage erhalten Sie 5 Rohlinge als Muster. Ihre Werkzeuge sind entsprechend diesem Muster anzufertigen, damit wir unsere vorhandenen Vorrichtungen ohne Änderung benutzen können.
Lieferscheine und Rechnungen müssen unsere Bestellnummer und unsere Artikel-Nummer enthalten. Andernfalls müssen wir einen Unkostenbetrag von der Rechnung abziehen.

AUFTRAGSBESTÄTIGUNG

Unser Zeichen: JK/es   Ihr Zeichen: Herr Schuster   Datum: 08.07.19--

Wilhelm Habermann GmbH & Co. KG
Postfach 1266
D-80819 München

Sehr geehrte Damen und Herren,

wir bedanken uns für Ihren Auftrag vom ..., Ihre Bestellnummer ..., die wir wie folgt notiert haben:

Art.-Nr.	Menge	Einh.	Bezeichnung	Stückpreis	Liefertermin

Preise und Lieferbedingungen: Die Preise verstehen sich ... München, einschließlich Verpackung.
Zahlungsbedingungen: 14 Tage ... Skonto, ... Tage netto.
Versand: Der Versand erfolgt mit Spedition Intertrans.
Verpackung: Die Ware wird in Pappkartons in Holzkisten verpackt.

Mit freundlichen Grüßen

J. Keller
Vertriebsassistentin

9.4 Wo bleibt die Ware?

A **1** Die Exportprodukte von Vulcan Forgings werden von einem deutschen Spediteur, Spedition Intertrans, nach Deutschland befördert. Die Sätze unten beschreiben den Transportweg. Numerieren Sie sie in der richtigen Reihenfolge.

☐ a) In einem Distributionslager wird die Ware vom LKW entladen und auf einen Sattelschlepper verladen.

☐ b) Die Ware wird per LKW an den Kunden geliefert.

☐ c) In einem Distributionslager in Deutschland wird die Ware vom Sattelschlepper entladen und wieder auf einen LKW verladen.

☐ d) Der Spediteur holt die Ware per LKW beim **Lieferanten** ab.

☐ e) Die Ware wird per Sattelschlepper nach Deutschland transportiert.

2 Vergleichen Sie Ihre Antworten mit Ihrem Partner, z.B.:

> Was passiert zuerst? Und dann?

B Damit die Sendung nicht fehlgeleitet wird oder verlorengeht, muß jedes Kollo (Frachtstück) richtig markiert werden. Bei der Markierung müssen die Anweisungen des Käufers beachtet werden. Gemäß den Anweisungen der Firma Habermann werden die Kolli von Vulcan Forgings wie folgt markiert. Identifizieren Sie die Markierungen:

Lieferanschrift/Bestimmungsort
Kennmarke des Empfängers
Nummer des Kollos und Gesamtzahl
der Kolli
Bestellnummer

INTERTRANS
Internationale Transporte   München

Empfänger
Destinataire   *WH*
Consignee

colli	total
3/10	
119771	

An: *Tor 1 Wörlitzer Str. 52-55 München*

C **1** Einige Tage nachdem die Lieferung von Bremspedalen für Wilhelm Habermann abgeschickt wurde, erhielt Vulcan Forgings folgendes Fax. Was ist das Problem? Welche Bitte hat der Kunde?

Kurz-Fax

An: Frau Keller, Vulcan Forgings   **von:** Schuster, Wilhelm Habermann, München

Telefon-Nr.: (089) 66 31 92 - 672
Telefax-Nr.: (089) 66 31 92 71   **Datum:** 31.7.19--

Betr. Bestell-Nr. 119771 vom 4.7.19--

Die Lieferung dieser Bestellung war für Freitag, den 28.7.19--, angesagt.
Die Sendung ist noch nicht eingetroffen. Bitte teilen Sie uns dringendst mit,
wo die Ware bleibt. E I L T   S E H R !!

2 Was muß Frau Keller tun um herauszufinden, was mit der Sendung passiert ist?

D **1** Durch einen Anruf bei dem Spediteur am Ort hat Frau Keller festgestellt, daß die Sendung termingerecht nach Deutschland verladen wurde. Jetzt ruft sie das Lager des Spediteurs in Deutschland an und spricht mit Herrn Köbel. Welche Informationen braucht er, um die Sendung zu identifizieren?

2 Herr Köbel ruft Frau Keller zurück. Aus welchem Grund wurde die Sendung nicht rechtzeitig geliefert?

Es ist folgendes passiert. Die Sendung ...
1 ... ist noch nicht im Lager angekommen. Die Lastwagen haben Verspätung wegen des schlechten Wetters.
2 ... wurde vom Zollamt festgehalten, weil die Exportdokumente nicht vollständig sind.
3 ... ist am richtigen Tag angekommen, aber zu spät für die Warenannahmezeiten bei dem Kunden.
4 ... wurde an die falsche Adresse geliefert, und zwar an die Verwaltung anstatt an das Lager.
5 ... wurde aus Versehen an den falschen Empfänger geliefert.

3 Wann wird der Kunde die Ware erhalten?

E **1** Mit Hilfe der Sprachmuster und Ihrer Antworten in **D** spielen Sie beide Telefongespräche zwischen Frau Keller und Herrn Köbel nach.

> Es geht um eine verspätete Sendung (von uns) an die Firma ... in ...
> Der Liefertermin war ..., aber der Kunde hat die Ware noch nicht erhalten.
> Ich habe bereits erfahren, daß die Sendung am ... nach Deutschland verladen wurde.
> Können Sie mir bitte sagen, wo die Ware bleibt?

> Wie viele Frachtstücke sind es? Was ist drin?
> Wer ist der Empfänger? Wie ist die Lieferanschrift?

> Ich werde mich erkundigen und rufe Sie dann zurück.

2 Spielen Sie ähnliche Telefongespräche.
PARTNER A benutzt Datenblatt A24, S. 155.
PARTNER B benutzt Datenblatt B24, S. 164.

F Vervollständigen Sie den Text dieses Faxes, in dem Frau Keller der Firma Habermann den Grund der Verspätung erklärt.

G Schreiben Sie ein Fax an die Firma Gruber (s. **E2**), das den Grund für die verspätete Lieferung angibt.

Bestell-Nr 119771 vom 4.7.19--

Sehr geehrter Herr Schuster,

mit Bezug auf Ihr Fax von heute morgen haben wir uns beim Distributionslager von Spedition Intertrans in München erkundigt und festgestellt, daß ...
Die Ware wird ... an Sie geliefert.

Wir hoffen, mit diesen Informationen gedient zu haben, und bitten um Verständnis für die Verspätung.

Mit freundlichen Grüßen

J. Keller

J. Keller
Vertriebsassistentin

9.5 Wir müssen Ihre Lieferung reklamieren

A Der Käufer ist rechtlich verpflichtet, eingehende Ware sofort zu prüfen und festgestellte Mängel dem Verkäufer unverzüglich anzuzeigen. Man unterscheidet folgende Arten von Mängeln:

- Mängel in der Art: Der Verkäufer hat die falsche Ware geliefert
- Mängel in der Güte oder Qualität: Die Ware ist defekt, beschädigt oder verdorben
- Mängel in der Menge: Der Verkäufer hat zuviel oder zuwenig geliefert

1 Sie hören vier Telefongespräche, in denen folgende Lieferungen reklamiert werden. Um welche Art von Mängeln geht es bei jeder Lieferung? Notieren Sie die Einzelheiten zu jeder Reklamation.

Gespräch 1: Bad-Teppich-Garnituren

Gespräch 2: Keramikfliesen

Gespräch 3: Kaffeeservice und Weinsets

Gespräch 4: eine Maschine

2 Welche Regelung würden Sie in jedem einzelnen Fall vorschlagen?

1 Wir schicken Ihnen die fehlenden Artikel auf unsere Kosten zu.
2 Wir senden Ihnen Ersatz für die beschädigte/mangelhafte Ware.
3 Sie kürzen unsere Rechnung um den Wert der fehlenden Waren.
4 Sie behalten die reklamierte Ware, und wir gewähren Ihnen einen Preisnachlaß von 50%.
5 Wir nehmen die ganze Lieferung zurück und schicken Ihnen kostenlos eine Ersatzlieferung.
6 Wir vereinbaren den Besuch eines Technikers, um das Problem zu untersuchen.
7 Wir führen die notwendigen Reparaturen kostenlos durch.
8 Sie senden uns die reklamierte Ware zur Prüfung.
9 Ich bespreche die Reklamation mit unserer technischen Abteilung und rufe Sie dann zurück.

B   Mit Hilfe Ihrer Notizen in **A** spielen Sie ähnliche Telefongespräche über die vier Reklamationen. Der Verkäufer soll einen passenden Vorschlag machen.

> Es geht um Ihre Sendung vom ..., die wir gestern erhalten haben.
> Ich habe leider eine Reklamation.
> Ich muß leider Ihre letzte Lieferung von ... reklamieren.

▼

> Das tut mir sehr leid. Was ist passiert?
> Könnten Sie mir Näheres dazu sagen?

▼

> Bei der Prüfung der Sendung haben wir festgestellt, daß ...
> ... die Lieferung unvollständig ist. Es fehlen ...
> ... Sie uns die falsche Ware geliefert haben. Wir haben ... bestellt, Sie haben uns aber ... geschickt.
> ... ein Teil der Ware beschädigt/zerbrochen ist/einen Riß hat. Sie sind daher unbrauchbar.
> Bei Inbetriebnahme der Maschine sind Störungen aufgetreten. Sie funktioniert nicht richtig.

▼

> Darf ich also folgendes vorschlagen: ...

C   **1**   Die Firma Wilhelm Habermann war mit der Qualität der von Vulcan Forgings gelieferten Ware nicht zufrieden. Lesen Sie das Fax, das Herr Schuster an Frau Keller geschickt hat.

1   Warum beschwert sich die Firma Habermann?
2   Welche Regelung verlangt der Kunde?

FAX-MESSAGE

Wilhelm Habermann GmbH & Co. KG
Postfach 1266   80819 München
Telefon (0 89) 66 31 92 -1   Telefax (0 89) 66 31 92 71

An:	Vulcan Forgings	Datum: 03.08.19--
zu Hd. von:	Frau Keller	Mit der Bitte um:
Telefon-Nr.:		☐ Erledigung
Telefax-Nr.:		☑ Stellungnahme
Betrifft:	Reklamation	☐ Prüfung
		☐ Kenntnisnahme
Seiten:	1	Zuständig: Herr Schuster

Sehr geehrte Frau Keller,

unsere Wareneingangskontrolle stellte bei den gelieferten 10.000 Bremspedalen, Bestell-Nr. 119771 vom 04.07.19-- Mängel fest. Die Abmessungen entsprechen nicht unserer Zeichnung. In einigen Fällen weichen sie um 1,5 mm von den gegebenen Toleranzen ab. Eine genaue Untersuchung von 5 Kartons zeigte, daß ca. jede 10. Einheit mangelhaft ist.

Daher lehnen wir die Annahme der gesamten Lieferung ab und bitten Sie, uns sobald wie möglich eine Ersatzlieferung zu senden.

Diese Angelegenheit hat uns große Unannehmlichkeiten bereitet. Für Ihre umgehende Stellungnahme wären wir dankbar.

Mit freundlichen Grüßen

R. Schuster

R. Schuster

2 Frau Keller hat Herrn Schuster angerufen, um Näheres über die Reklamation zu erfahren. Sie hat vorgeschlagen, daß Habermann die ganze Lieferung kontrollieren sollte. Dann würde Vulcan nur die fehlerhafte Ware ersetzen müssen.
Lesen Sie das Fax, das sie nach ihrem Telefongespräch an Herrn Schuster schickt.

1 Hat Herr Schuster Frau Kellers Vorschlag akzeptiert?
2 Würden Sie den Vorschlag akzeptieren? Warum (nicht)?
3 Glauben Sie, daß Habermann der Firma Vulcan weitere Aufträge geben wird?

Sehr geehrter Herr Schuster,

mit Bezugnahme auf unser heutiges Telefongespräch bestätigen wir die kostenlose Rücknahme unserer Lieferung vom 31.7.19--, Bestell-Nr. 119771. Die Ersatzlieferung erfolgt in der Woche vom 29.8.19--.

Wir bedauern, daß es bei dieser Lieferung zu einer Reklamation gekommen ist. Wir werden uns bemühen, Ihre zukünftigen Aufträge zu Ihrer vollsten Zufriedenheit auszuführen.

Mit freundlichen Grüßen

J. Keller
Vertriebsassistentin

D Wählen Sie eine der Situationen in **A** (S. 126).
PARTNER A: Schreiben Sie einen Brief/ein Fax, in dem Sie als Kunde die Lieferung reklamieren.
PARTNER B: Schreiben Sie die entsprechende Antwort des Lieferanten.

Schmiede mit Fallhammer

Sehen Sie sich den Auszug aus dem *Landmann* Produkt-Katalog an und lesen Sie den Text unten. Was bedeuten die Ausdrücke *DIN, TÜV* und *GS?* Warum sollte ein Exporteur in die Bundesrepublik Deutschland etwas darüber wissen?

LANDMANN

GRILLS & ZUBEHÖR

LANDMANN-Produkte unterliegen strengen Qualitäts-Kontrollen und entsprechen den unten angegebenen Normen und Richtlinien:

GRILLGERÄTE	DIN 66077
GRILL-HOLZKOHLE UND GRILL-HOLZKOHLEBRIKETTS	DIN 51749
ANZÜNDHILFEN	DIN 66358

Unsere Produkte sind überwiegend **GS** bzw. **GS** geprüft.

Änderungen in Technik und Design vorbehalten. Alle Maße sind ca.-Maße.

Qualität, Sicherheit und Zuverlässigkeit sind bekannte Merkmale von deutschen Produkten. Sie unterliegen strengen Qualitätskontrollen und sollen außerdem den Deutschen Industrie-Normen (DIN) und den Sicherheitsvorschriften entsprechen.

Viele verschiedene Organisationen setzen und veröffentlichen Standards, die nationalen Status haben. Zum Beispiel bestimmt der VDE (Verein Deutscher Elektrotechniker) elektrische Standards, der VDI (Verein Deutscher Ingenieure) ist verantwortlich für Standards in der Mechanik, und der TÜV (Technischer Überwachungsverein) ist vor allem bekannt durch seine Überprüfung von Autos und anderen Kraftfahrzeugen. Wenn diese Standards erst einmal akzeptiert sind, werden sie in einen Katalog aufgenommen, der vom Deutschen Institut für Normung herausgegeben wird. In diesem Katalog befinden sich mehr als 25.000 Industriestandards.

Deutsche Konsumenten achten beim Kauf und bei der Benutzung besonders von elektrischen Geräten darauf, daß die Geräte den relevanten deutschen Standards entsprechen. Exporteure in die Bundesrepublik müssen deshalb mit geringeren Marktchancen rechnen, wenn ihre Produkte nicht nach den deutschen Standards hergestellt werden und kein deutsches Standard-Zeichen tragen.

Außerdem gibt es in der Bundesrepublik das allgemein anerkannte Zeichen GS (Geprüfte Sicherheit), das von über 80 regierungsbevollmächtigten Organisationen verliehen wird, zum Beispiel vom TÜV. Das GS-Zeichen enthält normalerweise in der linken oberen Ecke das Logo der Testorganisation und beweist dem potentiellen Kunden, daß ein Produkt mit diesem Symbol technisch sicher ist, obwohl es nicht unbedingt einer DIN-Norm entsprechen muß.

Wenn also ein ausländisches Unternehmen erfolgreich nach Deutschland exportieren möchte, dann sollte es sich nach den DIN-Standards richten oder dafür sorgen, daß sein Produkt das GS-Zeichen trägt.

Die deutsche Bevölkerung ist sehr umweltbewußt. **Umwelt-freundlichkeit von Produkten**, **Ressourcenschonung**, **Wiederverwertbarkeit**, **Recycling** und **Müllentsorgung** sind wichtige Konzepte und werden sowohl vom Verbraucher als auch vom Hersteller ernst genommen. Das **Bundesumweltministerium** ist für den Umweltschutz zuständig. Auch die Bundesländer haben Umweltministerien. Die Umweltpolitik der Bundesregierung will erreichen, daß Wirtschaft und Bürger größere Verantwortung für die Lösung von Umweltproblemen übernehmen.

1 Was halten Sie von den Maßnahmen, die hier beschrieben werden?

2 Gibt es in Ihrem Land ähnliche Initiativen?

Vermeiden und verwerten

Zentrales Ziel der deutschen Umweltpolitik ist die **Abfallvermeidung**. Abfallvermeidung wird erreicht durch a) weniger Materialverbrauch bei der Produktion und b) **Kreislaufwirtschaft**, d.h. durch Sammlung verbrauchter Produkte und anschließendes Recycling.

Am 21. Juni 1991 ist die *Verordnung über die Vermeidung von Verpackungsabfällen* in Kraft getreten. Die Verpackungsverordnung führt zur Abfallvermeidung durch Rücknahmepflichten der Industrie, die nach dem **Verursacherprinzip** für das Recycling der Verpackungsmaterialien aufkommen muß. Unter anderem legt sie Sammelquoten fest und formuliert ausdrücklich den Schutz und den Ausbau von **Mehrwegsystemen**.

Das „**Duale System Deutschland**" (DSD, „Grüner Punkt") organisiert privatwirtschaftlich die Einsammlung und Sortierung der gebrauchten Verpackungen, die dann der **Wiederverwertung** zugeführt werden. Finanziert wird das Duale System durch **Lizenzgebühren** für die Nutzung des Grünen Punktes. Der Grüne Punkt ist das international geschützte Warenzeichen der Duales System Deutschland GmbH und kennzeichnet Verpackungen aus recyclingfähigem Material.

Laut Verpackungsverordnung sollen von 1995 an 80 Prozent aller Verpackungen vom Dualen System wieder eingesammelt werden.

Außerdem haben einige deutsche Städte eine kommunale Einwegverpackungssteuer eingeführt. Damit will man einen weiteren Anreiz zur Reduzierung von Verpackungen und Umstellung auf Mehrwegverpackung geben.

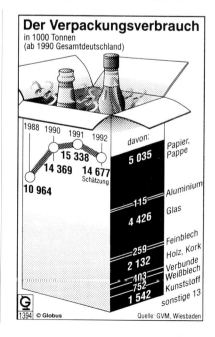

Der Verpackungsverbrauch
in 1000 Tonnen
(ab 1990 Gesamtdeutschland)

1988 1990 1991 1992

15 338
14 369 14 677 Schätzung
10 964

davon:
Papier, Pappe 5 035
Aluminium 115
Glas 4 426
Feinblech 259
Holz, Kork 2 132
Verbunde Weißblech 403
Kunststoff 752
sonstige 13 1 542

1394 © Globus
Quelle: GVM, Wiesbaden

Verpackungen sind out

Der Verbrauch von Verpackungen ist im letzten Jahr erstmals zurückgegangen, nachdem 1991 mit über 15 Millionen Tonnen ein Höchststand erreicht war. Dies geht aus einer Studie der Gesellschaft für Verpackungsmarktforschung hervor. Dieser Abwärtstrend soll auch in Zukunft anhalten. Die Gründe: Zum einen wird es eine zunehmende Tendenz zu Mehrwegverpackungen geben, zum anderen wird die Industrie weiter versuchen, Verpackungen einzusparen oder auf leichtere Verpackungsstoffe umzusteigen. Denn alle Verpackungen werden irgendwann zu Müll und damit zu einem Recycling-Problem. Das Duale System sammelt zwar schon fast überall in Deutschland die Verkaufsverpackungen wieder ein, doch bei der Verwertung gibt es – vor allem für Kunststoffe, Verbunde und Aluminium – noch große Schwierigkeiten.

Lesen Sie die Anzeige für den Compaq Deskpro XE. Welche umweltfreundlichen Eigenschaften werden in der Anzeige besonders hervorgehoben?

Lesen Sie jetzt den Text aus COMPUTER News. Was hat der Text über die Umweltfreundlichkeit von Computern zu sagen? Was empfiehlt der Artikel dem Verbraucher?

DER COMPAQ DESKPRO XE. WENIGER VERBRAUCH, MEHR LEISTUNG.

Dieses Minus ist Ihr Plus: Der Compaq Deskpro XE spart für Sie und die Umwelt bis zu 50% Energie. Und leistet dafür 70% mehr. Dank QVision-Local-Bus-Grafik, schnellerer Festplatten und Skalierbarkeit bis zum Intel Pentium™-Prozessor. Den Deskpro XE 433s gibt's ab DM 2.490,- (unverbindliche Preisempfehlung). Inkl. Zukunftssicherheit durch Business Audio und viele weitere typische Pluspunkte wie:

● 3 Jahre Garantie auf alle PCs.
● Vor-Ort-Service im 1. Jahr inklusive.
● Support durch das Compaq CareCenter. Wenn Sie mehr oder weniger alles wissen wollen, dann rufen Sie uns jetzt gleich an.

Gleich Infos anfordern! Telefon: 0130/6868 Fax: 089/808295

Das Intel Inside Logo ist ein eingetragenes Warenzeichen der Intel Corporation.

COMPAQ
COMPUTER, UND MEHR

COMPUTER News

PC-Produktion: hohe ökologische Folgekosten

Die größten Umweltbelastungen treten bei der Herstellung von Computern auf. Das ist das Ergebnis einer Studie des US-Verbands Microelectronics und Computer Technology in Texas. Bislang waren lediglich die ökologischen Belastungen bekannt, die beim Betrieb und Recycling von PCs entstehen.

Noch bevor Sie Ihren neuen PC zum ersten Mal eingeschaltet haben, hat er bereits
● soviel Energie verschlungen, daß davon ein deutscher Durchschnittshaushalt ein Jahr lang mit Strom versorgt werden könnte,
● soviel Wasser verbraucht wie jemand, der ein halbes Jahr lang täglich ein Vollbad nimmt,
● doppelt soviel Abfall erzeugt, wie der PC selbst wiegt,
● soviel CO_2 in die Atmosphäre abgegeben wie ein Auto nach 6000 Kilometern.

Dazu kommen die im Vergleich zu anderen elektronischen Konsumgütern – Fernseher oder Hifi-Anlage – äußerst kurzlebigen Produktzyklen.

Die Empfehlung für den Konsumenten: Vermeiden Sie Neukäufe, rüsten Sie Ihren PC auf, oder kaufen Sie einen Gebraucht-PC. Auch der Umstieg auf einen neuen Green-PC macht nur Sinn, wenn man ohnehin einen neuen PC anschaffen muß. Und: Achten Sie beim Neukauf auf den blauen **Umweltengel**.

■ UMWELT-TEST
Zum erstenmal bewertete die Stiftung Warentest auch die Umwelteigenschaften von PCs. Das Ergebnis: Nur vier der zehn getesteten PCs erhielten das Prädikat „Gut". Einige PCs enthalten sogar **krebserregende** Schadstoffe.

■ RECYCLING-TIP
Das Aachener Recycling-Unternehmen **„Service 4U"** kauft verbrauchte Laser-, Kopierer- und Tintendrucker-Kassetten auf. Ab zehn Stück übernimmt das Unternehmen sogar die Frachtkosten. **Tel.: 02 41 – 57 20 11**

* *der Umweltengel*: Umweltzeichen des Bonner Umweltministeriums
* *die Stiftung Warentest*: Verein, der Produkte einer Produktgruppe nach Qualität und Preis vergleicht, um den Konsumenten eine Kaufhilfe zu geben

10 Ich möchte in Deutschland arbeiten

In this unit you'll learn how to
- go about looking for work in Germany
- relate the German educational system and qualifications to your own
- assess your own experience and strengths
- understand job advertisements
- write a CV and letter of application
- prepare for a job interview

You'll also learn something about working conditions in Germany.

10.1 Wie stehen meine Chancen?

A Sie möchten in Deutschland arbeiten? Vergleichen Sie Ihre Zukunftspläne bzw. -wünsche mit anderen Kursteilnehmern:

Was für eine Stelle suchen Sie? (Suchen Sie einen Ferienjob? Eine Praktikantenstelle oder einen Austausch während der Ausbildung? Eine Dauerbeschäftigung?)

Warum wollen Sie in Deutschland arbeiten? (Möchten Sie ein anderes Land kennenlernen? Ihre Sprachkenntnisse verbessern? Mehr Geld verdienen?)

B Jeder Bürger der Europäischen Union (EU) kann sich in jedem Mitgliedsland Wohnung und Arbeit suchen. Wie sieht das in der Praxis aus? Unten sind einige Fragen, die Sie vielleicht stellen möchten. Die Texte auf diesen Seiten werden Ihnen helfen, sie zu beantworten.

- Welche persönlichen und beruflichen Anforderungen muß ich erfüllen, um mich in Deutschland erfolgreich zu bewerben?
- In welchen Berufen sind die Beschäftigungschancen gut?
- Habe ich bei einer Bewerbung mit einer großen Konkurrenz zu rechnen?
- Wie sind deutsche Gehälter im Vergleich zu meinem Land?
- Gibt es rechtliche Probleme?
- Wie steht es mit Sozial- und Rentenversicherung?
- Ich interessiere mich für eine Praktikantenstelle. Wo kann ich mich erkundigen?
- Ich bin an einer Dauerbeschäftigung interessiert. Wo suche ich eine Stellung?

FREMDSPRACHEN AM ARBEITSPLATZ

Fremdsprachenkenntnisse sind bei diesen Mitarbeitern für die befragten Unternehmen sehr wichtig oder wichtig (Angaben in Prozent):

Gewerbliche Mitarbeiter:
Un- und Angelernte	0
Facharbeiter	7

Technische Mitarbeiter:
Meister/Techniker	14
Ingenieure/Naturwissenschaftler	53

Kaufmännische Fachkräfte:
Kaufleute	54
Betriebswirte/Juristen	55

Sekretärinnen:
	62

Führungskräfte:
	83

Quelle: Institut der deutschen Wirtschaft Köln

Bei Berufen mit Auslandskontakten sind Fremdsprachen gefragt. Wie wichtig sind Fremdsprachenkenntnisse am Arbeitsplatz? Dazu hat das Institut der deutschen Wirtschaft 232 Unternehmen in West- und Ostdeutschland befragt (siehe Grafik). Besonders groß ist der Bedarf im Büro – bei kaufmännischen Berufen, Sekretärinnen und bei Führungskräften. Aber auch immerhin 14 Prozent der Betriebe halten Fremdsprachenkenntnisse bei Technikern für wichtig bis sehr wichtig, sieben Prozent der Betriebe bei Facharbeitern.

Ortswechsel in Europa
Wie stehen die Chancen?

Die Chancen für deutsche Fachkräfte, in einem anderen europäischen Land eine Anstellung zu finden, sind grundsätzlich gut, so Dr. Günther Schauenberg, Leiter der Auslandsabteilung bei der Zentralstelle für Arbeitsvermittlung (ZAV) in Frankfurt. „Man muß jedoch die nötigen Voraussetzungen mitbringen. Rund 120 000 Anfragen erhält die ZAV jährlich. Aber nur fünf Prozent der Interessierten erfüllen die Anforderungen, die man braucht, um sich erfolgreich im europäischen Ausland zu bewerben." Ohne gründliche Fremdsprachenkenntnisse kommt man nicht aus. Nicht zuletzt: Man muß in der Lage sein, sich in einer fremden Situation – getrennt von Familie und Freunden – zurechtzufinden und auf die Gewohnheiten und kulturellen Besonderheiten des Landes eingehen können.

Berufserfahrung und Qualifikationen

Ein guter Ausbildungsabschluß ist das A und O jeder Bewerbung.
Nur: Die Ausbildungen sind in den europäischen Ländern noch so unterschiedlich, daß Berufsabschlüsse nicht problemlos anerkannt werden. Die Qualität der Ausbildung in der Bundesrepublik wird jedoch in allen europäischen Ländern hoch eingeschätzt. Wer zwei oder drei Jahre Berufserfahrung nachweisen kann, hat bessere Aussichten. In jedem Fall aber sollte man die jeweilige Landessprache flüssig sprechen, wenn eine Bewerbung erfolgreich sein soll.

Gefragte Berufe

In der Regel gilt: Berufe, bei denen in Deutschland Nachfrage nach Arbeitskräften besteht, sind auch in anderen EU-Ländern gefragt. Wie in der Bundesrepublik werden überall Dienstleistungshandwerker, wie z.B. Maler und Lackierer, Radio- und Fernsehtechniker, gesucht. Oder auch Krankenschwestern und Krankenpfleger: In fast allen europäischen Ländern fehlt es an Pflegepersonal. Gute Chancen haben natürlich Arbeitnehmer in Berufen, in denen Sprachkenntnisse wichtig sind, z.B. Fremdsprachenkorrespondenten oder Exportkaufleute. Das gilt auch für Berufe in der Touristik und im Gastgewerbe. Aber Vorsicht: In vielen EU-Ländern herrscht noch größere Arbeitslosigkeit als in der Bundesrepublik und als Folge harte Konkurrenz um Arbeitsplätze.

Löhne und Urlaubszeit

Was Tariflöhne und Urlaubszeit angeht – hier steht die Bundesrepublik europaweit mit an der Spitze. Bei einer Arbeit in vielen anderen europäischen Ländern muß man in dieser Beziehung mit weniger rechnen.

Von Gesetz wegen kein Problem

Jeder Arbeitnehmer aus einem EU-Land kann in einem anderen Land der Union arbeiten. Er zahlt in diesem Land dann Steuern und Beiträge zur Sozial- und Rentenversicherung. Diese Beiträge werden ihm dann später in der Bundesrepublik angerechnet.

Berufsperspektive Europa - Sonderausgabe der *Informationszeitung* der Berufsberatung

ANSPRECHPARTNER FÜR AUSLÄNDISCHE ARBEITNEHMER

Austausch während der Ausbildung

Der Austausch während der Ausbildung wird europaweit gefördert – durch das EU-Programm PETRA II. Austauschgruppen werden von den Berufsschulen, den Industrie- und Handelskammern oder von Betrieben zusammengestellt. Dort muß man nachfragen.

Praktika in einem Betrieb

Auskunft über offene Praktikantenstellen geben:
- die Industrie- und Handelskammern
- die Zentralstelle für Arbeitsvermittlung (ZAV), Frankfurt/Main

Jobs

Auskunft und Stellenvermittlung bei:
- Europa-Service der Berufsberatung

Man schickt seinen Bewerbungsbrief und Lebenslauf (auf deutsch) an den regionalen Europaberater eines landeseigenen Arbeitsamtes. Über das internationale Datennetz EURES kann der Europaberater über geeignete Stellen in Deutschland informieren. (Dieser Service steht nur EU-Bürgern zur Verfügung.)
- Abteilung Arbeitsvermittlung und Beratung der deutschen Arbeitsämter
- Internationale Zeitarbeitbüros mit deutschen Niederlassungen. Viele sind im Raum Düsseldorf konzentriert.

Man kann sich auch bei deutschen Arbeitgebern direkt bewerben. Lesen Sie die Stellenangebote in Fachzeitschriften und Tageszeitungen, oder sprechen Sie die Personalabteilungen von Firmen an, in denen Sie gern arbeiten möchten.

10.2 Das deutsche Bildungswesen

A Bei Stellenbewerbungen spielen formale Qualifikationen eine wichtige Rolle. Ausländische Arbeitsuchende haben das Problem, daß deutsche Arbeitgeber ihre Ausbildungsabschlüsse oft nicht kennen und schwer einstufen können. Man sollte also in seiner Bewerbung versuchen, Parallelen zwischen seinem eigenen Bildungsgang und dem deutschen Bildungssystem zu ziehen. Dazu braucht man erst einmal Grundkenntnisse über das deutsche Bildungswesen. Ergänzen Sie die verschiedenen Bildungsabschlüsse im Diagramm anhand der Informationen rechts.

Schematische Gliederung des Bildungswesens in Deutschland

	Berufsqualifizierender Abschluß		Allgemeine Hochschulreife		Berufsqualifizierender Studienabschluß		
					Wissenschaftliche Hochschule		
	Fachschule		**Abendgymnasium/Kolleg**		**Fachhochschule**		

						4 _____	
	Berufsbildender Abschluß		3 _____				
13	Mittlerer Bildungsabschluß				**Gymnasiale**		13
12	**Berufsausbildung in Betrieb**		**Berufs-**	**Fach-**	**Oberstufe**		12
11	**u. Berufsschule (Duales System)**		**fachschule**	**oberschule**			11
10	Berufsgrundbildungsjahr						10
	1 _____		2 _____				
10	**10. Schuljahr**						10
9							9
8	**Hauptschule**		**Realschule**		**Gymnasium**	**Gesamt-**	8
7						**schule**	7
6							6
5							5
4							4
3			**Grundschule**				3
2							2
1							1
Schuljahr							

B **1** Ziehen Sie Parallelen zwischen Bildungsstätten und Abschlüssen in Deutschland und im eigenen Land, z.B.:

Eine [deutsche Gesamtschule] ist mit unserem/unserer ... zu vergleichen.
Ein/Eine ... bei uns ist (ähnlich) wie [eine Fachhochschule].
Unser ... entspricht etwa [der mittleren Reife/dem Abitur].

2 Welche Schulen haben Sie besucht? Welche Abschlüsse haben Sie? Erklären Sie es auf deutsch.

C Vergleichen Sie das Bildungswesen in Deutschland und in Ihrem Land in bezug auf folgende Punkte.

1 Die Schulpflicht beträgt 12 Jahre.
2 Das Schulsystem ist grundsätzlich dreigliedrig.
3 Das „duale System" der Berufsausbildung verbindet praktische Ausbildung im Betrieb und theoretische Ausbildung in der Berufsschule.
4 Das Studium an einer wissenschaftlichen Hochschule steht allen offen, die die Hochschulreife erworben haben.
5 Die Studiendauer an einer Hochschule ist nicht begrenzt.

Das deutsche Bildungswesen

Die Bundesländer sind für die allgemeinbildenden und berufsbildenden Schulen zuständig. Daher gibt es in verschiedenen Bundesländern leichte Variationen im Schulsystem. Der Besuch aller öffentlichen Schulen ist kostenlos.

☐ **DIE SCHULPFLICHT.** Die Schulpflicht in Deutschland beträgt zwölf Jahre. Um sie zu erfüllen, muß man neun oder (in einigen Bundesländern) zehn Jahre lang eine allgemeinbildende Vollzeitschule und danach eine Berufsschule in Teilzeitform bzw. weiter eine Vollzeitschule besuchen.

☐ **DIE ALLGEMEINBILDENDEN SCHULEN.** Mit sechs Jahren besuchen alle Kinder eine **Grundschule**. Nach in der Regel vier Jahren wechseln sie in eine andere Schulform. Je nach Schultyp erwirbt man verschiedene Abschlüsse.
Die **Hauptschule** führt nach der 9. oder 10. Klasse (je nach Bundesland) zum **Hauptschulabschluß**. Die meisten Jugendlichen mit Hauptschulabschluß beginnen eine Berufsausbildung im Betrieb und besuchen daneben bis zum 18. Lebensjahr eine Berufsschule.
Die **Realschule** steht zwischen Hauptschule und Gymnasium und führt zu einem **mittleren Bildungsabschluß** (**Mittlere Reife/Realschulabschluß**). Dieser Abschluß berechtigt zum Besuch einer Fachoberschule.
Das **Gymnasium** führt zur akademischen Weiterbildung. Das Abschlußzeugnis der Gymnasien, die **Allgemeine Hochschulreife** (**das Abitur**), berechtigt im Prinzip zum Studium an einer Fachhochschule oder wissenschaftlichen Hochschule.
Die **Gesamtschule** vereint die drei Schulformen, Hauptschule, Realschule und Gymnasium, unter einem Dach. Dieses Modell existiert aber nur in einigen Bundesländern.

☐ **BERUFLICHE BILDUNG.** Die meisten Jugendlichen, die die Hochschulreife nicht erwerben, werden im „dualen System" ausgebildet. Das duale System verbindet praktische Ausbildung im Betrieb mit theoretischer Ausbildung in der **Berufsschule**, die der Jugendliche für zwei bis drei Jahre in Teilzeitform besuchen muß. Die private Wirtschaft und der Staat sind also gemeinsam für die berufliche Bildung verantwortlich. Das duale System führt zu bis ca. 400 anerkannten Ausbildungsberufen. Bevorzugte Berufe bei Jungen sind z.B. Kfz-Mechaniker, Elektroinstallateur, Industriemechaniker oder Kaufmann im Groß- und Außenhandel. Mädchen bevorzugen Berufe im Büro- und Dienstleistungsbereich, wie z.B. Bürokauffrau, Kauffrau im Einzelhandel, Arzthelferin. Die Berufsschule ist Pflichtschule für alle Jugendlichen unter 18 Jahren, die keine andere Schule besuchen.
Neben Lehre und Berufsschule gibt es weitere Wege der Berufsausbildung. Ein Beispiel: Die **Fachoberschule** ist eine Vollzeitschule und führt Schüler mit mittlerem Bildungsabschluß in zwei Jahren zur **Fachhochschulreife**. Der Lehrplan umfaßt Unterricht in Lehrwerkstätten, Praktika und Theorie.

☐ **DER ZWEITE BILDUNGSWEG.** Der zweite Bildungsweg bietet die Möglichkeit, Versäumtes nachzuholen. Im Abendgymnasium können sich Berufstätige auf die Hochschulreife vorbereiten. In Abendschulen können sie den Hauptschul- oder Realschulabschluß nachholen.

Eingang Fachhochschule Düsseldorf

☐ **WEITERBILDUNG.** Die **Universitäten**, **Technischen Universitäten** und **Technischen Hochschulen** bilden die **Wissenschaftlichen Hochschulen**. Bei Geisteswissenschaften führt das Studium zur **Magisterprüfung**, bei Naturwissenschaften zur **Diplomprüfung**. Danach kann man eine weitere Qualifizierung bis zur **Doktorprüfung** (**Promotion**) machen.
Die **Fachhochschulen** sind eine jüngere Hochschulform, die hauptsächlich in den Bereichen Ingenieurwesen, Wirtschaft, Sozialwesen, Design und Landwirtschaft eine stärker praxisbezogene Ausbildung bietet. Das Studium schließt mit einer **Diplomprüfung** ab.
Das Studium steht allen offen, die die erforderlichen Abschlußprüfungen haben. Da es bei einigen sehr begehrten Fächern, z.B. Medizin, zu viele Studienbewerber gibt, besteht jedoch eine Zulassungsbeschränkung, der Numerus Clausus. Die Studiendauer an deutschen Hochschulen ist nicht begrenzt. Die durchschnittliche Studienzeit beträgt fünf bis sechs Jahre. Es gibt keine Studiengebühren. Studenten, die die Kosten für ihren Lebensunterhalt nicht aufbringen können, haben die Möglichkeit, nach dem Bundesausbildungsförderungsgesetz (BAföG) staatliche Finanzierung zu beantragen. Die Hälfte des Förderungsbetrags wird als Stipendium gewährt, die andere Hälfte als Darlehen.

Im Labor Elektrotechnik

10.3 Ein Fragebogen zur Selbsteinschätzung

A Füllen Sie den vom Bundesministerium für Arbeit und Sozialordnung zusammengestellten Fragebogen aus.

B Spielen Sie mit Ihrem Partner ein Berufsberatungsgespräch.
ARBEITSBERATER/IN: Fragen Sie Ihre/n Gesprächspartner/in nach konkreten Beispielen für seine/ihre Erfahrungen, Fertigkeiten und Fähigkeiten. Welchen Rat könnten Sie ihm/ihr in bezug auf seine/ihre berufliche Zukunft geben?
ARBEITNEHMER/IN: Beantworten Sie die Fragen des/der Berufsberaters/-beraterin anhand des ausgefüllten Fragebogens.

Mein persönlicher Fragebogen

Nehmen Sie sich jetzt die Zeit, über Ihre berufliche Zukunft nachzudenken. Eine Hilfe dabei soll Ihr persönlicher Fragebogen sein, der Ihnen Klarheit über Ihre beruflichen Fähigkeiten und Neigungen geben kann. Wenn Sie alle Fragen beantwortet haben, wissen Sie schon besser, wo Ihre Stärken liegen, in welche Richtung Sie sich weiterbilden möchten, ob Sie überhaupt in Ihrem alten Beruf weiterarbeiten oder vielleicht sogar lieber einen neuen erlernen wollen. Jetzt können Sie einfach besser und effektiver beraten werden.

Lesen Sie die Fragen durch und versuchen Sie, sie so realistisch wie möglich zu beantworten. Kreuzen Sie bitte das Zutreffende (auch mehreres) an oder machen Sie Ihre Angaben in den dafür vorgesehenen Zeilen.

Diesen Fragebogen können Sie vollständig ausgefüllt zu Ihrem Beratungsgespräch beim Arbeitsamt mitnehmen. Er kann für Ihren Gesprächspartner und für Sie selber eine große Hilfe sein.

1. Was habe ich gelernt und wie ist meine berufliche Ausbildung?

☐ Ich bin ausgebildet als: _____

☐ Ich übe folgenden Beruf aus: _____

☐ Schul- und Berufsabschlüsse: _____

☐ Ich habe an Weiterbildungsveranstaltungen teilgenommen:
☐ ja ☐ nein

2. Formale Berufsausbildung und Berufsbezeichnung – das ist das eine. Das gibt aber nur zum Teil Auskunft über die besonderen Erfahrungen und Fertigkeiten, die jeder in seiner Berufsausübung erworben hat.

	Habe Erfahrung	Hätte gern Erfahrung
im Umgang mit Holz	☐	☐
im Umgang mit Metall	☐	☐
im Umgang mit Textilien	☐	☐
im Umgang mit Baumaterialien	☐	☐
im Umgang mit Rohstoffen	☐	☐
im Umgang mit Chemie/Chemikalien	☐	☐
im Umgang mit Maschinen	☐	☐
im Umgang mit Nahrungsmitteln	☐	☐
im Umgang mit Autos/LKW	☐	☐
im Umgang mit handwerklichen Geräten	☐	☐
im Umgang mit technischen Geräten allgemein	☐	☐
im Umgang mit Computern	☐	☐
im Umgang mit Texten	☐	☐
im Umgang mit Verwaltungsvorgängen, -prozessen	☐	☐
im Umgang mit Berechnungen, Kalkulationen	☐	☐
im Umgang mit Planung, Organisation	☐	☐
im Umgang mit Geld	☐	☐
im Umgang mit Kunden	☐	☐
in der Pflege von Menschen	☐	☐
in der Führung von Mitarbeitern	☐	☐
im Umgang mit Menschen allgemein	☐	☐
in Pflege und Umgang mit Tieren	☐	☐

3. Jeder Mensch hat persönliche Fähigkeiten, die ihm häufig gar nicht klar sind. Es ist wichtig, darüber nachzudenken, was man wirklich alles kann und was einem möglicherweise für den weiteren Berufsweg nützt.

	Was kann ich?
Mit anderen Menschen umgehen	☐
Mich voll auf eine Sache konzentrieren	☐
Sparsam haushalten, wirtschaften	☐
Lösungen für Probleme finden	☐
Weitgehend selbständig arbeiten	☐
Autofahren	☐
Organisieren	☐
Körperlich hart arbeiten	☐
Sicher auftreten	☐
Andere Menschen führen	☐
Schnell begreifen	☐
Lange und ausdauernd arbeiten	☐
Gut zuhören	☐
Handwerklich arbeiten	☐
Überzeugend etwas verkaufen	☐
Formulieren und schreiben	☐
Flexibel auf neue Situationen reagieren	☐
Andere Menschen überzeugen	☐
Theoretisch arbeiten	☐
Planen	☐

4. Wie ist meine aktuelle Arbeitssituation?

☐ Ich habe einen sicheren Arbeitsplatz
☐ Mein Arbeitsplatz ist von Kurzarbeit bedroht
☐ Mein Arbeitsplatz ist gefährdet
☐ Ich mache eine Umschulung zum: _____

☐ Ich befinde mich in einer Berufsausbildung zum:

_____

☐ Ich bin noch in der Schulausbildung
☐ Ich bin arbeitslos mit der Perspektive auf einen Arbeitsplatz in näherer Zukunft
☐ Ich mache Gelegenheitsjobs und suche nach einer festen Arbeitsmöglichkeit

5. Viele Menschen üben in ihrem Leben verschiedene Berufe aus, entweder weil sie in ihrem erlernten Beruf nicht den passenden Arbeitsplatz finden, oder weil sie gerne etwas anderes tun möchten. Wie können Sie sich Ihren weiteren Berufsweg vorstellen?

☐ Ich möchte am liebsten in meinem jetzigen Beruf bleiben
☐ Ich kann mir vorstellen, etwas ganz anderes zu machen

6. Was möchten Sie – unabhängig von Ihrem jetzigen Beruf – können? Was wäre für Sie eine berufliche Alternative?

_____

_____

7. Die soziale Marktwirtschaft bietet verschiedene Möglichkeiten der Beschäftigung. Wie würden Sie persönlich am liebsten arbeiten?

☐ als Arbeiter/Arbeiterin ☐ als Beamter/Beamtin
☐ als Angestellte/r ☐ als Selbständige/r

NACHFRAGE: In welchem Beruf möchten Sie sich gerne selbständig machen?

_____

8. Welche Bereiche kommen für Sie überhaupt in Frage? Welche Berufsmöglichkeiten würden Sie interessieren? Kreuzen Sie bitte den entsprechenden Bereich an, und tragen Sie daneben Ihren Berufswunsch ein.

	Beruf
☐ Baugewerbe	_____
☐ Elektro- und Kfz.-Wesen	_____
☐ Metallverarbeitung	_____
☐ Bergbau und Energie	_____
☐ EDV	_____
☐ Handel/Verkauf	_____
☐ Banken, Versicherungen	_____
☐ Hotel/Gaststätten/Tourismus	_____
☐ Verkehr/Transport	_____
☐ Gesundheit, Kranken- und Altenpflege	_____
☐ Soziales, Erziehung	_____
☐ Bildung/Ausbildung/ Weiterbildung	_____
☐ Öffentliche Verwaltung	_____
☐ Umweltschutz	_____
☐ Anderes, nämlich:	

_____

_____

9. Eine Weiterbildung kann Ihrer weiteren beruflichen Qualifizierung und der Verbesserung Ihrer Arbeitsmarktchancen dienen. Zu welcher Art von Qualifizierung wären Sie bereit?

☐ Fortbildung im erlernten Beruf
☐ Umschulung in einen verwandten Beruf
☐ Umschulung in einen ganz anderen Beruf
☐ berufliche Fortbildung im Betrieb
☐ berufliche Fortbildung außerhalb des Betriebes
☐ Fernlehrgänge zur beruflichen Weiterbildung mit Abschluß

10. Welcher Zeitrahmen wäre für eine Qualifizierungsmaßnahme möglich?

☐ Vollzeit
☐ Teilzeit (zwischen 12 und 25 Stunden wöchentlich)
☐ berufsbegleitend (abends/am Wochenende)
☐ Ich wäre auch zu einem Wohnungswechsel bereit
☐ Ich würde auch längere Wege in Kauf nehmen, wenn dies erforderlich wäre

10.4 Ein Blick in die Stellenangebote

A Große Firmen inserieren meistens in überregionalen Zeitungen oder in Wochenzeitschriften, z.B.:

Mittelständische Betriebe geben ihre Stellenanzeigen hauptsächlich in Lokalzeitungen auf, z.B.:

Kennen Sie die Namen weiterer deutscher Zeitungen und Zeitschriften?

B In den Zeitungen werden Stellenangebote unter verschiedenen Rubriken veröffentlicht. Sehen Sie sich die Stellenangebote rechts an. Unter welcher Rubrik wären sie zu finden?

12	Personalwesen	**24**	Wissenschaft/Forschung/Labor	**38**	Werbung/Publizistik/Film/Kunst	**62**	Medizinische und soziale Berufe
14	Finanz- und Rechnungswesen	**30**	Verkauf/Vertrieb	**42**	Planung/Konstruktion/Entwicklung/Fertigung	**64**	Hotel und Gaststättengewerbe/Küchenpersonal
16	EDV und Organisation	**34**	Kaufmännische Berufe	**48**	Technische Berufe	**74**	Weitere Berufe
18	Einkauf	**36**	Sekretariat/Büro- und Schreibkräfte	**56**	Öffentlicher Dienst	**78**	Ausbildungsplätze
				58	Handwerker/Facharbeiter		

C **1** Wählen Sie eine Stelle, die Sie interessant finden. Lesen Sie die Anzeige durch und machen Sie sich Notizen zu diesen Punkten.

- Stelle
- Firma/Stadt
- Voraussetzungen (Ausbildung/Erfahrung/persönliche Eigenschaften)
- Was die Firma bietet

> **Abkürzungen:**
> TU = Technische Universität
> FH = Fachhochschule
> BAT = Bundesangestelltentarif

2 Tauschen Sie Informationen über die Anzeige, die Sie gelesen haben, mit einem Partner aus. Stellen Sie diese oder ähnliche Fragen.

Was für eine Stelle ist das?
Wie heißt der Arbeitgeber?
In welcher Stadt ist die Stelle?
Worin besteht die Arbeit?
Welche Qualifikationen braucht der Bewerber?
Ist Berufserfahrung erforderlich?
Werden besondere persönliche Eigenschaften verlangt?
Bietet die Firma eine Ausbildung/Fortbildungsmöglichkeiten?
Gibt die Anzeige Informationen über Arbeitsbedingungen, Gehalt oder Sozialleistungen?
Wie bewirbt man sich um die Stelle?

Wenn Sie die entsprechenden Informationen in der Anzeige nicht gefunden haben, antworten Sie:

> Das steht nicht in der Anzeige.

D Könnten Sie sich mit Ihren Qualifikationen und Ihrer Erfahrung um eine dieser Stellen bewerben?

10.5 Die schriftliche Bewerbung

A Bei den meisten Bewerbungen, vor allem wenn es sich um höher qualifizierte Stellen handelt, ist zunächst eine schriftliche Bewerbung üblich. Bei der Bewerbung wollen Sie sich in ein gutes Licht setzen; der Arbeitgeber wünscht Informationen, die eine Vorentscheidung über den Bewerber erleichtern. Für eine erfolgreiche Bewerbung sollen folgende Tips eine Hilfe sein. Lesen Sie sie und beantworten Sie die Fragen.

1 Welche Punkte sollte Ihr Bewerbungsschreiben enthalten?
2 Welche Informationen sollte Ihr Lebenslauf enthalten? Wie sollte er gegliedert sein?
3 Welche Unterlagen gehören zu einer vollständigen Bewerbung?
4 Wie präsentieren Sie Ihre Bewerbungsunterlagen am besten?

Bewerbungs-Ratgeber

Für eine erfolgreiche Bewerbung ist es unbedingt notwendig, daß Sie folgende Punkte beachten:

1 Legen Sie in Ihrem Bewerbungsanschreiben kurz, aber ausreichend dar, aus welchen Gründen Sie für die Stelle qualifiziert sind. Gehen Sie möglichst genau auf die Anforderungen der Stelle ein.

2 Legen Sie einen tabellarischen Lebenslauf bei. Gliedern Sie ihn nach der zeitlichen Abfolge Ihrer Ausbildungs- und Berufsstationen.

3 Kleben Sie ein Foto mit Paßbildformat rechts oben auf Ihren Lebenslauf. Investieren Sie ein wenig Zeit und lassen Sie Ihr Bewerbungsfoto vom Fotografen machen. Es lohnt sich.

4 Legen Sie Ihre Ausbildungs- und Arbeitszeugnisse als Kopien bei. Ordnen Sie sie in zeitlicher Reihenfolge, das neueste zuoberst. Achtung: Die Daten des Lebenslaufes müssen mit den Daten der Zeugnisse übereinstimmen.

5 Wählen Sie für die ordentliche Zusammenstellung Ihrer kompletten Bewerbungsunterlagen eine Clip-Mappe oder einen Schnellhefter. Falls Sie einen Schnellhefter benutzen, heften Sie jede einzelne Seite in einer Klarsichtfolie ab.

B Vor kurzem hat Simone Schemann ihr Studium an der Fachhochschule Düsseldorf beendet. Jetzt sucht sie eine feste Anstellung mit guten Aufstiegsmöglichkeiten. Aufgrund der Anzeige rechts entscheidet sie, sich bei der Supermarktkette Tengelmann zu bewerben. Lesen Sie die Anzeige und beantworten Sie die Fragen.

1 Um was für eine Stelle handelt es sich?
2 Was für Bewerber sucht Tengelmann?
3 Welche Informationen gibt die Anzeige über Tengelmann?

Professionell handeln im jungen Team!

C Lesen Sie den Lebenslauf Simone Schemanns und beantworten Sie die Fragen. Ist Frau Schemann Ihrer Meinung nach eine geeignete Bewerberin für eine Stelle bei Tengelmann?

1 Was für eine Schul- und Berufsausbildung hat sie gemacht? Welche Abschlüsse hat sie?
2 Welche praktischen Berufserfahrungen hat sie?
3 Hat sie sonstige Fähigkeiten?

Simone Schemann
Dickelsbachweg 12
40625 Düsseldorf
Tel.: (02 11) 8 04 57

Lebenslauf

Geburtsdatum:	5.3.1969
Geburtsort:	Herford
Staatsangehörigkeit:	deutsch
Familienstand:	ledig

Schule

Aug. 79 - Juni 85
Geschwister-Scholl-Realschule, Herford
Abschluß: Mittlerer Bildungsabschluß mit Durchschnittsnote 1,2

Ausbildung

Aug. 85 - Juni 88
Abgeschlossene Ausbildung zur Kauffrau im Einzelhandel bei Möbelhaus Korsmeier, Bielefeld

Aug. 88 - Juni 90
Besuch des Abendgymnasiums Westfalenkolleg, Bielefeld
Abschluß: Abitur (Durchschnittsnote 1,3)

Okt. 90 - Mai 95
Betriebswirtschaftsstudium an der Fachhochschule Düsseldorf, Studiengang: Außenwirtschaft
Schwerpunkte im Hauptstudium: Internationales Marketing/ Außenhandel, Internationales Rechnungswesen/Controlling
Sprachkurse: Wirtschaftsenglisch
Im Studium integriert: Praxissemester in der Firma Lorfonte, Frankreich
Diplomarbeit „Expansion nach Polen: rechtliche und betriebswirtschaftliche Grundlagen", Note 1,5
Abschluß: Diplom-Betriebswirtin der FH Düsseldorf im Studiengang Außenwirtschaft, Gesamtnote „gut"

Berufliche Tätigkeiten

Juli 88 - Sep. 90
Kaufmännische Angestellte bei Karstadt, Bielefeld; verantwortlich für Großkundenbetreuung und Bestellungen
Nach einem Jahr Aufstieg zur Einkäuferin

Okt. 90 - Juli 94
Aushilfskraft auf Stundenbasis bei Karstadt in Bielefeld und anschließend in Düsseldorf

Besondere Fertigkeiten

EDV-Kenntnisse
Fremdsprachen: Französisch, Englisch in Wort und Schrift
Führerschein Klasse 3

Referenzen

Herr Prof. Erwin Schmidt
FH Düsseldorf
Dörnerhofstraße 14
40225 Düsseldorf
Tel.: (02 11) 43 35 65

Herr Karl Lehmann
Personalleiter, Karstadt
Humboldtstraße 24
33615 Bielefeld
Tel.: (05 21) 8 04 57

11.8.19--

Simone Schemann

D 1 Der Brieftext eines Bewerbungsschreibens sollte die Punkte unten enthalten.
Lesen Sie das Bewerbungsschreiben Simone Schemanns. Schreiben Sie die Ziffern 1 - 4
neben die entsprechenden Absätze im Brief.

1 Erklären Sie, woher Sie wissen, daß die Firma neue Mitarbeiter sucht, und
zu welchem Termin Sie sich bewerben.
2 Erklären Sie, warum Sie sich für die Stelle bewerben.
3 Beschreiben Sie, aus welchen Gründen Sie qualifiziert sind. Erläutern Sie
Ihre Erfahrung bzw. Ausbildung für die Stelle, Ihre besonderen Kenntnisse
und persönlichen Fähigkeiten.
4 Bitten Sie um einen Vorstellungstermin.

2 Vergleichen Sie das Bewerbungsschreiben Frau Schemanns mit ihrem Lebenslauf.
Welche Punkte hebt sie im Brief besonders hervor? Warum?

3 Machen Sie eine Liste von den Ausdrücken im Brief, die Sie bei Ihrem Bewerbungsschreiben
benutzen könnten.

Simone Schemann
Dickelsbachweg 12
40625 Düsseldorf
Tel.: (02 11) 8 04 57

Düsseldorf , 11 . 8 . 19 --

Unternehmensgruppe Tengelmann
Management-Entwicklung
zu Hd. Herrn Jörg Wins
Wissollstraße 5-43
45478 Mülheim an der Ruhr

Ihre Anzeige in der ... Zeitung vom ...

Sehr geehrter Herr Wins,

aus Ihrer Anzeige entnehme ich, daß Ihr Unternehmen talentierte Führungsnachwuchskräfte sucht. Vor kurzem habe ich mein Studium der Betriebswirtschaft an der FH Düsseldorf mit der Gesamtnote „gut" abgeschlossen und suche jetzt eine herausfordernde und verantwortungsvolle Tätigkeit zum frühestmöglichen Zeitpunkt. Da mir Ihr Trainee-Programm anspruchsvoll und interessant erscheint und gute Karrieremöglichkeiten in meinen Interessenbereichen bietet, möchte ich mich bei Ihnen bewerben.

Ich glaube, daß ich den beschriebenen Anforderungen aufgrund meiner Qualifikationen, meiner praktischen Berufserfahrungen und meiner persönlichen Eigenschaften entspreche. Neben meinem Fachhochschulabschluß habe ich auch eine kaufmännische Ausbildung mit Abschluß als Kauffrau im Einzelhandel sowie einige Jahre Erfahrung in den Bereichen Verkauf und Einkauf. Während meines Studiums habe ich ein sechsmonatiges Praxissemester bei einer Firma in Frankreich verbracht. Dort konnte ich meine Französischkenntnisse erheblich verbessern. Ich verfüge außerdem über gute Englischkenntnisse in Wort und Schrift.

Neben Belastbarkeit und Verantwortungsbereitschaft kann ich auch Kreativität und Organisationstalent beweisen. Ich arbeite gern im Team und bin geschickt im Umgang mit Menschen.

Ich würde mich freuen, wenn Sie mir Gelegenheit zu einem Vorstellungsgespräch geben könnten.

Mit freundlichen Grüßen

Simone Schemann

Anlagen

E Wählen Sie eine Stelle aus **10.4** oder eine andere Stelle, die Sie interessiert.
Verfassen Sie einen Lebenslauf und ein Bewerbungsschreiben mit Ihren Angaben.

10.6 Das Vorstellungsgespräch

A Ein Vorstellungsgespräch bei einem potentiellen Arbeitgeber ist eine große Chance.
Unten sind einige Tips, wie man sich am besten darauf vorbereitet und sich dabei verhält.
Was sollen Sie tun? Bilden Sie Sätze. Würden Sie weitere Ratschläge geben?

Tips für das Vorstellungsgespräch

Sich gezielt vorbereiten
- sich vorher über den Arbeitgeber informieren; Arbeitgeber werten es oft negativ, wenn Bewerber nicht informiert sind
- zu Hause überlegen, welche Fragen vom Personalchef gestellt werden könnten, und Antworten darauf vorbereiten
- Fragen zum Betrieb, zur Stelle bzw. zum Ablauf der Ausbildung vorbereiten, einige Stichpunkte dazu aufschreiben

Sich positiv darstellen
- sich sauber und korrekt kleiden
- pünktlich ankommen, z.B. fünf Minuten vor der Zeit
- alle Fragen klar und sachlich beantworten
- überzeugen, ohne zu übertreiben
- Fragen stellen, die Ihr Interesse an der Firma und an der Arbeit zeigen

B Auf folgende Fragen des Personalchefs sollte man Antworten wissen.
Welche Fragen würden Sie problematisch finden? Hat man Ihnen auch
andere Fragen bei einem Vorstellungsgespräch gestellt?

Ablauf des Interviews:

1. **Kontaktaufnahme**
   Was wissen Sie schon über die Firma?
   Warum möchten Sie bei uns arbeiten?
2. **Lebenslaufanalyse**
   Was für eine Schul-/Berufsausbildung haben Sie gemacht?
   Warum haben Sie sich für diese Ausbildung/dieses Studium entschieden?
   Welche Fächer haben Sie gemacht/studiert?
   In welchen Fächern haben Sie das Abitur gemacht?
   Haben Sie während des Studiums Praktika gemacht oder praktische Erfahrungen gesammelt?
   Haben Sie Fremdsprachenkenntnisse?
   Können Sie Ihre bisherigen Tätigkeiten/Ihre Tätigkeit bei ... schildern?
   Warum haben Sie die Stelle bei ... verlassen?
   Was machen Sie zur Zeit?
   Wie sieht Ihr jetziger Tätigkeitsbereich aus?
   Welche von Ihren bisherigen Stellen haben Sie am positivsten empfunden?
   Wo liegen Ihre besonderen beruflichen Interessen und Neigungen?
   Auf Grund welcher persönlichen Eigenschaften glauben Sie, daß Sie für diese Stelle geeignet sind?
3. **Sonstige Merkmale**
   Können Sie überall in Deutschland oder im Ausland arbeiten?
   Haben Sie sich bei anderen Unternehmen beworben?
   Welche Kündigungsfrist müssen Sie bei Ihrem jetzigen Arbeitgeber einhalten?

C

1 Sie hören den ersten Teil des Vorstellungsgesprächs bei Tengelmann mit der Bewerberin Simone Schemann. Welche Fragen in **B** stellt der Personalchef?

2 Hören Sie noch einmal zu. Wie beantwortet Frau Schemann die Fragen?

D Auch Sie müssen sich entscheiden, ob die Stelle für Sie geeignet ist. Fragen Sie deshalb nach allen Informationen, die Sie für Ihre Entscheidung brauchen, z.B. nach Ihrer Verantwortung, Ihrer Bezahlung, nach den Arbeitsbedingungen usw. Formulieren Sie höfliche Fragen zu folgenden Punkten.

- Ablauf der Traineeausbildung?
- Möglichkeit einer festen Anstellung nach der Ausbildung?
- Tätigkeitsbereich?
- Arbeitszeiten? (Gleitzeit, arbeiten am Wochenende)
- Probezeit?
- Bezahlung? (Monatsgehalt, 13. Monatsgehalt, Weihnachtsgeld)
- Hilfe bei der Wohnungssuche?
- Erstattung von Umzugskosten?
- Weiterbildungsmöglichkeiten?
- Sozialleistungen? (Krankenkasse, Altersversorgung, Pflegeversicherung)
- Termin der Arbeitsaufnahme?

> Können Sie mir Näheres über den Ablauf der Traineeausbildung sagen?

> Bitte geben Sie mir noch Auskunft über meinen Tätigkeitsbereich.

> Würden Sie mir bitte sagen, wie lang die Probezeit ist?

> Ich möchte gerne wissen, ob Sie neue Mitarbeiter bei der Wohnungssuche unterstützen.

E Hören Sie sich den zweiten Teil des Vorstellungsgesprächs mit Simone Schemann an. Frau Schemann stellt dem Personalchef einige Fragen. Welche Antworten gibt er?

F Spielen Sie ähnliche Vorstellungsgespräche als Rollenspiel.

1 Wählen bzw. erfinden Sie als Gruppe/Klasse eine geeignete Firma und Stelle, um die sich alle Kursteilnehmer bewerben könnten.
2 Teilen Sie sich in zwei Gruppen, Personalleiter und Bewerber, auf. Als Vorbereitung auf das Vorstellungsgespräch überlegen Sie sich geeignete Fragen/Antworten.
3 Die Personalleiter führen ein Vorstellungsgespräch mit zwei oder drei Bewerbern hintereinander durch. Die restlichen Kursteilnehmer hören den Gesprächen zu.
4 Während der Gespräche machen Sie sich Notizen über die Bewerber zu folgenden Punkten.

- Ausbildung und Qualifikationen
- berufliche Erfahrung
- Motivierung zur Stellenbewerbung
- persönliches Auftreten (ungeeignet/zufriedenstellend/ gut/sehr gut)

5 Die Personalleiter machen einen Entscheidungsvorschlag und begründen ihre Wahl. Die anderen Kursteilnehmer stimmen dann über die Kandidatenwahl ab.

Das M+E-Magazin berichtet aus den Unternehmen der Metall- und Elektro-Industrie: Reportagen, Meinungen und Erfahrungen am Ort. Lesen Sie das Interview mit Hildegard Fleck.

1 Wie sieht Frau Fleck die Karrierechancen von Frauen in technischen Berufen?
Fassen Sie ihren Standpunkt kurz zusammen in bezug auf folgende Punkte.
- Chancengleichheit in der schulischen Ausbildung
- Chancengleichheit in der Einstellungspolitik der Unternehmen
- Berufswahl der Frauen
- Sozialpolitik der Unternehmen
Stimmen Sie mit Frau Fleck überein?

2 Welche Maßnahmen gibt es in Ihrem Land, um die Karrierechancen von Frauen zu fördern?

Interview

Mut zum Wettbewerb der Fähigkeiten

Hildegard Fleck, Beauftragte für Chancengleichheit bei der IBM Deutschland Informationssysteme GmbH, Stuttgart

M+E: Haben Frauen immer noch schlechtere Karriere-Karten als Männer?

H. Fleck: Nicht schlechtere Karriere-Karten, aber eine schlechtere Ausgangssituation.

M+E: Wo liegen die Schwierigkeiten?

H. Fleck: Viele Frauen geben der Berufswahl nicht annähernd den Stellenwert, den die Berufsentscheidung für junge Männer hat, obwohl in der schulischen Ausbildung die Chancen längst gleich sind. Oft haben Mädchen bessere Schulabschlüsse als Jungen. Sehr oft aber zementieren junge Frauen mit einer einseitigen Berufswahl alte Vorurteile.

M+E: Wie sehen die Unternehmen das Problem?

H. Fleck: Die Unternehmen sind bereit, den Anteil der Frauen in den technischen Berufsfeldern zügig zu steigern. Daß das so langsam geht, liegt nicht an den Betrieben. Das Problem ist meines Erachtens, daß zu wenige Frauen in der industriellen Welt mitmischen und Verantwortung übernehmen wollen.

Mit ihrem Zögern verzichten sie auf hervorragende Lebenschancen. Denn die Berufe in der M+E-Industrie sind zukunftsorientiert und beschäftigungssicher. Sie bedeuten finanzielle Unabhängigkeit und ein selbstbestimmtes Leben. Ich frage mich, warum sich immer noch so wenige Mädchen daran beteiligen, Einfluß auf die technische Entwicklung zu nehmen.

M+E: Was tut die IBM, um das zu ändern?

H. Fleck: Einer der wichtigsten IBM-Grundsätze und Teil unserer weltweiten Unternehmenskultur ist das Prinzip der Chancengleichheit. Dieses Prinzip bedeutet: Wir bemühen uns, allen Mitarbeiterinnen und Mitarbeitern die gleichen Möglichkeiten im beruflichen Einsatz und in der Entwicklung ihrer Fähigkeiten zu geben. Ob und wie sie ihre Chancen wahrnehmen, bestimmen sie allerdings selbst.

M+E: Welche Fortschritte gibt es seit der Einführung dieser verstärkten Maßnahmen?

H. Fleck: Ich nenne ein paar Beispiele: Unsere Einstellungspraxis ist eindeutig frauenfreundlich. Letztes Jahr war z.B. jede vierte Neueinstellung weiblich bei einem Bewerbungsanteil von 19 Prozent Hochschulabsolventinnen. Seit 1987 hat IBM mit einem Stipendienprogramm für Abiturientinnen 60 Stipendiatinnen in ingenieurwissenschaftlichen Studiengängen gefördert.

Ferner bieten wir Hilfen an, um Familie und Beruf besser aufeinander abzustimmen. Dazu gehören die verlängerte Erziehungszeit, flexible Formen der Teilzeitarbeit während der Erziehungszeit, die Möglichkeit, auch zu Hause zu arbeiten, und die Beurlaubung zur Betreuung schwerpflegebedürftiger Angehöriger. Das sind heute ja Selbstverständlichkeiten.

M+E: Was würden Sie jungen Frauen raten?

H. Fleck: Ich würde sagen: Stellen Sie sich dem Wettbewerb der Fähigkeiten und Talente, nicht dem Wettbewerb der Geschlechter. Die Türen zu den vermeintlichen Männerdomänen stehen heute weiter offen als je zuvor.

M+E: Das ist leichter gesagt als getan ...

H. Fleck: Nicht unbedingt. Denn junge Frauen von heute planen doch ihr Leben wie junge Männer auch. Dabei müssen Beruf und Familie zu ihrem Recht kommen. Wichtig ist, daß der Lebenspartner nicht nur die beruflichen Interessen und Ambitionen unterstützt, sondern auch bei der Wahrnehmung der familiären Aufgaben und Pflichten ein Partner ist. Aber das ist heute ja nicht mehr die Ausnahme.

M+E: Ihre Wünsche?

H. Fleck: Wir brauchen dringend viel mehr weibliche Vorbilder in technischen Berufen!

Metallerinnen verdienen mehr.

Tarifliche Bruttomonatsverdienste im ersten Jahr nach Abschluß der Ausbildung - in DM -

Beruf	Verdienst
*Friseurin**	1.550
Arzthelferin	2.170
*Kauffrau (Einzelhandel)**	2.200
*Bürokauffrau (Groß- und Außenhandel)**	2.350
Bankkauffrau	2.489
*Facharbeiterin in der M+E-Industrie**	2.616

* Tarifgebiet Nordrhein-Westfalen; Stand 31.12.1992
Quelle: Bundesvereinigung der Deutschen Arbeitgeberverbände

1 Was ist ein Betriebsrat? Welche Rechte hat der Betriebsrat in den folgenden Situationen?
- Der Arbeitgeber möchte Kurzarbeit einführen. Braucht er dazu die Zustimmung des Betriebsrats?
- Der Arbeitgeber beabsichtigt, 50 Leute zu entlassen. Kann der Betriebsrat das verhindern?
- Der Arbeitgeber plant den Bau einer neuen technischen Anlage. Hat der Betriebsrat das Recht, Vorschläge zu machen?
- Ein neuer Geschäftsführer wird vom Vorstand eingestellt. Hat der Betriebsrat ein Vetorecht?

2 Welche Kommunikationskanäle existieren in Ihrem Land zwischen Arbeitgebern und Arbeitnehmern? Welche Funktionen/Aufgaben/Rechte haben sie?

Betriebsrat im Alltag

Die gemeinsamen sozialen Interessen der Arbeitnehmer innerhalb eines Betriebs können in der Bundesrepublik durch einen Betriebsrat vertreten werden. In allen Betrieben der privaten Wirtschaft, in denen mindestens fünf Arbeitnehmer beschäftigt sind, kann ein Betriebsrat gewählt werden. Er wird von der Belegschaft alle vier Jahre in geheimer Wahl gewählt. Die Wahlberechtigung setzt die Vollendung des 18. Lebensjahrs voraus. Leitende Angestellte sind nicht wahlberechtigt. Die Mitwirkungs- und Mitbestimmungsrechte des Betriebsrats werden durch das Betriebsverfassungsgesetz (BetrVG) definiert. Der Betriebsrat wird von den Gewerkschaften unterstützt und beraten.

Der Betriebsrat hat das Recht, über bestimmte soziale, personelle und wirtschaftliche Angelegenheiten im Betrieb mitzuentscheiden. Gleichzeitig hat er darüber zu wachen, daß die Arbeitsgesetze, Tarifverträge und sonstige Vorschriften (z.B. Sicherheitsvorschriften), die dem Schutz der Arbeitnehmer dienen, eingehalten werden.

Wenn sich Arbeitgeber und Betriebsrat bei Konflikten im Betrieb nicht einigen können, entscheidet eine Einigungsstelle.

Die Rechte des Betriebsrats

MITBESTIMMUNG	Erzwingbare Mitbestimmung	Diese Angelegenheiten darf der Arbeitgeber ohne eine Einigung mit dem Betriebsrat nicht entscheiden. Der Betriebsrat hat auch ein Initiativrecht, d.h. er kann von sich aus aktiv werden, um bestimmte Angelegenheiten zu regeln. Bei Nichteinigung mit dem Arbeitgeber entscheidet die Einigungsstelle.	• Fragen der Ordnung des Betriebs (Tragen von Schutzkleidern, Rauchverbot usw.) • Beginn und Ende der täglichen Arbeitszeit sowie der Pausen • vorübergehende Verlängerung/Verkürzung der Arbeitszeit (Überstunden, Sonderschichten, Einführung der Kurzarbeit) • Fragen der Leistungs-/Verhaltenskontrolle der Arbeitnehmer mittels technischer Einrichtungen (Stechuhren, Filmkameras usw.) • Ausschreibung von Arbeitsplätzen • Aufstellung von Entlohnungsgrundsätzen (Zeitlohn, Prämien, Akkord) • Ausgestaltung eines Sozialplans zur Minderung der Folgen einer Betriebsänderung, z.B. Stillegung/Verlegung des Betriebs
MITWIRKUNG	Widerspruchs-/Zustimmungsrechte	In diesen Angelegenheiten muß der Arbeitgeber die Zustimmung des Betriebsrats erhalten. Erhält er diese nicht, so entscheidet entweder die Einigungsstelle oder das Arbeitsgericht. Der Betriebsrat hat folglich nur eine indirekte Mitbestimmungsfunktion in diesen Bereichen.	• eingeschränkte Widerspruchsmöglichkeit des Betriebsrats bei arbeitgeberseitigen Kündigungen • Zustimmungserfordernis bei personellen Einzelmaßnahmen wie Einstellung, Ein-/Umgruppierung und Versetzung • Formulierung von Einstellungs- und Personalfragebögen • Maßnahmen im Bereich der Berufsausbildung
	Beratungsrechte	Der Arbeitgeber muß den Betriebsrat über geplante Maßnahmen informieren, und der Betriebsrat hat das Recht, den Arbeitgeber in diesen Angelegenheiten zu beraten. Er kann jedoch die endgültige Entscheidung des Arbeitgebers nicht wirksam beeinflussen.	• Beratungsrechte über Einführung neuer Arbeitsmethoden, Techniken und Fertigungsverfahren
	Informationsrechte		• Unterrichtung über die wirtschaftlichen Angelegenheiten des Unternehmens • Einstellung leitender Angestellter

Informationen für Partner A

DATENBLATT A1
(1.1F, S. 11)

Situation 1
Sie arbeiten bei der Firma Oriel & Co. Sie holen Frau Kohl, einen Gast aus Deutschland, um 9.30 Uhr vom Flughafen ab und fahren sie zu der Firma. Machen Sie Konversation unterwegs. Stellen Sie Fragen mit Hilfe der Stichwörter:
- Wie/Reise?
- Wetter in Deutschland?
- erster Besuch?
- Woher/in Deutschland?
- Was für eine Stadt?

Beenden Sie das Gespräch mit: *So, da ist die Firma.*

Situation 2
Sie sind Dr. Udo Gerlach aus Stuttgart. Sie besuchen die Firma Infotec. Es ist 15.00 Uhr. Ein/e Mitarbeiter/in holt Sie vom Empfang ab. Beantworten Sie seine/ihre Fragen mit Hilfe dieser Informationen:
- Sie hatten Probleme, vom Hotel zum Büro zu kommen, da sehr viel Verkehr war.
- In Deutschland ist es im Moment heiß und sonnig.
- Sie kommen oft geschäftlich hierher, Sie waren das letzte Mal vor zwei Monaten hier.
- Es gefällt Ihnen hier, die Leute sind freundlich und das Essen ist gut.
- Sie kommen aus Stuttgart, der Hauptstadt von Baden-Württemberg.
- Ihrer Meinung nach ist Stuttgart eine der schönsten Städte Deutschlands.

DATENBLATT A2
(1.2E, S. 13)

Situation 1
Sie sind Chefassistent/in bei der Firma ABC und betreuen einen Firmenbesucher, Herrn Manfred Weber. Sagen Sie, Ihr Chef kommt in fünf Minuten. Bieten Sie dem Besucher Erfrischungen an und eventuell Hilfe.
NB Die neue Preisliste ist noch nicht fertig.

Situation 2
Sie sind Dagmar Braun und besuchen die Firma Data Systems. Sie haben einen Termin mit dem Chef, er ist aber noch nicht da. Sein/e Assistent/in bietet Ihnen Erfrischungen an. Sie trinken keinen Kaffee und keine Cola, möchten aber gern eine Tasse Tee mit Zitrone. Sie haben keinen Hunger.
Sie haben folgende Bitten:
- Sie möchten ein Fax an Ihre Firma schicken.
- Sie müssen Ihren Flug nach Deutschland umbuchen, könnte der/die Assistent/in Ihnen helfen?
- Sie möchten rauchen.

DATENBLATT A3
(1.3F, S. 15)

Situation 1
Ein Kollege/eine Kollegin braucht einige Informationen über Frau Köpke von der Firma Elco Papier. Beantworten Sie seine/ihre Fragen mit Hilfe der Informationen auf der Visitenkarte.

ELCO PAPIER	
Gabriele Köpke	
Personalleiterin	
Elco Papier GmbH	Telefon (0 40) 5 41 70 12 - 0
Grünerweg 65	Durchwahl (0 40) 5 41 70 12 - 33
22525 Hamburg	Telefax (0 40) 5 41 70 80

Situation 2
Sie brauchen einige Informationen über Herrn Graulich von der Firma Bilfinger Werbedruck. Bitten Sie einen Kollegen/eine Kollegin darum. Notieren Sie die Antworten.

Position: _____

Büronummer: _____

Adresse der Firma: _____

_____

Privatnummer: _____

DATENBLATT A4
(2.3C, S. 26)

Situation 1
Sie sind Journalist/in und interviewen Herrn Otmar C. Küsel, Vorsitzender des Vorstands der Rosenthal AG. Stellen Sie Fragen und machen Sie sich Notizen zu folgenden Punkten:
Branche
Produkte
Umsatz
Mitarbeiterzahl

Situation 2
Sie sind Herr Werner M. Bahlsen, Sprecher der Unternehmensleitung bei Bahlsen. Beantworten Sie die Fragen eines Journalisten/einer Journalistin mit Hilfe dieser Informationen.

Branche Nahrungs- und Genußmittelindustrie
Produkte Süßgebäck (führende Marke: Leibniz-Kekse), Snackprodukte (z.B. Crunchips, Stackers)
Umsatz fast 2 Mrd. DM
Mitarbeiterzahl über 8.000 weltweit

(handwritten notes in margin: Schiller 1759–1805 Nov. 10th; Goethe 1749–1832 Aug 28th (Frankfurt))

...thal Konzern in Zahlen

	1991	1992	1993
...satz (Mio. DM)	403,7	___	___
...dsanteil der Rosenthal Gruppe - ...m Gruppenumsatz (%)	34,2	32,8	___
...beschäftigte (im Inland)	___	3.089	
...beschäftigte (im Ausland)	197	175	___

1991	1992	1993	Die Bahlsen-Gruppe im Langzeitvergleich
1.858	1.814	1.804	**Umsatz** netto in Millionen DM
8.320	7.960	8.050	**Mitarbeiter** Durchschnitt, in Tsd.
150	139	149	**Investitionen** in Millionen DM

...93 Rezession in Europa
Verstärkung der Investitionen in Osteuropa
Eröffnung des neuen Warenverteilzentrums in Langenhagen bei Hannover

DATENBLATT A6
(2.4F, S. 30)

Situation 1
Beantworten Sie die Fragen Ihres Partners über die Porsche-Gruppe mit Hilfe dieser Informationen.

Situation 2
Informieren Sie sich bei Ihrem Partner über die BASF-Gruppe. Stellen Sie Fragen und machen Sie sich Notizen zu folgenden Punkten:
Branche und Produkte
Umsatz und Mitarbeiterzahl
Firmenstruktur und -standorte

PORSCHE
Porsche AG
Hauptverwaltung und -produktion: Stuttgart-Zuffenhausen
Bereich Vertrieb und Marketing: Ludwigsburg
Bereich Design und Entwicklung: Weissach
Branche: Automobilbau
Produktionsprogramm: Produktion von Personenkraftwagen und Rennwagen
Gesamtumsatz: 1.912,9 Mio. DM (1992/93)
Mitarbeiter: 7.133 weltweit (1992/93)

Die Unternehmen der Porsche-Gruppe:
Inland: Karosseriewerk Porsche GmbH, Stuttgart;
Porsche Leasing GmbH, Tamm;
Porsche Classic GmbH, Ludwigsburg;
Porsche Zentrum Hoppegarten GmbH, Dahlwitz-Hoppegarten
Ausland: Porsche Cars Great Britain Ltd;
Porsche Italia S.p.A., Padua/Italien;
Porsche España S.A., Madrid/Spanien;
Sonauto S.A., Paris/Frankreich;
Porsche Enterprises, Inc., Reno/Nevada, USA;
Porsche Engineering Services, Inc., Delaware/USA;
Porsche Cars Australia Pty. Ltd., Richmond/Australien;
Porsche Engineering Japan Co., Ltd., Tokyo/Japan

DATENBLATT A7
(3.3E, S. 42)

Situation 1
Sie haben einen Firmenbesucher, Herrn Dr. Krause, zum Abendessen in ein Restaurant eingeladen. Dr. Krause kommt aus Bremen und wird wahrscheinlich Ihr Firmenvertreter für das Gebiet Norddeutschland. Beginnen Sie das Gespräch im Restaurant mit einem Kommentar über seine Heimatstadt. (Sie wissen, daß Bremen eine wichtige Hafenstadt ist.) Stellen Sie weitere Fragen über Bremen, wo und wie er wohnt, und ob er Familie hat.
Beantworten Sie die Fragen Ihres Gasts anhand Ihrer eigenen Wohn- und Familiensituation.

Situation 2
Sie sind Eva Raab. Sie arbeiten zwei Monate bei einer ausländischen Tochtergesellschaft Ihrer Firma, die ihren Hauptsitz in Köln, Nordrhein-Westfalen, hat. Da dies ihre erste Woche hier ist, hat ein Kollege/eine Kollegin Sie zum Essen in ein Restaurant eingeladen. Beantworten Sie die Fragen Ihres Gastgebers/Ihrer Gastgeberin mit Hilfe der Informationen unten. Stellen Sie ihm/ihr auch ähnliche Fragen.

Heimatstadt: Sie sind in Köln geboren. Köln ist die größte Stadt Nordrhein-Westfalens und ist berühmt für den gotischen Dom, das Wahrzeichen der Stadt, aber auch wegen seiner vielen Museen. Die Kölner sind voller Lebensfreude, und es gibt immer viel zu tun. Der Karneval, der im Februar oder März jedes Jahr stattfindet, ist auch sehr bekannt.

Wohnort: Sie wohnen am südlichen Stadtrand. Es ist eine ruhige Wohngegend, direkt an einem Park gelegen. Sie fahren mit der S-Bahn zur Arbeit, es ist nicht weit zur Haltestelle.

Wohnung: Sie wohnen mit Ihren Eltern in einem Einfamilienhaus. Es ist gemietet. Sie haben etwa 140 qm, mit Keller und einem großen Garten.

Familie: Sie haben eine Schwester, Anna, und einen Bruder, Uwe. Sie sind beide älter als Sie. Anna arbeitet bei einer Bank, und Ihr Bruder ist Arzt.

DATENBLATT A8
(3.6D, S. 48)

Situation 1
Mit Hilfe des Informationsblatts auf S. 49 erklären Sie einem Gast, was er/sie in Frankfurt tun und sehen kann. Fragen Sie ihn/sie, wofür er/sie sich besonders interessiert.

Situation 2
Sie sind auf Geschäftsreise in Frankfurt. Fragen Sie Ihre/n Gastgeber/in, was Sie hier tun können. Erklären Sie ihm/ihr, wofür Sie sich besonders interessieren: Sie möchten die wichtigsten Sehenswürdigkeiten besichtigen. Sie interessieren sich für Literatur und Geschichte. Sie möchten auch einen Einkaufsbummel machen. Am Abend möchten Sie gut essen. Sie gehen gern in die Oper.

DATENBLATT A9
(4.3C, S. 57)

Situation 1
Fragen Sie bei Rohrbach nach dem Weg.
1 Sie haben eine Lieferung für Herrn Hansen. Fragen Sie die Empfangsdame, wo sein Büro ist.
2 Sie arbeiten in der kaufmännischen Abteilung und müssen 100 Fotokopien machen. Fragen Sie, wo der Fotokopierer ist.

Situation 2
Geben Sie Anweisungen, wie man zu bestimmten Räumlichkeiten bei Rohrbach kommt.
1 Sie sind Frau Weber von der Ausbildungsabteilung. Heute wollen Sie einem neuen Mitarbeiter/einer neuen Mitarbeiterin das Lernzentrum zeigen. Wenn er/sie anruft, erklären Sie ihm/ihr, wo und wie er/sie hinkommen soll.
2 Sie arbeiten in der Produktionsabteilung. Ein neuer Mitarbeiter/eine neue Mitarbeiterin fragt nach dem Weg. Geben Sie ihm/ihr entsprechende Anweisungen.

DATENBLATT A10
(4.4F, S.59)

Situation 1
Sie sind neu bei der Firma. Stellen Sie sich einem Kollegen/einer Kollegin in der Kantine vor. Fragen Sie ihn/sie nach seiner/ihrer Arbeit. Fangen Sie das Gespräch so an:

Entschuldigung, ist hier noch frei?
Ich bin hier neu. Ich arbeite in der ...-Abteilung.
In welcher Abteilung arbeiten Sie?

Situation 2
In der Kantine stellt sich Ihnen ein/e neue/r Mitarbeiter/in vor. Beantworten Sie seine/ihre Fragen anhand der Informationen in der Stellenbeschreibung.

Stellenbezeichnung: Projekt-Ingenieur/in
Abteilung: Entwicklung/Konstruktion
Zuständigkeiten: Projektmanagement und -controlling
Aufgaben: Kunden beraten, Produktspezifikationen besprechen, Angebote erstellen, nach den Plänen und Wünschen der Kunden Programme für die CNC-Maschinen schreiben

(CNC = Computer Numeric Controlled)

DATENBLATT A11
(5.1F, S. 67)

Situation 1
Spielen Sie die Rolle der nationalen Telefonauskunft mit Hilfe der Telefonnummern unten. Wenn Sie einen Anruf bekommen, sagen Sie:

Auskunft, guten Tag. Welcher Ort, bitte?
Wie heißt der Teilnehmer?

Bremen
Stubbe Stahl und Metallbau GmbH,
Tel: (04 21) 26 99 77

Frankfurt am Main
Golisch Elektro-Service,
Tel: (0 69) 68 54 32

Hannover
Wilhelmsen Kunststoffe GmbH,
Tel: (05 11) 42 51 85

Situation 2
Rufen Sie die nationale Auskunft an. Sie brauchen die Telefonnummern folgender Firmen:

Schreiber Büromaschinen, München
Zimmermann & Co. Spedition, Berlin

DATENBLATT A12
(5.2F, S. 69)

Situation 1
Rufen Sie die Firma Würth, Saarbrücken, an. Sie möchten folgende Personen sprechen:

1   Herrn Münster von der Verkaufsabteilung
2   Frau Lautenbach von der Buchhaltung
3   Herrn Schlüter vom Kundendienst

Situation 2
Sie sind Telefonist/in bei der Firma Hedemann, Ludwigshafen. Nehmen Sie Anrufe für folgende Personen entgegen.

Name	Abteilung	
Herr Becker	Versandabteilung	Auf Geschäftsreise, erst nächste Woche wieder im Büro.
Frau Lutsch	Produktionsabteilung	Meldet sich nicht.
Frau Richter	Personalabteilung	Heute nicht im Büro, morgen ab 9.00 Uhr wieder da.

DATENBLATT A13
(5.3F, S. 71)

Situation 1
Sie sind Herr/Frau Müller. Sie interessieren sich für die Produkte der Firma Broom Export. Rufen Sie die Firma an, um sich einen Katalog schicken zu lassen. Geben Sie Ihren Namen an sowie den Namen und die Adresse Ihrer Firma:

Bultze GmbH
Pottlehmplatz 5
78166 Donaueschingen
Tel: (07 71) 26 39 40

Situation 2
Sie arbeiten an der Rezeption des Arabella Hotels. Ein Anrufer möchte Informationsmaterial über das Hotel. Notieren Sie den Namen sowie den Namen und die Adresse der Firma. Sagen Sie, Sie schicken ihm/ihr eine Broschüre heute noch zu.

DATENBLATT A14
(5.4C, S. 73)

Situation 1
Rufen Sie folgende Firmen an und hinterlassen Sie eine Nachricht.

Anruf 1
Sie wollen Frau Bethmann, die Verkaufsleiterin bei der Firma Neurath in Stuttgart, sprechen. Es geht um Frau Bethmanns Besuch nächste Woche. Sie möchten wissen, wann ihr Flug ankommt. Sie sind bis 18.00 Uhr im Büro. Hinterlassen Sie Ihre Telefonnummer.

Anruf 2
Sie möchten Herrn Munz von der Firma König GmbH in Berlin sprechen. Es geht um Bestellung Nr. AJ/4320. Wegen Produktionsschwierigkeiten können Sie den Liefertermin nicht einhalten. Könnte Herr Munz sobald wie möglich zurückrufen?

Situation 2
Nehmen Sie Nachrichten entgegen und notieren Sie die Einzelheiten.

Anruf 1
Sie heißen Kern und arbeiten bei BW Motorsport in Essen. Sie bekommen einen Anruf für den Abteilungsleiter Herrn Jäger. Er ist aber auf Dienstreise und kommt erst in zwei Tagen wieder.

Anruf 2
Sie heißen Lanitz und arbeiten in der Vertriebsabteilung bei der Firma Luxart in Cottbus. Sie bekommen einen Anruf für Ihre Chefin, Frau Gerhardt. Frau Gerhardt ist heute nicht im Haus, kommt aber morgen wieder.

DATENBLATT A15
(6.1C, S. 77)

Situation 1
Sie sind Angestellte/r beim Verkehrsamt Freiburg. Mit Hilfe des Hotelverzeichnisses auf S.77 empfehlen Sie einem Anrufer passende Hotels.

Situation 2
Ihr Chef fährt für zwei Tage auf Geschäftsreise nach Freiburg. Er braucht ein Hotel in der Nähe des Hauptbahnhofs, das nicht zu teuer ist (Kategorie Komfort). Das Hotel sollte möglichst ein eigenes Restaurant haben, aber das ist nicht unbedingt nötig. Rufen Sie das Verkehrsamt in Freiburg an und bitten Sie um einige Hotelempfehlungen. Notieren Sie Namen und Telefonnummern der Hotels.

DATENBLATT A16
(6.2E, S. 78)

Situation 1
Sie arbeiten an der Rezeption des Hotels Rheingold, Freiburg. Beantworten Sie die Fragen eines Anrufers anhand dieser Informationen.

BEST WESTERN SENATOR HOTEL RHEINGOLD, FREIBURG

Dieses moderne Hotel liegt zentral im Herzen Freiburgs, nur wenige Gehminuten von der historischen Altstadt und vom Hauptbahnhof entfernt.

Wir bieten 49 geschmackvoll eingerichtete Komfortzimmer und 95 Betten. Alle Zimmer haben Kabel-TV, Selbstwahltelefon, Minibar, einen großen Schreibtisch, abschließbaren Safe, Hosenbügler, Badezimmer mit Dusche/Bad, WC und Haarfön.

Vier größenvariable Seminarräume bilden das Konferenz-Center mit Platz für acht bis 300 Personen. Modernste Tagungstechnik und individueller Service garantieren eine erfolgreiche Veranstaltung.

Unser chinesisch-thailändisches Spezialitäten-restaurant „Dynasty" überrascht Sie mit einem raffinierten Speisen- und Getränkeangebot.

Neben Kunst und Kultur genießt der Seminarteilnehmer aktive Entspannung nach einem harten Arbeitstag bei Golf, Tennis, Schwimmen, Surfen, Segeln, Reiten und mehr in der Umgebung.

So finden Sie uns:

Autobahn A 5 Frankfurt, Karlsruhe/Basel, Ausfahrt Freiburg-Mitte: 7 km bis zum Hotel

Flughafen Basel-Mulhouse-Freiburg: 70 km bis zum Hotel

DATENBLATT A17
(6.4E, S. 85)

Situation 1
Sie sind Frau Schumacher und arbeiten bei der Firma Otto Elektrik. Sie haben Herrn Weiss, einem potentiellen Kunden, Fachliteratur und Kataloge geschickt. Sie möchten in der nächsten Woche einen Erstbesuch bei ihm machen. Sehen Sie sich Ihren Terminkalender an und rufen Sie dann Herrn Weiss an, um einen Termin zu vereinbaren.

JUNI	24. Woche
Montag **13**	*Termine für Mittwoch absagen!* *9.30 Besprechung m. dem Vertriebsleiter* *14.15 Hrn. Blau vom Flughafen abholen*
Dienstag **14**	*9 - 13 Kundenbesuche in München* *Hrn. Blum anrufen!* *Theaterkarten f. Samstag bestellen.*
Mittwoch **15**	*Düsseldorf / Messe* ↓
Donnerstag **16**	*Verkaufsbericht schreiben!* *11.00 Besprechung Dr. Jung (Handelskammer)* *12.30 Mittagessen m. Hrn. Schmidt*
Freitag **17**	*Termine f. Woche 28 vereinbaren!* *15.20 Flug nach Paris*

Situation 2
Einen Tag später ruft Herr Weiss zurück, weil er den Termin nicht einhalten kann. Vereinbaren Sie einen neuen Termin in der gleichen Woche.

Situation 2
Sie möchten einige Informationen über das Panorama-Hotel Mercure, Freiburg. Rufen Sie das Hotel an und stellen Sie Fragen über:
- Hoteltyp
- Lage und Entfernung vom Hauptbahnhof/Flughafen/Autobahn
- Zimmeranzahl und -ausstattung
- Konferenzeinrichtungen
- Küche
- Fitness- und Freizeitmöglichkeiten

DATENBLATT A18
(6.5F, S. 87)

Situation 1
Sie müssen eine Hotelreservierung für die Frankfurter Messe machen. Rufen Sie das Hotel Viktoria an. Erkundigen Sie sich, was die Zimmer kosten, und ob das Hotel auch einen Konferenzraum hat. Reservieren Sie auf den Namen Ihrer Firma ein Doppelzimmer und zwei Einzelzimmer mit Bad/Dusche und WC vom 04.10. bis zum 09.10. (fünf Nächte), sowie einen Konferenzraum für acht Personen von 15.30 Uhr bis 19.30 Uhr am 06.10. Bitten Sie das Hotel, Ihre Reservierung per Fax zu bestätigen.

Situation 2
Sie müssen Ihre Reservierung beim Hotel Viktoria ändern. Sie brauchen eines der Einzelzimmer nur noch für zwei Nächte, vom 07.10. bis zum 09.10. Rufen Sie das Hotel noch einmal an. Fragen Sie, ob Sie Stornierungskosten bezahlen müssen.

DATENBLATT A19
(7.1E, S. 92)

Situation 1
Sie arbeiten am Informationsschalter im Flughafen Köln/Bonn. Beantworten Sie die Fragen eines/einer Reisenden anhand dieser Informationen.

ZUBRINGER

Schnellbusse (Airport Bus)
Ab KÖLN (Linie 170) Stadthaltestelle Hauptbahnhof/Busbahnhof Breslauer Platz. Haltestelle am Bahnhof Deutz mit direktem Zugang zur Kölner Messe:
täglich 05.40 sowie 06.00 bis 07.00 Uhr alle 30 Minuten, 07.15 bis 20.00 Uhr alle 15 Minuten, 20.30 bis 23.00 alle 30 Minuten.
Ab FLUGHAFEN nach Köln: täglich 06.05 bis 07.35 alle 30 Minuten, 07.50 bis 20.35 alle 15 Minuten, 21.05 bis 23.35 Uhr alle 30 Minuten.
Zusatzbusse zur und von der Kölner Messe bei Bedarf. (Busse halten direkt vor den Messe-Eingängen.)
Fahrzeiten: 20 bis 30 Minuten
Fahrpreise: Erwachsene DM 7,20 (einfache Fahrt); Kinder DM 3,70 (einfache Fahrt)

Situation 2
Sie sind auf Geschäftsreise und Ihre Maschine ist gerade in Hannover gelandet. Es ist 8.00 Uhr abends. Informieren Sie sich am Informationsschalter im Flughafen, wie Sie am besten zu Ihrem Hotel in der Innenstadt kommen. Erkundigen Sie sich nach Fahrpreisen und Fahrzeiten.

DATENBLATT A20
(7.2H, S. 95)

Situation 1
Sie wollen morgen mit der Bahn von Frankfurt/Main nach Berlin fahren. Sie müssen um 16.00 Uhr in Berlin sein. Rufen Sie die Auskunft an, um sich nach Zügen zu erkundigen. Dann kaufen Sie eine Rückfahrkarte 2. Klasse und eine Platzkarte für die Hinfahrt.

Situation 2
Sie arbeiten in der Reiseauskunft am Hauptbahnhof Frankfurt/Main. Geben Sie Auskunft über Züge nach Wuppertal anhand des Fahrplans und der Preistafel.

Frankfurt(Main)Hbf → Wuppertal Hbf
268 km

ab	Zug		Umsteigen	an	ab	Zug			an	Verkehrstage	
5.23	S		Wiesbaden Hbf	6.09	6.16	IC	608	✖	8.40	Mo - Sa	01
5.44	D	352	Koblenz Hbf	7.01	7.13	IC	608	✖	8.40	Mo - Sa	02
5.55	IR	2514	Hagen Hbf	8.47	8.52	RSB 3156			9.12	täglich	
6.09	D	1122	Köln Hbf	8.33	8.41	E	3512		9.15	Mo - Sa	03
6.51	IC	739	Köln Hbf	9.05	9.10	IC	508	⑪	9.40	täglich	
6.58	D	222 2.Kl	Köln Hbf	9.21	9.41	E	3516		10.15	Mo - Sa	04
7.51	IC	326							10.40	täglich	
7.55	IR	2512	Hagen Hbf	10.47	10.52	RSB 3160			11.12	täglich	
8.51	IC	526							11.40	täglich	
9.51	IC	822	Köln Hbf	12.05	12.10	IC	604	✖	12.40	täglich	
9.55	IR	2510	Hagen Hbf	12.47	12.52	RSB 3164			13.12	täglich	
10.51	IC	524							13.40	täglich	
11.51	IC	522	Köln Hbf	14.05	14.10	IC	500	✖	14.40	täglich	
11.55	IR	2418	Hagen Hbf	14.47	14.52	RSB 3168			15.12	täglich	
12.51	IC	620							15.40	täglich	
13.51	IC	728							16.40	täglich	
13.55	IR	2416	Hagen Hbf	16.47	16.52	RSB 3172			17.12	täglich	
14.51	IC	520	Köln Hbf	17.05	17.10	EC	108	✖	17.40	täglich	
15.03	S		Mainz Hbf / Köln Hbf	15.38 / 17.29	15.48 / 17.41	EC / E	112 / 3548	✖	18.18	Mo - Fr, So	05
15.51	EC	28	Köln Hbf	18.05	18.10	IC	547	✖	18.40	Mo - Fr, So	06
15.51	EC	28	Köln Hbf	18.05	18.13	N	3135		19.01	täglich	
15.55	IR	2414	Hagen Hbf	18.47	18.52	RSB 3176			19.12	täglich	07
16.51	IC	724	Köln Hbf	19.05	19.10	IC	549	✖	19.40	täglich	
17.03	S		Mainz Hbf / Köln Hbf	17.38 / 19.29	17.48 / 19.41	IC / E	714 / 3556	✖	20.15	Mo - Fr, So	05
17.51	EC	26							20.40	täglich	
18.51	IC	726							21.40	Mo - Fr, So	08

Preistafel

	Einfache Fahrt		
	Fahrpreis 2. Kl.	Fahrpreis 1. Kl.	IC-Zuschlag
von Frankfurt Hbf. nach: Wuppertal Hbf.	65,00	98,00	6,00

Bemerkung:
Bei Hin- und Rückfahrt sind die Preise zu verdoppeln.

DATENBLATT A21
(7.3B, S. 96)

Situation 1
Sie arbeiten an der Rezeption des Hotels Unger, in der Kronenstraße (in der Nähe des Hauptbahnhofs). Ein Gast fragt, wie er/sie zu verschiedenen Orten/ Gebäuden kommt. Erklären Sie ihm/ihr, wie er/sie zu Fuß bzw. mit öffentlichen Verkehrsmitteln am besten dorthin kommt.
Benützen Sie die Pläne auf S. 97.

Situation 2
Sie wohnen im Hotel Royal in der Sophienstraße, wenige Gehminuten vom Rotebühlplatz. Fragen Sie an der Rezeption, wie Sie am besten folgende Ziele erreichen.
1 Sie nehmen an einer Tagung in der Universität teil.
2 Sie möchten das Carl-Zeiss-Planetarium im Schloßgarten besuchen.
Notieren Sie die Anweisungen, die Sie bekommen, dann prüfen Sie sie anhand der Pläne auf S. 97. Stimmen die Anweisungen?

DATENBLATT A22
(7.4D, S. 98)

Situation 1
Sie haben morgen um 14.00 Uhr einen Termin mit Herrn Dornier in der Mercedes-Benz Hauptverwaltung in Stuttgart-Untertürkheim. Rufen Sie ihn an und erkundigen Sie sich, wie Sie am besten dorthin fahren. Sie kommen auf der A8 aus München. Notieren Sie die Anweisungen, die Sie bekommen, bzw. markieren Sie den Weg auf der Karte unten.

Situation 2
Sie sind Frau Engeler und arbeiten in der Mercedes-Benz Hauptverwaltung in Stuttgart-Untertürkheim. Sie bekommen einen Anruf von einem Vertreter/einer Vertreterin, mit dem/der Sie morgen um 10.00 Uhr einen Termin haben. Erklären Sie ihm/ihr anhand der Fahrthinweise unten, wie er/sie am besten zur Firma fährt.

Wenn Sie nach Stuttgart kommen ...

Mit dem Auto
aus Richtung Karlsruhe/Pforzheim

Autobahnausfahrt Stuttgart-Vaihingen. Weiter fahrt über den Autobahnzubringer in Richtung Zentrum. Nach etwa 7 km Abfahrt auf die B14 in Richtung Zentrum. Dem Straßenverlauf der B14 durch die Innenstadt folgen. Hinter dem Tunnel rechts einordnen. Gleich nach Überquerung des Neckars rechts nach Untertürkheim in die Mercedesstraße einbiegen.

DATENBLATT A23
(8.4D, S.110)

Situation 1
Sie arbeiten für eine Firma, die Drucker herstellt, und vertreten Ihre Firma auf der CeBIT-Messe. Ein/e Interessent/in bittet Sie, ein geeignetes Modell zu empfehlen. Fragen Sie, wofür er/sie den Drucker braucht, dann empfehlen Sie das geeignetere Modell auf S. 111. Erklären Sie die Spezifikationen und Besonderheiten bzw. Vorteile dieses Modells.

Situation 2
Sie sind selbständige Marketingberaterin. Auf der CeBIT-Messe suchen Sie einen geeigneten Tintenstrahldrucker für Ihr kleines Heimbüro. Sie wollen Korrespondenz, Berichte, zum Teil mit Tabellen und Grafiken, und Rundschreiben drucken. Sie drucken aber keine großen Auflagen. Das Gerät darf nicht zu viel kosten, muß aber später aufrüstbar sein. Fragen Sie eine/n Standmitarbeiter/in um Rat, und erklären Sie, wofür Sie den Drucker brauchen. Stellen Sie eventuell Fragen zu dem Modell, das er/sie empfiehlt.

DATENBLATT A24
(9.4E, S. 125)

Situation 1
Sie arbeiten bei einer Firma, die Christbaumkugeln herstellt. Ein Kunde in Bremerhaven hat 5.000 Kugelsätze zur Lieferung Ende November bestellt. Die Sendung wurde vom Spediteur am 27. November bei Ihnen abgeholt und am nächsten Tag nach Deutschland verladen. Der Kunde hat Ihnen aber heute in einem Fax mitgeteilt, daß die Ware noch nicht angekommen ist. Rufen Sie das Distributionslager des Spediteurs in Bremen an und erkundigen Sie sich nach der Ware. Benutzen Sie folgende Informationen.

Liefertermin:	30. November
Abholdatum beim Sender:	27. November
Zahl der Frachtstücke/ Verpackung:	80 Pappkartons in 4 Holzkisten
Inhalt:	Christbaumkugeln
Name des Empfängers:	Firma Gruber
Lieferanschrift:	Neuenmoorweg 176 - 179, Bremerhaven

Situation 2
Etwas später ruft der Spediteur zurück und erklärt, was mit der Sendung passiert ist. Fragen Sie, wann die Ware geliefert wird, damit Sie dem Kunden Bescheid sagen können.

Informationen für Partner B

DATENBLATT B1
(1.1F, S. 11)

Situation 1
Sie sind Dagmar Kohl. Sie besuchen die Firma Oriel & Co. Ein/e Mitarbeiter/in der Firma holt sie um 9.30 Uhr vom Flughafen ab. Beantworten Sie seine/ihre Fragen mit Hilfe dieser Informationen:
- Sie hatten einen guten Flug, das Essen war aber nicht sehr gut.
- Das Wetter in Deutschland ist sehr schlecht, es regnet schon seit drei Tagen.
- Sie sind zum ersten Mal hier.
- Sie kommen aus Ludwigshafen in Rheinland-Pfalz, wohnen und arbeiten aber seit einigen Jahren in Berlin.
- Berlin ist eine sehr interessante und lebendige Stadt, aber das Leben dort ist manchmal sehr hektisch.

Situation 2
Sie arbeiten bei der Firma Infotec und treffen einen Firmenbesucher, Dr. Udo Gerlach, um 15.00 Uhr am Empfang. Führen Sie ihn zum Büro Ihres Chefs und machen Sie Konversation unterwegs. Stellen Sie Fragen mit Hilfe der Stichwörter:
- Büro gut gefunden?
- Wetter in Deutschland?
- erster Besuch?
- Wie gefällt/hier?
- Woher/in Deutschland?
- Was für eine Stadt?

Beenden Sie das Gespräch mit: *So, da kommt mein Chef.*

DATENBLATT B2
(1.2E, S. 13)

Situation 1
Sie sind Manfred Weber und besuchen die Firma ABC. Sie haben einen Termin mit dem Chef, er ist aber noch nicht da. Sein/e Assistent/in bietet Ihnen Erfrischungen an. Sie möchten einen Kaffee mit Milch, aber ohne Zucker. Sie essen auch gern einige Kekse.
Sie haben folgende Bitten:
- Sie möchten noch etwas Milch haben.
- Sie möchten kurz nach Deutschland anrufen.
- Sie möchten die neue Preisliste haben.

Situation 2
Sie sind Chefassistent/in bei der Firma Data Systems und betreuen eine Firmenbesucherin, Frau Dagmar Braun. Sagen Sie, Ihr Chef kommt in zehn Minuten. Bieten Sie der Besucherin Erfrischungen an und eventuell Hilfe.

NB Rauchen ist bei Ihnen nur in der Kantine erlaubt.

DATENBLATT B3
(1.3F, S. 15)

Situation 1
Sie brauchen einige Informationen über Frau Köpke, Personalleiterin bei der Firma Elco Papier. Bitten Sie einen Kollegen/eine Kollegin darum. Notieren Sie die Antworten.

Büronummer/Durchwahl: _____

Faxnummer: _____

Adresse der Firma: _____

Situation 2
Ein Kollege/eine Kollegin braucht einige Informationen über Herrn Graulich von der Firma Bilfinger Werbedruck. Beantworten Sie seine/ihre Fragen mit Hilfe der Informationen auf der Visitenkarte.

KARL GRAULICH
Dipl.-Kaufmann

BWD

Geschäftsführer der Firma
Bilfinger Werbedruck GmbH & Co.

Königstr. 14-18,   76133 Karlsruhe
Telefon (07 21) 16 48 - 0, Telefax (07 21) 1 65 71 50
Privat: Mahlower Str. 30, Telefon (07 21) 74 69 22

DATENBLATT B4
(2.3C, S. 26)

Situation 1
Sie sind Herr Otmar C. Küsel, Vorsitzender des Vorstands der Rosenthal AG. Beantworten Sie die Fragen eines Journalisten/einer Journalistin mit Hilfe dieser Informationen.

Branche Konsumgüterindustrie
Produkte Porzellan, Keramik, Glas (z.B. die neue Trinkglas-Serie „Saga"), Besteck
Umsatz über 3,5 Millionen DM weltweit
Mitarbeiterzahl an die 3.000 weltweit

Situation 2
Sie sind Journalist/in und interviewen Herrn Werner M. Bahlsen, Sprecher der Unternehmensleitung bei Bahlsen. Stellen Sie Fragen und machen Sie sich Notizen zu folgenden Punkten:
Branche
Produkte
Umsatz
Mitarbeiterzahl

DATENBLATT B5
(2.3E, S.27)

Situation 1
Sie sind Mitarbeiter/in bei der Firma Rosenthal. Mit Hilfe dieser Informationen beantworten Sie die Fragen eines Interessenten/einer Interessentin zu der Entwicklung der Rosenthal-Gruppe.

Rosenthal Konzern in Zahlen

	1991	1992	1993
Weltumsatz (Mio. DM)	403,7	386,2	372,5
Auslandsanteil der Rosenthal Gruppe - Anteil am Gruppenumsatz (%)	34,2	32,8	32,8
Vollzeitbeschäftigte (im Inland)	3.610	3.089	2.777
Vollzeitbeschäftigte (im Ausland)	197	175	164

1990 - 93 Stagnation in wichtigen Auslandsmärkten
1992 - 93 Restrukturierung des Unternehmens; Einführung strenger Kostenmanagementmaßnahmen

Situation 2
Bitten Sie eine/n Mitarbeiter/in bei Bahlsen um die fehlenden Zahlen in dieser Mehrjahres-übersicht. Dann bitten Sie ihn/sie, einige Zahlen zu erklären.

Die Bahlsen-Gruppe im Langzeitvergleich

1990	1991	1992	1993	
1.878	____	1.814	____	**Umsatz** netto in Millionen DM
____	8.320	7.960	____	**Mitarbeiter** Durchschnitt, in Tsd.
100		139	____	**Investitionen**

DATENBLATT B6
(2.4F, S. 30)

Situation 1
Informieren Sie sich bei Ihrem Partner über die Porsche AG. Stellen Sie Fragen und machen Sie sich Notizen zu folgenden Punkten:
Branche und Produkte
Umsatz und Mitarbeiterzahl
Firmenstruktur und -standorte

Situation 2
Beantworten Sie die Fragen Ihres Partners über die BASF-Gruppe mit Hilfe der Informationen.

Die BASF — BASF

- Weltweit tätiges Chemieunternehmen
- 123 000 Mitarbeiter weltweit
- Stammwerk in Ludwigshafen, gegründet 1865
- Jahresumsatz der BASF-Gruppe 1992: 44 522 Mio. DM
- Die BASF-Gruppe besteht aus: der BASF Aktiengesellschaft und 101 Tochter- und Beteiligungsgesellschaften

Die BASF-Gruppe hat Produktionsstandorte in 39 Ländern und stellt insgesamt rund 8 000 verschiedene Produkte her.

Die bedeutendsten Standorte sind: Ludwigshafen (Deutschland), Antwerpen (Belgien), Tarragona (Spanien), Seal Sands (Großbritannien), Geismar, Freeport (USA) und Guarantinguetá (Brasilien). Die BASF Aktiengesellschaft ist die größte Einzelgesellschaft. Sie hat ihren Stammsitz in Ludwigshafen.

Die BASF liefert ein breites Angebot an chemischen Produkten, z.B. Farbstoffe für Textilien, Kunststoffe und Medikamente.

DATENBLATT B7
(3.3E, S. 42)

Situation 1

Sie sind Dr. Krause und besuchen eine ausländische Firma. Dies ist Ihr erster Besuch. Sie hoffen, der Vertreter für das Gebiet Norddeutschland zu werden. Man hat Sie zum Essen in ein Restaurant eingeladen. Beantworten Sie die Fragen Ihres Gastgebers/Ihrer Gastgeberin mit Hilfe der Informationen unten. Stellen Sie ihm/ihr auch ähnliche Fragen.

Heimatstadt: Sie kommen aus Bremen. Bremen und Bremerhaven bilden zusammen das kleinste Bundesland. Bremen ist die älteste Hafenstadt Deutschlands, entwickelt aber auch eine wichtige Luft- und Raumfahrtindustrie. Bremen ist auch eine historische Stadt, mit vielen schönen alten Gebäuden. Das Freizeitangebot ist groß, besonders Wassersport.

Wohnort: Sie wohnen in der neuen Satellitenstadt Neue Vahr, nicht weit von der Altstadt am östlichen Stadtrand. Es ist sehr schön, dort zu wohnen, die Atmosphäre ist angenehm. Es gibt gute Schulen und gute Einkaufsmöglichkeiten, und die Verkehrsverbindungen sind ausgezeichnet.

Wohnung: Sie wohnen im dritten Stock eines Wohnblocks. Sie haben fünf Zimmer und einen großen Balkon.

Familie: Sie sind verheiratet und haben zwei Töchter, Anneliese, 10, und Mechthild, 8.

Situation 2

Sie arbeiten bei der Tochtergesellschaft einer deutschen Firma mit Sitz in Köln, Nordrhein-Westfalen. Eva Raab, eine junge Mitarbeiterin in der Hauptverwaltung, soll zwei Monate in Ihrer Firma verbringen. Da dies ihre erste Woche ist, haben Sie sie zum Essen in ein Restaurant eingeladen.

Beginnen Sie das Gespräch im Restaurant mit einem Kommentar über Köln. (Sie wissen z.B., daß der gotische Dom besonders berühmt ist.)

Stellen Sie weitere Fragen über die Stadt, wo und wie Eva wohnt, und ob sie Familie hat.

Beantworten Sie Evas Fragen anhand Ihrer eigenen Wohn- und Familiensituation.

DATENBLATT B8
(3.6D, S. 48)

Situation 1

Sie sind auf Geschäftsreise in Frankfurt. Fragen Sie Ihre/n Gastgeber/in, was Sie hier tun können. Erklären Sie ihm/ihr, wofür Sie sich besonders interessieren: Sie besuchen gern Museen. Sie interessieren sich für Kunst und Filme. Sie gehen nicht gern in Kaufhäusern einkaufen, lieben aber Flohmärkte. Am Abend möchten Sie die echte Frankfurter Atmosphäre erleben.

Situation 2

Mit Hilfe des Informationsblatts auf S. 49 erklären Sie einem Gast, was er/sie in Frankfurt tun und sehen kann. Fragen Sie ihn/sie, wofür er/sie sich besonders interessiert.

DATENBLATT B9
(4.3C, S. 57)

Situation 1

Geben Sie Anweisungen, wie man zu bestimmten Räumlichkeiten bei Rohrbach kommt.
1 Sie sind die Empfangsdame bei Rohrbach. Herr Hansen ist in der kaufmännischen Abteilung.
2 Sie arbeiten in der kaufmännischen Abteilung. Wenn man mehr als 20 Fotokopien braucht, muß man den Fotokopierer im Erdgeschoß benutzen.

Situation 2

Fragen Sie nach dem Weg bei Rohrbach.
1 Sie arbeiten in der Abteilung Vertrieb und Marketing. Sie haben einen Termin mit Frau Weber von der Ausbildungsabteilung. Rufen Sie sie an. Fragen Sie, wo Sie sich treffen und wie man dorthin kommt.
2 Sie arbeiten in der Produktionsabteilung und müssen dem Leiter Vertrieb und Marketing einige Unterlagen bringen. Wie finden Sie sein Büro?

DATENBLATT B10
(4.4F, S.59)

Situation 1

In der Kantine stellt sich Ihnen ein/e neue/r Mitarbeiter/in vor. Beantworten Sie seine/ihre Fragen anhand der Informationen in der Stellenbeschreibung.

Stellenbezeichnung: Industriemechaniker/in
Abteilung: Fertigung/Montage
Zuständigkeiten: Warten und Instandhalten der Fertigungsanlagen
Aufgaben: Maschinen und Anlagen inspizieren, Defekte erkennen, defekte Anlagen reparieren

Situation 2

Sie sind neu bei der Firma. Stellen Sie sich einem Kollegen/einer Kollegin in der Kantine vor. Fragen Sie ihn/sie nach seiner/ihrer Arbeit. Fangen Sie das Gespräch so an:
Entschuldigung, ist hier noch frei?
Ich bin hier neu. Ich arbeite in der ...-Abteilung.
In welcher Abteilung arbeiten Sie?

DATENBLATT B11
(5.1F, S. 67)

Situation 1
Rufen Sie die nationale Auskunft an. Sie brauchen die Telefonnummern folgender Firmen:

Golisch Elektro-Service, Frankfurt am Main
Wilhelmsen Kunststoffe GmbH, Hannover

Situation 2
Spielen Sie die Rolle der nationalen Telefonauskunft mit Hilfe der Telefonnummern unten. Wenn Sie einen Anruf bekommen, sagen Sie:
Auskunft, guten Tag. Welcher Ort, bitte?
Wie heißt der Teilnehmer?

> **Berlin**
> Zimmermann & Co. Spedition,
> Tel: (0 30) 67 28 59
>
> **Bremerhaven**
> H. Grote GmbH Apparatebau,
> Tel: (04 71) 7 32 08
>
> **München**
> Schreiber Büromaschinen,
> Tel: (0 89) 8 47 33 84

DATENBLATT B12
(5.2F, S. 69)

Situation 1
Sie sind Telefonist/in bei der Firma Würth, Saarbrücken. Nehmen Sie Anrufe für folgende Personen entgegen.

Name	Abteilung	
Herr Münster	Verkaufsabteilung	Anschluß besetzt.
Frau Lautenbach	Buchhaltung	Bis 16.00 Uhr in einer Besprechung.
Herr Schlüter	Kundendienst	Im Moment nicht da.

Situation 2
Rufen Sie die Firma Hedemann, Ludwigshafen, an. Sie möchten folgende Personen sprechen:

1 Herrn Becker von der Versandabteilung
2 Frau Lutsch von der Produktionsabteilung
3 Frau Richter von der Personalabteilung

DATENBLATT B13
(5.3F, S. 71)

Situation 1
Sie arbeiten bei der Firma Broom Export. Ein Anrufer möchte sich einen Katalog Ihrer Produkte schicken lassen. Notieren Sie seinen/ihren Namen sowie den Namen und die Adresse der Firma. Sagen Sie, Sie schicken ihm/ihr den Katalog heute zu.

Situation 2
Sie sind Herr/Frau Schreiber. Sie möchten Informationsmaterial über das Hotel Arabella. Rufen Sie das Hotel an, um sich eine Broschüre schicken zu lassen. Geben Sie Ihren Namen an sowie den Namen und die Adresse Ihrer Firma:

> **Kerzler & Co. GmbH**
> Heerwasenstr. 59
> 49084 Osnabrück
> Tel. (05 41) 54 17 38

DATENBLATT B14
(5.4C, S. 73)

Situation 1
Nehmen Sie Nachrichten entgegen und notieren Sie die Einzelheiten.
Anruf 1
Sie heißen Strobl und arbeiten bei der Firma Neurath in Stuttgart als Assistent/in von Frau Bethmann, der Verkaufsleiterin. Sie bekommen einen Anruf für Frau Bethmann. Sie ist aber den ganzen Vormittag in einer Besprechung.
Anruf 2
Sie heißen Holtkamp und arbeiten in der Einkaufsabteilung bei König GmbH in Berlin. Sie bekommen einen Anruf für Ihren Chef, Herrn Munz. Er ist aber gerade mit einem Kunden zusammen.

Situation 2
Rufen Sie folgende Firmen an und hinterlassen Sie eine Nachricht.
Anruf 1
Sie wollen Herrn Jäger von der Firma BW Motorsport in Essen sprechen. Ihr Chef kann den Termin am Donnerstag im Hotel Mercure nicht einhalten. Könnte Herr Jäger zurückrufen, um einen neuen Termin zu vereinbaren?
Anruf 2
Sie möchten Frau Gerhardt von der Firma Luxart in Cottbus sprechen. Sie müssen ihre letzte Lieferung reklamieren. Bei den 75 bestellten Schreibtischlampen Modell „Klara" sind fünf Stück defekt. Sie möchten, daß Luxart die defekten Lampen sofort zurücknimmt.

DATENBLATT B15
(6.1C, S. 77)

Situation 1
Ihre Firma veranstaltet eine zweitägige
Vertreterkonferenz im September, und Sie suchen ein
passendes Hotel. Sie brauchen Unterkunft für 45
Teilnehmer sowie einen Konferenzraum mit Platz für 50
Personen. Die Lage kann auch außerhalb des
Stadtzentrums sein. Das Hotel muß einen Parkplatz
oder eine Garage haben sowie ein eigenes Restaurant.
Ein Schwimmbad oder Sauna wäre schön, aber das ist
nicht unbedingt nötig.
Rufen Sie das Verkehrsamt in Freiburg an und bitten Sie
um einige Hotelempfehlungen. Notieren Sie die Namen
und Telefonnummern der Hotels.

Situation 2
Sie sind Angestellte/r beim Verkehrsamt Freiburg. Mit
Hilfe des Hotelverzeichnisses auf S.77 empfehlen Sie
einem Anrufer passende Hotels.

DATENBLATT B16
(6.2E, S. 78)

Situation 1
Sie möchten einige Informationen über das Hotel
Rheingold, Freiburg. Rufen Sie das Hotel an und stellen
Sie Fragen über:
- Hoteltyp
- Lage und Entfernung vom Hauptbahnhof/
  Flughafen/Autobahn
- Zimmeranzahl und -ausstattung
- Konferenzeinrichtungen
- Küche
- Fitness- und Freizeitmöglichkeiten

Situation 2
Sie arbeiten an der Rezeption des Panorama-Hotels
Mercure, Freiburg. Beantworten Sie die Fragen eines
Anrufers anhand der Informationen.

Hotel *M*ercure
PANORAMA FREIBURG

Im Panorama-Hotel am Jägerhäusle erleben Sie
Freiburg von seiner schönsten Seite. Unser modernes Haus liegt etwas außerhalb von Freiburg auf
dem Berg, mit Sicht über die ganze Stadt, den
Kaiserstuhl und das Elsaß.

Alle unsere 85 First-Class-Hotelzimmer haben
einen Balkon, von dem Sie den eindrucksvollen
Blick genießen können, und sind mit Bad und/oder
Dusche, Selbstwahltelefon, Minibar und
Farbfernseher ausgestattet. Fön, Hosenbügler
usw. sind von der Rezeption ausleihbar.

Fünf Konferenzräume verschiedener Größe (100,
60, 30, 2 x 25 qm) lassen Ihre Veranstaltung erfolgreich verlaufen. Wir geben unser Bestes,
damit Ihre Veranstaltung so besonders wie unsere
Lage wird.

In unserem Restaurant beeinflußt die Nähe
Frankreichs die Vielfalt des Menüs.

Für Ihr tägliches Freizeit- und Fitnessprogramm
stehen Ihnen Schwimmbad, Tennisplätze und
Sauna, kilometerlange Wanderwege, Trimm- und
Joggingpfade und vieles mehr zur Verfügung.
Wir freuen uns auf Sie!

So kommen Sie uns näher!
Von der Autobahn Karlsruhe-Basel (Ausfahrt
Freiburg-Mitte) erreichen Sie uns in 20 Minuten.
Der EuroBus bringt Sie vom Flughafen Basel-
Mulhouse zum Hauptbahnhof, Fahrzeit ca. 45
Minuten. Von dort fahren Sie ca. 10 Minuten mit
dem Taxi bis zum Hotel.

DATENBLATT B17

(6.4E, S. 85)

Situation 1

Sie sind Herr Weiss und haben von Frau Schumacher, von der Firma Otto Elektrik, Fachliteratur und Kataloge bekommen. Frau Schumacher ruft Sie an, weil sie Sie in der nächsten Woche besuchen möchte. Sehen Sie sich Ihren Terminkalender an und vereinbaren Sie einen Termin.

Situation 2

Sie können den Termin mit Frau Schumacher leider nicht einhalten. Es ist etwas dazwischen gekommen. Rufen Sie sie an und vereinbaren Sie einen neuen Termin in der gleichen Woche.

JUNI			24. Woche
Montag **13**	*Kopierer-Service anrufen!* *11.30 Besprechung mit dem* *Produktionsleiter, Lieferung der neuen* *Maschine!*	*9 - 12 Betriebsrundgang (Fa. Schickel)* *Mittagessen m. Frau Reiter* *Bericht für Riedel schreiben!*	Donnerstag **16**
Dienstag **14**	*Nachmittag in Frankfurt*	*Eva anrufen! Blumen besorgen!* *14.00 Sitzung der Betriebsleitung*	Freitag **17**
Mittwoch **15**	*9.00 Vorstandssitzung* *16.00 Zahnarzt* *Peter Geburtstag!*		Samstag **18** Sonntag **19**

DATENBLATT B18

(6.5F, S. 87)

Situation 1

Sie arbeiten an der Rezeption des Hotels Viktoria, Frankfurt. Sie nehmen eine Zimmerreservierung entgegen. Beantworten Sie die Fragen des Anrufers anhand folgender Informationen und notieren Sie die Einzelheiten auf dem Formular.

Situation 2

Einige Tage später ruft die Firma noch einmal an, um die Reservierung zu ändern. Notieren Sie die Umbuchung und bitten Sie die Firma, das schriftlich zu bestätigen.
NB Eine kostenfreie Stornierung ist bis zum 28. Juli möglich.

Hotel Viktoria

Tarife 19--

Einzelzimmer	DM 285,-
Doppelzimmer	DM 335,-
Konferenzraum	DM 300,- pro Tag

Der Zimmerpreis ist inklusive Frühstück, Bedienung und Mehrwertsteuer.
Alle Zimmer sind mit Bad, Dusche, WC, Telefon, Radio, Kabel-TV und Minibar ausgestattet.

von	Einzel ☐	Preis	Code
bis	Doppel ☐	Anreise spät ☐	
Name			Bestätigen ☐
Bemerkung			Vertrag ☐
Firma			Garantiert ☐
Besteller			Änderung ☐
Tel./Telex/Telefax			Voucher ☐
Adresse			Rg. an Firma ☐
			Bestätigung folgt ☐
Eingang	Telex ☐ Telefax ☐ Telefon ☐ Brief ☐		Datum Unterschrift
Storno Datum	Telex ☐ Telefon ☐ Brief ☐ durch		Unterschrift

DATENBLATT B19
(7.1E, S. 92)

Situation 1
Sie besuchen die Kölner Messe. Informieren Sie sich am Informationsschalter, wie Sie vom Flughafen Köln/Bonn zur Messe kommen, wie lang die Fahrzeit ist, und was eine Fahrkarte kostet.

Situation 2
Sie arbeiten am Informationsschalter im Flughafen Hannover. Beantworten Sie die Fragen eines/einer Reisenden anhand dieser Informationen.

Verkehrsverbindungen vom und zum Flughafen Hannover ·

Taxi
Taxistände befinden sich vor dem Terminal-Gebäude. Die Fahrt vom Flughafen zum Hauptbahnhof/Innenstadt kostet ca. DM 25,-. Die Fahrzeit beträgt ca. 15 bis 20 Min.

Schnellbuslinie 60
Verkehrsverbindung zwischen Flughafen und Innenstadt. Vom City Air Terminal am Hauptbahnhof (Innenstadt) bis zum Flughafen und zurück verkehrt alle 30 bzw. 20 Minuten die Schnellbuslinie nonstop. Preis DM 5,- einfach.

Hannover Messe
Vom Hauptbahnhof Hannover fährt die S-Bahn-Linie 8 direkt zum Messegelände.

DATENBLATT B20
(7.2H, S. 95)

Situation 1
Sie arbeiten in der Reiseauskunft am Hauptbahnhof Frankfurt/Main. Geben Sie Auskunft über Züge nach Berlin anhand des Fahrplans und der Preistafel.

Preistafel

ICE-Fahrpreise für einfache Fahrt von Frankfurt Hbf. nach:
Berlin Hbf.

Fahrpreis 2. Kl.	Fahrpreis 1. Kl.
158,00	227,00

Gewöhnliche Preise für einfache Fahrt

2. Kl.	1. Kl.
103,00	156,00

Bemerkung:
Bei Hin- und Rückfahrt sind die Preise zu verdoppeln.

Situation 2
Sie wollen morgen zwischen 8.00 und 9.00 Uhr mit der Bahn von Frankfurt/Main nach Wuppertal fahren. Rufen Sie die Auskunft an, um sich nach Zügen zu erkundigen. Dann kaufen Sie eine Rückfahrkarte 2. Klasse.

Frankfurt(Main)Hbf → Berlin Zoolg. Garten
533 km

ab	Zug		Umsteigen	an	ab	Zug		an	Verkehrstage	
5.22	IC	657	⑪ Erfurt Hbf Magdeburg Hbf	8.24 11.05	8.31 11.35	E 4985 IC 545	✕ ✕	12.54	Mo - Sa	01
5.26	E	3800	Fulda Hannover Hbf	6.48 8.31	7.08 8.39	ICE 886 ICE 641	✕ ✕	11.08	Mo - Sa.	01
7.18	ICE	696	✕					12.10	täglich	
7.22	IC	655	✕ Erfurt Hbf Magdeburg Hbf	10.24 13.05	10.31 13.35	E 4987 IC 508	⑪	14.54	täglich	
9.18	ICE	694	✕					14.10	täglich	
9.22	IC	653	✕ Erfurt Hbf Berlin-Wannsee	12.24 15.50	12.50 16.00	D 2204 Ⓢ	☍ 2.Kl	16.21	täglich	
10.18	IR	2153	⑪ Flugh B-Schönef	17.06	17.17	Ⓢ	2.Kl	18.07	täglich	
11.18	ICE	598	✕					16.10	täglich	
11.22	IC	651	✕ Erfurt Hbf Magdeburg Hbf	14.24 17.05	14.31 17.35	E 4991 IC 502	✕	18.54	täglich	
13.18	ICE	596	✕					18.10	täglich	
13.22	IC	559	✕ Erfurt Hbf Berlin-Wannsee	16.24 19.50	16.50 20.10	IR 2200 Ⓢ	☍ 2.Kl	20.30	täglich	02
14.22	ICE	692	✕					19.18	täglich	03
15.18	ICE	594	✕					20.10	täglich	
15.22	EC	57	✕ Naumburg(S)	19.14	19.33	IR 2202		22.01	täglich	
16.22	ICE	690	✕					21.18	Mo - Fr, So	04
17.18	ICE	592	✕					22.10	täglich	02
17.18	ICE	592	✕ Braunschweig	20.01	20.47	EC 108	✕	22.54	täglich	
19.18	ICE	590	✕					0.10	täglich	05
23.23	D	1955 ☍🛏🛏						6.41	täglich	06

01 = nicht 3. Okt, 26. bis 31. Dez, 15., 17. Apr, 1. Mai
02 = nicht 24. Dez
03 = nicht 24., 31. Dez, 14. bis 16. Apr
04 = nicht 14., 16. Apr
05 = nicht 24., 31. Dez
06 = nicht 24. Sep, 19. Nov

DATENBLATT B21
(7.3B, S. 96)

Situation 1
Sie wohnen im Hotel Unger in der Kronenstraße (in der Nähe des Hauptbahnhofs). Fragen Sie an der Rezeption, wie Sie am besten folgende Ziele erreichen.
1. Sie möchten das Lindenmuseum besichtigen.
2. Sie müssen einen Bekannten besuchen, der in Bietigheim, einer kleinen Stadt nordwestlich von Stuttgart, wohnt.

Notieren Sie die Anweisungen, die Sie bekommen, dann prüfen Sie sie anhand der Pläne auf S. 97 nach. Stimmen die Anweisungen?

Situation 2
Sie arbeiten an der Rezeption des Hotels Royal, in der Sophienstraße, wenige Gehminuten vom Rotebühlplatz. Ein Gast fragt, wie er/sie zu verschiedenen Orten/Gebäuden kommt. Erklären Sie ihm/ihr, wie er/sie zu Fuß bzw. mit öffentlichen Verkehrsmitteln am besten dorthin kommt. Benutzen Sie die Pläne auf S. 97.

DATENBLATT B22
(7.4D, S. 98)

Situation 1
Sie sind Herr Dornier und arbeiten in der Mercedes-Benz Hauptverwaltung in Stuttgart-Untertürkheim. Sie bekommen einen Anruf von einem Kunden/ einer Kundin, mit dem/der Sie morgen um 14.00 Uhr einen Termin haben. Erklären Sie ihm/ihr anhand der Fahrthinweise unten, wie er/sie am besten zur Firma fährt.

Situation 2
Sie sind Vertreter/in und haben morgen um 10.00 Uhr einen Termin mit Frau Engeler in der Mercedes-Benz Hauptverwaltung in Stuttgart-Untertürkheim. Rufen Sie sie an und erkundigen Sie sich, wie Sie am besten dorthin fahren. Sie kommen aus Karlsruhe. Notieren Sie die Anweisungen, die Sie bekommen, bzw. markieren Sie den Weg auf der Karte.

Wenn Sie nach Stuttgart kommen ...

Mit dem Auto

aus Richtung München/Ulm

Autobahnausfahrt Wendlingen. Weiterfahrt über den Autobahnzubringer in Richtung Plochingen. B10 (Schnellstraße) links abbiegen in Richtung Esslingen. Immer geradeaus halten. Schildern zur Hauptverwaltung folgen.

DATENBLATT B23
(8.4D, S.110)

Situation 1
Sie arbeiten bei einer kleinen Ingenieurfirma. Auf der CeBIT-Messe suchen Sie einen Tintenstrahldrucker zum Drucken von externer und interner Korrespondenz und vor allem technischen Zeichnungen auf großformatigem Papier. Ihre Prioritäten sind hochwertige Druckqualität bei Grafiken und eine breite Schriftartenauswahl. Fragen Sie eine/n Standmitarbeiter/in um Rat und erklären Sie, wofür Sie den Drucker brauchen. Stellen Sie eventuell Fragen zu dem Modell, das er/sie empfiehlt.

Situation 2
Sie arbeiten für eine Firma, die Drucker herstellt, und vertreten Ihre Firma auf der CeBIT-Messe. Ein/e Interessent/in bittet Sie, ein geeignetes Modell zu empfehlen. Fragen Sie, wofür er/sie den Drucker braucht, dann empfehlen Sie das geeignetere Modell auf S. 111. Erklären Sie die Spezifikationen und Besonderheiten bzw. Vorteile dieses Modells.

DATENBLATT B24
(9.4E, S. 125)

Situation 1
Sie arbeiten im Distributionslager des Spediteurs Panalpina in Bremen. Sie bekommen einen Anruf wegen einer verspäteten Lieferung. Notieren Sie die Einzelheiten. Erklären Sie dem Anrufer, daß Sie sich erkundigen und dann zurückrufen werden.

Situation 2
Rufen Sie den Kunden/die Kundin zurück und erklären Sie, was mit der Sendung passiert ist: Die Lastwagen haben Verspätung wegen des schlechten Wetters. Sie sollen am nächsten Tag in Bremen eintreffen. Die Sendung geht wahrscheinlich übermorgen an den Empfänger ab.

Hörtexte

KAPITEL 1

1.1A

DIALOG 1

Frau Brett: Entschuldigen Sie bitte! Sind Sie Herr Becker?
Herr Becker: Ja.
Frau Brett: Ich bin Anna Brett von der Firma Norco.
Herr Becker: Wie bitte, wie war Ihr Name?
Frau Brett: Brett.
Herr Becker: Ach, guten Morgen, Frau Brett!
Frau Brett: Guten Morgen, Herr Becker! So, gehen wir? Mein Auto steht draußen.

DIALOG 2

Empfangsdame: Guten Tag, bitte schön?
Dr. Hoffmann: Guten Tag. Mein Name ist Hoffmann von der Firma Hansen und Co. Ich habe einen Termin bei Frau Andersen.
Empfangsdame: Einen Moment bitte, ich rufe an ... Ja, Frau Andersen kommt gleich. Möchten Sie so lange Platz nehmen?
Dr. Hoffmann: Ja, danke.
Frau Andersen: Ach, Herr Doktor Hoffmann, guten Tag. Schön, Sie wiederzusehen! Wie geht's Ihnen?
Dr. Hoffmann: Danke, gut, und Ihnen?
Frau Andersen: Gut, danke. So, kommen Sie bitte mit ins Büro.

1.1D

Frau Brett: Wie war die Reise, Herr Becker?
Herr Becker: Ganz gut, danke. Wir hatten nur fünf Minuten Verspätung.
Frau Brett: Sehr gut! Und wie ist das Wetter in Deutschland? So schön wie hier?
Herr Becker: Nein, wir hatten schlechtes Wetter.
Frau Brett: Ach, schade! Und ist es Ihr erster Besuch hier, Herr Becker?
Herr Becker: Nein, letztes Jahr war ich zwei Wochen hier im Urlaub.
Frau Brett: Aha. Und wie hat es Ihnen hier gefallen?
Herr Becker: Prima! Wir hatten die ganze Zeit Sonne.
Frau Brett: Das ist gut. Und woher kommen Sie in Deutschland?
Herr Becker: Aus Regensburg in Bayern. Ich wohne und arbeite aber seit vielen Jahren in Hamburg.
Frau Brett: Ach so! Ich war auch einmal in Hamburg. Das ist eine schöne Stadt, nicht wahr?
Herr Becker: Ja, das stimmt.
Frau Brett: So, da ist die Firma, da sind wir schon.

1.2A

Frau Brett: So, Herr Becker, gehen wir rein.
Herr Becker: Danke schön.
Frau Brett: Bitte schön. Herr Olson kommt in fünf Minuten. Möchten Sie so lange hier Platz nehmen?
Herr Becker: Danke.
Frau Brett: Darf ich Ihren Mantel nehmen?
Herr Becker: Ja, vielen Dank.
Frau Brett: Möchten Sie etwas trinken? Tee oder Kaffee? Wir haben auch Apfelsaft, Orangensaft, Mineralwasser oder Cola.
Herr Becker: Ich möchte bitte eine Tasse Kaffee.
Frau Brett: Wie trinken Sie den Kaffee? Mit Milch?
Herr Becker: Mit Milch, aber ohne Zucker.
Frau Brett: Gut. ... So, hier ist der Kaffee. Möchten Sie auch Kekse?
Herr Becker: Nein, danke. Ich habe keinen Hunger.

1.2C

Herr Becker: Frau Brett, entschuldigen Sie bitte!
Frau Brett: Ja, bitte schön?
Herr Becker: Könnte ich vielleicht nach Deutschland faxen?
Frau Brett: Aber selbstverständlich! Schreiben Sie Ihr Telefax, und ich schicke es für Sie ab.
Herr Becker: Ach, vielen Dank!
Herr Becker: Frau Brett, kann ich bitte etwas fotokopieren?
Frau Brett: Das ist leider nicht möglich. Der Fotokopierer ist im Moment kaputt.
Herr Becker: Ach, so.
Herr Becker: Frau Brett, entschuldigen Sie, darf man hier rauchen?
Frau Brett: Nein, das geht leider nicht. Das ist hier nicht erlaubt.
Herr Becker: Wie schade.
Herr Becker: Frau Brett!
Frau Brett: Ja, bitte?
Herr Becker: Entschuldigen Sie bitte noch mal, aber wo ist die Toilette?
Frau Brett: Kommen Sie mit. Ich zeige es Ihnen.
Herr Becker: Frau Brett, könnten Sie mir Ihren neuen Prospekt zeigen?
Frau Brett: Der neue Prospekt ist leider noch nicht fertig.
Herr Becker: Ach so.
Frau Brett: Aber ich kann Ihnen gerne einen alten holen.
Herr Becker: Danke, den habe ich schon.

1.3A

Sprecher: Leiter Marketing; Exportleiter; Leiter Qualitätssicherung; Produktionsleiter; Leiter Finanz- und Rechnungswesen; Personalleiter

1.3B

Frau Brett: Herr Becker, darf ich vorstellen? Das ist unser Geschäftsführer, Herr Olson.
Herr Becker: Sehr angenehm.
Herr Olson: Guten Tag, Herr Becker.
Frau Brett: Ich bin die Sekretärin von Herrn Olson. Und Frau Scheiber, die Leiterin Vertrieb und Marketing, kennen Sie ja.
Herr Becker: Guten Tag, Frau Scheiber, wie geht's Ihnen?
Frau Scheiber: Sehr gut, danke.
Frau Brett: Das ist Herr Doil, unser technischer Leiter.
Herr Becker: Ah, Herr Doil, guten Tag!
Frau Brett: Dann Herr Boltmann, der Werksleiter.
Herr Becker: Entschuldigung, wie war Ihr Name?
Herr Boltmann: Boltmann.
Herr Becker: Sehr erfreut.
Frau Brett: Und das ist Herr Becker, unser neuer Vertreter für Norddeutschland.
Herr Olson: So, Herr Becker, herzlich willkommen bei Norco!

1.3D

Sprecher: (spricht das Alphabet)

1.4A

Frau Brett: So, Herr Becker, hier ist das Tagesprogramm für Ihren Besuch bei uns. Zuerst sehen Sie einen kurzen Videofilm über unsere Firma, und dann um 11.00 Uhr findet eine Betriebsbesichtigung statt.
Herr Becker: Mit Ihnen?
Frau Brett: Ja, und auch mit Herrn Boltmann, dem Werksleiter. Um 12.30 Uhr essen wir dann zu Mittag.
Herr Becker: Hier in der Firma?

Frau Brett: Nein, in einem kleinen Lokal hier in der Nähe. Um 14.00 Uhr haben Sie ein Gespräch mit unserem technischen Leiter, Herrn Doil. Er erklärt Ihnen alle technischen Aspekte unserer Produkte.

Herr Becker: Gut.

Frau Brett: Und um 15.30 Uhr nehmen Sie an einer Sitzung unserer Marketing-Gruppe teil.

Herr Becker: Da lerne ich die Marketingstrategie besser kennen.

Frau Brett: Ja, genau. Und um 19.00 Uhr gibt es Abendessen mit Herrn Olson und mir.

Herr Becker: Wo essen wir denn?

Frau Brett: In einem netten Restaurant in der Innenstadt. Ist Ihnen das recht?

Herr Becker: Ja, danke, alles wunderbar.

1.5B

Frau Brett: So, Herr Becker, ich zeige Ihnen unsere Firma. Hier ist der Empfang, wie Sie sehen.

Herr Becker: Mm. Sehr schön.

Frau Brett: Und hier nebenan ist das Büro des Geschäftsführers, Herrn Olson. Durch diese Tür geht es zur Abteilung Vertrieb und Marketing. Hier koordinieren wir die Arbeit unserer Vertreter.

Herr Becker: Also, mit dieser Abteilung werde ich direkt zu tun haben.

Frau Brett: Ja, das stimmt. Hier nebenan ist die Buchhaltung. Hier machen wir die Kontenführung und rechnen die Löhne und Gehälter ab.

Herr Becker: Ah, hier bezahlt man also meine Provision!

Frau Brett: Ja, genau. Und daneben ist die Einkaufsabteilung. Hier kaufen wir das Material für die Fertigung ein.

Herr Becker: Und was für ein Zimmer ist das gegenüber?

Frau Brett: Das ist unser Konferenzzimmer. Möchten Sie reinschauen?

Herr Becker: Aha, sehr imposant!

Frau Brett: Also, gehen wir weiter. Hier links sehen Sie das Konstruktionsbüro. Hier entwerfen wir Designs für neue Modelle.

Herr Becker: Mit Computern?

Frau Brett: Mit Computern und auch manuell. Dort in der Ecke links ist die Küche, und gegenüber sind die Toiletten. Und das ist die Arbeitsvorbereitung. Hier planen wir die Produktion für die kommenden Wochen. So, und jetzt gehen wir links in die Fertigungshalle.

Herr Becker: Hier fertigen Sie also die Produkte an. Mm, das ist aber beeindruckend! Und alles so modern!

Frau Brett: Ja, dieses Jahr haben wir in neue Maschinen investiert. Dort in der Ecke sitzt Herr Boltmann und überwacht die Produktion. Gehen wir rein.

Herr Becker: Hallo, Herr Boltmann.

Herr Boltmann: Tag, Herr Becker. So, jetzt machen wir einen Rundgang durch die Fertigungshalle. Kommen Sie mal mit.

Herr Becker: Was ist das da drüben?

Herr Boltmann: Das ist unser Prüfraum. Dort testen wir unsere Produkte.

Herr Becker: Sehr interessant.

Herr Boltmann: So, gehen wir mal weiter.

Herr Becker: Also, das war wirklich interessant. Und was für ein Gebäude ist das da draußen?

Herr Boltmann: Das ist unser Fertiglager. Dort lagern wir die Fertigprodukte.

Herr Becker: Aha.

Frau Brett: So, das wäre dann alles. Gehen wir zurück in das Verwaltungsgebäude?

Herr Becker: Recht herzlichen Dank für den interessanten Rundgang, Frau Brett. Die Büros sind sehr schön, und die Fabrik ist höchst modern. Ich freue mich auf die Zusammenarbeit mit Norco!

Frau Brett: Vielen Dank, Herr Becker.

KAPITEL 2

2.1A

TEIL 1
Sprecher: Hoechst; Braun; Bayer; Thyssen; Rosenthal; Mercedes-Benz; Siemens; Porsche

TEIL 2
Sprecher: AEG; VW; IBM; BMW; BASF; MAN

2.1B

DIALOG 1
Interviewer: Eine Frage, bitte. Kennen Sie den Namen Agfa?
Mann: Agfa? Sie machen doch Fotofilme, oder?

DIALOG 2
Interviewer: Guten Tag, was bedeutet für Sie der Name Rosenthal?
Frau: Rosenthal? Ach, Rosenthal ist doch für Porzellan bekannt!

DIALOG 3
Interviewer: Entschuldigung, kennen Sie den Namen Varta?
Mann: Ja, natürlich. Batterien von Varta habe ich zu Hause.

DIALOG 4
Interviewer: Verzeihung, darf ich mal fragen, was bedeutet für Sie der Name BASF?
Frau: BASF – das bedeutet für mich in erster Linie Tonbänder und Videos.

DIALOG 5
Interviewer: Was für ein Image haben die Produkte von Porsche?
Mann: Porsche, das bedeutet für mich schnelle, rassige Sportwagen.

2.1C

DIALOG 1
Interviewer: Was produziert die Firma Schwarzkopf?
Mitarbeiterin: Schwarzkopf produziert Toilettenartikel, zum Beispiel Shampoo, Rasierwasser, Deodorants. Unsere führende Marke ist das Shampoo „Schauma".

DIALOG 2
Interviewer: Sie arbeiten bei der Firma Grundig. Was für Produkte hat Ihre Firma?
Mitarbeiter: Grundig ist eine Firma, die Geräte der Unterhaltungselektronik herstellt, zum Beispiel Radios, Fernsehapparate und Stereoanlagen.

DIALOG 3
Interviewer: Bayer ist ein Unternehmen, das unter anderem Arzneimittel produziert. Was für Produkte haben Sie eigentlich?
Mitarbeiterin: Bayer produziert und vertreibt rezeptfreie Arzneimittel gegen Schmerzen, Husten und Erkältung. Unser bekanntestes Produkt ist Aspirin.

DIALOG 4
Interviewer: Das neueste Produkt des Münchener Kraftfahrzeugherstellers MAN ist der Reisebus „Lion's Star". Ich mache eine Testfahrt mit Herrn Kuriat ... Herr Kuriat, können Sie uns etwas über den neuen Reisebus sagen?
Herr Kuriat: Ja, unser neuer Fernreise-Hochdecker „Lion's Star" hat eine ganze Reihe technischer Raffinessen ...

DIALOG 5
Interviewer: Sagen Sie mir bitte, was stellt eigentlich die Firma Siemens her?
Mitarbeiter: Siemens hat sehr unterschiedliche Produkte. Die Firma ist Ihnen wahrscheinlich durch Haushaltsgeräte bekannt. Wir produzieren zum Beispiel Staubsauger, Kühlschränke, Kaffeemaschinen und so weiter. Wir sind aber auch in der Informationstechnik tätig. Vielleicht haben Sie ein Siemens Telefon mit Anrufbeantworter zu Hause?

2.2B

DIALOG 1
Interviewer: Was für eine Firma ist Thyssen?
Mitarbeiter: Thyssen ist ein führender deutscher Stahlhersteller.

DIALOG 2
Interviewer: In welcher Branche ist Hoechst tätig?
Mitarbeiterin: Hoechst ist ein großer Chemiekonzern.
Interviewer: Was macht die Firma Hoechst eigentlich?
Mitarbeiterin: Hoechst produziert Chemikalien, Farben, Kunststoffe und Spezialprodukte für Industrie und Technik.

DIALOG 3
Interviewer: Daimler-Benz ist der größte Automobilhersteller Deutschlands. Ist die Firma aber auch in anderen Bereichen aktiv?
Mitarbeiter: Ja, heute ist Daimler-Benz ein integrierter Technologiekonzern, der außer im Automobilbau auch in den Bereichen Luft- und Raumfahrt und Elektrotechnik tätig ist sowie auf dem Dienstleistungssektor.

DIALOG 4
Interviewer: In welcher Branche ist die Firma Mannesmann tätig?
Mitarbeiterin: Mannesmann ist in vielen Branchen tätig. Wir bauen Maschinen und Anlagen und stellen Komponenten für die Kraftfahrzeugindustrie her. Außerdem sind wir in der Elektrotechnik und Elektronik tätig und produzieren Investitionsgüter für die Industrie.

DIALOG 5
Interviewer: VEBA zählt zu den zehn größten Firmen Deutschlands, in welchen Bereichen ist die Firma aktiv?
Mitarbeiter: VEBA ist im Bereich Energiewirtschaft tätig, wir produzieren nämlich Öl und Strom, sowie auch in der chemischen Industrie. Wir sind auch im Dienstleistungssektor vertreten, z.B. in den Bereichen Handel und Verkehr.
Interviewer: Aber der Name VEBA ist doch relativ unbekannt.
Mitarbeiter: Das stimmt, aber vielleicht kennen Sie die Firma Aral?
Interviewer: Ach, Aral Tankstellen!
Mitarbeiter: Sehen Sie, Aral gehört zu VEBA.

2.2D

DIALOG 1
Interviewer: Was für eine Firma ist Lufthansa?
Mitarbeiterin: Lufthansa ist Deutschlands größte Fluggesellschaft. Sie hat Flugverbindungen in alle Welt.

DIALOG 2
Interviewer: Was für eine Firma ist Aldi?
Mitarbeiter: Aldi ist eine Supermarktkette, die Lebensmittel zu Niedrigpreisen verkauft.

DIALOG 3
Interviewer: Können Sie mir bitte sagen, was Neckermann eigentlich macht?
Mitarbeiterin: Gerne. Neckermann ist ein Versandhaus, das heißt, wir verkaufen Waren per Katalog und schicken sie dann den Kunden ins Haus.

DIALOG 4
Interviewer: Hertie ist ein Kaufhaus, nicht wahr?
Mitarbeiter: Ja, Hertie ist eines der bekanntesten Kaufhäuser Deutschlands. Ein Hertie-Kaufhaus findet man in jeder größeren Stadt.

DIALOG 5
Interviewer: Was für eine Firma ist die Allianz?
Mitarbeiterin: Die Allianz ist eine der größten Versicherungsgesellschaften Deutschlands.

DIALOG 6
Interviewer: In welchem Bereich ist Kühne und Nagel tätig?
Mitarbeiter: Wir sind im Bereich Transport tätig. Wir sind eine Speditionsfirma, das heißt, wir transportieren Waren per LKW, per Luftfracht und per Schiff.

2.3A

TEIL 1
Sprecher: dreizehntausendvierhundert;
neun Millionen dreihundertsiebenundsiebzigtausend;
achtunddreißig Milliarden zweiundvierzig Millionen;
siebzehn Komma fünf Prozent;
fünf Komma zwei sechs Milliarden;
neunzehnhundertneunundachtzig;

TEIL 2
Sprecher: einhundertsechsunddreißigtausendsiebenhundert;
fünfundfünfzig Millionen sechshundertdreiundsiebzigtausend;
vier Milliarden achtundvierzig Millionen;
eine Milliarde siebenhundertneunundsiebzig Millionen dreihunderttausend;
einundsechzig Komma fünf Prozent;
neunzehnhundertsechsundneunzig

2.3B

DIALOG 1
Interviewer: In welcher Branche ist Springer Sportmoden tätig?
Mitarbeiter: Springer Sportmoden ist in der Bekleidungsindustrie tätig und stellt Tennisbekleidung, Trainingsanzüge und Radfahrerbekleidung her.
Interviewer: Und wie hoch ist Ihr Umsatz?
Mitarbeiter: Unser Umsatz beträgt zirka dreißig Millionen Mark.
Interviewer: Wie viele Leute beschäftigen Sie?
Mitarbeiter: Wir haben einhundertdreißig Mitarbeiter.

DIALOG 2
Interviewer: In welcher Branche ist die Firma BASF tätig?
Mitarbeiterin: Die BASF-Gruppe ist ein großer Chemiekonzern. Wir produzieren unter anderem Chemikalien, Chemiefasern, Produkte aus Öl und Gas sowie Konsumgüter wie Tonbänder und Videos.
Interviewer: Und wieviel beträgt Ihr Umsatz?
Mitarbeiterin: Über vierundvierzig Milliarden Mark.
Interviewer: Wie viele Mitarbeiter beschäftigt Ihre Firma ungefähr?
Mitarbeiterin: Wir beschäftigen weltweit etwa einhundertdreiundzwanzigtausend Mitarbeiter.

DIALOG 3
Interviewer: Was für eine Firma ist Kessel?
Mitarbeiter: Kessel Auto-Electric ist eine Firma, die Komponenten für die Kraftfahrzeugindustrie herstellt.
Interviewer: Und wie groß ist die Firma?
Mitarbeiter: Unser Umsatz liegt zwischen neunhunderttausend und einer Million Mark, und wir haben siebzehn Beschäftigte.

2.4D
Interviewer: Was für eine Firma ist die AEG?
Sprecher: Die AEG ist ein führender Elektrokonzern.
Interviewer: Können Sie mir bitte die Firmenstruktur kurz beschreiben?
Sprecher: Ja, die AEG gehört seit 1986 dem Daimler-Benz-Konzern. Daimler-Benz ist eine Holding-Gesellschaft für die vier Unternehmenseinheiten Mercedes-Benz, AEG, Deutsche Aerospace und Daimler-Benz InterServices, oder *debis*.
Interviewer: In welchen Bereichen ist die AEG tätig?
Sprecher: Die Aktivitäten der AEG umfassen fünf Geschäftsbereiche, und zwar: Automatisierungstechnik, Elektrotechnische Anlagen und Komponenten, Bahnsysteme, Hausgeräte und Mikroelektronik.
Interviewer: Und wie viele Gesellschaften gehören zur AEG-Gruppe?
Sprecher: Zur AEG gehören mehr als 100 Tochter- und Beteiligungsgesellschaften in über 107 Ländern.
Interviewer: Wo ist der Hauptsitz der Firma?
Sprecher: Die Hauptverwaltung ist in Frankfurt am Main.
Interviewer: Und hat die AEG andere Standorte in Deutschland?

Sprecher: Wir haben Vertriebsniederlassungen und Fertigungsstätten sowie auch Tochtergesellschaften an 81 Standorten in Deutschland, z.B. in Berlin, in Hannover, in Stuttgart, aber auch in den neuen Bundesländern, z.B. in Dresden.

Interviewer: Und wo sind die wichtigsten Standorte im Ausland?

Sprecher: Die AEG hat Vertretungen, Produktions- und Vertriebsgesellschaften in allen wichtigen europäischen Ländern, z.B. in Frankreich, in Spanien, in Großbritannien und auch in Rußland.

Interviewer: In Rußland auch?

Sprecher: Ja, in Moskau und St. Petersburg. Und im übrigen Ausland sind wir an 147 Standorten vertreten, z.B. in den USA, in Südamerika, Afrika und Australien.

Interviewer: Also eigentlich weltweit.

Sprecher: Jawohl, das stimmt.

Interviewer: Und wie hoch ist Ihr Umsatz?

Sprecher: Unser Gesamtumsatz beträgt zirka 12 Milliarden D-Mark, und wir beschäftigen ungefähr 60.000 Mitarbeiter weltweit.

Interviewer: Das ist interessant. Herzlichen Dank für das Gespräch.

Sprecher: Gern geschehen.

2.5A

Sprecherin: Guten Morgen, meine Damen und Herren. Herzlich willkommen in unserer Zentrale hier in Hamburg. Zuerst möchte ich Ihnen kurz etwas über die Firma Otto erzählen.

Der Otto-Versand ist ein Versandhaus, das Waren per Katalog verkauft und den Kunden direkt ins Haus schickt. Die Kataloge bieten vor allen Dingen Bekleidung und Schuhe an. Unsere deutschen Kataloge *Otto - Shopping von heute auf morgen*, *Trend* und *Post Shop* sind Ihnen sicherlich schon bekannt.

Die Firma existiert seit 1949. Im Herbst 1950 brachte unser Firmenbegründer, Werner Otto, den ersten Katalog heraus. Dieser erschien in einer Auflage von 300 Exemplaren, alle handgebunden, mit einem Angebot von 28 Paar Schuhen. Die Fotos waren von Hand eingeklebt. Na ja, aber das ist schon lange her.

Heute gehören zu der Otto-Versand-Handelsgruppe 31 Versandhandelsunternehmen in 13 Ländern auf drei Kontinenten. Der Otto-Versand ist auf allen wichtigen europäischen Märkten präsent, z.B. in Frankreich, Großbritannien, Italien und in der Schweiz, sowie in Japan und in den USA, dem Mutterland des modernen Versandhandels.

Der Umsatz der Otto-Versand-Handelsgruppe beträgt weltweit über 21 Milliarden Mark, und im In- und Ausland beschäftigen wir insgesamt 42.000 Mitarbeiter. Innerhalb der letzten zehn Jahre hat sich der Umsatz und die Zahl der Mitarbeiter mehr als verdoppelt. Vom Umsatz her ist Otto die größte Versandhandelsgruppe der Welt.

Natürlich haben wir auch Pläne für die Zukunft. Wir sind z.B. daran interessiert, unseren britischen und italienischen Versandhandel zu konsolidieren. Wir haben ja neulich das britische Versandhaus Grattan übernommen. Wir planen auch, die Märkte in Osteuropa und in Japan weiterzuentwickeln.

Das war also ein kurzer Überblick über unsere Firma. Möchte jemand eine Frage stellen?

Besucher 1: Entschuldigung, könnten Sie den Umsatz bitte wiederholen?

Sprecherin: Ja, wir haben einen Umsatz von über 21 Milliarden Mark weltweit. Hat jemand weitere Fragen?

Besucher 2: Ja. Könnten Sie bitte etwas mehr über Ihre Aktivitäten in Osteuropa sagen?

Sprecherin: Ja, gerne. Den osteuropäischen Markt baut Otto seit 1991 aus. Zum Beispiel haben wir 1991 in Polen ein Versandhaus gegründet. 1992 haben wir den ungarischen Versender Margaréta übernommen.

Besucher 2: Danke.

Sprecherin: So, meine Damen und Herren, beginnen wir jetzt unsere Betriebsbesichtigung ...

KAPITEL 3

3.1B

Herr Noske: Herr Weber, darf ich Sie irgendwann diese Woche zum Abendessen einladen?

Herr Weber: Gern, Herr Noske, das ist sehr freundlich von Ihnen.

Herr Noske: Würde Ihnen Donnerstag passen?

Herr Weber: Ja, das wäre prima, da habe ich nichts anderes vor.

Herr Noske: Gut. Essen Sie gern chinesisch? Ich kenne nämlich ein sehr gutes chinesisches Restaurant, das Restaurant Lotus. Die Küche ist ausgezeichnet, und die Atmosphäre dort finde ich sehr angenehm.

Herr Weber: Es tut mir leid, aber ich befürchte, die chinesische Küche schmeckt mir nicht.

Herr Noske: Wie wär's also mit einem gutbürgerlichen deutschen Restaurant?

Herr Weber: Ja, ehrlich gesagt ist mir das lieber.

Herr Noske: Dann kann ich zwei Restaurants empfehlen, die Bingelsstube oder das Restaurant Zum Kuhhirten-Turm. Die Bingelsstube hat eine Freiterrasse, da kann man wunderbar draußen sitzen. Aber das Restaurant Zum Kuhhirten-Turm hat, glaube ich, die bessere Speisekarte. Der Kuhhirten-Turm ist auch in Sachsenhausen. Das ist unser Vergnügungsviertel, das sollten Sie sehen.

Herr Weber: Prima, gehen wir also ins Restaurant Zum Kuhhirten-Turm.

Herr Noske: Gut, dann reserviere ich einen Tisch für Donnerstag abend.

Herr Weber: Wann und wo sollen wir uns treffen?

Herr Noske: Ich hole Sie so um halb sieben mit dem Auto von Ihrem Hotel ab.

Herr Weber: Vielen Dank für die Einladung, Herr Noske, ich freue mich drauf!

3.2B

Herr Noske: Guten Abend, ich habe einen Tisch reserviert auf den Namen Noske, Firma Morita.

Empfangsdame: Ja, Herr Noske, kommen Sie bitte mit. Ich hoffe, dieser Tisch paßt Ihnen?

Herr Noske: Ja, wunderbar. Danke schön.

Kellner: So, meine Herrschaften, die Speisekarte, bitte schön.

Herr Weber: Mm. Sieht alles sehr lecker aus. Nehmen Sie eine Vorspeise?

Herr Noske: Ja. Ich glaube, ich nehme die Hühnerbrühe mit Einlage.

Herr Weber: Ich auch.

Herr Noske: Und was nehmen Sie als Hauptgericht?

Herr Weber: Können Sie mir etwas empfehlen?

Herr Noske: Das Eisbein mit Sauerkraut schmeckt hier besonders gut. Das ist eine Spezialität der Gegend.

Herr Weber: Ach nein, danke, da nehme ich lieber etwas anderes. Ich glaube, ich probiere die halbe Wildente. Und was nehmen Sie?

Herr Noske: Für mich das Champignonschnitzel mit Rahmsauce. Also, Herr Ober, wir möchten bestellen!

Kellner: Bitte schön, die Herrschaften, was bekommen Sie?

Herr Noske: Also, zweimal Hühnerbrühe ... und dann die halbe Wildente für den Herrn und Champignonschnitzel für mich.

Kellner: Jawohl. Und was möchten Sie dazu trinken?

Herr Noske: Also, kein Alkohol für mich. Ich muß noch Auto fahren. Ich nehme ein Apollinaris. Aber Sie, Herr Weber, Sie dürfen ruhig etwas trinken. Ich fahre Sie dann nach Hause.

Herr Weber: Dann nehme ich bitte ein Glas Rotwein, den Trollinger, und auch eine Flasche Mineralwasser.

Kellner: Ist gut, vielen Dank.

3.2D

Kellner: So, meine Herrschaften, hat es Ihnen geschmeckt?
Herr Noske: Ja, es war köstlich, danke.
Herr Weber: Ja, es hat wirklich sehr gut geschmeckt.
Kellner: Möchten Sie noch etwas bestellen?
Herr Noske: Ich nehme noch eine Rote Grütze. Und Sie, Herr Weber?
Herr Weber: Ich möchte bitte das Pflaumenkompott mit Vanilleeis, aber ohne Sahne.
Herr Noske: Und bringen Sie mir die Rechnung, bitte.
Kellner: Geht die Rechnung zusammen oder getrennt?
Herr Noske: Alles zusammen, bitte.
Kellner: So, die Rechnung, bitte schön.
Herr Noske: Danke. So, 110 Mark, stimmt so.
Kellner: Vielen Dank. Angenehmen Abend noch.
Herr Noske: Vielen Dank, auf Wiedersehen.
Kellner: Wiedersehen.

3.3B

Herr Noske: Also, trinken wir auf Moritas neue Niederlassung in Weimar!
Herr Weber: Ja, auf ihren Erfolg! Prost.
Herr Noske: Zum Wohl. Sie sind doch aus Weimar, Herr Weber. Was ist denn Weimar für eine Stadt?
Herr Weber: Weimar ist eine mittelgroße Stadt und ist, wie Sie bestimmt wissen, für ihre historischen Verbindungen mit Goethe, Schiller und Liszt bekannt. Goethe hat mal gesagt: „Wählen Sie Weimar zu Ihrem Wohnort. Wo finden Sie auf einem so engen Flecken noch so viel Gutes!"
Herr Noske: Es muß ja sehr schön sein. Und wo wohnen Sie?
Herr Weber: In der Nähe des Stadtzentrums, in der Altstadt.
Herr Noske: Und wie wohnt man dort?
Herr Weber: Es ist schon sehr schön, dort zu wohnen. Trotz der Zentrumslage ist es dort relativ ruhig. Nur es kommen jetzt immer mehr Touristen, und das Parken wird immer schwieriger!
Herr Noske: Ja, das Parken ist immer ein Problem in der Stadt. Wie kommen Sie denn zur Arbeit? Fahren Sie mit dem Auto?
Herr Weber: Nein, ich gehe zu Fuß, dafür brauche ich nur 15 Minuten.
Herr Noske: Toll, ich brauche mindestens eine Stunde. Und wie wohnen Sie, wenn ich fragen darf?
Herr Weber: Wir haben eine Wohnung im dritten Stock eines Altbaus.
Herr Noske: Gehört die Wohnung Ihnen, oder ist es eine Mietwohnung?
Herr Weber: Es ist eine Mietwohnung.
Herr Noske: Und wie groß ist sie?
Herr Weber: Ungefähr 80 Quadratmeter. Wir haben drei Zimmer und einen Balkon. Und wo wohnen Sie, Herr Noske?
Herr Noske: In einem Stadtteil, der Schwalbach heißt, das liegt am nordwestlichen Stadtrand.
Herr Weber: Und wie wohnt man dort?
Herr Noske: Es ist eigentlich eine schöne Wohngegend, es ist fast im Grünen. Wir haben's nicht weit zum Taunusgebirge.
Herr Weber: Und wie kommen Sie zur Arbeit? Gibt es gute Verkehrsverbindungen ins Stadtzentrum?
Herr Noske: Ich fahre meistens mit dem Auto, die Straßenverbindungen sind sehr gut.
Herr Weber: Und wie wohnen Sie?
Herr Noske: Ich wohne in einer Doppelhaushälfte mit Südgarten.
Herr Weber: Schön, einen Garten hätte ich gern. Gehört das Haus Ihnen?
Herr Noske: Ja, das Haus habe ich vor etwa vier Jahren gekauft.
Herr Weber: Und wie groß ist es?
Herr Noske: 120 Quadratmeter. Es hat vier Zimmer.
Herr Weber: Hat das Haus einen Keller?
Herr Noske: Ja, der Keller kommt noch dazu. Da unten macht mein Sohn Musik.

3.3D

Herr Noske: Und haben Sie auch Familie, Herr Weber?
Herr Weber: Ja. Darf ich Ihnen diese Fotos zeigen?
Herr Noske: Gern.
Herr Weber: Das sind meine Kinder, Matthias und Claudia.
Herr Noske: Und wie alt sind sie?
Herr Weber: Matthias ist jetzt zehn und Claudia ist zwölf Jahre alt. Und das ist meine Frau, Barbara. Sie arbeitet im Krankenhaus, sie ist Krankenschwester.
Herr Noske: Sehr nett. Ich müßte auch irgendwo ein Familienfoto haben ... ja, da ist es. Da bin ich und der da, das ist mein Sohn, Thomas.
Herr Weber: Wie alt ist er?
Herr Noske: Er wird bald 18 und geht noch zur Schule. Nächstes Jahr macht er sein Abitur.
Herr Weber: Und wer sind die anderen?
Herr Noske: Das ist meine Schwester Ingrid mit ihrem Mann und das ist mein Bruder Johann mit seiner Frau. Mein Schwager Albert arbeitet übrigens auch bei Morita, vielleicht lernen Sie ihn noch kennen.
Herr Weber: Und wer ist der Kleine da?
Herr Noske: Das ist mein Neffe Georg, der Sohn von meiner Schwester Ingrid. Mein Bruder und seine Frau haben noch keine Kinder.
Herr Weber: Und Ihre Frau?
Herr Noske: Meine Ex-Frau ist nicht dabei. Ich bin seit zwei Jahren geschieden und erziehe meinen Sohn alleine.
Herr Weber: Ach so, das tut mir leid.
Herr Noske: Na ja, das passiert heutzutage so oft.

3.4B

Herr Noske: Was machen Sie denn in Ihrer Freizeit, Herr Weber?
Herr Weber: Na ja, ich gehe gern mit meiner Familie im Park oder im Wald spazieren. Sonntags machen wir auch gern mal Ausflüge und besuchen alte Burgen, Schlösser und Kirchen. Ich interessiere mich nämlich sehr für Geschichte.
Herr Noske: Ja, Ihre Gegend muß historisch sehr interessant sein. Interessieren Sie sich auch für Musik oder Theater?
Herr Weber: Ja, ich höre sehr gern klassische Musik. Meine Frau und ich gehen gern mal ins Konzert oder ins Theater. Und Sie?
Herr Noske: Eigentlich gehe ich lieber ins Kino.
Herr Weber: Ach so. Ich interessiere mich auch sehr für Filme. Was für Filme sehen Sie gern?
Herr Noske: Eigentlich alles, nur nicht Horrorfilme oder Science-fiction! Ja, ich finde die Filme von Wim Wenders sehr interessant.
Herr Weber: Ich persönlich mag die alten Hitchcock-Filme am liebsten. Die bringen sie ganz oft im Fernsehen.
Herr Noske: Ja, mir gefällt Hitchcock auch. Sehen Sie denn viel fern?
Herr Weber: Nein, ich habe keine Zeit. Nur Fußball sehe ich gern im Fernsehen, die Nachrichten natürlich, und ab und zu schaue ich mir einen interessanten Dokumentarfilm an.
Herr Noske: Treiben Sie Sport?
Herr Weber: Leider nicht mehr! Sind Sie denn sportlich aktiv?
Herr Noske: Ja, ziemlich.
Herr Weber: Was für Sportarten treiben Sie?
Herr Noske: Na, im Winter fahre ich mit meinem Sohn Ski und im Sommer fahre ich gern Rad. Ich mache oft Radtouren im Taunus. Und zweimal pro Woche jogge ich, um fit zu bleiben.
Herr Weber: Alle Achtung! Ich müßte auch wieder mal joggen gehen, ich bin überhaupt nicht mehr fit. Und haben Sie noch andere Hobbys?
Herr Noske: Na ja, ich lese gern, die Zeitung natürlich, aber auch Literatur und Sachbücher, am liebsten Biographien.
Herr Weber: Wer sind Ihre Lieblingsautoren?
Herr Noske: Ja, ich lese gern die Bücher von Heinrich Böll, Christa Wolf, Patrick Süskind ...
Herr Weber: Ah, ja, „Das Parfüm" von Süskind hat mir sehr gut gefallen ...

3.5C

Herr Noske: In der DDR konnte man nur selten in die westlichen Länder fahren. Sind Sie seit der Wiedervereinigung viel gereist?

Herr Weber: Oh ja, natürlich!

Herr Noske: Wohin sind Sie denn letztes Jahr in Urlaub gefahren?

Herr Weber: Nach Österreich. Wir haben zwei Wochen in St. Gilgen verbracht.

Herr Noske: Ah, St. Gilgen kenne ich. Ich war selbst vor zwei Jahren im Skiurlaub dort. Wie hat es Ihnen gefallen?

Herr Weber: Sehr gut. Die Stadt ist sehr schön, sauber und ruhig, und die Landschaft ist herrlich.

Herr Noske: Ja, das fand ich auch. Wo haben Sie gewohnt?

Herr Weber: Wir haben in einer Familienpension gewohnt. Es war recht gemütlich. Die Familie war sehr freundlich, der Service war ausgezeichnet, und das Essen hat uns sehr gut geschmeckt.

Herr Noske: Prima! Und was haben Sie dort gemacht?

Herr Weber: Wir sind viel in den Bergen gewandert. Wir sind auch oft geschwommen, und mein Sohn hat auf dem See Surfen gelernt. An einem Tag haben wir einen Ausflug nach Salzburg gemacht. Abends sind meine Frau und ich oft ins Konzert gegangen und einmal haben wir eine Folklore-Veranstaltung besucht. Es war ein schöner Urlaub.

Herr Noske: Ja, es hat mir dort auch gefallen. Und wie war das Wetter?

Herr Weber: Herrlich, es hat nicht einmal geregnet!

Herr Noske: Prima! Und haben Sie schon Reisepläne für dieses Jahr?

Herr Weber: Ja, dieses Jahr wollen wir wahrscheinlich in die Schweiz fahren. Und Sie? Wo waren Sie letztes Jahr im Urlaub?

Herr Noske: Wir sind in die Türkei geflogen ...

3.5D

Herr Weber: Wo waren Sie letztes Jahr im Urlaub?

Herr Noske: Wir sind in die Türkei geflogen und haben zwei Wochen in Side verbracht.

Herr Weber: Aha! Da war ich noch nie. Wie hat es Ihnen gefallen?

Herr Noske: Es war wunderbar. Wir haben uns richtig erholt!

Herr Weber: Prima! Wo haben Sie denn gewohnt?

Herr Noske: Wir haben in einem Luxushotel gewohnt, direkt am Strand. Der Service war ausgezeichnet, und das Essen hat uns sehr gut geschmeckt. Die Leute waren auch sehr freundlich.

Herr Weber: Und was haben Sie dort gemacht?

Herr Noske: Natürlich haben wir viel am Strand gelegen und wir sind auch jeden Tag geschwommen. Wir haben die römischen Ruinen besucht, die direkt in Side sind. Wir haben auch einige Ausflüge mit dem Bus ins Landesinnere gemacht. Und abends sind wir durch die Bazars gebummelt. Es war ein sehr schöner Urlaub.

Herr Weber: Und wie war das Wetter?

Herr Noske: Meistens herrlich, nur am letzten Tag hat es geregnet!

Herr Weber: Wunderbar. Da muß ich auch mal hin! Und haben Sie schon Reisepläne für dieses Jahr?

Herr Noske: Ja, dieses Jahr wollen wir wahrscheinlich nach Spanien fahren.

3.6B

Herr Weber: Herr Noske, ich habe bald ein freies Wochenende in Frankfurt. Was kann man hier tun?

Herr Noske: Was möchten Sie gern machen?

Herr Weber: Ich möchte natürlich einige Sehenswürdigkeiten besichtigen.

Herr Noske: Also, wenn Sie sich für Geschichte interessieren, sollten Sie den Römer besuchen, das mittelalterliche Rathaus der Stadt. Und nicht weit vom Römer ist die Paulskirche, wo die erste deutsche Nationalversammlung stattfand.

Herr Weber: Ja, von dem Römer und der Paulskirche habe ich schon gehört.

Herr Noske: Und weil Sie ja aus der Goethe-Stadt Weimar kommen, müssen Sie unbedingt Goethes Geburtshaus besuchen. Das ist auch nicht weit vom Römer.

Herr Weber: Ach ja, eine gute Idee!

Herr Noske: Es gibt auch viele interessante Museen in Frankfurt. Wenn Sie sich für Filme interessieren, könnten Sie das Deutsche Filmmuseum besuchen.

Herr Weber: Aha, wo ist es denn?

Herr Noske: Am südlichen Mainufer. Die Straße dort nennt man jetzt „Museumsufer", weil es dort so viele Museen gibt. Selbst wenn Sie die Museen nicht besuchen, können Sie ihre spektakuläre moderne Architektur bewundern!

Herr Weber: Da muß ich unbedingt hin! Ich möchte auch einige Geschenke kaufen. Wo kann man am besten einen Einkaufsbummel machen?

Herr Noske: Die wichtigste Einkaufszone ist die Zeil. Dort finden Sie fast alle großen Kaufhäuser und Geschäfte. Wissen Sie, daß die Zeil die umsatzstärkste Einkaufsstraße Frankfurts ist?

Herr Weber: Tatsächlich? Und kann ich dort auch Andenken kaufen?

Herr Noske: Unter der Hauptwache finden Sie viele Souvenirläden, das ist am Anfang der Zeil. Auch hier in Sachsenhausen können Sie Souvenirs kaufen.

Herr Weber: Und was ist ein typisches Andenken von Frankfurt?

Herr Noske: Oh, ein *Äppelwoi*-Bembel, das ist ein großer Steinkrug, blau bemalt. *Äppelwoi* ist ja das typische Frankfurter Getränk!

Herr Weber: Und was macht man abends in Frankfurt?

Herr Noske: Es gibt viele Möglichkeiten. Es kommt darauf an, was Sie gerne tun. Wenn Sie sich für Kultur interessieren, könnten Sie in die Alte Oper gehen. Dort hört man allerdings Konzerte, keine Opern. Das Gebäude wurde 1944 zerstört und 1981 als Konzert- und Kongreßhaus wiedereröffnet. Übrigens, da habe ich eine Idee. Gehen Sie gern in die Oper?

Herr Weber: Ja, aber warum?

Herr Noske: Wir haben ein Abonnement für die Stadtoper, und am nächsten Mittwoch habe ich eine Karte für den „Fliegenden Holländer" von Wagner übrig. Hätten Sie Lust mitzukommen?

Herr Weber: Oh ja, mit Vergnügen! Recht vielen Dank!

KAPITEL 4

4.1B

Herr Grimm: So, Herr Wenz, hier ist das Organigramm unserer Firma. Wie Sie sehen, wird die Firma von einer Geschäftsführung geleitet, unser Geschäftsführer heißt Dr. Schwarz. Organisatorisch ist die Firma in sieben Hauptbereiche aufgeteilt.

Herr Wenz: Das sind Vertrieb, Produktion und so weiter?

Herr Grimm: Ja, genau.

Herr Wenz: Und einige Bereiche sind in Abteilungen aufgeteilt?

Herr Grimm: Ja, richtig. Der Bereich Vertrieb zum Beispiel umfaßt die Abteilung Marketing und Werbung, den Außendienst und den Innendienst. Zum kaufmännischen Bereich gehören die Abteilungen Rechnungswesen und Buchhaltung, Materialwirtschaft und Logistik sowie die Lagerhaltung.

Herr Wenz: Aha. Und wo arbeite ich?

Herr Grimm: Sie arbeiten in drei Abteilungen bei uns. So bekommen Sie einen guten Überblick über das Zusammenwirken der verschiedenen Abteilungen. Zuerst arbeiten Sie vier Wochen im Vertrieb. Der Leiter dort ist Herr Dorn. Zu Anfang arbeiten Sie im Innendienst, dort unterstehen Sie Frau Peer.

Herr Wenz: Frau Peer, P-E-E-R?

Herr Grimm: Ja, genau. Die nächsten vier Wochen verbringen Sie in der kaufmännischen Abteilung.

Herr Wenz: Und wer ist da der Chef?

Herr Grimm: Unser kaufmännischer Leiter ist Herr Fleck.

Herr Wenz: Herr Fleck?

Herr Grimm: Ja. Dort fangen Sie in der Abteilung Materialwirtschaft und Logistik an. Der Abteilungschef heißt Herr Braun.

Herr Wenz: Und danach?

Herr Grimm: Die letzten vier Wochen sind Sie in der Produktion. Unser Produktionschef ist Herr Swoboda.

Herr Wenz: Wie schreibt man den Namen, bitte?

Herr Grimm: S-W-O-B-O-D-A, Swoboda.

Herr Wenz: Aha, danke.

Herr Grimm: So lernen Sie bei uns etwas über die Tätigkeiten und Anforderungen in den verschiedenen Berufen, was bei der Berufswahl ja sehr wichtig ist.

4.1D

Herr Wenz: Herr Grimm, könnten Sie bitte erklären, wie das alles bei Rohrbach funktioniert?

Herr Grimm: Ja. Wir sind eine Maschinenbaufirma, die wichtigste Abteilung bei uns ist also die Entwicklung und Konstruktion. Die Projektingenieure in dieser Abteilung besprechen mit den Kunden, was diese genau haben möchten, und entwickeln dann entsprechende Produkte. Das Konstruktionsbüro konzipiert die Prototypen.

Herr Wenz: Und was geschieht dann?

Herr Grimm: Die Abteilung Fertigung und Montage fertigt, beziehungsweise montiert, die Produkte. Wir fertigen nach dem Just-in-Time-System.

Herr Wenz: Was ist das Just-in-Time-System?

Herr Grimm: Just-in-Time bedeutet, daß unsere Lieferanten das richtige Produktionsmaterial zum richtigen Zeitpunkt und in der richtigen Menge an den Fertigungsort liefern müssen. Das spart Geld. Wir kaufen nämlich nur das ein, was wir brauchen, und wir haben keine hohen Lagerkosten.

Herr Wenz: Ach so, ich verstehe. Und wer organisiert das?

Herr Grimm: Das alles macht die Abteilung Materialwirtschaft und Logistik. Dabei arbeitet sie natürlich eng mit den Abteilungen Entwicklung und Konstruktion und Produktion zusammen. Diese Abteilungen informieren sie, was für Rohmaterialien sie brauchen und zu welchem Termin.

Herr Wenz: Aha. Und wer verkauft die Produkte?

Herr Grimm: Das macht der Vertrieb durch sein Netz von Außendienstmitarbeitern. Die Mitarbeiter im Außendienst betreuen unsere Stammkunden, suchen aber auch ständig neue Kunden.

Herr Wenz: Ach so. Ich verstehe. Vielen Dank, Herr Grimm.

Herr Grimm: Bitte.

4.2A

Herr Wenz: Herr Grimm, wie sind die Arbeitszeiten bei der Firma?

Herr Grimm: In der Fabrik gibt es Schichtarbeit, aber in der Verwaltung haben wir gleitende Arbeitszeit. Die Kernzeit geht von 9.00 bis 16.00 Uhr.

Herr Wenz: Und wann kann man morgens anfangen?

Herr Grimm: Man kann zwischen halb acht und neun Uhr anfangen, und aufhören kann man zwischen 16.00 Uhr und 18.30 Uhr, außer freitags. Freitags machen wir schon um 16.00 Uhr Feierabend.

Herr Wenz: Wie viele Stunden muß man pro Woche arbeiten?

Herr Grimm: 37½ Stunden einschließlich einer halben Stunde Mittagspause.

Herr Wenz: Muß man auch Überstunden machen?

Herr Grimm: Die gibt es normalerweise hier in der Verwaltung nicht, aber in der Fabrik manchmal schon, wenn viel Arbeit da ist.

Herr Wenz: Eine Frage noch: wie viele Urlaubstage gibt es im Jahr?

Herr Grimm: 30, und die gesetzlichen Feiertage kommen noch dazu.

4.2D

Herr Wenz: Herr Grimm, eine Frage zur Bezahlung. Ich bekomme monatlich 850 Mark, nicht?

Herr Grimm: Ja, richtig. Da Sie einen Angestelltenberuf lernen, bekommen Sie ein Monatsgehalt.

Herr Wenz: Und ist das brutto oder netto?

Herr Grimm: Das ist Ihr Bruttogehalt, aber Sie bekommen noch Wohngeld dazu.

Herr Wenz: Und wieviel ist das Wohngeld?

Herr Grimm: 250 Mark im Monat. Leider bekommen Sie das dreizehnte Monatsgehalt nicht, da Sie nur drei Monate bei uns bleiben.

Herr Wenz: Das 13. Monatsgehalt?

Herr Grimm: Ja, alle Angestellten bei uns bekommen noch ein Monatsgehalt zu Weihnachten.

Herr Wenz: Ach, schade! ... Aber, Herr Grimm, noch eine Frage. Wann bekomme ich mein erstes Gehalt?

Herr Grimm: Am Ende des ersten Monats.

Herr Wenz: Das ist erst in drei Wochen. Könnte ich vielleicht einen Vorschuß bekommen?

Herr Grimm: Natürlich, das ist überhaupt kein Problem. Gehen Sie zu unserer Kassiererin und lassen Sie sich einen Vorschuß geben.

Herr Wenz: Danke schön, Herr Grimm.

4.3B

DIALOG 1

Herr Wenz: Entschuldigung, wo ist das Büro des Personalleiters?

Empfangsdame: Sein Büro ist im zweiten Stock. Vom Empfang aus gehen Sie zwei Treppen hoch. Wenn Sie oben sind, sehen Sie seine Tür schon vor sich.

Herr Wenz: Danke.

DIALOG 2

Herr Wenz: Wie komme ich zur Abteilung Vertrieb?

Herr Grimm: Gehen Sie wieder nach unten ins Erdgeschoß, dann links um die Ecke, den Gang entlang, und es ist die vierte Tür links.

Herr Wenz: Danke.

DIALOG 3

Herr Wenz: Ich muß in die Produktionsabteilung. Wie komme ich dahin?

Mitarbeiterin: Gehen Sie zurück zum Empfang, dann eine Treppe hinauf in den ersten Stock. Dort gehen Sie links, dann geradeaus bis fast zum Ende. Sie sehen die Abteilung auf der linken Seite.

DIALOG 4

Herr Wenz: Wo ist der Postraum, bitte?

Mitarbeiter: Gehen Sie hier rechts raus, zurück zur Treppe, dann die Treppe runter ins Erdgeschoß. Wenn Sie unten sind, gehen Sie links, und er ist auf der rechten Seite gleich hinter dem Empfang.

4.4A

Herr Dorn: Herr Wenz, ich möchte Sie einigen Kollegen vorstellen, mit denen Sie zu tun haben werden.

Herr Wenz: Ah, gut.

Herr Dorn: Das ist Frau Kern vom Innendienst. Sie ist Sachbearbeiterin und kümmert sich um die Aufträge.

Herr Wenz: Guten Tag, Frau Kern. Sehr erfreut.

Frau Kern: Guten Tag, Herr Wenz.

Herr Dorn: Das ist Herr Barth vom Außendienst. Er ist Verkaufsberater und ist verantwortlich für die Kundenbetreuung.

Herr Wenz: Freut mich, Sie kennenzulernen!

Herr Barth: Tag, Herr Wenz.

Herr Dorn: Und das ist unser Marketing-Assistent, Herr Abt. Herr Abt befaßt sich mit Marktforschung und Werbung.

Herr Wenz: Guten Tag, Herr Abt.

Herr Abt: Angenehm.

Herr Dorn: Und das ist Frau Richter. Frau Richter ist unsere Sekretärin.

Herr Wenz: Guten Tag, Frau Richter!

Frau Richter: Guten Tag.

Herr Wenz: Wofür sind Sie zuständig?

Frau Richter: Ich bin zuständig für allgemeine Büroarbeiten in der Abteilung.

Herr Dorn: So, dann lasse ich Sie jetzt hier. Frau Kern wird sich um Sie kümmern. Viel Spaß bei der Arbeit!

Herr Wenz: Vielen Dank, Herr Dorn.

4.4D

Herr Wenz: Frau Kern, Sie sind für die Aufträge zuständig. Wie läuft das? Was müssen Sie alles bei der Arbeit machen?

Frau Kern: Was ich bei der Auftragsabwicklung mache? Also, ich nehme Kundenanfragen entgegen, d. h. ein Kunde möchte etwas kaufen und fragt nach Preis und Lieferzeit der Ware. Ich beantworte die Anfrage, indem ich ein Angebot erstelle. Im Angebot geben wir eine Produktspezifikation, den Preis und die Lieferzeit an. Das mache ich in Zusammenarbeit mit der Abteilung Entwicklung und Konstruktion.

Wenn der Kunde unser Angebot annimmt und etwas bestellen möchte, gibt er uns einen Auftrag. Dann muß ich den Auftrag bestätigen. Mit der Auftragsbestätigung nehmen wir den Auftrag an. Die Auftragsbestätigung leite ich dann an die Abteilung Rechnungswesen weiter, damit man dort eine Rechnung schreiben kann. Die Versandabteilung bekommt natürlich auch eine Kopie, weil man dort den Lieferschein ausstellt. Ich bin dafür verantwortlich, daß wir die Waren rechtzeitig ausliefern, da muß ich also ständig Liefertermine überwachen. Und einmal im Monat muß ich einen Verkaufsbericht schreiben.

Was mache ich denn sonst noch? Ach ja, ich muß mich manchmal um Reklamationen kümmern, z.B. die Waren sind nicht rechtzeitig angekommen, oder sie funktionieren nicht richtig oder so was, dann reklamiert der Kunde.

Herr Wenz: Also Reklamationen kommen hier auch manchmal vor?

Frau Kern: Leider ja!

4.5B

Herr Wenz: Entschuldigen Sie, Frau Richter, können Sie mir zeigen, wie man den Fotokopierer benutzt?

Frau Richter: Ja, natürlich. Also, mit diesem Hauptschalter hier schalten Sie das Gerät ein ... Moment, warum funktioniert das nicht? ... Ah, das Gerät ist nicht angeschlossen. Können Sie das machen?

Herr Wenz: Wo schließt man das Gerät an?

Frau Richter: Die Steckdose ist hier unter dem Schreibtisch.

Herr Wenz: Ach, ja. So, jetzt geht's.

Frau Richter: Danke. So, wenn Sie eingeschaltet haben, müssen Sie etwas warten, bis diese Anzeige grün leuchtet, dann ist das Gerät betriebsbereit. Dann öffnen Sie die Abdeckung und legen den Text hier auf, mit der bedruckten Seite nach unten ... so ... und dann schließen Sie die Abdeckung. Wie viele Kopien brauchen Sie?

Herr Wenz: Fünf.

Frau Richter: Mit diesen Tasten hier stellen Sie die Kopienanzahl ein. Dann drücken Sie die Starttaste - fertig!

Herr Wenz: Vielen Dank, Frau Richter.

Frau Richter: Bitte schön.

4.5D

Frau Kern: Könnten Sie vielleicht dieses Fax für mich senden, Herr Wenz?

Herr Wenz: Gerne, Frau Kern, ich hab' aber noch nie ein Faxgerät benutzt. Können Sie mir zeigen, wie man das macht?

Frau Kern: Ja, sicher. Also zuerst stellen Sie die Papierführung ein, so ... Und dann legen Sie das Original hier auf, und zwar mit der bedruckten Seite nach unten. Schieben Sie das Papier etwas, bis es automatisch eingezogen wird, sehen Sie. So, und jetzt wählen Sie die Faxnummer des Empfängers, mit diesen Wähltasten hier. Moment ... 030 44 97 - 1. Dann drücken Sie die Starttaste, so, und das Gerät beginnt zu senden. Wenn der Text durchgelaufen ist, ertönt das Abschlußsignal und das Display zeigt „Sendung OK".

Herr Wenz: Aha.

Frau Kern: Und zuletzt druckt das Gerät ein Übertragungsprotokoll aus, sehen Sie.

Herr Wenz: Und was macht man damit?

Frau Kern: Das heften Sie auf den Text und legen ihn dann hier in die Ablage. Frau Richter wird das dann zu den Akten legen.

Herr Wenz: Danke, Frau Kern. Ich hoffe, ich kann mir das alles merken!

Frau Kern: Ich auch. Wenn Sie Probleme haben, dann fragen Sie mich ruhig.

4.6A

Frau Kern: Ach, schon wieder eine Reklamation von Walter Betz! Ich brauche erst einmal einen Kaffee, bevor ich die Firma anrufe.

Herr Wenz: Ich koche Ihnen einen Kaffee, Frau Kern!

Frau Kern: Ach, das ist nett von Ihnen, Herr Wenz.

Herr Wenz: Möchten Sie auch einen Kaffee, Frau Richter?

Frau Richter: Oh ja, bitte.

Herr Wenz: So, hier ist der Kaffee.

Frau Kern: Vielen Dank.

Frau Richter: Danke.

Frau Kern: Ach, jetzt geht's mir schon viel besser. So, lesen wir den Brief von Herrn Betz noch mal ... ach, wie ich Reklamationen hasse!

Herr Wenz: Aber Frau Kern, die Arbeit hier gefällt Ihnen doch gut, oder?

Frau Kern: Meistens schon, aber unangenehme Telefongespräche mit Kunden mag ich nicht.

Herr Wenz: Was machen Sie denn gerne?

Frau Kern: Ach, Anfragen entgegennehmen, neue Produkte anbieten, solche Sachen mache ich gerne. Ich verhandle auch gern mit Kunden über Preise.

Herr Wenz: Was gefällt Ihnen am besten an Ihrer Stelle?

Frau Kern: Ich arbeite am liebsten selbständig und hier kann ich meine Arbeit selbst einteilen.

Herr Wenz: Und Sie, Frau Richter, wie finden Sie denn Ihre Stelle?

Frau Richter: Na ja, mir gefällt die Arbeit ganz gut.

Herr Wenz: Was machen Sie gern?

Frau Richter: Mm ... Geschäftsreisen für den Chef zu organisieren macht mir Spaß.

Herr Wenz: Und was gefällt Ihnen an der Arbeit nicht so gut?

Frau Richter: Die langen Arbeitsstunden mag ich nicht. Manchmal muß ich bis abends um sieben arbeiten. Da bleibt wenig Zeit für das Private übrig! Ja, das, und die Ablage. Die Ablage machen finde ich todlangweilig! Und bei Sitzungen führe ich auch nicht gern Protokoll.

Frau Kern: Und Sie, Herr Wenz, Sie sind jetzt schon fast drei Wochen hier. Arbeiten Sie gern bei der Firma?

Herr Wenz: Ja, ich arbeite gern hier, denn die Arbeit ist sehr interessant - sehr abwechslungsreich. Das beste an dem Job sind aber die netten Kollegen!

Frau Kern: Meint er etwa uns?

4.6D

Wolfgang Wenz: Entschuldigung, ist hier noch frei?

Udo Petzold: Aber sicher. Du bist der neue Praktikant, oder?

Wolfgang: Ja, bist du auch Praktikant?

Udo: Ja, ich heiße Udo.

Wolfgang: Grüß dich, ich heiße Wolfgang. Wie lange arbeitest du denn schon bei Rohrbach?

Udo: Seit über zwei Monaten. Mein Praktikum geht bald zu Ende.

Wolfgang: In welchen Abteilungen warst du denn schon?

Udo: Zuerst war ich in der kaufmännischen Abteilung, dann bei Informationssystemen, und jetzt bin ich in der Produktion.

Wolfgang: Ach, das ist aber interessant! Da fange ich nämlich nächsten Monat an! Wie ist es denn, in der Abteilung zu arbeiten?

Udo: Na, paß auf. Das Arbeitsklima dort ist schlecht. Der Produktionschef, Herr Swoboda, ist ein sehr unsympathischer Typ. Die meisten Kollegen haben Angst vor ihm. Er ist sehr autoritär, er schreit dauernd und kommandiert die Leute herum.

Wolfgang: Und wie sind die anderen Kollegen?

Udo: Da gibt's den Herrn Marek, er ist sehr ehrgeizig und konkurriert ständig mit den anderen. Ich glaube, er möchte die Stelle des Abteilungsleiters haben. Er ist überhaupt nicht hilfsbereit, er nimmt sich nie Zeit, einem zu helfen oder irgend etwas zu erklären.

Wolfgang: Und ich muß ganze vier Wochen dort arbeiten!

Udo: Na ja, es gibt dort wenigstens einen sympathischen Kollegen, er heißt Herr Uhl. Er ist gutmütig und gelassen und hat immer Zeit, wenn man ein Problem hat. Halte dich an ihn. Aber wie ist das Arbeitsklima dort, wo du arbeitest?

Wolfgang: In der Vertriebsabteilung ist das Klima eigentlich sehr positiv. Unser Chef ist sehr freundlich und zugänglich, und die Kollegen sind wirklich sehr nett.

Udo: Du hast es aber gut.

KAPITEL 5

5.1B

Kollegin: Sie wählen zuerst die internationale Vorwahl, also von uns aus null null. Dann wählen Sie die Landesvorwahl, das heißt vier neun für Deutschland. Danach kommt die Ortsnetzkennzahl für München. Sie lassen da die Null weg und wählen also acht neun. Dann kommt die Rufnummer der Firma, also siebzehn dreiunddreißig. Auf diesem Brief steht auch Frau Seidels Durchwahlnummer. Wenn Sie direkt nach der Rufnummer zwo vier wählen, erreichen Sie Frau Seidel direkt.

So, alles klar? Oder soll ich's wiederholen? Also, noch einmal ...

5.1D

ANRUF 1

Auskunft: Platz 87. Auslandsauskunft, guten Tag. Welches Land, bitte?

Anrufer: Guten Tag. Österreich.

Auskunft: Welcher Ort, bitte?

Anrufer: Wien.

Auskunft: Wie heißt der Teilnehmer?

Anrufer: Die Firma Flora-Print.

Auskunft: Einen Moment. ... Sie wählen null null vier drei für Österreich. Die Vorwahl ist eins für Wien, die Nummer ist zweiundneunzig - sechsundsechzig - null eins.

Anrufer: Also null null vier drei für Österreich, dann eins - neun zwo - sechs sechs - null eins.

Auskunft: Ja.

Anrufer: Vielen Dank, auf Wiederhören.

ANRUF 2

Auskunft: Platz 19. Auslandsauskunft, guten Tag. Welches Land, bitte?

Anrufer: Frankreich. Was ist die Nummer der Firma Intrex Trading in Paris?

Auskunft: Bleiben Sie am Apparat. Sie wählen null null drei drei für Frankreich. Die Vorwahl für Paris ist eins, die Rufnummer ist dreißig - dreiundfünfzig - zweiundzwanzig - sechsundvierzig.

Anrufer: Könnten Sie das bitte in einzelnen Ziffern sagen?

Auskunft: Ja, drei null - fünf drei - zwei zwei - vier sechs.

Anrufer: Drei null - fünf drei - zwei zwei - vier sechs. Gut, danke, auf Wiederhören.

ANRUF 3

Auskunft: Platz 56. Internationale Auskunft, guten Tag. Welches Land, bitte?

Anrufer: Spanien.

Auskunft: Ort, bitte.

Anrufer: Madrid.

Auskunft: Wie heißt der Teilnehmer?

Anrufer: Unisys España.

Auskunft: Moment, bitte. ... Sie wählen null null drei vier für Spanien, die Vorwahl für Madrid ist eins, die Nummer ist vier - null drei - sechs null - null null.

Anrufer: Könnten Sie das bitte langsamer sagen?

Auskunft: Null null drei vier für Spanien. Die Vorwahl für Madrid ist eins und die Rufnummer der Firma ist vier - null drei - sechs null - null null.

Anrufer: Vielen Dank, auf Wiederhören.

ANRUF 4

Auskunft: Platz 17. Auslandsauskunft, guten Tag. Welches Land, bitte?

Anrufer: Die Schweiz. Geben Sie mir bitte die Nummer von International Watch und Co. in Schaffhausen.

Auskunft: Einen Moment, bitte. ... Die Vorwahl ist fünf drei für Schaffhausen, die Rufnummer ist achtundzwanzig - fünfundfünfzig - vierundfünfzig.

Anrufer: Also, ich wiederhole: fünf drei - achtundzwanzig - fünfundfünfzig - vierundfünfzig. Und was ist die internationale Vorwahl für die Schweiz?

Auskunft: Von hier aus wählen Sie null null vier eins.

Anrufer: Recht vielen Dank, auf Wiederhören.

Auskunft: Bitte schön, auf Wiederhören.

5.2A

TEIL 1

Nummer 1: (*Freiton*)

Nummer 2: (*Besetztton*)

Nummer 3: (*Datenton*)

TEIL 2

Ansage 1: Kein Anschluß unter dieser Nummer.

Ansage 2: Die Rufnummer des Teilnehmers hat sich geändert. Bitte wählen Sie: sechs - zwoundsiebzig - fünfundachtzig - sechzig. Ich wiederhole: sechs - zwoundsiebzig - fünfundachtzig - sechzig.

Ansage 3: Die Ortsnetzkennzahl für Hinterliederbach hat sich geändert. Bitte wählen Sie vor der Rufnummer zwo null.

Ansage 4: Alle Auskunftsplätze sind zur Zeit belegt! Bitte legen Sie nicht auf! Sie werden gleich bedient!

5.2B

ANRUF 1

Zentrale: Videco, Frankfurt, guten Tag.

Frau Henrik: Hallo, ist da die Firma Videco?

Zentrale: Videco, Frankfurt, guten Tag.

Frau Henrik: Guten Tag. Hier spricht Henrik von der Firma Dansk Data in Aalborg. Kann ich bitte Herrn Schuster von der Einkaufsabteilung sprechen?

Zentrale: Ja, Moment bitte, ich verbinde.

Frau Henrik: Danke.

Herr Schuster: Schuster, guten Tag.

Frau Henrik: Spreche ich mit Herrn Schuster?

Herr Schuster: Ja, wer ist am Apparat?

Frau Henrik: Hier ist Henrik, Dansk Data, Aalborg, guten Tag.

ANRUF 2

Zentrale: Schulze, Nürnberg, guten Morgen.

Herr Werner: Guten Morgen. Hier spricht Udo Werner von der Firma Sandoz in Basel. Könnte ich bitte Frau Pfeiffer sprechen?

Zentrale: Einen Moment, bitte, ich verbinde. Der Anschluß ist besetzt. Wollen Sie warten?

Herr Werner: Ja, ich warte.

Zentrale: Ich verbinde.

Frau Pfeiffer: Pfeiffer.

Herr Werner: Guten Tag, Frau Pfeiffer, hier Udo Werner, Sandoz, Basel.

ANRUF 3

Teilnehmer: Guten Tag.

Anrufer: Guten Tag. Ist da die Firma Lasco?

Teilnehmer: Nein, hier ist eine Privatnummer. Sie sind falsch verbunden!

Anrufer: Ach Verzeihung, ich habe falsch gewählt. Auf Wiederhören!

Teilnehmer: Auf Wiederhören!

5.2D

ANRUF 1

Zentrale: Firma Braun, guten Tag.

Herr Ellis: Guten Tag. Hier spricht John Ellis von Computec in London. Kann ich bitte Herrn Müller von der Verkaufsabteilung sprechen?

Zentrale: Kleinen Moment, bitte, ich verbinde.

Büro: Guten Tag, Steinke, Apparat Müller.

Herr Ellis: Guten Tag, Ellis, Computec London. Ich möchte bitte Herrn Müller sprechen.

Büro: Herr Müller ist im Moment leider nicht da. Wollen Sie zurückrufen?

Herr Ellis: Wann kann ich ihn erreichen?

Büro: Sie können es in einer halben Stunde wieder probieren.

Herr Ellis: Gut, dann rufe ich in einer halben Stunde wieder an.

Büro: Ist gut, auf Wiederhören.

Herr Ellis: Auf Wiederhören.

ANRUF 2

Zentrale: Firma Braun, guten Tag.

Frau Gomez: Guten Tag, Gomez, Firma Rumasa, Barcelona. Könnte ich Frau Bach sprechen?

Zentrale: Ich verbinde.

Büro: Büro Bach, guten Tag.

Frau Gomez: Guten Tag, Gomez, Firma Rumasa, Barcelona. Ist Frau Bach zu sprechen, bitte?

Büro: Wie bitte? Die Verbindung ist sehr schlecht!

Frau Gomez: Hier Gomez, Rumasa, Barcelona. Ich möchte Frau Bach sprechen.

Büro: Frau Bach ist in einer Besprechung. Soll ich ihr etwas ausrichten?

Frau Gomez: Nein, danke. Ich muß sie persönlich sprechen. Können Sie mir sagen, wann ich sie erreichen kann?

Büro: Am besten rufen Sie morgen zurück. Sie ist ab 8.30 Uhr im Büro.

Frau Gomez: Gut, dann rufe ich morgen früh kurz nach halb neun wieder an. Vielen Dank.

Büro: Bitte schön, auf Wiederhören.

ANRUF 3

Zentrale: Firma Braun, guten Tag.

Herr Borg: Guten Tag, hier spricht Borg, Svenska Marketing, Stockholm. Ich möchte bitte Herrn Weber sprechen.

Zentrale: Einen Moment, ich stelle Sie durch.

Büro: Linz am Apparat.

Herr Borg: Könnte ich bitte Herrn Weber sprechen?

Büro: Es tut mir leid, Herr Weber ist auf Geschäftsreise.

Herr Borg: Ach so. Wissen Sie, ob er diese Woche wieder im Büro ist?

Büro: Er ist erst nächsten Montag wieder da. Kann ich Ihnen helfen?

Herr Borg: Nein, danke, ich rufe am Montag wieder an. Vielen Dank.

Büro: Gern geschehen. Auf Wiederhören.

5.3A

ANRUF 1

Rezeption: Arabella Hotel, guten Tag.

Herr Green: Guten Tag, mein Name ist Green von der Firma Midfast, Birmingham. Ich möchte gern Informationsmaterial über Ihre Konferenzeinrichtungen. Wer kann mir das senden?

Rezeption: Einen Moment, ich verbinde Sie mit der Bankettabteilung.

Herr Green: Mit welcher Abteilung, bitte?

Rezeption: Mit der Bankettabteilung.

Herr Green: Danke.

ANRUF 2

Zentrale: Hedemann GmbH, guten Tag.

Frau Arup: Guten Tag, Arup, Lunaprint, Kopenhagen. Es geht um die Reklamation einer mechanischen Presse, die Sie uns geliefert haben. Mit wem spreche ich am besten darüber?

Zentrale: Ich verbinde Sie mit dem Kundendienst. Bleiben Sie am Apparat.

Herr Schmidt: Schmidt, guten Tag.

Frau Arup: Guten Tag, ist das der Kundendienst?

Herr Schmidt: Ja, worum handelt es sich, bitte?

Frau Arup: Es geht um die Reklamation einer mechanischen Presse, die Sie uns gerade geliefert haben.

Herr Schmidt: Wie ist Ihr Name, bitte?

Frau Arup: Arup, Lunaprint, Kopenhagen.

Herr Schmidt: Geben Sie mir die Bestellnummer, bitte.

Frau Arup: Die Bestellnummer ist 183/1B.

Herr Schmidt: Und was ist das Problem?

ANRUF 3

Zentrale: EOC Normalien, Lüdenscheid, guten Tag.

Frau Bethmann: Guten Tag, hier spricht Bethmann, Firma Arco, Paris. Ich rufe an wegen einer Rechnung, die ich gerade bekommen habe. Wer ist dafür zuständig?

Zentrale: Ich verbinde Sie mit Herrn Weyhe von der Buchhaltung.

Frau Bethmann: Entschuldigung, wie war der Name noch mal?

Zentrale: Weyhe.

Frau Bethmann: Danke.

Herr Weyhe: Weyhe am Apparat.

Frau Bethmann: Guten Tag, hier spricht Bethmann, Firma Arco, Paris. Ich habe eine Frage zu Ihrer letzten Rechnung Nummer 781/A. Ich glaube, Sie haben sich verrechnet.

Herr Weyhe: Ja, dafür bin ich leider nicht zuständig. Da sprechen Sie am besten mit Frau Weiß. Bleiben Sie am Apparat, ich verbinde Sie weiter.

Frau Bethmann: Danke.

5.3C

Nummer 1: Jäger: J wie Julius, Ä wie Ärger, G wie Gustav, E wie Emil, R wie Richard.

Nummer 2: Münch: Martha, Übermut, Nordpol, Cäsar, Heinrich.

Nummer 3: Swarowski: Samuel, Wilhelm, Anton, Richard, Otto, Wilhelm, Samuel, Kaufmann, Ida.

Nummer 4: Zeiss: Z wie Zacharias, E wie Emil, I wie Ida, Samuel, Samuel.

Nummer 5: Weyhe: Wilhelm, Emil, Ypsilon, Heinrich, Emil.

Nummer 6: Quantas: Q wie Quelle, U wie Ulrich, A wie Anton, N wie Nordpol, T wie Theodor, A wie Anton, S wie Samuel.

5.3D

Zentrale: Schäfer GmbH, guten Tag.

Frau Lionne: Guten Tag, mein Name ist Lionne. Ich rufe aus Paris an, von der Firma Raphael. Ich hätte gern einen Katalog Ihrer Produkte. Wer kann mir das schicken?

Zentrale: Kleinen Moment, ich verbinde Sie mit der Marketingabteilung.

Frau Lionne: Danke.

Herr Riller: Riller, guten Tag.

Frau Lionne: Guten Tag, Lionne, Firma Raphael, Paris. Können Sie mir bitte Ihren neuesten Katalog schicken?

Herr Riller: Natürlich. Sagen Sie mir Ihren Namen, bitte.

Frau Lionne: Lionne.

Herr Riller: Oh, das müssen Sie mir aber buchstabieren!

Frau Lionne: Also, L wie Ludwig, I wie Ida, O wie Otto, Nordpol, Nordpol, Emil.

Herr Riller: Und wie heißt Ihre Firma noch mal?

Frau Lionne: Firma Raphael.

Herr Riller: Wie schreibt man das, bitte?

Frau Lionne: Richard, Anton, Paula, Heinrich, Anton, Emil, Ludwig.

Herr Riller: Und was ist die Adresse?

Frau Lionne: 24 rue Levallois. Ich buchstabiere: Ludwig, Emil, Viktor, Anton, Ludwig, Ludwig, Otto, Ida, Samuel. Haben Sie das?

Herr Riller: Ja.

Frau Lionne: Und die Postleitzahl ist 75017 Paris.

Herr Riller: Also, ich wiederhole: Frau Lionne, Firma Raphael, 24 rue Levallois, 75017 Paris.

Frau Lionne: Ja, richtig.
Herr Riller: In Ordnung, Frau Lionne. Wir schicken Ihnen den Katalog heute zu.

5.4A

ANRUF 1
Büro: Bartsch, guten Tag.
Frau Lehmann: Guten Tag, hier Lehmann, Firma Strehl, Hamburg. Kann ich bitte Herrn Kuhn sprechen?
Büro: Herr Kuhn ist gerade beim Mittagessen. Soll er Sie zurückrufen?
Frau Lehmann: Nein, ich melde mich etwas später wieder.
Büro: Ist gut, auf Wiederhören.
Frau Lehmann: Auf Wiederhören.

ANRUF 2
Büro: Linz.
Herr Harrap: Guten Tag, hier spricht Harrap, Svenska Marketing, Stockholm. Ich möchte Frau Lehmann sprechen.
Büro: Frau Lehmann ist in einer Sitzung.
Herr Harrap: Ach so. Wissen Sie, wie lange das dauert?
Büro: Das geht wahrscheinlich den ganzen Tag. Wollen Sie eine Nachricht hinterlassen?
Herr Harrap: Ja, können Sie Frau Lehmann sagen ...

ANRUF 3
Büro: Werner am Apparat.
Herr Brown: Guten Tag, Brown, Cooper Engineering, Manchester. Könnte ich bitte Herrn Hubert sprechen?
Büro: Herr Hubert spricht gerade auf der anderen Leitung. Soll er Sie zurückrufen?
Herr Brown: Ja, bitte.
Büro: Wiederholen Sie Ihren Namen, bitte.
Herr Brown: Brown - Berta, Richard, Otto ...

5.4B

ANRUF 1
Büro: Sekretariat Kaderli, grüß Gott, Zimmermann am Apparat.
Frau Dupont: Guten Tag. Hier spricht Chantal Dupont von der Firma AWN in Lyon. Kann ich bitte Herrn Kaderli sprechen?
Büro: Es tut mir leid, Herr Kaderli ist gerade mit einem Kunden zusammen. Soll ich etwas ausrichten?
Frau Dupont: Ja, sagen Sie bitte Herrn Kaderli, daß ich angerufen habe. Es geht um einen Besuchstermin. Könnte er mich zurückrufen? Ich bin bis 18.00 Uhr im Büro.
Büro: Ist gut. Wie war Ihr Name noch mal?
Frau Dupont: Dupont. Ich buchstabiere: Dora, Ulrich, Paula, Otto, Nordpol, Theodor.
Büro: Und von welcher Firma sind Sie?
Frau Dupont: Von der Firma AWN, Lyon.
Büro: Hat Herr Kaderli Ihre Telefonnummer?
Frau Dupont: Ja, ich glaube schon, aber ich gebe sie Ihnen noch mal durch: drei drei, vierundzwanzig, neunundsiebzig, sechsunddreißig, achtzig.
Büro: Ich wiederhole: drei drei, vierundzwanzig, neunundsiebzig, sechsunddreißig, achtzig. In Ordnung, Frau Dupont, ich sage Herrn Kaderli Bescheid.
Frau Dupont: Vielen Dank, auf Wiederhören.
Büro: Wiederhören!

ANRUF 2
Büro: Büro Herr Lutz, Schmidt.
Herr Petterson: Hier spricht Olaf Petterson von Teleteknik in Viborg. Ist Herr Lutz zu sprechen, bitte?
Büro: Nein, es tut mir leid, Herr Lutz hat heute einen Tag Urlaub.
Herr Petterson: Ach, könnten Sie ihm bitte etwas ausrichten?
Büro: Aber gerne!
Herr Petterson: Es handelt sich um unseren Auftrag Nr. 2814/b. Könnte er ihn sobald wie möglich per Fax bestätigen?
Büro: Ist gut, ich richte es Herrn Lutz aus.
Herr Petterson: Und könnte er mich zurückrufen? Es ist ziemlich dringend.

Büro: Ja, gut. Können Sie Ihren Namen bitte wiederholen?
Herr Petterson: Ja, ich heiße Petterson, P wie Paula, E wie Emil, Theodor, Theodor, E wie Emil, R wie Richard, S wie Samuel, O wie Otto, N wie Nordpol, und ich bin von der Firma Teleteknik, Viborg.
Büro: Teleteknik, Viborg. Also, kein Problem, Herr Petterson, ich sage Herrn Lutz Bescheid.
Herr Petterson: Recht vielen Dank. Auf Wiederhören.
Büro: Nichts zu danken. Wiederhören.

ANRUF 3
Büro: Fischer am Apparat.
Herr Cipolli: Guten Tag. Cipolli, Firma Castelli, Bologna. Ist Herr Becker da, bitte?
Büro: Es tut mir leid, Herr Becker ist nicht an seinem Platz. Ich glaube, er ist beim Mittagessen.
Herr Cipolli: Ach so. Könnte ich eine Nachricht hinterlassen?
Büro: Ja, selbstverständlich.
Herr Cipolli: Es geht um die Lieferung unseres Auftrags Nr. 123/b, die gerade eingetroffen ist. Sagen Sie ihm bitte, daß die Maschine defekt ist. Könnte er jemanden vom Kundendienst sobald wie möglich zu uns schicken? Die Sache ist dringend.
Büro: In Ordnung, das sage ich Herrn Becker. Können Sie Ihren Namen wiederholen, bitte?
Herr Cipolli: Ja, Cipolli, Cäsar, Ida, Paula, Otto, Ludwig, Ludwig, Ida. Haben Sie das?
Büro: Ja. Und Sie sind von der Firma Castelli, Bologna?
Herr Cipolli: Ja.
Büro: Alles klar, Herr Cipolli, ich sage Herrn Becker Bescheid.
Herr Cipolli: Danke, auf Wiederhören.
Büro: Gern geschehen, auf Wiederhören.

5.4D

Ansage 1: Guten Tag. Die Firma Clemens Wollgast und Co. ist wegen Betriebsferien geschlossen. Wenn Sie eine Nachricht hinterlassen möchten, geben Sie Ihren Namen, Ihre Telefonnummer und Adresse an. Wir rufen Sie dann am Montag, dem 8. August, wieder zurück. Bitte sprechen Sie nach dem Signalton.

Ansage 2: Guten Tag. Hier ist die Firma Klaus Forsbach, Telefonnummer drei - fünfundneunzig - fünfzig - sechsundzwanzig. Persönlich erreichen Sie uns montags bis freitags von 8.00 Uhr bis 12.30 Uhr und von 13.00 Uhr bis 17.00 Uhr. Sie können uns gerne eine Nachricht mit Ihrem Namen, Ihrer Anschrift und gegebenenfalls Ihrer Kundennummer hinterlassen. Wir rufen Sie dann zurück. Bitte sprechen Sie nach dem folgenden Signalton.

Ansage 3: Jochen Schmidt, guten Tag. Unser Büro ist zur Zeit nicht besetzt. Bitte rufen Sie unsere Niederlassung in Hamburg unter null vier null - fünf - fünfunddreißig - vierund-achtzig an. Oder versuchen Sie, mich unter null vier null - neunundsechzig - vierzig - sechsundfünfzig zu erreichen. Danke.

KAPITEL 6

6.1B

Verkehrsamt: Freiburg-Information, guten Tag.
Frau Lind: Ist das die Tourist-Information Freiburg?
Angestellter: Ja, bitte schön?
Frau Lind: Guten Tag, mein Name ist Lind, von der Firma HML. Ich brauche Informationen über Hotels in Freiburg. Kann ich mit Ihnen darüber sprechen?
Angestellter: Ja, was suchen Sie genau?
Frau Lind: Ich muß eine Konferenz für ungefähr 70 Personen organisieren und suche ein passendes Hotel. Ich brauche Unterkunft für alle Teilnehmer sowie einen großen Konferenzraum und zwei kleinere Räume. Könnten Sie mir bitte einige Hotels empfehlen?
Angestellter: In welcher Preiskategorie soll das Hotel sein? Sie denken wahrscheinlich an Luxus- oder First-Class?
Frau Lind: Ja, bitte.
Angestellter: Und wo soll das Hotel liegen? Zentral, oder kann es etwas außerhalb sein?
Frau Lind: Es kann auch außerhalb sein, aber nicht zu weit außerhalb. An einem Abend möchten wir nämlich ein Gala-Essen in Freiburg veranstalten, und da soll es nicht zu schwierig sein, die Teilnehmer hinzubringen.
Angestellter: Und haben Sie weitere Kriterien?
Frau Lind: Ja, das Hotel muß ein eigenes Restaurant haben. Es müssen auch Parkmöglichkeiten vorhanden sein, einige Teilnehmer werden nämlich mit dem Auto kommen.
Angestellter: Also, einen Moment bitte, ich schaue nach ... Also, Frau Lind, da gibt es das Colombi Hotel, ein ausgesprochenes Luxushotel, direkt in der Stadtmitte, mit 180 Betten ... oder das Dorint Hotel Freiburg-City im neuen Kongreßzentrum von Freiburg, mit 222 Betten. Das ist ein First-Class Hotel und wurde erst 1994 eröffnet. Dann weiter außerhalb gibt es das Panorama-Hotel Mercure, das hat eine wunderschöne Lage oberhalb der Stadt. Und in Munzingen, etwa neun Kilometer von Freiburg, ist das Schloß Reinach, ein ehemaliger Bauernhof.
Frau Lind: Ach, ein alter Bauernhof, das klingt aber ganz toll! Wie heißt das Hotel bitte noch mal?
Angestellter: Schloß Reinach, ich buchstabiere: Richard, Emil, Ida, Nordpol, Anton, Cäsar, Heinrich.
Frau Lind: Und die Telefonnummer, bitte?
Angestellter: Die Vorwahl ist 0 76 64 und die Rufnummer ist 4 07-0.
Frau Lind: Und Sie sagten, das Hotel liegt neun Kilometer außerhalb von Freiburg?
Angestellter: Ja, Schloß Reinach ist in Munzingen, das ist etwa zehn Minuten mit dem Auto von Freiburg entfernt.
Frau Lind: Danke, und das erste Hotel auf Ihrer Liste war ...?
Angestellter: Hotel Colombi, das schreibt sich Cäsar, Otto, Ludwig, Otto, Martha, Berta, Ida. Die Telefonnummer ist 07 61/2 10 60.
Frau Lind: Und das ist ein Luxushotel?
Angestellter: Ja, es ist eines der besten Stadthotels in Deutschland.
Frau Lind: Und dann das Hotel Dorint im neuen Kongreßzentrum. Können Sie den Namen bitte auch buch-stabieren?
Angestellter: Gerne. Dora, Otto, Richard, Ida, Nordpol, Theodor. Jetzt die Telefonnummer. Das ist die gleiche Vorwahl für Freiburg, also 07 61 und dann 38 89-0.
Frau Lind: Und alle diese Hotels haben Konferenzräume?
Angestellter: Ja.
Frau Lind: Gut. So, das sind drei Hotels, ich glaube, das reicht im Moment. Recht vielen Dank für Ihre Hilfe. Nur noch eine Bitte. Könnten Sie mir Informationsmaterial über Freiburg und Ihr Hotelverzeichnis zusenden?
Angestellter: Selbstverständlich. Geben Sie mir Ihre Adresse, das schicke ich Ihnen heute noch zu.
Frau Lind: Also meine Firma heißt HML, die Adresse ist ...

6.3B

Rezeption: Hotel Dorint, Freiburg-City, guten Tag.
Frau Lind: Guten Tag, hier Lind, Firma HML. Kann ich bitte den Direktor, Herrn Offers, sprechen?
Rezeption: Einen Moment, bitte, ich verbinde.
Herr Offers: Guten Tag, Offers.
Frau Lind: Guten Tag, Lind, Firma HML. Es geht um unsere Jahreskonferenz nächstes Jahr. Erstmal vielen Dank für die Konferenzunterlagen, die Sie mir geschickt haben.
Herr Offers: Gern geschehen.
Frau Lind: Nun, die Konferenz soll Mitte Juni stattfinden und dauert drei Tage. Der Anreisetag ist Sonntag und die Abreise ist am Mittwoch nachmittag.
Herr Offers: So, das wären drei Übernachtungen.
Frau Lind: Ja. Wie Sie wissen, brauchen wir Unterkunft für 70 Teilnehmer, sowie einen großen Konferenzraum für 70 Personen und zwei kleinere Seminarräume für je 35 Personen. Können Sie mir sagen, ob das Hotel um diese Zeit noch frei ist, oder haben Sie schon Buchungen?
Herr Offers: Einen Moment, bitte, ich schaue nach ... Die zweite Juniwoche ist leider völlig ausgebucht, aber die dritte Woche ist noch frei.
Frau Lind: Ah, gut, die dritte Woche wäre möglich, das notiere ich mir ... Also, Herr Offers, darf ich einige Fragen zu Ihren Preisen stellen?
Herr Offers: Aber selbstverständlich!
Frau Lind: Aus Ihrer Broschüre entnehme ich, daß Ihre Zimmerpreise bei Konferenzen und Seminaren variieren. Was wäre der Zimmerpreis für 70 Teilnehmer für drei Nächte?
Herr Offers: Da können wir einen Preis von 180 Mark pro Person pro Nacht anbieten.
Frau Lind: Dieser Preis basiert auf der Teilnehmerzahl von 70, der Aufenthaltslänge von drei Tagen und der Saison?
Herr Offers: Ja, genau.
Frau Lind: Ist der Preis inklusive Frühstück?
Herr Offers: Ja.
Frau Lind: Gut. Nun habe ich eine Frage zu Ihrer Konferenzpauschale. Wie gesagt, wir brauchen einen großen Konferenzraum und zwei kleinere Räume. Was kosten zusätzliche Konferenzräume?
Herr Offers: Wenn Sie unsere Konferenzpauschale buchen, entfallen die Bereitstellungskosten und Raummieten. Der Preis unserer Pauschale beträgt 69 Mark pro Person pro Tag.
Frau Lind: Das heißt, zusätzliche Räume werden nicht separat berechnet?
Herr Offers: Nein.
Frau Lind: Ach so, gut. Und jetzt eine Frage zum Abendessen. Wie ich sehe, ist die Pauschale exklusive Abendessen, stimmt's?
Herr Offers: Ja, das stimmt.
Frau Lind: Haben Sie eine Auswahl von Menüs?
Herr Offers: Ja, natürlich.
Frau Lind: Können Sie mir einige Menüpreise nennen?
Herr Offers: Die 3-Gang-Menüs fangen bei 19 Mark an und gehen bis zu 44 Mark. Dann haben wir einige 4-Gang-Menüs, die zwischen 61 und 68 Mark kosten. Wir bieten auch Büffets zu 40 Mark und 60 Mark.
Frau Lind: Gut, Herr Offers, ich habe alles notiert. Könnten Sie mir bitte ein schriftliches Preisangebot machen?
Herr Offers: Ja, gerne, Frau Lind, das mache ich noch heute.
Frau Lind: Vielen Dank, Herr Offers, auf Wiederhören.
Herr Offers: Auf Wiederhören.

6.4A

DIALOG 1

Rezeption: Schloß Reinach, Grüß Gott.
Frau Lind: Guten Tag, hier spricht Lind von der Firma HML. Ich möchte bitte Frau Fell von der Bankettabteilung sprechen.
Rezeption: Ich verbinde.
Frau Fell: Fell, guten Tag.
Frau Lind: Guten Tag, Frau Fell, hier Lind, Firma HML.

Frau Fell: Ah, guten Tag, Frau Lind.

Frau Lind: Ich habe Ihr Angebot für unsere Konferenz im nächsten Jahr bekommen, vielen Dank. Bevor wir unsere Entscheidung treffen, möchten mein Chef, Herr Cook, und ich Ihr Hotel und die Konferenzeinrichtungen besichtigen. Können wir einen Termin vereinbaren?

Frau Fell: Aber gerne. Wann möchten Sie kommen?

Frau Lind: Geht es in der ersten Septemberwoche?

Frau Fell: Ja, selbstverständlich. Welcher Tag paßt Ihnen am besten?

Frau Lind: Sagen wir Mittwoch, der 6. September?

Frau Fell: Ja, das geht. Vormittags oder nachmittags?

Frau Lind: Vormittags wäre uns lieber. Dann haben wir genug Zeit, um alles zu sehen und um die Konferenzorganisation zu besprechen. Sagen wir um 10.30 Uhr?

Frau Fell: In Ordnung, Frau Lind. Und wollen Sie auch übernachten?

Frau Lind: Nein, danke, nach der Besichtigung fahren wir gleich weiter.

Frau Fell: Ist gut. Ich bestätige Ihnen den Termin für Ihren Besuch per Fax.

Frau Lind: Vielen Dank, auf Wiederhören.

Frau Fell: Auf Wiederhören.

DIALOG 2

Zentrale: HML Stuttgart, Grüß Gott.

Frau Lind: Guten Tag, können Sie mich bitte mit Herrn Frey verbinden?

Zentrale: Einen Moment, bitte.

Sekretärin: Müller am Apparat.

Frau Lind: Guten Tag, ich möchte Herrn Frey sprechen.

Sekretärin: Herr Frey ist gerade in einer Besprechung. Kann ich Ihnen helfen? Ich bin seine Sekretärin.

Frau Lind: Ja, vielleicht. Hier spricht Lind von der Hauptverwaltung. Es geht um die Konferenz im nächsten Jahr in Freiburg. Mein Chef, Herr Cook, und ich fliegen in der ersten Septemberwoche nach Freiburg, um einige Konferenzhotels zu besichtigen. Wir möchten gern Herrn Frey besuchen, um die Organisation der Konferenz zu besprechen. Können wir einen Termin vereinbaren?

Sekretärin: Moment bitte, ich schaue mal in seinem Terminkalender nach. Also, in der letzten Augustwoche ist er im Urlaub und kommt erst am Dienstag, dem 5. September, ins Büro zurück. Am Mittwoch, dem 6. September, ist er nur am Vormittag frei, oder am Nachmittag ab 15.00 Uhr. Am Donnerstag, dem 7. September, ist er den ganzen Tag frei.

Frau Lind: Donnerstag paßt sehr gut. Geht es um 10.00 Uhr?

Sekretärin: Ja, das geht. Donnerstag, der 7. September um 10.00 Uhr, Herr Cook und Frau Lind. Ich trage es ein.

Frau Lind: Sehr gut, vielen Dank.

Sekretärin: Gern geschehen. Auf Wiederhören.

Frau Lind: Auf Wiederhören.

6.4C

DIALOG 1

Herr Beck: Beck.

Herr Werner: Grüß Gott, Herr Beck, hier Werner, Firma Kluwer, Wien.

Herr Beck: Ah, guten Tag, Herr Werner.

Herr Werner: Es geht um unseren Termin am nächsten Montag.

Herr Beck: Ja, um 9.30 Uhr, nicht wahr?

Herr Werner: Ja. Ich muß leider absagen, weil wir hier in der Firma im Augenblick einige Probleme haben.

Herr Beck: Ach so, das tut mir leid.

Herr Werner: Könnte ich Sie nächste Woche wieder anrufen, um einen neuen Termin zu vereinbaren? Ich bitte um Verständnis für diese Unannehmlichkeit.

DIALOG 2

Frau Doliwa: Doliwa am Apparat.

Herr Riedel: Guten Morgen, Frau Doliwa, hier spricht Riedel, Lieberoth GmbH. Wie Sie wissen, haben wir einen Termin für heute nachmittag um zwei Uhr. Ich glaube aber, das schaffe ich nicht. Ich stehe im Moment auf der Autobahn im Stau. Bis wann sind Sie im Büro?

Frau Doliwa: Das ist kein Problem, Herr Riedel, ich bin bis fünf Uhr hier.

Herr Riedel: Ah, gut. Ich melde mich später wieder, sobald ich weiß, wann ich wahrscheinlich ankomme. Auf Wiederhören.

Frau Doliwa: Auf Wiederhören.

DIALOG 3

Herr Fleck: Fleck, guten Tag.

Frau Laval: Guten Tag, Herr Fleck, hier spricht Yvette Laval, Intrex Trading, Paris. Ich habe einen Termin mit Ihnen übermorgen um 11.00 Uhr. Ich muß den Termin aber leider absagen, weil die Fluglotsen hier am Flughafen streiken. Könnten wir den Termin vielleicht auf nächste Woche verschieben?

Herr Fleck: Ja, ich schaue in meinem Terminkalender nach. Mm, das wäre wohl schwierig. Nächste Woche bin ich nämlich drei Tage auf der Messe in Köln.

6.5A

DIALOG 1

Rezeption: Hotel Royal, guten Tag.

Frau Lind: Guten Tag, hier spricht Lind von der Firma HML. Ich habe den Namen Ihres Hotels dem Hotelverzeichnis vom Verkehrsamt entnommen und möchte eine Zimmerreservierung machen. Erst mal eine Frage. Wie weit sind Sie vom Hauptbahnhof entfernt?

Rezeption: Das ist nur eine S-Bahn Haltestelle. Zu Fuß läuft man etwa 15 Minuten.

Frau Lind: Gut. Dann möchte ich bitte zwei Einzelzimmer reservieren.

Rezeption: Für wann, bitte?

Frau Lind: Vom 6. bis zum 7. September, also für eine Nacht.

Rezeption: Möchten Sie Bad oder Dusche?

Frau Lind: Lieber Bad, wenn's geht.

Rezeption: Dann muß ich mal schauen ... Es tut mir leid, in der Zeit haben wir nur noch Doppelzimmer frei.

Frau Lind: Ach, so. Nun gut, dann versuche ich's bei einem anderen Hotel. Vielen Dank, auf Wiederhören.

Rezeption: Auf Wiederhören.

DIALOG 2

Rezeption: Hotel Ketterer, guten Tag.

Frau Lind: Guten Tag, mein Name ist Lind von der Firma HML. Ich habe den Namen Ihres Hotels dem Hotelverzeichnis vom Verkehrsamt entnommen. Ich möchte zwei Einzelzimmer mit Bad und WC für den 6. September reservieren. Haben Sie da was frei?

Rezeption: Zwei Einzelzimmer für den 6. September, also für eine Nacht?

Frau Lind: Ja.

Rezeption: Ja, das geht in Ordnung.

Frau Lind: Gut. Nur eine Frage: Im Hotelverzeichnis steht, daß Einzelzimmer mit Bad zwischen 168 und 225 Mark kosten. Was ist da der Unterschied?

Rezeption: Die Zimmer zum Preis von 225 Mark sind im Neubau, sie sind etwas größer, mit einem großen Schreibtisch und Minibar. Die zu 168 Mark sind etwas kleiner, aber auch mit Minibar.

Frau Lind: Aha, ich verstehe. Ist das mit Frühstück?

Rezeption: Ja, der Zimmerpreis ist inklusive Frühstück, Bedienung und Mehrwertsteuer.

Frau Lind: Eine Frage noch. Wie weit ist das Hotel vom Hauptbahnhof?

Rezeption: Wir sind einen Kilometer vom Hauptbahnhof entfernt in der Fußgängerzone. Mit dem Taxi erreichen Sie uns in ein paar Minuten, das kostet etwa 10 Mark.

Frau Lind: Gut, dann reservieren Sie bitte zwei Zimmer zum Preis von 225 Mark auf die Namen Cook, C-O-O-K, und Lind, L-I-N-D, Firma HML.
Rezeption: Ist gut.
Frau Lind: Könnten Sie mir diese Reservierung bitte per Fax bestätigen?
Rezeption: Gerne. Was ist denn bitte Ihre Faxnummer?
Frau Lind: Also das ist ...

6.5C

DIALOG 1

Rezeption: Intercity Hotel, guten Tag.
Herr Lehmann: Guten Tag, hier spricht Lehmann von der Firma Rose und Meyer. Ich möchte eine Reservierung ändern.
Rezeption: Was haben Sie reserviert?
Herr Lehmann: Drei Zweibettzimmer und ein Einbettzimmer auf den Namen Slessor vom 29.9. bis zum 4.10. Ich möchte die Reservierung für Herrn Slessor absagen und brauche also nur noch die drei Doppelzimmer.
Rezeption: Gut, Herr Lehmann, das geht in Ordnung.
Herr Lehmann: Fallen da Stornierungskosten an?
Rezeption: Nein, eine kostenfreie Stornierung ist bis drei Wochen vor Anreisedatum möglich.
Herr Lehmann: Gut. Soll ich Ihnen die neue Reservierung per Fax bestätigen?
Rezeption: Ja bitte, das wäre nett.
Herr Lehmann: Gut, dann schick' ich Ihnen sofort ein Fax. Danke schön, auf Wiederhören.
Rezeption: Wiederhören.

DIALOG 2

Rezeption: Hotel Münchner Hof, guten Tag.
Frau Fritsch: Guten Tag, hier Fritsch von der Firma Dataware, München. Ich möchte bitte eine Reservierung ändern.
Rezeption: Was haben Sie reserviert?
Frau Fritsch: Zwei Einzelzimmer auf die Namen Johnson und Reed von der Firma Communications Controlware vom 2. bis zum 4. Juni.
Rezeption: Und was möchten Sie jetzt reservieren?
Frau Fritsch: Ich hätte gern ein Einzelzimmer und ein Doppelzimmer anstatt zwei Einzelzimmer.
Rezeption: Aber für die gleiche Zeit?
Frau Fritsch: Ja, für die gleiche Zeit.
Rezeption: Einen Moment, bitte, ich schaue mal nach. ... Es tut mir leid, Frau Fritsch, aber in der Zeit haben wir keine Doppelzimmer mehr frei.
Frau Fritsch: Ach, so. Schade. Wie wär's also mit drei Einzelzimmern?
Rezeption: Ja, das geht in Ordnung.
Frau Fritsch: Gut. Könnten Sie mir die neue Reservierung per Fax bestätigen?
Rezeption: Ja, selbstverständlich. Was ist bitte Ihre Faxnummer?
Frau Fritsch: Die Faxnummer ist ...

6.5E

Rezeption: Schloß Reinach, guten Tag.
Frau Lind: Guten Tag, hier spricht Lind von der Firma HML. Könnte ich bitte Frau Fell von der Bankettabteilung sprechen?
Rezeption: Einen Moment bitte, ich verbinde.
Frau Fell: Fell, guten Tag.
Frau Lind: Guten Tag, hier Lind, Firma HML. Es geht um unsere Jahreskonferenz nächstes Jahr. Wir haben Ihr Angebot bekommen und das Hotel besichtigt. Wir sind sehr zufrieden und möchten jetzt eine endgültige Buchung machen.
Frau Fell: Das freut mich sehr, Frau Lind.
Frau Lind: Nur noch zwei Fragen. Bis wann können wir absagen?
Frau Fell: Eine kostenfreie Stornierung der Zimmerreservierungen ist bis sechs Wochen vor Anreisedatum möglich. Danach müssen Sie zwischen 50% und 80% des Zimmerpreises bezahlen, je nachdem, wie spät Sie abbestellen.

Die Stornofrist für die Konferenzräume ist 22 Tage.
Frau Lind: Aha. Und wie ist es mit der Konferenzpauschale, wenn weniger Teilnehmer kommen?
Frau Fell: Für die Konferenzräume geben wir eine Ermäßigung bis zu maximal 5%.
Frau Lind: Gut, danke. Dann möchte ich folgendes buchen: 30 Doppelzimmer und 10 Einzelzimmer mit Bad oder Dusche, Ihre Tagungspauschale Nummer 2 für einen Tag und die Pauschale Nummer 1 für zwei Tage, d.h. ohne Abendessen. Weitere Einzelheiten der Tagungsorganisation teile ich Ihnen später mit.
Frau Fell: Gut, Frau Lind, das habe ich mir alles notiert. Ich schicke Ihnen eine schriftliche Bestätigung. Vielen Dank für Ihre Buchung.
Frau Lind: Ich danke auch, auf Wiederhören.
Frau Fell: Auf Wiederhören.

KAPITEL 7

7.1C

DIALOG 1

Fluggast: Können Sie mir bitte helfen? Ich bin eben mit der Maschine aus Wien gekommen. Ich warte die ganze Zeit am Band hier, und mein Koffer ist nicht angekommen. Was soll ich machen?
Angestellte: Sind Sie mit Lufthansa geflogen?
Fluggast: Nein, mit Austrian Airlines.
Angestellte: Dann müssen Sie zum Schalter der Austrian Airlines im Bereich B gehen und den Verlust dort melden.
Fluggast: Bereich B, danke schön.

DIALOG 2

Angestellter: Bitte schön?
Reisende: Guten Tag, wie komme ich am besten nach Mainz?
Angestellter: Mit der S-Bahn vom Flughafenbahnhof.
Reisende: Und können Sie mir sagen, wo der Bahnhof ist?
Angestellter: Im Untergeschoß. Sie erreichen ihn über die Ebene „Unterm Flughafen". Fahren Sie mit der Rolltreppe zwei Etagen tiefer. Die Züge nach Mainz fahren von Gleis 3 ab.
Reisende: Danke. Und wo kaufe ich eine Fahrkarte?
Angestellter: Sie können einen Fahrschein im DB-Reisezentrum kaufen, das ist eine Etage tiefer, oder auch an einem der Automaten im Bahnhof.
Reisende: Vielen Dank.

DIALOG 3

Reisender: Entschuldigung, ist hier die Haltestelle für den Airport-Bus nach Mannheim?
Reisende: Nein, hier fahren die Busse für den Nahverkehrsbereich ab.
Reisender: Ach so. Wissen Sie, wo der Airport-Bus abfährt?
Reisende: Ja, die Haltestelle ist da drüben, Ankunftsebene Bereich B, Tor 4.
Reisender: Aha, danke. Und wo kann ich einen Fahrschein kaufen?
Reisende: Fahrscheine erhalten Sie beim Busfahrer.
Reisender: Vielen Dank!

DIALOG 4

Reisende: Entschuldigung, könnten Sie bitte 10 Mark wechseln? Ich brauche Kleingeld fürs Telefon.
Verkäufer: Es tut mir leid, wir können kein Kleingeld herausgeben. Am besten gehen Sie zur Bank.
Reisende: Wieviel brauchen Sie?
Reisende: Ich habe einen Zehnmarkschein.
Reisender: Na, mal gucken, was ich habe. Ein Fünfmarkstück, drei Markstücke, zwei Fünfzigpfennigstücke und den Rest muß ich Ihnen in Zehnpfennigstücken geben. Geht das?
Reisende: Ja, prima, das ist sehr nett von Ihnen.
Reisender: So, bitte schön.
Reisende: Vielen Dank.

7.2C

Auskunft: Reiseauskunft der Deutschen Bahn Frankfurt, guten Tag.

Frau Brenner: Guten Tag, ich hätte gern eine Zugauskunft. Ich möchte am Freitag vormittag nach München. Wann fahren die Züge, bitte?

Auskunft: Um wieviel Uhr möchten Sie fahren?

Frau Brenner: So gegen 11.00 Uhr.

Auskunft: Einen Moment, bitte. Da fahren Sie um 10.43 Uhr mit dem InterCity Express ab Frankfurt und kommen um 14.15 Uhr in München an.

Frau Brenner: Mm, das ist mir etwas zu früh. Gibt es einen etwas späteren Zug?

Auskunft: Ja, es gibt eine Verbindung um 11.14 Uhr mit Ankunftszeit 15.18 Uhr in München.

Frau Brenner: Abfahrt von Frankfurt 11.14 Uhr, Ankunft in München 15.18 Uhr. Was für ein Zug ist das?

Auskunft: Ein InterCity.

Frau Brenner: Muß man da umsteigen?

Auskunft: Nein, der Zug fährt direkt. Oder Sie können mit dem nächsten ICE um 11.43 Uhr fahren, Ankunftszeit 15.15 Uhr. Das ist auch eine direkte Verbindung.

Frau Brenner: Ja, das hört sich besser an, da komme ich sogar früher an. Also, 11.43 Uhr ab Frankfurt, Ankunft 15.15 Uhr. Noch eine Frage, gibt es ein Restaurant im Zug?

Auskunft: Ja.

Frau Brenner: Gut, danke schön, auf Wiederhören.

Auskunft: Auf Wiederhören.

7.2E

Auskunft: Deutsche Bahn Frankfurt, guten Tag. Wie kann ich Ihnen helfen?

Frau Brenner: Guten Tag, ich fahre mit dem ICE von Frankfurt nach München und möchte eine Fahrkarte buchen.

Auskunft: Fahren Sie einfach, oder hin und zurück?

Frau Brenner: Hin und zurück, bitte.

Auskunft: Möchten Sie erste oder zweite Klasse?

Frau Brenner: Erste Klasse, bitte.

Auskunft: Möchten Sie auch eine Platzreservierung haben?

Frau Brenner: Ja, bitte, für die Hinfahrt. Ich fahre am Freitag, dem 14. Juli, um 11.43 Uhr. Muß ich da extra bezahlen?

Auskunft: Nein, wenn Sie mit dem ICE fahren, brauchen Sie für die Platzreservierung nicht extra zu bezahlen. Möchten Sie im Großraumwagen oder im Abteilwagen sitzen?

Frau Brenner: Im Großraumwagen, bitte.

Auskunft: Raucher oder Nichtraucher?

Frau Brenner: Nichtraucher, bitte.

Auskunft: Möchten Sie einen Fensterplatz oder einen Gangplatz haben?

Frau Brenner: Einen Fensterplatz, bitte.

Auskunft: So, das macht 306 Mark plus 12 Mark ICE-Zuschlag, alles zusammen 318 Mark.

Frau Brenner: 318 Mark, ist gut. Sagen Sie, kann ich die Fahrkarte am Bahnhof abholen?

Auskunft: Ja, Sie gehen zum Schalter für vorbestellte Fahrscheine. Wie möchten Sie die Fahrkarte bezahlen?

Frau Brenner: Mit Kreditkarte. Ich habe American Express.

Auskunft: Gut. Also, sagen Sie mir zuerst Ihren Namen ...

7.2G

Durchsage 1: Am Gleis 4 bitte einsteigen und Türen schließen. Der Zug fährt in Kürze ab.

Durchsage 2: Bitte zurücktreten. Auf Gleis 9 planmäßige Ankunft des InterCity 713 aus Hamburg. Zur Weiterfahrt um 13.51 Uhr nach Stuttgart über Bonn, Koblenz, Mainz und Mannheim.

Durchsage 3: Achtung auf Gleis 8. Der InterCity 712 nach München wird voraussichtlich mit 15 Minuten Verspätung ankommen. Ich wiederhole.

Durchsage 4: Achtung am Gleis 2. Der in Kürze einfahrende EuroCity um 14.02 Uhr nach Amsterdam hat Einfahrt auf dem gegenüberliegenden Gleis. Alle EuroCity Fahrgäste nach Amsterdam werden gebeten, sich zu Gleis 3 zu begeben.

7.3A

DIALOG 1

Besucherin: Guten Tag, wie komme ich am besten nach Untertürkheim? Ich möchte ins Mercedes-Benz-Werk.

Angestellte: Steigen Sie hier am Hauptbahnhof in die S-Bahn Nummer 1 Richtung Plochingen. Von den Haltestellen „Stadion" oder „Untertürkheim" sind es nur wenige hundert Meter bis zum Werksgelände.

Besucherin: Also, ich nehme die S-Bahn Nummer 1 bis zur Haltestelle „Stadion" oder „Untertürkheim."

Angestellte: Ja.

Besucherin: Und können Sie mir sagen, wie lange die Fahrt dauert?

Angestellte: Zirka 15 Minuten.

Besucherin: Vielen Dank.

Angestellte: Nichts zu danken.

DIALOG 2

Besucher: Guten Tag, ich möchte zu den Mineralschwimmbädern in Bad Cannstatt. Wie komme ich am besten dorthin?

Angestellte: Sie nehmen die U14 oder die U1 im Untergeschoß, oder die Straßenbahn Nr. 2.

Besucher: In welche Richtung fahre ich mit der U-Bahn?

Angestellte: Sie fahren mit der U14 Richtung Mühlhausen. Mit der U1 fahren Sie Richtung Fellbach Lutherkirche.

Besucher: Und an welcher Haltestelle steige ich aus?

Angestellte: An der Haltestelle Mineralbäder.

Besucher: Mineralbäder. Können Sie mir sagen, wie viele Haltestellen das sind?

Angestellte: Mm, etwa fünf, aber in der Straßenbahn werden die Haltestellen angekündigt.

Besucher: Ach so. Vielen Dank, auf Wiedersehen.

DIALOG 3

Besucherin: Guten Tag. Ich muß zum Hotel Ketterer in der Marienstraße. Wie komme ich am besten dorthin?

Angestellte: Sie können entweder mit der S-Bahn oder der U-Bahn fahren, oder Sie können auch zu Fuß gehen.

Besucherin: Wie weit ist es zu laufen?

Angestellte: Das sind zirka 15 Minuten zu Fuß.

Besucherin: Nein, das ist zu weit, ich habe einen schweren Koffer. Wie fahre ich mit der S-Bahn?

Angestellte: Sie steigen hier ein und fahren zwei Haltestellen. Am Rotebühlplatz steigen Sie aus.

Besucherin: Und welche Linie ist das?

Angestellte: Das ist egal. Alle S-Bahn-Linien fahren zum Rotebühlplatz. Von der Haltestelle gehen Sie die Eberhardstraße runter, und die Marienstraße ist gleich die erste Straße links.

Besucherin: Die Eberhardstraße runter, dann die erste Straße links. Vielen Dank.

Angestellte: Bitte schön.

DIALOG 4

Besucher: Entschuldigung, wie komme ich am besten zur Universität?

Angestellte: Ach, das ist hier ganz in der Nähe, nur etwa zehn Minuten zu Fuß. Sie gehen durch die Klett-Passage, das ist die Straßenunterführung, und nehmen den Ausgang Theodor-Heuss-Straße. Wenn Sie aus der Unterführung rauskommen, gehen Sie geradeaus die Theodor-Heuss-Straße entlang, über die Kreuzung, dann nehmen Sie die erste Straße rechts.

Besucher: Wie heißt die Straße?

Angestellte: Das ist die Geschwister-Scholl-Straße.

Besucher: Also durch die Straßenunterführung, Ausgang Theodor-Heuss-Straße, dann geradeaus und die erste Straße rechts hinter der Kreuzung.

Angestellte: Richtig. Sie sehen die Universität direkt vor sich, Sie können sie überhaupt nicht verfehlen.

Besucher: Vielen Dank, auf Wiedersehen.

7.4B

Herr Blaue: Blaue, guten Tag.

Herr Nielsen: Guten Tag, Herr Blaue, hier spricht Nielsen von der Firma Guthof. Wir haben heute nachmittag einen Termin, nicht wahr?

Herr Blaue: Ja, ich erwarte Sie um 14.00 Uhr.

Herr Nielsen: Richtig. Ich komme aus Düsseldorf, können Sie mir sagen, wie ich am besten in Ihre Firma komme?

Herr Blaue: Ja, also, wenn Sie auf der A46 aus Düsseldorf kommen, nehmen Sie die Ausfahrt Wuppertal-Wichlinghausen ...

Herr Nielsen: ... Ausfahrt Wuppertal-Wichlinghausen, ja ...

Herr Blaue: Ja, und dann fahren Sie geradeaus über die erste Ampel. An der zweiten Ampel biegen Sie links ab in Richtung Wichlinghausen ...

Herr Nielsen: Also, einen Moment, geradeaus über die erste Ampel und an der zweiten Ampel links ...

Herr Blaue: Ja, richtig. Und dann halten Sie sich immer geradeaus, am Wichlinghauser Markt vorbei, und nach etwa einem Kilometer sehen Sie das Vorwerk-Gebäude auf der rechten Seite. Sie können es gar nicht verfehlen.

Herr Nielsen: ... und das Vorwerk-Gebäude ist auf der rechten Seite. Recht vielen Dank, Herr Blaue, also bis später, auf Wiederhören!

Herr Blaue: Wiederhören.

KAPITEL 8

8.1D

INTERVIEW 1

Journalistin: Ich spreche mit Herrn Steiner auf dem Stand von Sonnenstrand Freizeitartikel. Herr Steiner, Sie sind ein regelmäßiger Aussteller hier, nicht wahr?

Herr Steiner: Ja, wir stellen schon seit 12 Jahren hier auf der SPOGA Messe aus.

Journalist: Und warum sind Sie dieses Jahr hier?

Herr Steiner: Wir sind in erster Linie hier, um den Absatz zu steigern, auf gut deutsch, um Aufträge zu bekommen. Dabei hoffen wir auch, einige neue Kunden zu werben. Den Kontakt zu unseren existierenden Kunden dürfen wir auch nicht vergessen. Die Messe ist für uns nämlich ein wichtiger Treffpunkt. Ich treff' mich hier mit Kunden aus der ganzen Welt, und das erspart mir gut drei, vier Geschäftsreisen pro Jahr. Und rein persönlich freue ich mich drauf, alte Geschäftsfreunde auf der Messe wiederzusehen.

Journalist: Ja, ich verstehe.

INTERVIEW 2

Journalist: Frau Burkart, Sie vertreten die Firma Technotalk hier auf der CeBIT. Warum stellen Sie hier aus?

Frau Burkart: Wir sind vor allen Dingen hier, um den Prototyp unseres neuen Systems „Screentalk" vorzustellen und seine Akzeptanz auf der Messe zu testen. Die Reaktionen der Messebesucher sind für uns nämlich sehr wertvoll. Andere Ziele für uns sind dann, neue Marktinformationen zu sammeln und herauszufinden, was unsere Konkurrenten machen.

Journalist: Ja, das ist natürlich sehr wichtig.

INTERVIEW 3

Journalistin: Mein Gesprächspartner ist Herr Lindner vom Karat-Fahrradwerk, Chemnitz. Herr Lindner, warum haben Sie sich entschieden, hier auszustellen?

Herr Lindner: Erstens um den Namen unserer Firma überhaupt in Westdeutschland bekanntzumachen und zweitens, um unsere Spezialität, ein Fahrrad mit Elektromotor, vorzustellen. Dabei hoffen wir, einige Aufträge mit neuen Kunden

abzuschließen. Ein weiteres Ziel ist, Vertreter für einige deutsche Gebiete und für das Ausland zu finden.

Journalist: Herr Lindner, ich wünsche Ihnen viel Erfolg dabei!

Herr Lindner: Danke!

8.2A

DIALOG 1

Standmitarbeiter: Guten Tag, mein Name ist Koch. Ich sehe, Sie interessieren sich für unsere Hauszelte. Sind Sie an einem besonderen Modell interessiert?

Besucherin: Ja, an diesem hier.

Standmitarbeiter: Aha, das ist in unserer Holiday-Serie und verkauft sich dieses Jahr besonders gut. Darf ich Ihnen vielleicht unseren Katalog mitgeben?

Besucherin: Ja, danke. Haben Sie vielleicht eine Vorführung, wie man diese Zelte aufbaut?

Standmitarbeiter: Ja, die nächste Vorführung ist um 14.00 Uhr.

Besucherin: Ah, gut, dann komme ich um zwei Uhr zurück.

DIALOG 2

Besucher: Guten Tag, Maccario. Ich bin Großhändler und interessiere mich für Ihre Gartenmöbel hier. Ich möchte unter Umständen diese Serie bestellen. Kann ich mit Ihnen über Ihre Preise und Bedingungen sprechen?

Standmitarbeiterin: Am besten sprechen Sie mit unserem Geschäftsführer darüber, Herr Maccario. Ich vereinbare gerne einen Termin für Sie.

Besucher: Ja, gut.

Standmitarbeiterin: Einen Moment, bitte, ich sehe in seinem Terminkalender nach. Er ist um 16.00 Uhr frei, wäre das möglich?

Besucher: Ja, das geht. Hier ist meine Karte.

Standmitarbeiterin: Gut, Herr Maccario, ich schreibe das in den Terminkalender: Herr Maccario, 16.00 Uhr.

Besucher: Danke, auf Wiedersehen.

8.2C

Standmitarbeiter: Guten Tag, mein Name ist Schmidt. Ich sehe, Sie sind an unseren PVC-Luftmatratzen interessiert.

Besucherin: Ja, was kostet z.B. dieses Modell?

Standmitarbeiter: Der Katalogpreis ist 49,95 Mark.

Besucherin: Ist das inklusive Zubehör?

Standmitarbeiter: Nein, die Pumpe wird extra berechnet.

Besucherin: Wieviel Rabatt geben Sie für Großhändler?

Standmitarbeiter: Das kommt auf die Stückzahl an.

Besucherin: Mm. Und wie sind Ihre Lieferzeiten?

Standmitarbeiter: Kleinere Mengen können wir ab Lager innerhalb einer Woche liefern.

Besucherin: Gut. Und wie sind Ihre Zahlungsbedingungen?

Standmitarbeiter: 30 Tage nach Rechnungsdatum.

Besucherin: OK, ich bin sehr an diesen Matratzen interessiert, es kann sein, daß ich einen Auftrag erteile. Haben Sie vielleicht einen Katalog mit Preisliste?

Standmitarbeiter: Selbstverständlich. Wollen Sie den Katalog mitnehmen, oder soll ich Ihnen einen schicken?

Besucherin: Ja, schicken Sie ihn mir nach der Messe, ich habe ja schon die Hände voll! Hier ist meine Karte.

Standmitarbeiter: Und hier ist meine. Vielen Dank für Ihren Besuch, Frau Graaf, ich schicke Ihnen den Katalog nach der Messe sofort zu.

8.3A

Standmitarbeiterin: Guten Tag, ich sehe, Sie sind an diesem Schlafsack interessiert. Das ist eines der beliebtesten Modelle.

Besucher: Ja, könnten Sie mir etwas dazu sagen?

Standmitarbeiterin: Gerne. Dieser Schlafsack hat einen Komforttemperaturbereich bis zu minus neun Grad Celsius, d.h. wenn die Temperatur bis minus neun Grad sinkt, hält er Sie noch angenehm warm. Daher ist er ein Allroundschlafsack für drei Jahreszeiten. Bei niedrigeren Temperaturen fangen Sie an zu frieren, Sie schlafen nicht mehr ruhig.

Besucher: Aha. Und in wie vielen Größen ist der Schlafsack erhältlich?

Standmitarbeiterin: Wir haben diesen Schlafsack in zwei Größen: Die Regular-Ausführung hat eine Länge von 210 Zentimetern, und die Large-Ausführung ist 230 Zentimeter lang.

Besucher: Aus welchem Material ist er?

Standmitarbeiterin: Das Außenmaterial ist Texapore Lightweight. Dieses Material ist wasser- und winddicht und bietet somit einen guten Schutz gegen Feuchtigkeit. Das Innenmaterial ist ein Softnylon, PERTEX 4, und die Füllung ist hochwertige Gänsedaune.

Besucher: Und wieviel wiegt er?

Standmitarbeiterin: Das Gewicht ist zirka 1500 Gramm.

Besucher: Wie groß ist denn der Schlafsack eingepackt?

Standmitarbeiterin: 36 mal 17 Zentimeter. Dieses Packmaß gilt für beide Größen, regular und large.

Besucher: Und in welchen Farben ist er erhältlich?

Standmitarbeiterin: In der Farbkombination grün, violett und schwarz.

Besucher: Gibt es dafür irgendein Zubehör?

Standmitarbeiterin: Ja, der Schlafsack wird mit einem Nylonpacksack und einem Baumwollaufbewahrungsbeutel geliefert.

Besucher: Gut. Nun, eine letzte Frage: Was kostet er?

Standmitarbeiterin: Der Katalogpreis ist DM 549,-.

Besucher: Aha, vielen Dank. Ja, ich bin sehr an diesem Schlafsack interessiert.

Standmitarbeiterin: Darf ich Ihnen also unseren Katalog mitgeben? Er enthält eine Liste unserer Händler im In- und Ausland.

Besucher: Ja, gut. Vielen Dank.

8.4B

Standmitarbeiterin: Guten Tag, mein Name ist Binder. Kann ich Ihnen vielleicht einige Informationen zu diesen Druckern geben?

Besucher: Ja, ich suche einen geeigneten Drucker, aber ich bin nicht sicher, ob ein Tintenstrahldrucker oder ein Laserdrucker für mich geeigneter wäre. Können Sie mich vielleicht beraten?

Standmitarbeiterin: Ja, gerne. Zuerst, wofür brauchen Sie den Drucker?

Besucher: Ich bin Professor an der Universität und arbeite viel zu Hause. Ich habe gerade einen IBM-kompatiblen Personalcomputer gekauft und brauche dafür einen Drucker.

Standmitarbeiterin: Aha. Und was für Texte wollen Sie drucken?

Besucher: Mm, hauptsächlich Routinearbeiten, Referate, Übungsblätter, Briefe, solche Sachen.

Standmitarbeiterin: Müssen Sie Tabellen oder Grafiken drucken?

Besucher: Ja, manchmal.

Standmitarbeiterin: Sie drucken aber keine großen Auflagen?

Besucher: Nein.

Standmitarbeiterin: Die Druckgeschwindigkeit spielt also für Sie keine große Rolle. Was ist für Sie wichtiger, Kaufpreis und Betriebskosten, oder die Druckqualität?

Besucher: Die Druckqualität ist für meine Bedürfnisse eigentlich nicht sehr wichtig, eher der Preis.

Standmitarbeiterin: Aha, und spielt der Geräuschpegel eine Rolle?

Besucher: Was meinen Sie?

Standmitarbeiterin: Einige Drucker sind relativ laut, und das stört manche Verbraucher.

Besucher: Ach, ja, leiser ist natürlich besser, weil ich manchmal am Abend arbeite.

Standmitarbeiterin: Also, wenn Sie herüberkommen möchten ... hier sehen Sie einige Drucker, die für Sie in Frage kommen.

Besucher: Ach, gut.

KAPITEL 9

9.2A

Frau Keller: Guten Tag, Keller am Apparat.

Herr Schuster: Guten Tag, hier Schuster, von der Firma Habermann, München.

Frau Keller: Guten Tag, Herr Schuster. Wie kann ich Ihnen helfen?

Herr Schuster: Habermann ist eine Zulieferungsfirma für die Automobilindustrie, und wir suchen im Moment einen neuen Lieferanten für Bremspedale. Ich habe den Namen Ihrer Firma von Geschäftsfreunden erfahren. Können Sie uns ein Angebot für diesen Artikel machen?

Frau Keller: Bremspedale? Ja, die können wir Ihnen anbieten.

Herr Schuster: Gut. Können Sie mir also Näheres über Ihre Preise und Lieferbedingungen sagen?

Frau Keller: Ja, gerne. Welche Menge benötigen Sie?

Herr Schuster: Haben Sie eine Mindestabnahmemenge?

Frau Keller: Ja, unsere Mindestabnahmemenge ist 1.000 Stück.

Herr Schuster: Und ab welcher Menge geben Sie Rabatt?

Frau Keller: Ab 5.000 Stück geben wir 2,5% Rabatt, ab 10.000 geben wir 5%.

Herr Schuster: Aha. Und können Sie mir einen Preis für 1.000 Stück nennen?

Frau Keller: Den Stückpreis muß ich erst einmal ausrechnen, Herr Schuster. Am besten schicken Sie mir eine schriftliche Anfrage mit allen Einzelheiten und eine Zeichnung.

Herr Schuster: Nun, gut. Aber ich möchte jetzt schon wissen, wie Ihre Zahlungsbedingungen sind.

Frau Keller: Ja, natürlich. Normalerweise 90 Tage netto.

Herr Schuster: Gut. Gewähren Sie Skonto für prompte Zahlung?

Frau Keller: Ja, bei 14 Tagen geben wir 3% Skonto.

Herr Schuster: Mm. Wie sind Ihre Lieferbedingungen?

Frau Keller: Der Preis versteht sich CIF. Unsere Lieferfristen sind im Moment vier Wochen.

Herr Schuster: Gut, Frau Keller, ich faxe Ihnen meine Anfrage zu. Können Sie mir sobald wie möglich ein schriftliches Angebot machen?

Frau Keller: Ja, selbstverständlich, Herr Schuster.

Herr Schuster: Gut. Wenn Ihre Preise konkurrenzfähig sind, und die Qualität unseren Erwartungen entspricht, können Sie mit regelmäßigen Aufträgen rechnen.

Frau Keller: Vielen Dank, ich erwarte also Ihre Anfrage. Auf Wiederhören.

Herr Schuster: Auf Wiederhören.

9.3A

Herr Schuster: Guten Tag, Schuster.

Frau Keller: Guten Tag, Herr Schuster, hier Keller von Vulcan Forgings.

Herr Schuster: Tag, Frau Keller.

Frau Keller: Ich rufe an wegen unseres Angebots über Bremspedale. Haben Sie eine Entscheidung getroffen?

Herr Schuster: Einen Moment bitte, ich hole mir die Unterlagen. ... Ja, jetzt habe ich die Unterlagen vor mir liegen. Ja, Frau Keller, wir haben Ihr Angebot mit der Konkurrenz verglichen, und Ihr Preis ist uns etwas zu hoch. Können Sie uns da vielleicht etwas entgegenkommen?

Frau Keller: Ja, über den Preis können wir noch verhandeln.

Herr Schuster: Gut. Sie haben uns in Ihrem Angebot einen Stückpreis von 1,42 Mark für eine Menge von 10.000 Stück genannt. Das ist der Nettopreis von 1,50 minus 5% Mengenrabatt, nicht wahr?

Frau Keller: Stimmt.

Herr Schuster: Können Sie uns bei dieser Bestellmenge einen besseren Rabatt gewähren? Wir haben an 8% gedacht.

Frau Keller: Das ist entschieden zu hoch, Herr Schuster, ich kann Ihnen maximal 6% anbieten.

Herr Schuster: Ist das Ihr letztes Wort?

Frau Keller: Das ist leider mein letztes Angebot.

Herr Schuster: Nun, gut, einigen wir uns auf 6%. Da ist aber auch noch die Lieferzeit.

Frau Keller: Ja, in unserem Angebot nennen wir eine Lieferzeit von vier Wochen.

Herr Schuster: Können Sie nicht schneller liefern, sagen wir drei Wochen? Wir brauchen die Ware dringend.

Frau Keller: Ich glaube nicht, denn unsere Kapazität ist schon völlig ausgelastet, aber ich kann mit unserem Produktionsleiter sprechen.

Herr Schuster: Danke. Könnten Sie mich sobald wie möglich zurückrufen?

Frau Keller: Ja, natürlich. Ich rufe Sie morgen an, Herr Schuster.

Herr Schuster: Gut, ich erwarte Ihren Anruf. Auf Wiederhören.

Frau Keller: Auf Wiederhören.

9.4D

DIALOG 1

Zentrale: Spedition Intertrans, guten Tag.

Frau Keller: Guten Tag, Keller, Firma Vulcan Forgings. Es geht um eine verspätete Lieferung von uns an eine Firma in München. Mit wem kann ich bitte darüber sprechen?

Zentrale: Augenblick bitte, ich verbinde Sie mit Herrn Köbel.

Herr Köbel: Köbel.

Frau Keller: Guten Tag, Herr Köbel, hier Keller, Vulcan Forgings. Herr Köbel, es geht um eine verspätete Sendung von uns an eine Firma in München. Der Liefertermin war letzter Freitag, der 28. Juli, aber der Kunde hat die Ware noch nicht erhalten und braucht sie dringend. Ich habe bereits erfahren, daß die Sendung am Donnerstag, dem 27. Juli, nach Deutschland verladen wurde. Können Sie mir sagen, wo die Ware bleibt?

Herr Köbel: Sie sind der Sender?

Frau Keller: Ja, Vulcan Forgings.

Herr Köbel: Und wann wurde die Sendung bei Ihnen abgeholt?

Frau Keller: Am Mittwoch, dem 26. Juli.

Herr Köbel: Wie viele Frachtstücke sind es?

Frau Keller: Es sind 10 Holzkisten.

Herr Köbel: Was ist drin?

Frau Keller: Es sind Schmiedeteile.

Herr Köbel: Wer ist der Empfänger?

Frau Keller: Wilhelm Habermann GmbH und Co. KG. Die Lieferanschrift ist Tor 1, Wörlitzer Str. 52-55, München. Alle Holzkisten sind mit der Lieferanschrift gekennzeichnet.

Herr Köbel: Frau Keller, ich werde mich erkundigen und rufe Sie dann zurück. Was ist Ihre Telefonnummer?

Frau Keller: Die Nummer ist 021 ...

DIALOG 2

Frau Keller: Keller.

Herr Köbel: Hallo Frau Keller, hier Köbel, Spedition Intertrans, München.

Frau Keller: Guten Tag, Herr Köbel. Danke für den prompten Rückruf. Also, was ist mit unserer Sendung passiert?

Herr Köbel: Wir haben Ihre Sendung für Wilhelm Habermann hier im Lager gefunden. Es ist folgendes passiert: Die Sendung ist am Freitag angekommen, aber erst am späten Nachmittag. Das war außerhalb der Warenannahmezeiten beim Empfänger, die nur bis 14.00 Uhr sind.

Frau Keller: Ach so. Und wann wird die Ware geliefert?

Herr Köbel: Die Sendung geht heute ab.

Frau Keller: Vielen Dank, Herr Köbel. Ich sage dem Kunden Bescheid. Auf Wiederhören.

Herr Köbel: Auf Wiederhören.

9.5A

DIALOG 1

Herr Nagel: Nagel, guten Tag.

Frau Eckstein: Guten Tag, Herr Nagel, hier Eckstein von der Firma Aqua Badespaß. Es geht um die Bad-Teppich-Garnituren, die wir von Ihnen bekommen haben. Ich habe leider eine Reklamation.

Herr Nagel: Das tut mir leid, Frau Eckstein. Was ist passiert?

Frau Eckstein: Bei der Prüfung der Sendung haben wir festgestellt, daß sie unvollständig ist. Wir haben 200 Stück bestellt, Sie haben uns aber nur 180 geschickt.

Herr Nagel: Also, es fehlen 20 Stück. Ich notiere.

Frau Eckstein: In Ihrer Rechnung haben Sie uns aber 200 Stück berechnet. Irgendwo ist ein Fehler passiert. Was schlagen Sie denn vor?

DIALOG 2

Frau Raue: Raue am Apparat.

Herr Vitelli: Guten Tag, Frau Raue, hier Vitelli von der Firma KB Innenausstattung. Es handelt sich um Ihre Lieferung von 5.000 Fliesen, die wir gerade erhalten haben. Ich muß sie leider reklamieren.

Frau Raue: Das tut mir leid. Könnten Sie mir Näheres dazu sagen?

Herr Vitelli: Ja, bei den fünf Kartons, die wir kontrolliert haben, haben die ersten acht bis zehn Fliesen einen Riß. Sie sind also unbrauchbar.

Frau Raue: Also, Herr Vitelli, darf ich Ihnen folgenden Vorschlag machen?

DIALOG 3

Herr Fischer: Fischer.

Herr Janssen: Guten Tag, Herr Fischer, hier Janssen, Firma EBJ-Glas. Herr Fischer, ich habe leider eine Reklamation bei Ihrer letzten Lieferung von Kaffeeservice und Weinsets.

Herr Fischer: Oh, das tut mir aber sehr leid! Was ist denn passiert?

Herr Janssen: Sie haben uns die falsche Ware geschickt. Bei den Kaffeeservice haben wir Blumenmuster in rot bestellt, statt dessen aber haben Sie uns Blumenmuster in blau geschickt.

Herr Fischer: Ach so. Darf ich fragen, sind die Waren selbst beschädigt?

Herr Janssen: Die Kaffeeservice sind nicht beschädigt. Aber bei einigen Weinsets ist ein Teil der Gläser zerbrochen. Das ist anscheinend auf mangelhafte Verpackung zurückzuführen. Wie wollen wir also das Problem lösen?

DIALOG 4

Dr. Wagner: Herr Büttner, mit der neuen Maschine, die Sie vor kurzem in unserem Werk Diepholz installiert haben, sind wir nicht recht zufrieden.

Herr Büttner: Oh, das tut mir leid. Könnten Sie mir Näheres dazu sagen?

Dr. Wagner: Bei Inbetriebnahme der Maschine sind Störungen aufgetreten. Sie funktioniert nicht ganz richtig. Erstens arbeitet sie sehr langsam und zweitens ist die Fehlerquote viel zu hoch.

Herr Büttner: Vielleicht ist sie für Ihren Werkstoff nicht richtig kalibriert. Herr Dr. Wagner, ich schlage Ihnen folgendes vor ...

KAPITEL 10

10.6C

Personalchef: Guten Tag, Frau Schemann. Nehmen Sie bitte Platz. Haben Sie gut zu uns gefunden?

Frau Schemann: Ja, danke, ohne Probleme.

Personalchef: Gut. Frau Schemann, erzählen Sie mir erst mal, was Sie über Tengelmann wissen.

Frau Schemann: Von Ihrem Geschäftsbericht weiß ich, daß Sie weltweit zirka 7.000 Filialen und einen Jahresumsatz von 50 Milliarden Mark haben. Tengelmann ist also einer der größten Handelsbetriebe der Welt. Die Gruppe expandiert auch rapide in den neuen Bundesländern. Außerdem engagiert sich die Gruppe stark für die Umwelt. 1993 erhielt der Geschäftsführer von Tengelmann den Earth Day International Award für sein zukunftsorientiertes Umweltmanagement.

Personalchef: Und warum möchten Sie gerade bei uns arbeiten?

Frau Schemann: Tengelmann ist ein erfolgreicher und progressiver Konzern im Bereich Einzelhandel, aus dem ich ja selber komme. Auch glaube ich, daß Tengelmann ein dynamisches und gut abgerundetes Trainee-Programm bietet, welches die Grundlage meiner Karriere bilden könnte.

Personalchef: Gut. Nun, Frau Schemann, einige Fragen zu Ihrem bisherigen Lebenslauf. Was für eine Ausbildung haben Sie gemacht?

Frau Schemann: Ich habe die Realschule besucht und dann eine abgeschlossene Ausbildung zur Kauffrau im Einzelhandel gemacht. Später habe ich das Abitur auf dem Abendgymnasium nachgeholt.

Personalchef: Warum haben Sie sich dafür entschieden?

Frau Schemann: Ich wollte meine Berufschancen verbessern, und das war nur durch die Weiterbildung möglich. Auch bekam ich Lust zu studieren!

Personalchef: In welchen Fächern haben Sie das Abitur gemacht?

Frau Schemann: Meine Hauptfächer waren Deutsch, Englisch und Mathe. Die Nebenfächer waren Französisch und Politik.

Personalchef: Aha. Und während dieser Zeit waren Sie als kaufmännische Angestellte, später als Einkäuferin, bei Karstadt beschäftigt. Können Sie mir Ihre Tätigkeit dort schildern?

Frau Schemann: Ich habe zuerst im Bereich Haushaltsmöbel und später bei Porzellan und Kristall gearbeitet. Ich war verantwortlich für Großkundenbetreuung und Bestellungen.

Personalchef: Mit dem Einkauf von Lebensmitteln hatten Sie also nichts zu tun?

Frau Schemann: Nein, ich war nur im Nonfood-Bereich tätig.

Personalchef: Nun gut. Sie haben dann Betriebswirtschaft an der Fachhochschule Düsseldorf studiert. Haben Sie während des Studiums Praktika gemacht?

Frau Schemann: Ja, ich habe ein Praxissemester in Frankreich gemacht, und zwar bei der Firma Lorfonte in Grenoble. Dort konnte ich meine Französischkenntnisse erheblich verbessern.

Personalchef: Gut. Nun, Frau Schemann, was machen Sie zur Zeit?

Frau Schemann: Zur Zeit habe ich keine feste Stellung. Ich arbeite vorübergehend durch ein Zeitarbeitbüro.

Personalchef: Wo liegen Ihre besonderen beruflichen Interessen und Neigungen?

Frau Schemann: Ich wäre besonders interessiert an einer Tätigkeit im Einkauf.

Personalchef: Könnten Sie überall in Deutschland arbeiten, oder haben Sie private Bindungen zu einem bestimmten Ort?

Frau Schemann: Nein, ich könnte überall in Deutschland arbeiten.

Personalchef: Wären Sie auch bereit, im Ausland für Tengelmann zu arbeiten?

Frau Schemann: Ja, sicher. Ich würde mich darüber freuen.

Personalchef: Gut, Frau Schemann. Ich habe jetzt keine Fragen mehr an Sie.

10.6E

Personalchef: Gut, Frau Schemann. Ich habe jetzt keine Fragen mehr an Sie. Bestehen Ihrerseits Fragen?

Frau Schemann: Ja. Können Sie mir Näheres über den Ablauf des Traineeship bei Ihnen sagen?

Personalchef: Zum Einstieg bekommen Sie eine vier- bis sechsmonatige Einarbeitung in Filialen und Regionszentralen unserer Unternehmensgruppe. Sie werden systematisch darauf vorbereitet, Verantwortung für einen Aufgabenbereich zu übernehmen. Sie erhalten auch Einblicke in die anderen Unternehmensbereiche. So lernen Sie die Struktur und die Kultur des Unternehmens kennen. Im Anschluß beginnt Ihre individuelle Karriere. Sie z.B. würden höchstwahrscheinlich als Einkaufsassistentin anfangen.

Frau Schemann: Und könnten Sie mir bitte sagen, wie hoch das Gehalt ist?

Personalchef: Das Trainee-Gehalt beträgt monatlich 5.000 Mark brutto. Wenn Sie danach fest angestellt werden, könnten Sie zwischen 5.000 und 6.000 Mark pro Monat verdienen.

Frau Schemann: Zahlen Sie auch Weihnachtsgeld?

Personalchef: Ja, im ersten Jahr würden Sie 100 Mark Weihnachtsgeld erhalten, danach 75% eines Bruttomonatsgehalts.

Frau Schemann: Und welche Sozialleistungen bieten Sie?

Personalchef: Die normalen, das heißt Rentenversicherung, Krankenversicherung und Urlaubsgeld. Wir zahlen auch die obligatorische Pflegeversicherung für den Fall, daß Sie im Alter Pflege brauchen.

Frau Schemann: Aha. Und darf ich mal fragen, wie Ihre Arbeitszeiten sind?

Personalchef: Grundsätzlich werden bei Tengelmann 37,5 Stunden pro Woche gearbeitet. In der Gruppenverwaltung gibt es gleitende Arbeitszeit, aber in den Verkaufsstellen nicht. Ausgebildete Bezirksleiter mit Verantwortung für mehrere Verkaufsstellen in einem Bezirk müssen an manchen Samstagen arbeiten, bekommen aber dafür in der Woche einen freien Tag.

Frau Schemann: Sie haben gefragt, ob ich überall in Deutschland arbeiten könnte. Ich möchte gern wissen, ob Sie neue Mitarbeiter bei der Wohnungssuche unterstützen.

Personalchef: Nein, neue Mitarbeiter nicht. Wir könnten Ihnen die Namen von Immobilienmaklern geben, die Mietwohnungen in der Nähe unserer Filialen oder Regionszentralen vermitteln.

Frau Schemann: Auch bei einem Auslandseinsatz nicht?

Personalchef: Ach, da sieht es ganz anders aus. Auslandseinsätze kommen nur für fest angestellte Nachwuchskräfte in Frage. Wenn Sie einmal übernommen werden, werden Ihre eventuellen Umzugskosten im Inland sowie ins Ausland schon bezahlt.

Frau Schemann: Vielen Dank. Das war schon alles, was ich wissen wollte.

Personalchef: Ich danken Ihnen, Frau Schemann. Wenn Sie draußen wieder Platz nehmen möchten ...

Pronunciation

The best way to improve your German pronunciation is to listen as much as you can, think about the sounds and try to imitate them. A useful technique is listening and reading at the same time. This will help you to understand the relationship between the spoken and the written word.

This section offers some guidance on the pronunciation of specific letters in German.

Vowels

Vowels in German can be pronounced long or short. In writing, short vowels are usually followed by a double consonant, eg *Mann*, *treffen*, *kommen*, whereas long vowels are followed by a single consonant, eg *fragen*, *lesen*, *holen*. Long vowels are often represented by a double letter, eg *Tee*, or a following *h*, eg *fahren*.

Short vowels	English equivalent	Examples
a	h**u**t	H**a**nd, H**a**mburg, d**a**nke
ä	b**e**d	Gesch**ä**ft, erg**ä**nzen
e	*stressed*: b**e**d	**e**s, tr**e**ffen, W**e**tter
	unstressed: th**e**	Ger**ä**t, B**e**such, dank**e**
i	**i**t	m**i**t, **i**st, n**i**mmt
o	s**o**ng	**o**ft, S**o**nne, Pr**o**blem
ö	*like short German* **e**, *but with lips rounded as for* **o**	k**ö**nnen, m**ö**chten
u	p**u**t	**u**nd, H**u**nger, war**u**m
ü	*like short German* **i**, *but with lips rounded as for* **u**	f**ü**nf, p**ü**nktlich, Tsch**ü**s

Long vowels	English equivalent	Examples
a, aa, ah	c**ar**	N**a**me, **A**bend, w**a**hr
ä, äh	*like long German* **e**	Gespr**ä**ch, St**ä**dte, sp**ä**t, w**ä**hrend
e, ee, eh	gr**eat**	Probl**e**m, T**ee**, st**e**ht
i, ie, ih	s**ee**	Term**i**n, sch**ie**n, **Ih**nen, Polit**i**k
o, oo, oh	b**oa**t	sch**o**n, h**o**len, w**o**hnen, **o**hne
ö, öh	*like long German* **e**, *but with lips pursed as for a kiss*	sch**ö**n, h**ö**flich, L**ö**sung, gew**ö**hnlich
u, uh	m**oo**d	g**u**t, t**u**n, Bes**u**ch
ü, üh	*like short* **ü**, *but with lips pursed as for a kiss*	**ü**ber, f**ü**hren, K**ü**che, nat**ü**rlich

Diphthongs

Note that stressed *ie* is pronounced as in English *see*.

	English equivalent	Examples
ai, ei, ay	k**i**nd	M**ai**n, D**ai**mler, b**ei**, R**ei**se, B**ay**ern
au	h**ou**se	Fr**au**, **Au**to, Url**au**b, P**au**se
äu, eu	**oi**l	Geb**äu**de, Fr**äu**lein, L**eu**te, d**eu**tsch

Consonants

		Examples
b	*like English* **p** *at the end of a word*	a**b**, Urlau**b**, Vertrie**b**
c	- *like* **ts**	**c**irca, **C**äsar, Mer**c**edes
	- *before* **a, l, o, r, u** *like English* **k**	**C**ola, **C**omputer
ch	- *after* **a, au, o, u** *like Scottish* lo**ch**	au**ch**, Wo**ch**e, Besu**ch**
	- *before* **s** *usually like* **k**	se**chs**
	- *otherwise similar to* **h** *in* **hu**man	i**ch**, Mil**ch**
d	*like English* **t** *at the end of a word*	un**d**, Bil**d**, Deutschlan**d**, Aben**d**
g	*as in English, but pronounced*	
	- *like* **k** *or German* **ch** *at the end of words*	Geburtsta**g**
	- *like English* trea**s**ure *in loan words*	Monta**g**e, In**g**enieur, **G**iro
-ig	*like Scottish* lo**ch**	niedr**ig**, tät**ig**, bill**ig**
j	*as in* **y**es	**j**a, Pro**j**ekt
p	*as in English, but also pronounced before* **n** *and* **s**	**P**sychologie
qu	*like* **kv**	**Qu**alität
r	*pronounced at the back of the throat, like* **ch** *in* lo**ch**	t**r**effen, **r**eden
s	*as in English, but like* **z** *before a vowel*	**S**ie, al**s**o, Rei**s**e
sch	*like English* **sh**	**sch**ön, **sch**lecht
sp, st	*like* **shp**, **sht** *at the beginning of a word or syllable*	**Sp**ort, **St**adt, **St**unde
ß	*equivalent to* **ss**, *like English* **s**	grü**ß**en, Stra**ß**e
v	*like English* **f**	**v**ormittags, **V**erspätung, **V**ertrieb
w	*like English* **v**	**w**ie, **w**oher, **W**etter, **W**oche
z	*like* **ts**	**z**um, **z**entral, gan**z**

Word stress

Most words of more than one syllable have the main stress on the first syllable, eg:

Name, Firma, abends, geben, anfangen, teilnehmen

Words beginning with the inseparable prefixes *be-, emp-, ent-, er-, ge-, ver-* and *zer-* have the main stress on the second syllable, eg:

begrüßen, Empfang, entwerfen, erbitten, gefallen, Vertrieb, zerbrechen

Words with a Greek or Latin origin generally have the main stress on the last syllable, eg:

Symbol, Produzent

Words of English or French origin are stressed in a similar way to the original language, eg:

Manager, Computer

Dealing with new words

Learning a language involves learning a lot of words. It is often possible to work out the meaning of new words for yourself rather than resorting at once to the dictionary. Here are some suggestions.

- Look out for cognates, ie words that look similar to English words and mean more or less the same thing. Eg:

willkommen	*welcome*	Licht	*light*
finden	*find*	Pfund	*pound*
machen	*make*	neu	*new*
denken	*think*	frei	*free*
Firma	*firm*	besser	*better*
Hilfe	*help*	lang	*long*

- Break long words up into their component parts. German often makes one long word from two or more shorter ones. Eg:

Geschäftsführer = Geschäft + Führer
Konferenzzimmer = Konferenz + Zimmer
Selbstwahltelefon = selbst + Wahl (from *wählen, dial*) + Telefon

- Learn to recognize members of a 'word family'. As in English, nouns, verbs, adjectives and adverbs in German are often formed from the same stem by adding a prefix to the beginning or a suffix to the end. Eg:

Stem	Verb	Noun	Adjective/ Adverb
-spät-	sich **ver**spät**en**	**Ver**spät**ung**	spät
-arbeit-	arbeit**en**	Arbeit/ Arbeit**er**	arbeits**los**
-sprech-/ -sprach-	sprech**en**	Sprech**er**/ Sprach**e**	sprach**los**

- Try to work out the meaning of a word from the context. The surrounding text often provides clues in the form of synonyms, opposites, definitions, examples etc. Eg, the meaning of *Haushaltsgeräte* in the following sentence should become clear from the examples given (which are cognates).

Die Firma produziert kleine **Haushaltsgeräte**, z.B. Haartrockner, Kaffeemaschinen usw.

Grammar

This section presents the main grammatical areas covered and gives further information about the points raised in the **LANGUAGE STUDY** sections in each unit. The numbers in those sections refer you to this grammar guide.

Abbreviations

m.	masculine	nom.	nominative	sep.	separable
f.	feminine	acc.	accusative	insep.	inseparable
n.	neuter	gen.	genitive		
pl.	plural	dat.	dative		

1 The cases

1.1 What are cases?

There are four cases in German: nominative, accusative, genitive and dative. The case of a noun is shown by the endings, or inflections, of articles (*der/die/das, ein/e*) and other words associated with it. Sometimes the ending of the noun itself changes according to its case (▶ **2.4**). The function of the cases is to show the role of the noun in a sentence, eg whether it is the subject, direct object or indirect object of the verb. In English, this is normally shown by means of word order. Because German has cases, the order of words in a sentence can be more flexible than in English (▶ **7.1**).

1.2 Nominative case

The nominative case shows the **subject** of a sentence, ie who or what does the action of the verb. The **number** (singular or plural) of the subject agrees with the verb, eg:

Der Besucher komm**t** (sing.) aus Hamburg.
Die Besucher komm**en** (pl.) aus Hamburg.

The nominative is also used after linking verbs like *sein (be)* and *werden* (*become*), eg:

Herr Olson ist **der Geschäftsführer**.

1.3 Accusative case

The accusative case shows the **direct object** of the verb, ie the person or thing 'receiving' the action of the verb, eg:

Frau Brett holt **den Besucher** vom Flughafen ab.
Der Besucher trinkt **einen Kaffee**.

The object can come before the subject, eg:

Den Exportleiter (object) kennen **Sie** (subject) schon.

The accusative is also used after some prepositions (▶ **5.2**); in some time expressions (▶ **9**).

1.4 Genitive case

The genitive is less common than the other three cases. It indicates **possession** and is equivalent to *of* or apostrophe *-s* (*'s*) in English, eg:

Hier ist das Büro **des Geschäftsführers**.

The genitive is also used after some prepositions (▶ **5.6**).

Note: It is possible to use *von* + dative instead of the genitive, eg:

Hier ist das Büro **vom** (= **von dem**) Geschäftsführer.

1.5 Dative case

The dative case is used to show the **indirect object** of the verb, ie the person or thing to whom the action of the verb is done, eg:

Ich gebe **Ihnen** meine Visitenkarte.
Der Kellner bringt **den Gästen** die Speisekarte.

The dative is also used after some prepositions (▶ **5.3**); after certain verbs (▶ **6.14**); in some time expressions (▶ **9**).

2 Nouns

2.1 What is a noun?

A noun is a word that names a person, thing, or concept. In German, nouns are written with a capital letter, eg:

der **B**esucher, die **F**irma, die **P**ünktlichkeit, das **A**uto

2.2 Gender of nouns

German nouns are either masculine, feminine or neuter. Learn each noun together with its definite article to help you remember the gender: *der* (m.), *die* (f.), *das* (n.). Here are some useful rules of thumb.

Masculine nouns

There are more masculine nouns than feminine or neuter ones. The following are masculine.

Male persons	der Kaufmann, der Student, der Vater
Days, months and seasons	der Montag, der Juni, der Sommer
Points of the compass	der Norden, der Süden
Most nouns ending in **-er**	der Besucher, der Vertreter, der Koffer
Most nouns ending in **-el**	der Apfel, der Titel
Nouns ending in **-eur, -or**	der Ingenieur, der Projektor

Feminine nouns

Female persons		die Frau, die Mutter
Most rivers		die Donau, die Mosel (**but** der Rhein)
Numerals		die Eins, die Fünf, die Million
Nouns ending in	**-ei, -ie**	die Partei, die Industrie
	-enz	die Konferenz
	-heit,	die Gesundheit
	-keit	die Pünktlichkeit
	-ik	die Politik, die Fabrik
	-(t)ion	die Konversation, die Direktion
	-schaft	die Wirtschaft
	-tät	die Qualität
	-ung	die Verspätung, die Einladung
	-ur	die Reparatur, die Natur
Most nouns ending in **-e**		die Reise, die Woche, die Sonne

Neuter nouns

Infinitives used as nouns	das Baden, das Segeln
Nouns ending in **-o,**	das Büro, das Radio, das
-ment	Sortiment

• Masculine and feminine job titles

In certain cases, such as names of jobs, a woman can be distinguished from a man by the addition of the ending **-in** to the masculine form, eg:

Man	der Leiter, Kollege, Kunde, Beamte
Woman	die Leiterin, Kollegin, Kundin, Beamtin

Note: Some job titles have gender-specific forms, eg *der Kaufmann/die Kauffrau.*

Both masculine and feminine forms are now used in job advertisements. However, the masculine form can be used to refer to either sex where the distinction is not felt to be important.

• Gender of compound nouns

German often puts two or more words together to form a new noun. The compound noun has the gender of the final noun, eg:

die Konferenz + das Zimmer	=	das Konferenzzimmer
das Gelände + der Plan	=	der Geländeplan
der Einkauf + s + die Abteilung	=	die Einkaufsabteilung
der Kunde + n + die Betreuung	=	die Kundenbetreuung

2.3 Noun plurals

The main ways of forming the plural in German are as follows.

Singular		Plural
der Wagen, der Drucker	-	die Wagen, die Drucker
der Mantel	¨	die Mäntel
das Produkt, der Film	-e	die Produkte, die Filme
der Schrank, die Stadt	¨e	die Schränke, die Städte
die Batterie, die Antwort	-(e)n	die Batterien, die Antworten (and most feminine nouns)
das Bild, das Kind	-er	die Bilder, die Kinder
das Band, das Rad	¨er	die Bänder, die Räder
das Büro, das Video	-s	die Büros, die Videos (especially loan words)

Nouns ending in **-in** or **-nis** double the final consonant, eg:

die Sekretäri**n** - die Sekretäri**nn**en;
das Erzeug**nis** - die Erzeug**nisse**

Some nouns of Latin origin have their own plural forms, eg:

die Firma - die Firmen; das Konto - die Konten
das Material - die Materialien

2.4 Case endings of nouns

The endings of a noun sometimes change according to what case they are in.

In the **genitive singular,** masculine and neuter nouns add the ending **-(e)s**, eg:

das Büro des Geschäftsführer**s**

The same ending is added to a person's name, eg:

Frau Brett nimmt Herrn Becker**s** Koffer.
Was ist Frau Binder**s** Telefonnummer?

In the **dative plural** the ending **-n** is added, unless the plural form already ends in **-n** or in **-s**, eg:

die Gäste	→	den Gäste**n**
die Frauen	→	den Frauen
die Büros	→	den Büros

• Weak nouns

A small group of masculine nouns, called weak nouns, end in **-(e)n** in all forms except the nominative singular, eg:

	sing.	**pl.**
nom.	der Mensch	die Menschen
acc.	den Menschen	die Menschen
gen.	des Menschen	der Menschen
dat.	dem Menschen	den Menschen

This group includes the following:

der Herr -(e)n, -en; der Nachbar -n, -n
der Kunde -n, -n; der Kollege -n, -n; der Deutsche -n, -n
der Student -en, -en; der Journalist -en, -en

The following nouns have the ending **-ns** in the genitive:

der Name -ns, -n; der Gedanke -ns, -n;

3 Determiners and pronouns

3.1 What is a determiner?

Determiners are function words that come before a noun and any adjectives associated with the noun. They include the definite articles *der/die/das* (*the*); the indefinite articles *ein/e* (*a/an*); the demonstratives *dieser/diese/dieses* (*this*); the possessives *mein/e, dein/e* etc (*my, your* etc). While a noun can be preceded by several adjectives, it is only preceded by one determiner at a time, eg **either** *der* **or** *ein*, but not both.

In German the ending of the determiner must agree with the gender (▶ **2.2**), number (singular or plural) and case (▶ **1**) of the noun it precedes. The determiner thus acts as a 'marker', helping to show the function of the noun in the sentence.

3.2 What is a pronoun?

Unlike determiners, pronouns stand on their own. They are used instead of nouns, to avoid repetition. Eg:

Das ist Herr Müller. **Er** ist von der Firma ABC.

„Sind Sie an einem besonderen Modell interessiert?"

„Ja, an **diesem** hier."

„Ist das Ihr Taschenrechner?" „ Nein, es ist **seiner**."

Demonstratives and possessives can function both as pronouns and determiners.

3.3 How to say *the*: the definite article

	m.	f.	n.	pl.
nom.	der Mann	die Frau	das Kind	die Männer
acc.	den Mann	die Frau	das Kind	die Frauen
gen.	des Mann**es**	der Frau	des Kind(**e**)**s**	der Kinder
dat.	dem Mann	der Frau	dem Kind	den Männer**n**/ Frauen

3.4 How to say *a/no*: the indefinite and negative articles

	m.	f.	n.
nom.	(k)ein Mann	(k)eine Frau	(k)ein Kind
acc.	(k)einen Mann	(k)eine Frau	(k)ein Kind
gen.	(k)eines Mann**es**	(k)einer Frau	(k)eines Kind(**e**)**s**
dat.	(k)einem Mann	(k)einer Frau	(k)einem Kind

	pl.
nom.	keine Männer/Frauen/Kinder
acc.	keine Männer/Frauen/Kinder
gen.	keiner Männer/Frauen/Kinder
dat.	keinen Männer**n**/Frauen/Kinder**n**

Like English *a*, the indefinite article has no plural form.

The negative article *(k)ein/e* means *no*, *not a* or *not any*, eg:

Wir haben keinen Kaffee. (*We don't have any coffee.*)

Ich habe keinen Hunger. (*I'm not hungry.*)

3.5 Use of the article with geographical names

The definite article is used

- with feminine and plural country names, eg:

f. sing.: die Bundesrepublik, die Schweiz, die Türkei

pl.: die Niederlande, die Vereinigten Staaten (die USA)

NB: There is usually no article with neuter names of countries, eg *Deutschland, Frankreich, Ungarn*

- with names of lakes, mountains and rivers, eg:

der Bodensee, der Genfer See

die Zugspitze, der Großglockner

der Rhein, die Donau

- with street names in a sentence (though not in addresses), eg:

Der Haupteingang ist in **der** Industriestraße.

3.6 Omission of the article with job names and nationalities

Normally no article is used with nouns denoting jobs, professions or nationalities, eg:

Ich bin Ingenieur.

Frau Schmidt ist Einkaufsleiterin bei der Firma ABC.

Er ist Deutscher.

However, the definite article can be used if only one person holds a particular job in a company, eg:

Er ist **der** Einkaufsleiter bei uns.

3.7 How to say *this/that (one), each/every (one)*: demonstratives

• *dieser/diese/dieses*

The demonstratives *dieser/diese/dieses* are the equivalent of English *this (one)*. They can be used as determiners or pronouns. The endings are the same for both.

	m.	f	n.	pl.
nom.	dieser	diese	dieses	diese
acc.	diesen	diese	dieses	diese
gen.	dieses	dieser	dieses	dieser
dat.	diesem	dieser	diesem	diesen

Eg (used as a determiner):

Ich hoffe, **dieser** Tisch paßt Ihnen?

Ich bin an **diesem** Modell interessiert.

(used as a pronoun):

Im Herbst 1950 brachte Otto den ersten Katalog heraus. **Dieser** erschien in einer Auflage von ...

„Sind Sie an einem besonderen Modell interessiert?" „Ja, an **diesem** hier."

The words *jener/jene/jenes (that, those), jeder/jede/jedes (each/ every)* take the same endings and can be used in the same way.

• *der/die/das*

The words *der/die/das* are commonly used as pronouns to mean *this (one)* or *that (one)*. The forms of the pronouns differ from the definite article in the genitive and the dative plural.

	m.	f.	n.	pl.
nom.	der	die	das	die
acc.	den	die	das	die
gen.	**dessen**	**deren**	**dessen**	**deren**
dat.	dem	der	dem	**denen**

Eg: Was für eine Abteilung ist **das**?

„Muß man auch Überstunden machen?" „**Die** gibt es hier in der Verwaltung nicht."

Wie plane ich die Messebeteiligung und **deren** Erfolg?

The pronoun *das* can be used to refer back to a whole idea, eg:

Könnten Sie **das** bitte wiederholen?

3.8 How to say *my/mine, your/yours* etc: possessives

Possessives show who or what someone or something belongs to.

Singular		Plural	
mein	*my*	unser	*our*
dein	*your*	euer	*your*
Ihr	*your (polite)*	Ihr	*your (polite)*
sein	*his*	ihr	*their*
ihr	*her*		

They can be used as determiners, (equivalent to *my, your* etc), or as pronouns (equivalent to *mine/yours* etc).

When used as determiners, their endings follow the same pattern as the indefinite article (▶ **3.4**). Eg:

Wie war **Ihr** Name noch mal?

Was ist **seine** Stellung im Betrieb?

When used as pronouns, they have the same endings as *dieser/diese/dieses* (▶ **3.7**). Eg:

Mein Auto ist nicht so groß wie sein(**e**)**s**.

Note: The -**e** of the neuter nominative and accusative is often dropped.

3.9 How to say I, you etc: personal pronouns

Personal pronouns refer to people or things.
Their forms vary according to person, number and case.

	Person	nom.	acc.	dat.
sing.	*I, me*	ich	mich	mir
	you (familiar)	du	dich	dir
	you (polite)	Sie	Sie	Ihnen
	he, him; it	er	ihn	ihm
	she, her; it	sie	sie	ihr
	it	es	es	ihm
pl.	*we, us*	wir	uns	uns
	you (familiar)	ihr	euch	euch
	you (polite)	Sie	Sie	Ihnen
	they, them	sie	sie	ihnen

The pronoun *er* refers to any masculine noun, *sie* to any feminine noun and *es* to any neuter noun, regardless of natural gender, eg:

„Gefällt Ihnen mein neuer Wagen (m.)?" „Ja, **er** ist sehr schön."

Ich empfehle Ihnen die Leberknödelsuppe (f.). **Sie** schmeckt besonders lecker.

Note: German has familiar and polite forms for *you*, unlike English. The familiar form indicates a degree of intimacy, and is used by relatives, close friends or children, teenagers and students among themselves.

The polite form is used between strangers and adults who are not on first name terms. Even work colleagues who have known each other for a long time still tend to use the polite form.

3.10 Indefinite pronouns

• one/you: man

The indefinite pronoun *man* corresponds to English *one (you/someone/people in general)*. It has the following forms:

nom. man
acc. einen
dat. einem

Eg: In Deutschland stellt **man** sich mit Nachnamen vor.
Das könnte **einen** viel kosten.

• one (of): einer/eine/ein(e)s

The endings of the indefinite pronouns differ from the indefinite article (► **3.4**) in three instances. This is because the endings have to mark the gender of the noun being referred to.

	m.	f.	n.
nom.	ein**er**	eine	ein**(e)s**
acc.	einen	eine	ein**(e)s**
gen.	eines	einer	eines
dat.	einem	einer	einem

Eg: Herr Braun ist **einer** unserer besten Kunden.
Bayern ist **ein(e)s** der schönsten Bundesländer.
Ich möchte **einen** Ihrer etablierten Kunden besuchen.

Note: *keiner/keine/keins (none, not one)* can also be used as pronouns with the same endings.

• something: etwas

The word *etwas* is invariable, eg:
Möchten Sie etwas trinken?

It can be combined with an adjective, which is then written with a capital letter, eg:
Ich esse lieber etwas **K**altes.

But NB: etwas **a**nderes

3.11 How to ask who? which (one)? what (for)?: interrogatives

• who: wer

The question word *wer* has the following forms.

nom. wer
acc. wen
gen. wessen
dat. wem

Eg: **Wer** ist der Geschäftsführer?
Wessen Auto ist das? / **Wem** gehört das Auto?

• which (one): welcher/welche/welches

This can be used as a determiner or a pronoun, and follows the same pattern as *dieser/diese/dieses*.
Eg (used as a determiner):
In **welchem** Bereich ist die Firma tätig?

• what (for): was/wo(r)-

The question word *was* is invariable, eg:
Was möchten Sie trinken?

But to ask eg *what for? what with?* the question words *wofür, womit* are used, not *für was, mit was* .

These interrogatives are formed by adding *wo-* to the preposition, or *wor-* if it starts with a vowel.

Eg: Wofür sind Sie zuständig?
Womit befaßt sich Herr Barth?
Worum kümmert sich Frau Kern?
Worin besteht Ihre Arbeit?
Worüber ist das Referat?

4 Adjectives and adverbs

4.1 What is an adjective?

Adjectives describe or modify nouns and give more information about them.

If an adjective comes after the noun it describes, it has no endings, eg:
Die Fabrik ist sehr **modern**.
Meine Kollegen sind **sympathisch**.

If an adjective comes before the noun, it must have an adjective ending. The endings vary according to the gender (► **2.2**), number (singular or plural) and case (► **1**) of the noun. They also vary depending on whether or not there is a determiner, and which determiner it is. Eg:
der groß**e** Konzern
ein groß**er** Konzern

Exceptions are:
- a few colour adjectives, eg *rosa*
- names of towns and cities used as adjectives. These add **-er**, but no case endings, eg:
der Frankfurter Hauptsitz der Firma
die echte Frankfurter Atmosphäre

4.2 What is an adverb?

Adverbs modify and give more information about verbs. Most adjectives in German can be used as adverbs. The form of adverbs doesn't change. Eg:

Adjective	Unsere **eleganten** Zimmer
	Er ist ein **guter** Arbeiter.
Adverb	Unsere **elegant** eingerichteten Zimmer
	Wir arbeiten **gut** zusammen.

4.3 der/die/das + adjective + noun

After the determiners *der/die/das, dieser/diese/dieses (this/these), jener/jene/jenes (that, those), jeder/jede/jedes (each/every), welcher/welche/ welches (which)* the adjective endings are as follows.

	m.	f.	n.	pl.
nom.	der große Konzern	die große Firma	das große Unternehmen	die großen Konzerne/Firmen/Unternehmen
acc.	den großen Konzern	die große Firma	das große Unternehmen	die großen Konzerne/Firmen/Unternehmen
gen.	des großen Konzerns	der großen Firma	des großen Unternehmens	der großen Konzerne/Firmen/Unternehmen
dat.	dem großen Konzern	der großen Firma	dem großen Unternehmen	den großen Konzernen/Firmen/Unternehmen

4.4 *ein/eine/ein* + adjective + noun

After the indefinite article, the negative article *kein/keine/kein* (► **3.4**) and possessive determiners *mein, dein* etc (► **3.8**) three of the adjective endings differ from those in **4.3**.

	m.	f.	n.	pl.
nom.	**-er**	-e	**-es**	-en
acc.	-en	-e	**-es**	-en
gen.	-en	-en	-en	-en
dat.	-en	-en	-en	-en

Eg: ein groß**er** Konzern; ein groß**es** Unternehmen
Remember that the indefinite article has no plural form!

4.5 More than one adjective after a determiner

When there is more than one adjective after a determiner, each adjective has the same ending, eg:

> Thyssen ist **ein** führend**er** deutsch**er** Stahlhersteller.
> Gehen wir in **ein** traditionell**es** deutsch**es** Restaurant.
> Dieses alt**e**, traditionsreich**e** Hotel wurde 1893 eröffnet.

4.6 Adjective + noun

When there is no determiner to indicate the gender and case of the noun, the adjective has to perform this function, and takes the following endings.

	m.	f.	n.	pl.
nom.	-er	-e	-es	-e
acc.	-en	-e	-es	-e
gen.	-en	-er	-en	-er
dat.	-em	-er	-em	-en

Eg:

> Das Hotel bietet professionell**en** Service (m. sing. acc.).
> Das Haus ist eine Symbiose aus exklusiv**em** Stadthotel (m. sing. dat.) und sympathisch**er** Eleganz (f. sing. dat.)

4.7 *viele, wenige, einige* + adjective + noun

After these words, and after numerals, the adjective ending in the nominative and accusative plural is **-e**, as in **4.6**, eg:

> Frankfurt hat viele interessant**e** Sehenswürdigkeiten.
> Die Wohnung hat fünf groß**e** Zimmer.

Note: Although they take endings in the plural, the words *viel* and *wenig* are usually invariable in the singular, eg:

> Ich habe **wenig** Freizeit.
> St. Gilgen bietet seinen Gästen **viel** Abwechslung.

4.8 Adjectives used as nouns

Many adjectives and participles can be used as nouns, particularly when the following noun would otherwise simply be *Mann, Frau* or *Person*. Adjectival nouns begin with a capital letter like other nouns, but they take adjective endings. The gender is that of the implied noun. Eg:

> der/die Angestellte, ein Angestellter/eine Angestellte
> der/die Bekannte, ein Bekannter/eine Bekannte
> der/die Reisende, ein Reisender, eine Reisende
> der/die Selbständige, ein Selbständiger, eine Selbständige
> der/die Verwandte, ein Verwandter, eine Verwandte

4.9 Comparatives and superlatives

● **Adjectives**

To form the comparative, add **-er** to the base form.
To form the superlative, add **-(e)st** to the base form.
An Umlaut is often added to the main vowel of the base form.
A few forms are irregular.

Base form	Comparative	Superlative
Regular		
niedrig	niedriger	der/die/das niedrigste
wenig	weniger	der/die/das wenigste
früh	früher	der/die/das früh(e)ste
intelligent	intelligenter	der/die/das intelligenteste
Regular + Umlaut		
lang	länger	der/die/das längste
kurz	kürzer	der/die/das kürzeste
stark	stärker	der/die/das stärkste
schwach	schwächer	der/die/das schwächste
Irregular		
hoch	höher	der/die/das höchste
nah	näher	der/die/das nächste
viel	mehr	der/die/das meiste
gut	besser	der/die/das beste

Comparative and superlative forms of adjectives have the usual adjective endings before a noun, except for *mehr* and *weniger*, which don't change.
The equivalent of the word *than* in comparisons is *als*, eg:

> Der Umsatz 1995 war höher **als** 1994.
> Die Deutschen fangen mit der Arbeit früher **als** die Briten an.

The equivalent of *as ... as* in comparisons of equality is *so ... wie*, eg:

> Weimar ist nicht **so** groß **wie** Frankfurt.

To say *just as ... as*, you use *genauso ... wie*, eg:

> Die Briten arbeiten **genauso** viele Stunden pro Woche **wie** die Holländer.

● **Adverbs**

The comparative of adverbs is formed in the same way as adjectives. The superlative of adverbs has *am* in front of it, and the ending **-(e)sten**, eg:

> am wenigsten   am kürzesten
> am meisten   am besten

Note: The irregular adverb *gern* (**4.10**) has the forms:
> gern, lieber, am liebsten

4.10 Expressing likes and dislikes using verb + *gern*

The most frequent and idiomatic way of saying *like, dislike* and *prefer* in German is to use the adverb *gern/lieber/am liebsten* with *haben* or another verb, eg:

> Ich habe meine Kollegen **gern**.
> Scharfe Sachen esse ich nicht **gern**.
> Ich gehe **lieber** ins Kino als ins Theater.
> Ich arbeite **am liebsten** selbständig.

5 Prepositions

5.1 What are prepositions?

Prepositions are words such as *in* (in), *auf* (on), *um* (at). They come before nouns or pronouns and answer questions like *Where? When?* eg *in Berlin, auf dem Tisch, um acht Uhr.* Many adjectives and verbs are used with particular prepositions, which must be learned, eg *interessiert an, sich interessieren für.* The form of prepositions doesn't vary, although some prepositions in German may be fused with the following determiner, eg:

ans = an das	beim = bei dem	im = in dem	zum = zu dem
am = an dem	ins = in das	vom = von dem	zur = zu der

Prepositions in German determine the case of the following noun. They take the accusative or dative, or occasionally the genitive.

5.2 Prepositions with the accusative

The following prepositions take the accusative case.

bis	Er ist bis nächste Woche im Urlaub.
durch	Gehen wir durch diese Tür.
für	Ich bin für die Kundenbetreuung zuständig.
gegen	Ich möchte gegen 10.00 Uhr nach München fahren.
ohne	Ohne gründliche Fremdsprachenkenntnisse kommt man nicht aus.
um	Gehen Sie links um die Ecke.

5.3 Prepositions with the dative

The following prepositions take the dative case.

ab	Jugendliche ab 16 Jahren ...
aus	Viele Besucher kommen aus dem Ausland.
außer	Außer uns ist noch niemand da.
bei	Er arbeitet bei der Firma ABD.
	Sie ist beim Mittagessen.
gegenüber	Das Fertiglager ist gegenüber der Fabrik.
mit	Ich spreche mit Herrn Steiner.
nach	Nach der Stadtrundfahrt machen Sie einen Einkaufsbummel.
seit	Seit der Gründung der Firma ...
von	Der Parkplatz ist links vom Haupteingang.
zu	Ich habe eine Frage zu Ihrer letzten Rechnung.

5.4 Prepositions with the accusative or dative

The following prepositions take the accusative or the dative, depending on the context.

an	hinter	neben	unter	zwischen
auf	in	über	vor	

The accusative is used to indicate motion from one place to another, while the dative is used to indicate position, where there is no movement, or non-directional movement. Eg:

Accusative

Ich schicke die Rechnung **an den** Kunden.
Legen Sie den Text **auf das** Vorlagenglas.
Gehen Sie hinauf **in den** ersten Stock.
Er stellte seinen Koffer **neben den** Tisch.

Dative

Schuster **am** Apparat.
Die Unterlagen liegen **auf dem** Tisch.
Die Produktionsabteilung ist **im** ersten Stock.
Der Parkplatz ist **neben dem** Verwaltungsgebäude.

5.5 How to say *to* a place: *nach, zu* or *in*?

The prepositions *nach, zu* and *in* all mean *to* a place, but they are used in slightly different ways.

• *nach*

is used with place names which have no article, eg:
Wir wollen **nach** Spanien fahren.
Wie komme ich **nach** Unterürkheim?

Note: *in*, not *nach*, is used with country names preceded by an article, eg:
Wir sind **in** die Türkei geflogen.

• *zu* + dative

is used where the emphasis is on general direction rather than reaching the destination, eg:
Wie komme ich **zum** Hotel?
Wir fahre ich am besten **zur** Messe?

• *in* + accusative

is used for going to places which you will then be inside, eg:
Gehen wir **ins** Restaurant Angthong.
Gehen Sie gern **ins** Kino?
Wenn Sie sich für Naturkunde interessieren, müssen Sie **ins** Naturmuseum gehen.

5.6 Prepositions with the genitive

There are only a few common prepositions which take the genitive (and sometimes the dative is preferred in speech).

wegen	Ich rufe wegen einer Rechnung an.
(an)statt	Ich brauche zwei Einzelzimmer anstatt eines Doppelzimmers.
während	Sie unterhalten sich während der Autofahrt.
trotz	Trotz der Zentrumslage ist die Gegend relativ ruhig.
innerhalb	Wir können die Ware innerhalb einer Woche liefern.

Other prepositions taking the genitive are normally only found in formal, written German, eg *anhand/an Hand, aufgrund/auf Grund* (*on the basis of*).

5.7 *da(r)-* + preposition

The syllable *da-* or *dar-* is often attached to the front of a preposition when referring back to something. It is equivalent to *it/them, this/that*:
dafür (*for it/this*); danach (*after this/that*);
daneben (*next to it/them*);
darin (*in it/them*); darüber (*about it/them*)

Eg: Zuerst sehen Sie einen Videofilm. **Danach** findet eine Betriebsbesichtigung statt.
Ich rufe an wegen einer Rechnung. Wer ist **dafür** zuständig?

Where a verb requires a particular preposition (▶ **6.16**), *da(r)-* is attached to that preposition, eg:
Ich werde mich **darum** kümmern.

Note: The letter *-r-* is inserted if the preposition starts with a vowel.

See also **3.11**.

6 Verbs

6.1 What is a verb?

Verbs indicate an action done by the subject of the sentence, or a state of affairs, eg:

Subject	Verb		
Der Chef	kommt	in fünf Minuten.	(*action*)
Sie	kennen	den Exportleiter.	(*state*)
Mein Auto	steht	draußen.	(*state*)

In dictionaries and word lists the verb is given in the infinitive or 'base' form, ie the stem plus the ending **-en** or occasionally **-n**, eg *kommen, stehen, entwickeln.*

The various verb endings are attached to the stem. They vary according to the person and number of the subject, and according to the tense (present or past).

6.2 Weak, strong and irregular (mixed) verbs

There are three main types of verb in German, **weak, strong** and **irregular**. Weak and strong verbs differ mainly in the formation of the imperfect (past) tense and the past participle.

• Weak verbs

Most German verbs are weak: in the present and imperfect tenses they add certain endings to the stem according to a regular pattern, while the stem itself remains unchanged (▶ **6.6, 6.9**). The past participle always ends in -t or -et (▶ **6.8**). Eg:

wohnen, wohn**t**, wohn**te**, **ge**wohn**t**
arbeiten, arbeit**et**, arbeit**ete**, **ge**arbeit**et**

• Strong verbs

These include many of the commonest verbs, eg *fahren, finden, gehen, kommen, nehmen, sehen, sprechen*. They often change the vowel of the stem in the 3rd person singular (*er/sie/es*) and in the past participle, and there is always a vowel change in the imperfect. The past participle always ends in **-en**. Eg:

finden, findet, f**a**nd, gef**u**nd**en**
fahren, f**ä**hrt, f**u**hr, gefahr**en**

• Irregular verbs

Irregular verbs include s*ein, haben* and *werden* (▶ **6.3**) and the modal auxiliaries (▶ **6.4**). These don't follow a regular pattern and have to be learned individually.
The following verbs are also irregular, in that they share characteristics of both weak and strong verbs (ie a vowel change, but a past participle ending in **-t**):

bringen, bringt, br**a**chte, gebr**a**ch**t**
verbringen, verbringt, verbr**a**chte, verbr**a**ch**t**
denken, denkt, d**a**chte, ged**a**ch**t**
kennen, kennt, k**a**nnte, gek**a**nn**t**
wissen, weiß, w**u**ßte, gew**u**ß**t**

6.3 Irregular verbs *sein, haben, werden*

These verbs can be used as full verbs in their own right, or as auxiliary verbs, to form compound tenses (future tense ▶ **6.10**, perfect tense ▶ **6.7**).

	sein	*haben*	*werden*
Present			
ich	bin	habe	werde
du	bist	hast	wirst
er/sie/es	ist	hat	wird
wir	sind	haben	werden
ihr	seid	habt	werdet
sie/Sie	sind	haben	werden
Imperfect			
ich	war	hatte	wurde
du	warst	hattest	wurdest
er/sie/es	war	hatte	wurde
wir	waren	hatten	wurden
ihr	wart	hattet	wurdet
sie/Sie	waren	hatten	wurden
Subjunctive II			
ich	wäre	hätte	würde
du	wärst	hättest	würdest
er/sie/es	wäre	hätte	würde
wir	wären	hätten	würden
ihr	wärt	hättet	würdet
sie/Sie	wären	hätten	würden
Past participle			
	gewesen	gehabt	geworden/ worden

• Use of the subjunctive

Sein, haben and *werden* are often used in the **Subjunctive II** form. This is formed by adding an Umlaut to the imperfect. The Subjunctive II form is equivalent to *would* in English, and is frequently used to moderate the tone of a statement, question, request or offer, and make it seem less abrupt, eg:

„Darf ich Sie zum Essen einladen?" „Ja, das **wäre** schön."
Hätten Sie am Mittwoch Zeit?
Würde Ihnen Freitag abend passen?

6.4 Modal auxiliary verbs

There are six modal verbs in German. They are normally used with another verb in the bare infinitive form (without *zu*) to express ability (*können*), permission (*dürfen, können*), desire/intention (*wollen*), inclination/liking (*mögen*), obligation (*müssen*) or advice (*sollen*).

	dürfen	*können*	*mögen*	*müssen*	*wollen*
Present					
ich	darf	kann	mag	muß	will
du	darfst	kannst	magst	mußt	willst
er/sie/es	darf	kann	mag	muß	will
wir	dürfen	können	mögen	müssen	wollen
ihr	dürft	könnt	mögt	müßt	wollt
sie/Sie	dürfen	können	mögen	müssen	wollen
Imperfect					
ich	durfte	konnte	mochte	mußte	wollte
du	durftest	konntest	mochtest	mußtest	wolltest
er/sie/es	durfte	konnte	mochte	mußte	wollte
wir	durften	konnten	mochten	mußten	wollten
ihr	durftet	konntet	mochtet	mußtet	wolltet
sie/Sie	durften	konnten	mochten	mußten	wollten
Subjunctive II					
ich	dürfte	könnte	möchte	müßte	wollte
du	dürftest	könntest	möchtest	müßtest	wolltest
er/sie/es	dürfte	könnte	möchte	müßte	wollte
wir	dürften	könnten	möchten	müßten	wollten
ihr	dürftet	könntet	möchtet	müßtet	wolltet
sie/Sie	dürften	könnten	möchten	müßten	wollten
Past participle					
	gedurft	gekonnt	gemocht	gemußt	gewollt

Note: Apart from the present tense singular (*soll, sollst, soll*), the verb *sollen* conjugates in the same way as *wollen*.
The verb in the infinitive comes at the end of a main clause, eg:

Kann ich bitte etwas **fotokopieren**?
Hier darf man nicht **rauchen**.

In a subordinate clause (▶ **7.5**), the infinitive comes before the modal verb, eg:

Wenn Sie ins Theater **gehen** wollen, ...

• Omission of the infinitive

With verbs of motion like *gehen, kommen* or *fahren*, the infinitive is often understood and left out, especially in spoken German. Here, *gehen* is the understood verb of motion:

„Wo wollen Sie hin?" „Ich muß in die Produktionsabteilung."

• Use of the subjunctive

The Subjunctive II of *können* and *mögen* is often used as a polite form, eg:

Möchten Sie etwas trinken?
Könnte ich nach Deutschland faxen?

Note that *mögen* is used far more often in the subjunctive than any other form. The Subjunctive II of *sollen* corresponds closely to English *should/ought to*, eg:

Sie **sollten** Sachsenhausen besuchen.

6.5 Separable and inseparable verbs

Many verbs in German consist of two parts, a basic verb (stem) and a prefix. These prefixes may be **inseparable**, ie they always remain attached to the stem, or **separable**, ie they can separate off from the stem. Some verbs can be separable or inseparable, depending on their meaning.

• Inseparable prefixes

These prefixes are always inseparable: *be-, emp-, ent-, er, ge-, ver-, zer-*.

Eg: beantworten, begrüßen, bearbeiten;
    empfangen, empfehlen; entwickeln, entspannen;
    erfinden, erbitten; gefallen, gewinnen;
    vertreiben, verwöhnen; zerreißen

• Separable prefixes

Most separable prefixes also exist independently, as prepositions, adverbs, adjectives or nouns. Their meanings in both uses are often closely related. Some common separable prefixes are: *an-, ab-, aus-, auf-, ein-, her-, mit-, vor-, weg-*.
In main clauses with only one verb, the prefix separates off and goes to the end of the sentence, eg:

anfangen	Das Seminar **fängt** um 9.30 Uhr **an** ...
aufhören	... und **hört** um 17.15 Uhr **auf**.
stattfinden	Wann **findet** die Betriebsbesichtigung **statt**?
teilnehmen	Sie **nehmen** an einer Sitzung **teil**.

The prefix remains joined to the stem
- if the sentence contains a modal or auxiliary verb, eg:
    Darf ich nach Deutschland **anrufen**?
    Wo **kann** ich meinen Koffer **abstellen**?
- in subordinate clauses (► **7.5**), eg:
    Das ist eine Firma, die Reisebusse **herstellt**.
In the past participle, the syllable **ge-** is inserted between the prefix and the stem eg:
    Er hat den Besucher zum Essen ein**ge**laden.

• Separable or inseparable prefixes

A few prefixes, eg *um, über, unter* can be separable or inseparable. Eg:
    Die Aktivitäten der Firma **um**fassen 5 Geschäftsbereiche. (insep.)
    Wir planen, die Firma **um**zustrukturieren. (sep.)

6.6 The present tense

The basic verb endings for the present tense are the same for **weak** and **strong** verbs (► **6.2**).

	Weak verbs		Strong verbs
	sagen	*arbeiten*	*fahren*
ich	sag**e**	arbeit**e**	fahr**e**
du	sag**st**	arbeit**est**	fähr**st**
er/sie/es	sag**t**	arbeit**et**	fähr**t**
wir	sag**en**	arbeit**en**	fahr**en**
ihr	sag**t**	arbeit**et**	fahr**t**
sie/Sie	sag**en**	arbeit**en**	fahr**en**

The present tense is used
- to talk about present, habitual or timeless actions, events or states.
- to talk about an action that began in the past and is still going on at the time of speaking, often together with a time expression like *schon* or *seit*, eg:
    Ich arbeite schon seit zwei Monaten hier.
- to refer to future time if the future reference is clear from the context, eg:
    Ich rufe Sie morgen an.
    Ich hole Sie um halb sieben ab.

6.7 The perfect tense

The perfect tense is formed using the past participle and the auxiliary verbs *haben* or *sein* (► **6.3**).
The majority of verbs form the perfect with *haben*, eg:
    Haben Sie das Büro leicht **gefunden**?
    Wie **hat** es Ihnen hier **gefallen**?
Verbs forming their perfect with *sein* are all intransitive, ie they don't have an object in the accusative case. They include intransitive verbs of motion, eg *gehen, fahren, fliegen; sein, bleiben*; intransitive verbs indicating a change of state, eg *wachsen, werden, verschwinden*. Eg:
    Wir **sind** in die Türkei **geflogen**.
    Ich **bin** nie in der Türkei **gewesen**.
    Die Zahl der Aussteller auf deutschen Messen **ist gewachsen**.
The perfect is the commonest past tense in spoken German, and increasingly in written German. It is used
- to refer to completed past actions or events (where English requires the past tense). Eg:
    Letztes Jahr haben wir zwei Wochen in der Türkei verbracht.
- to refer to a past action or event which still has an effect on or relevance for the present. In this sense it is similar to English. Eg:
    Deutsche Messen haben in den letzten Jahrzehnten eine dominante Position im Welthandel erlangt.

6.8 Formation of the past participle

The following are the main ways of forming the past participle.

	Infinitive		Past participle
Weak verbs (► **6.2**)	**-en**	→	**ge- -(e)t**
	wohnen		**ge**wohnt
	machen		**ge**macht
	arbeiten		**ge**arbeit**et**
- with separable prefix (► **6.5**)			**--ge--(e)t**
	aufhören		auf**ge**hört
	herstellen		her**ge**stellt
- with inseparable prefix (► **6.5**)			**-t**
	besuchen		besuch**t**
	erholen		erhol**t**
- ending in *-ieren*			**-iert**
	produzieren		produz**iert**
	telefonieren		telefon**iert**
Strong verbs (► **6.2**)	**-en**	→	**ge- -en** (+ vowel change)
	fahren		**ge**fahr**en**
	fliegen		**ge**flog**en**
	gehen		**ge**gang**en**
	schwimmen		**ge**schwomm**en**
- with separable prefix (► **6.5**)			**--ge--en**
	anfangen		an**ge**fang**en**
	teilnehmen		teil**ge**nomm**en**
- with inseparable prefix (► **6.5**)			**-en**
	bekommen		bekomm**en**
	gefallen		gefall**en**

Past participles are used to form the perfect tense (► **6.7**) and the passive (► **6.11**).
They can also be used as adjectives, with the usual adjective endings, eg:
    Unsere 72 elegant und modern **eingerichteten** Zimmer

6.9 The imperfect (past) tense

The endings of **weak** and **strong** verbs (► **6.2**) differ in the imperfect tense.

	Weak verbs		Strong verbs
	sagen	*arbeiten*	*fahren*
ich	sag**te**	arbeit**ete**	fuhr
du	sag**test**	arbeit**etest**	fuhr**st**
er/sie/es	sag**te**	arbeit**ete**	fuhr
wir	sag**ten**	arbeit**eten**	fuhr**en**
ihr	sag**tet**	arbeit**etet**	fuhr**t**
sie/Sie	sag**ten**	arbeit**eten**	fuhr**en**

The imperfect tense, like the perfect tense (► **6.7**), refers to completed past actions or events, eg:

Deutsche Messen **entwickelten** sich im Mittelalter.

The tendency is to use the imperfect tense in writing and the perfect tense in speech, although this is subject to regional variations.

The imperfect is the commonest past tense of *sein, haben* and the modal verbs (► **6.3, 6.4**). Eg:

„Wie **war** das Wetter?" „Es **war** herrlich. Wir **hatten** die ganze Zeit Sonne."

6.10 The future tense

The future tense is formed using the present tense of *werden* (► **6.3**) and the **infinitive** of the relevant verb. Don't confuse it with the passive (► **6.11**).

The future is not used as frequently in German as it is in English. Where the future reference is clear, the present tense tends to be preferred (► **6.6**). When the future tense is used, it conveys the idea of an intention or a prediction, eg:

Ich **werde** Sie sobald wie möglich **zurückrufen**.

Man **wird** das Geld für die Freizeit kritischer **ausgeben**.

6.11 The passive

Sentences consisting of a subject, verb and direct object can be either active or passive. The passive is used when the subject, or 'doer' of the action, is considered less important than the action itself, or is unknown.

It is formed using the relevant tense of *werden* and the **past participle** of another verb. Eg:

Active

Subject	Verb	Object
Die Familie Hosp	führt	das Hotel.
?	eröffnete 1991	das Museum.

Passive

Subject	Form of *werden*	Agent (doer)	Past participle
Das Hotel	wird	von der Familie Hosp	geführt.
Das Museum	wurde 1991	-	eröffnet.

Note that the object of the verb in the active sentence becomes the subject of the passive sentence. Thus only verbs which take a direct object (transitive verbs) can be used in the passive.

When the passive is used with a modal verb, *werden* goes to the end of the sentence or clause, after the past participle, eg:

Telefonische Bestellungen **müssen** per Fax bestätigt **werden**.

6.12 The imperative

The imperative form of the verb is used in commands and instructions. In German, the verb usually comes at the beginning of the sentence. The form of the verb depends on the person you are talking to.

• The polite *Sie* form

Use the same form as the infinitive, followed by *Sie*, eg:

Kommen Sie mit.
Drücken Sie die Starttaste.
Setzen Sie sich.
Fahren Sie immer geradeaus.

Note: The imperative form of *sein* is *Seien Sie*.

• The *du* form

Use the *du* form of the verb, removing the -**st** ending. In the case of strong verbs, remove the Umlaut too, eg:

Komm mit.   Drück die Starttaste.
Setz dich.   Fahr immer geradeaus.

Note: Sometimes an -**e** is added to this imperative form.

• The *ihr* form

Use the *ihr* form of the verb, eg:

Kommt mit.   Drückt die Starttaste.
Setzt euch.   Fahrt immer geradeaus.

6.13 Verbs with a direct (accusative) and indirect (dative) object

Many verbs require **a direct object** in the accusative case (► **1.3**) to complete the sentence, eg:

Ich nehme **den Rinderbraten**.

But some verbs require two objects, **a direct object** plus an <u>indirect object</u> in the dative case. The direct object is usually a thing, the indirect object is usually a person. Eg:

anbieten	Kann ich <u>Ihnen</u> **einen Kaffee** anbieten?
empfehlen	Können Sie <u>mir</u> **eine Vorspeise** empfehlen?
erzählen	Sie erzählte <u>dem Besucher</u> **etwas** über die Firma.
geben	Geben Sie <u>mir</u> **Ihren Koffer**.
holen	Ich hole <u>Ihnen</u> **den neuen Prospekt**.
schicken	Ich schicke <u>Ihnen</u> **den Katalog** heute zu.
schreiben	Sie schreibt <u>dem Kunden</u> **einen Brief**.
wünschen	Wir wünschen <u>Ihnen</u> **eine angenehme** Reise.

• The order of objects

Generally, the dative object comes before the accusative object, as in the above examples.

The accusative object may come before the dative object for the sake of emphasis, eg:

Frau Brett stellt Herrn Becker (acc.) ihren Kollegen (dat.) vor.

If both objects are pronouns (► **3.2**), the accusative object comes first, eg:

Frau Brett holt dem Besucher (dat.) den neuen Prospek (acc.).
Sie gibt ihn (acc.) ihm (dat.).

6.14 Verbs with a dative object

A number of verbs in German have an object in the dative, where in English you would expect an object in the accusative. Eg:

antworten	Sie antwortete **ihm** nicht.
danken	Er dankte **ihr** für ihre Hilfe.
entsprechen	Wenn die Qualität **unseren Erwartungen** entspricht, ...
gehören (*belong to*)	Die Wohnung gehört **uns**.
erlauben	Das kann ich **Ihnen** nicht erlauben.
folgen	Folgen Sie **mir**.
glauben	Ich glaube **seiner Antwort** nicht.
helfen	Können Sie **mir** helfen?
imponieren	Das hat **dem Besucher** imponiert.
passen	Paßt **Ihnen** Freitag abend?
zuhören	Hören Sie **dem Gespräch** zu.

Note 1: The verb *gehören* is followed by *zu* when it means *include, be one of*, eg:

Zur Canon-Gruppe gehören über 90 Tochter- und Beteiligungsgesellschaften.

Wir gehören zu den führenden Unternehmen der Branche.

Note 2: The dative object of a few verbs corresponds to the subject of the English equivalent, eg:

gefallen	**Ihr** gefällt die Arbeit ganz gut.
	(***She*** quite likes the job.)
schmecken	Wie schmeckt **Ihnen** der Wein?
	(*How do* **you** *like the wine?* literally: *How does the wine taste* **to you**?)
leid tun	Es tut **mir** leid.
	(***I'm*** *sorry.*)

6.15 Reflexive verbs

Some German verbs, like *wash yourself* in English, require a reflexive pronoun. This means that the subject and object of the verb are the same person or thing. The reflexive pronoun agrees with the person, and can be in the accusative or dative.

• Verbs with accusative reflexive pronoun

The accusative reflexive pronoun has the following forms:

ich befasse **mich**	wir befassen **uns**
du befaßt **dich**	ihr befaßt **euch**
er/sie/es befaßt **sich**	sie/Sie befassen **sich**

Other verbs that take an accusative reflexive pronoun include:

sich bedanken für	Wir bedanken uns für Ihre Anfrage.
sich befinden	Auf der Zeil befinden sich fast alle großen Kaufhäuser.
sich beziehen auf	Ich beziehe mich auf unser gestriges Telefongespräch.
sich entwickeln	Diese Produktgruppe entwickelt sich sehr positiv.
sich erholen	Wir haben uns im Urlaub richtig erholt.
sich treffen	Wir treffen uns um 6.30 Uhr.
sich unterhalten	Er unterhält sich mit dem Besucher.
sich verstehen	Die Preise verstehen sich ohne Mehrwertsteuer.

• Verbs with dative reflexive pronoun

With some verbs and expressions with a second object, the reflexive pronoun is in the dative, eg:

| ich wasche **mir** die Hände |
| du wäschst **dir** die Hände |
| er/sie/es wäscht **sich** die Hände |
| wir waschen **uns** die Hände |
| ihr wäscht **euch** die Hände |
| sie/Sie waschen **sich** die Hände |

Other examples include:

sich etwas anhören	Hören Sie sich das Gespräch an.
sich etwas ansehen	Ab und zu sehe ich mir einen Dokumentarfilm an.
sich etwas kaufen	Er möchte sich ein Andenken kaufen.

6.16 Verbs with a prepositional object

Some verbs require a particular preposition which introduces the object of the verb. The verb and its preposition form a fixed phrase and should be learned together. Eg:

sich freuen auf + acc	Wir freuen uns auf Ihren Besuch.
warten auf + acc.	Ich warte auf meinen Kollegen.
sich bedanken für + acc.	Wir bedanken uns für Ihre Anfrage.

sich interessieren für + acc.	Ich interessiere mich für Geschichte.
sich erkundigen nach + dat.	Sie erkundigt sich nach Kongreß-Hotels in Freiburg.
fragen nach + dat	Sie fragte nach dem Preis.
sich befassen mit + dat.	Er befaßt sich mit Marktforschung.
sich bewerben um + acc.	Wie bewirbt man sich um eine Stelle bei der Firma?
es handelt sich/geht um + acc.	Es handelt sich/geht um einen Auftrag.
sich kümmern um + acc.	Ich kümmere mich um die Büroarbeiten.
abhängen von + dat.	Der Zimmerpreis hängt von der Saison ab.

7 Word order and clauses

7.1 Word order in German

In English the order of words and phrases in a sentence is very strict. The basic pattern is Subject, Verb, Object. If the order of these elements is changed, it is no longer clear who is doing what.

| **Subject** | **Verb** | **Object** |
| I | know | the Export Manager. |

In German the word order can be more flexible, because it has case endings (► **1**) which help to identify the subject and object of a sentence. Both of the following sentences are possible in German. They mean the same, but placing the object of the verb in initial position gives it greater emphasis.

Subject	**Verb**	**Object**
Ich	kenne	den Exportleiter.
Object	**Verb**	**Subject**
Den Exportleiter	kenne	ich.

7.2 The position of the verb in main clause statements

A clause is a group of words that make sense together. Normally it must contain at least a subject and a **finite verb** (ie a verb with a tense) to be complete. A sentence consists of at least one main clause.

In a main clause statement, the finite verb must always be the **second element** or idea (though not necessarily the second word). The first element is often the subject. But it may also be: the object;
a time expression, eg *Um 12.30 Uhr, Jeden Tag*;
a place expression, eg *In Stuttgart*;
a single adverb, eg *Zuerst, Leider, Manchmal*;
or a dependent subordinate clause (► **7.5**).

If the subject is not the first element, it must follow the verb (inversion). Eg:

First element	**Verb**	
Sie	**sehen**	zuerst einem Videofilm.
Um 12.30 Uhr	**essen**	wir zu Mittag
Leider	**hatte**	mein Flug Verspätung.

Note: There are a few expressions which don't count as the first item of a sentence, eg names of people addressed; interjections such as *Ach, Also, So*; the words *Ja/Nein*. They are placed before the first element and separated off with a comma, eg:

So, Herr Becker, da ist die Firma.

Separable prefixes and any non-finite part(s), ie infinitive, past participle, go to the end of the sentence, eg:

Um 11.00 Uhr **findet** eine Betriebsbesichtigung **statt**.

Leider **darf** man hier nicht **rauchen**.

Ich **habe** das Büro ohne Probleme **gefunden**.

7.3 The position of the verb in questions and imperatives

In questions with a question word, the 'verb second' rule applies (▶ **7.2**). Eg:

> Wie **war** die Reise?
>
> Woher **kommen** Sie in Deutschland?

In questions without a question word, the subject and the finite verb are inverted, so the verb occupies the initial position, eg:

> **Haben** Sie das Büro leicht gefunden?
>
> **Ist** es Ihr erster Besuch hier?

Imperatives (▶ **6.12**) also begin with the verb, eg:

> **Nehmen** Sie Platz.

7.4 Clauses linked by *und, aber, oder, denn*

A sentence may consist of two or more main clauses linked by the co-ordinating conjunctions *und, aber, oder, denn* (= *because*). These conjunctions don't affect the word order and the finite verb remains the second element in each clause.

Clauses linked by *aber* and *denn* must be separated by a comma. (The comma in German is used to indicate grammatical units, not to signal a pause when speaking, as in English.) Eg:

> Ich gehe gern ins Kino**,** aber meine Frau geht lieber ins Theater.
>
> Ich muß unseren Termin absagen**,** denn es ist etwas dazwischen gekommen.

With the conjunctions *und* and *oder* a comma is only required if the subject of the two clauses is different, eg:

> **Unser Umsatz** beträgt etwa eine Million Mark**,** und **wir** haben 17 Beschäftigte.
>
> **Wir** beschäftigen zirka 1.600 Mitarbeiter und (**wir**) produzieren Kunststoffe und Chemikalien.
>
> Hier machen **wir** die Kontenführung und rechnen die Löhne und Gehälter ab.

7.5 Word order in subordinate clauses

In addition to a main clause, a sentence may have one or more subordinate clauses. A subordinate clause doesn't make sense on its own but depends on the main clause. It is introduced by a subordinating conjunction, a relative pronoun (▶ **7.6**) or a question word (▶ **7.7**). There must be a comma separating the subordinate clause and the main clause.

The following conjunctions introduce subordinate clauses:

weil, da (*because*)	bis (*until*)	daß (*that*)
damit (*so that*)	bevor (*before*)	obwohl (*although*)
wenn (*if*)	nachdem (*after*)	ob (*whether*)
als, wenn (*when*)		

In subordinate clauses, the finite verb goes to the end. Any other verbs or parts of the verb usually come directly before it.

> Eg: Ich möchte den Römer besuchen, **weil** ich mich für Geschichte **interessiere**.
>
> Sie müssen etwas warten, **bis** das Gerät betriebsbereit **ist**.
>
> Ich muß unseren Termin absagen, **da** etwas dazwischen **gekommen ist**.
>
> Sagen Sie Frau Lutz, **daß** ich **angerufen habe**.
>
> Man entfernt das Papier, **bevor** man die Blumen **übergibt**.

When the subordinate clause comes before the main clause, it counts as the first element of the sentence, and is followed immediately by the finite verb of the main clause (▶ **7.2**).

> Wenn Sie sich für Filme interessieren, **könnten** Sie das Filmmuseum **besuchen**.

7.6 Relative clauses

A relative clause is inserted after a noun, and gives more information about that noun. Relative clauses are introduced by a relative pronoun, which can never be omitted, unlike English. They must be separated off by commas from the main clause.

As in all subordinate clauses, the finite verb of the relative clause goes to the end.

• Relative pronouns *der/die/das*

A relative clause is most commonly introduced by the relative pronouns *der/die/das*, equivalent to *who, which* or *that* in English.

	m.	f.	n.	pl.
nom.	der	die	das	die
acc.	den	die	das	die
gen.	**dessen**	**deren**	**dessen**	**deren**
dat.	dem	der	dem	**denen**

The relative pronoun must agree in **gender** (m./f./n.) and **number** (sing./pl.) with the noun it refers back to, eg:

> MAN ist **eine Firma, die** (f. sing.) Reisebusse herstellt.
>
> Bayer ist **ein Unternehmen, das** (n. sing.) Arzneimittel produziert.
>
> Herr Braun ist **ein Kunde, der** (m. sing.) für uns sehr wichtig ist.
>
> Das sind **Ergebnisse, die** (pl.) optimistisch stimmen.

The **case** of the relative pronoun depends on its function within the relative clause itself. In the examples above, the relative pronoun functions as the subject of the relative clause. It can also be the accusative object, eg:

> Das ist ein Vorteil, **den** (m. sing. acc.) sich die Unternehmen zunutze machen wollen.

The genitive pronouns *dessen* and *deren* are equivalent to *whose* in English, eg:

> Herr Noske, **dessen** Sohn 18 Jahre alt ist, ist geschieden.
>
> Die Frau, **deren** Bild auf seinem Tisch steht, ist seine Schwester.

The dative pronouns are required for the indirect object of the relative clause, or after a preposition taking the dative, eg:

> Stuttgart ist ein bedeutendes Industriezentrum, **in dem** weltbekannte Unternehmen ihren Sitz haben.

• wo

To refer to a place, *wo* is often used as a relative, eg:

> In Freiburg, **wo** andere Urlaub machen, ist der Geist frei für neue Eindrücke.

• wer

When introducing a relative clause, *wer* is equivalent to *the one who* or *whoever* in English, eg:

> **Wer** Sport am liebsten passiv treibt, kann sich im Solarium bräunen lassen.

7.7 Clauses introduced by question words: indirect questions

An indirect question can be introduced by a question word, eg *wann, wo, wie viele* etc, or the subordinating conjunction *ob* (*whether*). As in all subordinate clauses, the finite verb goes to the end of the clause.

When asking for information, an indirect question can sound more polite. Note that it does not necessarily end with a question mark. Eg:

> **Direct question**
>
> **Wann ist** er wieder da?
>
> **Wann kann** ich sie erreichen?
>
> **Wie viele** Urlaubstage **gibt** es?
>
> **Fährt** dieser Zug nach Koblenz?

> **Indirect question**
>
> Können Sie mir sagen, **wann** er wieder da **ist**?
>
> Bitte sagen Sie mir, **wann** ich sie erreichen **kann**.
>
> Ich möchte gern wissen, **wie viele** Urlaubstage es **gibt**.
>
> Wissen Sie, **ob** dieser Zug nach Koblenz **fährt**?

7.8 Infinitive clauses with *zu*

An infinitive clause is a **reduced clause**, ie it has no finite verb (no verb with a tense). It is used to give more information about, or complete the meaning of, a verb, noun or adjective in the main clause. The verb in the infinitive form comes at the end of the clause and is preceded by *zu*. If it has a separable prefix, *zu* goes between the prefix and and stem, eg *weiterzuentwickeln*.

● **Infinitive clause as object**

Many verbs in German require an infinitive clause as their object, in order to complete their meaning. The infinitive clause is separated off by a comma. Eg:

> Wir hoffen, unseren Geschäftserfolg zu erweitern.
> Wir beabsichtigen, eine neue Fabrik zu bauen.
> Wir versuchen, unsere Exportmärkte aufzubauen.
> Wir planen, unsere Märkte in Osteuropa
>   weiterzuentwickeln.

If the infinitive clause is the object of a verb that takes a preposition (▶ **6.16**), it may be anticipated in the main clause by *da(r)*- + preposition, eg:

> Wir freuen uns **darauf**, Sie wiederzusehen.

The same construction is used with adjectives that take prepositions, eg:

> Wir sind **daran** interessiert, eine neue Maschine zu kaufen.

● **Infinitive clause as subject**

An infinitive clause may also be the subject of the verb in the main clause. In this case, it may follow or precede the main clause, eg:

> Unser Ziel ist, **unsere Exportmärkte aufzubauen.**
> **Geschäftsreisen für den Chef zu organisieren** macht mir Spaß.

If the infinitive clause comes first, a comma is not needed. If it comes second, it may be anticipated by the dummy subject **es** in the main clause, eg:

> **Es** macht mir Spaß, Geschäftsreisen ... zu organisieren.

7.9 How to say *in order to: um ... zu* + infinitive

The construction *um ... zu* is the equivalent of English *in order to* and is used to express purpose, eg:

> Zweimal pro Woche jogge ich, **um** fit **zu** bleiben.
> Wir sind hier, **um** Aufträge **zu** bekommen.
> Wir stellen aus, **um** unseren neuen Prototyp vor**zu**stellen.

7.10 *sein + zu* to express possibility or obligation

In constructions with *sein + zu*, the verb *sein* expresses possibility or necessity, and is the equivalent of *können, müssen* or *sollen*. The infinitive that follows *sein* has a passive meaning. Eg: Ist Herr Schmidt zu sprechen?

> Mängel sind innerhalb von 10 Tagen anzuzeigen.
> Rabatte für Einzelhändler sind bei der Vertriebsabteilung zu erfragen.

7.11 How to say *to have something done: lassen* + infinitive without *zu*

The verb *lassen* can be used with the infinitive of another verb without *zu* to mean *have/get something done*. It is often used with a dative reflexive pronoun. (▶ **6.15**) Eg:

> Ich lasse meine Sekretärin einen Tisch reservieren.
> Ich möchte mir einen Katalog schicken lassen.

7.12 The order of expressions denoting time, manner, place

Expressions of time answer the question *When?* eg:
heute, nächste Woche, um halb sieben

Expressions of manner answer the question *How?* eg:
schnell, mit dem Auto, zu Fuß

Expressions of place/direction answer the question *Where (to)?* eg: *im Büro, nach München*

Their position in the sentence is quite flexible, often depending on where the speaker wants to put the emphasis. They may come before the finite verb in initial position (▶ **7.2**), or they may follow the verb in the main part of the clause. If the main part of the clause contains more than one of these expressions, they generally occur in the following order:

	Time	Place	Manner	
Es hat mir	letztes Jahr	in Spanien	gut	gefallen.
Ich wollte	heute	zu Hause	ungestört	arbeiten.
Ich spiele	sonntags	im Park	gern	Fußball.

If the expressions of place/direction depend on verbs of motion or position, they come at the end, eg:

	Time	Manner	Place
Ich hole Sie	um 18.30 Uhr	mit dem Auto	vom Hotel ab.
Ich fahre	morgen früh	mit dem Zug	nach München.
Ich gehe	sonntags	gern	im Wald spazieren.
Er sitzt	abends	glücklich	vor seinem Computer.

8 Numbers and quantities

8.1 Cardinal numbers: *one, two, three* etc

0-9	10-19	20-29
null	zehn	zwanzig
eins	elf	einundzwanzig
zwei	zwölf	zweiundzwanzig
drei	dreizehn	dreiundzwanzig
vier	vierzehn	vierundzwanzig
fünf	fünfzehn	fünfundzwanzig
sechs	sechzehn	sechsundzwanzig
sieben	siebzehn	siebenundzwanzig
acht	achtzehn	achtundzwanzig
neun	neunzehn	neunundzwanzig

30, 40 ...	100, 200 ...	1 000, 2 000 ...
dreißig	(ein)hundert	(ein)tausend
vierzig	zweihundert	zweitausend
fünfzig	dreihundert	dreitausend
sechzig	vierhundert	hunderttausend
siebzig	fünfhundert	eine Million
achtzig	sechshundert	eine Milliarde
neunzig	siebenhundert	(= 1 000 000 000)
	achthundert	eine Billion
	neunhundert	(= 1 000 000 000 000)

Note: When stating telephone numbers, *zwo* is sometimes used instead of *zwei*, to avoid confusion with *drei*.

In German, thousands, millions and billions are separated by a full stop or space, not a comma. The numbers *eine Million* and *eine Milliarde* are treated as separate nouns, and have a plural ending where necessary. Eg:

> 30.938: dreißigtausendneunhundertachtunddreißig
>
> 4 048 000 000: vier Milliarden achtundvierzig Millionen

The following abbreviations are often used:

> Tsd. = Tausend; Mio./Mill. = Million; Mrd. = Milliarde

In speech, millions and billions are commonly expressed as decimals, eg: 3.890 Mio.: drei Komma acht neun Milliarden

• How to say years

1995: neunzehnhundertfünfundneunzig

Note: In German, you can say:

> Die Firma wurde 1963 gegründet. *or*
>
> Die Firma wurde im Jahr(e) 1963 gegründet.

You can **not** say *in 1963* as in English.

• How to say once, twice, three times etc

Add the suffix *-mal* to the cardinal number, eg:

> einmal, zweimal, dreimal, viermal, fünfmal, zwanzigmal, hundertmal

Note: The final **-s** is dropped from *eins*.

8.2 Ordinal numbers: *first, second, third* etc

Most ordinal numbers are formed by adding the ending **-te** to the cardinal numbers 2 - 19 and **-ste** to the cardinals from 20 upwards. The exceptions are shown in **bold.**

> der/die/das **erste**/zweite/**dritte**/vierte/sechste/ **siebte**/ achte/neunte/ ... /neunzehnte
>
> der/die/das zwanzigste/einundzwanzigste/dreißigste/ vierzigste/hundertste

Ordinal numbers are used as adjectives and therefore require the normal adjective endings, eg:

> Ist es Ihr **erster** Besuch hier?
>
> Ich möchte einen Termin mit Ihnen in der **dritten** Juniwoche vereinbaren.

When writing ordinal numbers in figures, a full stop is used, eg:

> der 21. Juni

• How to say *firstly, secondly, thirdly* etc

Add **-ens** to the the stem of the ordinal number, eg:

> erst**ens**, zweit**ens**, dritt**ens**, viert**ens**, usw.

8.3 Fractions and decimals

Fractions are neuter nouns. With the exception of *half*, they are formed by adding the ending **-(e)l** to the stem of the ordinal number, eg:

1/3	ein Dritt**el**	3/4	drei Viert**el**
1/4	ein Viert**el**	1/5	ein Fünft**el**

The equivalent of the noun *half* is *die Hälfte*, eg *die Hälfte der Klasse*.

The equivalent of *half a* is the adjective *halb*, eg *in einer halben Stunde*.

The equivalent of *one and a half* is *eineinhalb* or *anderthalb*, *two and a half* is *zweieinhalb* etc.

In German, **decimals** are written with a comma, not a decimal point, eg:

> 61,5%: einundsechzig Komma fünf Prozent
>
> 3,47%: drei Komma vier sieben Prozent

9 Time

9.1 Telling the time

In everday speech, the 12-hour clock is normally used. The 24-hour clock is normal in official contexts, for timetables, programmes and business meetings.

	The 24-hour clock	The 12-hour clock
6.00	sechs Uhr	sechs Uhr
8.10	acht Uhr zehn	zehn (Minuten) nach acht
9.15	neun Uhr fünfzehn	Viertel nach neun/Viertel zehn
10.25	zehn Uhr fünfundzwanzig	fünf vor halb elf
11.30	elf Uhr dreißig	halb zwölf
12.35	zwölf Uhr fünfunddreißig	fünf nach halb eins
13.45	dreizehn Uhr fünfundvierzig	Viertel vor zwei/drei Viertel zwei
16.50	sechzehn Uhr fünfzig	zehn (Minuten) vor fünf
12.00	zwölf Uhr	Mittag
24.00	vierundzwanzig Uhr	Mitternacht

Note: Be careful when saying *half past* the hour. English looks back to the previous hour, whereas German looks forward to the next hour. The same applies in the expression *Viertel (zehn)*. The German for *am* is *morgens/vormittags*, and for *pm* is *nachmittags/abends*, eg:

> Es ist acht Uhr morgens.

9.2 Days of the week and time expressions

The days of the week are:

> Sonntag, Montag, Dienstag, Mittwoch, Donnerstag, Freitag, Samstag (*or* Sonnabend in North Germany)

• *an* + dative

is used with nouns denoting days and parts of the day, eg:

am Montag/Dienstag etc	Am Montag habe ich keine Zeit.
am Abend/Nachmittag	Was möchten Sie am Abend machen?
am Freitag abend	Hätten Sie am Freitag abend Zeit?
am nächsten Tag/Morgen	Er ging am nächsten Tag wieder ins Büro.

Note: The word for part of the day has a small letter when preceded by the day of the week, eg *am Mittwoch vormittag*.

• The accusative

is used to refer to a specific time, sometimes as an alternative to a phrase with *an*, eg:

> Darf ich Sie **nächste Woche** zum Essen einladen?
>
> Ich war **letzte Woche** auf der Messe in Frankfurt.
>
> Könnte ich Sie (**am**) **nächsten Dienstag** besuchen?

• How to say *on Mondays* etc

The following adverbs are equivalent to English *on Mondays, in the mornings* etc.

montags/freitags/samstags	Wir machen freitags um 16.00 Uhr Feierabend.
morgens/vormittags/abends	Wir treffen uns oft abends.

- **How to say *this morning* etc**

The words *heute, morgen, gestern* used together with parts of the day are equivalent to English *this morning, tomorrow afternoon, yesterday evening* etc. Eg:

heute morgen/nachmittag/abend
morgen früh/nachmittag/abend
gestern morgen/nachmittag/abend

The word for *the day after tomorrow* is *übermorgen*.

9.3 The months of the year, seasons and dates

The months of the year are:

Januar, Februar, März, April, Mai, Juni, Juli, August, September, Oktober, November, Dezember

The seasons of the year are:

der Frühling (*or* das Frühjahr), der Sommer, der Herbst, der Winter

- ***in* + dative**

is used with months, seasons and years, eg:

Die Messe findet im Oktober statt.
Im Winter fahre ich gern Ski.
Die Firma wurde im Jahr 1949 gegründet.
Im vergangenen Jahr sind wir nach Spanien geflogen.

- **Dates**

Dates are given using ordinal numbers, eg:

Der wievielte ist heute?
Heute ist der 21. (einundzwanzigste) Juni.
Den wievielten haben wir heute?
Wir haben heute den 21. (einundzwanzigsten) Juni.

Note: *der 21.* is short for *der 21. Tag. Tag* is masculine, so the normal masculine endings are used on the ordinals, which function as adjectives.

The preposition *an* + dative is used with dates, eg:

Geht es am 7. (siebten) Juni?
Ich habe am 5. (fünften) Juni Geburtstag.

Where the day of the week precedes the date, the following options are possible.

1 Wir sehen uns am Donnerstag, **dem** 7. Oktober.
2 Wir sehen uns am Donnerstag, **den** 7. Oktober.

In example 1, the date is in the dative, in example 2 it is in the accusative. Example 1 is more formal.

- **How to say *from ... to ...***

Eg: Ich möchte zwei Einzelzimmer **vom** 6. (sechsten) **bis zum** 7. (siebten) September reservieren.

9.4 *Erst* in expressions of time and quantity

Erst means *only* or *not until* and often implies that something is less or later than expected or desirable. Eg:

Sie hat erst die Hälfte des Berichts geschrieben.
(She's only written half the report.)
Er ist erst übermorgen wieder im Büro.
(He won't be in the office until the day after tomorrow.)
„Sie bekommen Ihr Gehalt am Ende des Monats." „Das ist erst in drei Wochen."
(That's not for three weeks.)
Wir können erst in vier Wochen liefern.
(We can only deliver in four weeks.)

9.5 How to say *for, since, ago*

- **The accusative to indicate a length of time**

In English we often use *for* + a time expression to indicate a length of time, eg *for two weeks, for several years*. In German, the accusative is normally used, eg:

Ich war **zwei Wochen** hier im Urlaub.
Ich wohnte **einige Jahre** in Berlin.
Die Sitzung geht wahrscheinlich **den ganzen Tag**.

- ***für* + accusative**

When *für* is used, it indicates a time extending from now into the future, eg:

Ich fahre **für zwei Tage** nach Stuttgart.

- ***seit* + dative**

is equivalent to English *since* or *for*. It is used with a verb in the present tense (▶ **6.6**) to indicate a period of time starting in the past and continuing up to now, eg:

Die Firma existiert seit 1949.
Ich arbeite seit über zwei Monaten hier.

- ***vor* + dative**

is equivalent to English *ago*, eg:

vor einer Stunde/vor einem Jahr
vor kurzem

9.6 How to answer the question *How often?*: frequency expressions

The question *Wie oft? (How often?)* can be answered by specifying a definite time (definite frequency) or an indefinite time (indefinite frequency).

- **Definite frequency**

The following expressions are in the accusative and are equivalent to English *every hour/day* etc.

jede (halbe) Stunde
jeden Tag/jede Woche/jeden Monat/jedes Jahr
alle dreißig/sechzig Minuten
alle vierzehn Tage

The suffix *-lich* can be added to some time expressions to give the equivalent of English *hourly, daily* etc, eg:

eine Stunde	→	stündlich
zwei Stunden	→	zweistündlich
ein Tag	→	täglich
eine Woche	→	wöchentlich
ein Monat	→	monatlich

The equivalent of English *once/twice a week/month* etc is:

einmal in der Woche/im Monat/im Jahr

Eg:

Ich erledige jeden Tag die Korrespondenz.
Einmal im Monat schreibe ich einen Verkaufsbericht.
„Wie oft fahren die Züge?"
„Alle sechzig Minuten./Stündlich."

- **Indefinite frequency**

To indicate indefinite frequency, the following adverbs and adverbial expressions are used.

nie *(never)*
selten *(rarely)*
ab und zu *(from time to time)*
hin und wieder *(every now and then)*
manchmal *(sometimes)*
oft *(often)*
häufig *(frequently)*
gewöhnlich *(usually)*
regelmäßig *(regularly)*
immer *(always)*
ständig *(constantly)*

Eg:

Manchmal empfange ich Kunden.
Ich muß ständig die Ablage machen.

Antwortschlüssel zu den Übungen

Die Antworten zu den Hörverstehensübungen finden Sie normalerweise nicht im Antwortschlüssel. Kontrollieren Sie Ihre Antworten mit den Hörtexten auf S. 165 – 183.

KAPITEL 1

🔊 1.1A (S. 10)
ÜBUNG 2
DIALOG 1
1 Falsch.
2 Richtig.
3 Falsch. Sie treffen sich vormittags.
4 Nicht bekannt.
DIALOG 2
1 Richtig.
2 Nicht bekannt.
3 Falsch. Sie kennen einander schon.
ÜBUNG 3
s. Seite 20

1.1E (S. 11)
ÜBUNG 2
(Musterdialog)
A: Haben Sie das Büro leicht gefunden?
B: Ja, danke, es war kein Problem. Ich habe einen Stadtplan.
A: Hatten Sie einen guten Flug?
B: Nein, es war schrecklich. Wir hatten drei Stunden Verspätung.
A: Ach, das tut mir leid. Warum?
B: Wir hatten schlechtes Wetter.
A: Ach so! Wie ist Ihr Hotel?
B: Das Hotel ist sehr gut, es hat eine zentrale Lage.
A: Gut. Sind Sie oft geschäftlich hier?
B: Ja, wir haben viele Kunden in [*Land/Stadt*].
A: Wann waren Sie das letzte Mal hier?
B: Ich war vor vier Wochen hier.
A: Aha. Und gefällt Ihnen unsere Stadt?
B: Ja, die Stadt ist interessant, und die Leute sind sehr freundlich.

1.2D (S. 13)
1 Können Sie mir etwas Papier geben?
2 Könnte ich nach Deutschland anrufen?
3 Wo ist der Fotokopierer?
4 Könn(t)en Sie ein Taxi für mich rufen?
5 Wo kann ich meinen Koffer abstellen?
6 Kann/Könnte ich ein Fax an meine Firma schicken?
7 Kann ich einen Taschenrechner haben?
8 Könn(t)en Sie mir etwas über die Firma erzählen?

1.5D (S. 19)
1 Der Versand. Hier verpacken wir die Waren und liefern sie aus.
2 Der Kundendienst. Hier führen wir Reparaturen für die Kunden aus.
3 Das Ausbildungszentrum. Hier bilden wir die Lehrlinge aus.
4 Die Personalabteilung. Hier stellen wir neue Mitarbeiter ein.

Quiz (S. 21)

1 a)	8 c)	15 b)
2 a)	9 b)	16 a)
3 c)	10 a)	17 c)
4 b)	11 a)	18 b)
5 c)	12 a)	19 b)
6 b)	13 b)	20 c)
7 a)	14 b)	

KAPITEL 2

2.1E (S. 23)
ÜBUNG 1
Toilettenartikel/Kosmetika
Hautcreme, Zahnpasta, Seife, Parfüm
Kraftfahrzeuge
Lieferwagen, Lastkraftwagen, Motorräder
Elektrische Haushaltsgeräte
Haartrockner, Bügeleisen, Mikrowellengeräte, Kühlschränke
Arzneimittel/Gesundheit
Magenmittel, Vitamine, Hustensaft
Unterhaltungselektronik
Videorecorder, CD-Player, Kassettenrecorder
Informationstechnik
Personalcomputer, Mobilfunktelefone, Drucker

2.2A (S. 24)
ÜBUNG 1

1 g)	5 f)	9 c)
2 e)	6 j)	10 h)
3 d)	7 i)	
4 a)	8 b)	

2.3B (S. 26)
ÜBUNG 2
a) BASF
b) Springer Sportmoden
c) Kessel Auto-Electric
(s. auch S. 34)

2.4B (S. 28)
(Muttergesellschaft)
Tochtergesellschaft
Beteiligungsgesellschaft

(Hauptsitz)/
Zentrale

(Produktionsgesellschaft)
Vertriebsgesellschaft
Kundendienstgesellschaft

(Produktionsstätte)/
Werk/
Fertigungsstätte

🔊 2.4D (S. 30)
AEG-Profil
- Holding-Gesellschaft: Daimler-Benz
- Geschäftsbereiche: Automatisierungstechnik, Elektrotechnische Anlagen und Komponenten, Bahnsysteme, Haus(halts)geräte, Mikroelektronik
- Zahl der Tochter-/Beteiligungsgesellschaften: über 100
- Hauptsitz: Frankfurt am Main
- Andere Standorte:
  - 81 Standorte in Deutschland, z.B. Berlin, Hannover, Stuttgart, Dresden
  - Standorte in allen wichtigen europäischen Ländern, in den USA, Südamerika, Afrika, Australien
- Gesamtumsatz: ca. 12 Milliarden Mark
- Beschäftigte (Gesamt): 60.000

KAPITEL 3

3.1A (S. 36)
ÜBUNG 1 (Frage 4)
Erstklassig: La Truffe
Gut: Dei Medici, Lotus
Preiswert: Zum Kuhhirten-Turm, Bingelsstube

3.2A (S. 38)
ÜBUNG 2

1	Einlage	5	Preiselbeeren
2	Hacksteak	6	Semmelkloß
3	Kohlroulade	7	Rote Grütze
4	Eisbein		

ÜBUNG 3
s. Glossar
ÜBUNG 4
gekocht, braten, backen, überbacken, gegrillt

3.2E (S. 40)
1 Drei
2 s. Rechnung
3 Inklusive
4 Nein. Hühnerfrikassee kostet DM 19.50, eine Tasse Kaffee kostet DM 3,00. Die richtige Summe ist DM 140,00.

3.5A (S. 45)
ÜBUNG 1

1 C		3 D
2 B		4 A

KAPITEL 4

4.1A (S. 52)
ÜBUNG 2
1 Qualitätssicherung
2 Konstruktion
3 Kaufmännische (Abteilung)
4 Informationssysteme
5 Vertrieb
6 Innendienst
7 Fertigung/Montage
8 Kundendienst
9 Rechnungswesen/Buchhaltung
10 Materialwirtschaft/Logistik
11 Personal
12 Ausbildung

4.1E (S. 53)
1 Die Abt. Marketing/Werbung
2 Die Abt. Rechnungswesen/Buchhaltung
3 Die Abt. Informationssysteme
4 Die Abt. Marketing/Werbung
5 Der Wareneingang
6 Der Kundendienst
7 Die Abt. Fertigung/Montage
8 Die Ausbildungsabteilung
9 Der Innendienst
10 Die Qualitätssicherung

4.1F (S. 53)
ÜBUNG 1
Kaufmännische Berufe
Buchhalter/in, Verkaufsberater/in, Einkäufer/in, Industriekaufmann/-frau, Sachbearbeiter/in
Datenverarbeitungsberufe
Programmierer/in, Systemanalytiker/in
Technische Berufe

Technische/r Zeichner/in, Diplom-Ingenieur/in, Chemiker/in, Architekt/in

Gewerblich-technische Berufe
Industriemechaniker/in, Dreher/in, Service-Monteur/in, Elektroniker/in

Handwerker
Verpackungshelfer/in, Lagerist/in, Maurer/in

4.1G (S. 53)
- Versicherungsgesellschaft
  Marketing, Investitionsmanagement
- Automobilhersteller
  Design und Entwicklung, Kundendienst
- Chemieunternehmen
  Forschung und Entwicklung
- Hersteller von Genußmitteln
  Vertrieb und Marketing, Logistik

4.3A (S. 56)
ÜBUNG 1

1	in	5	neben
2	gegenüber	6	gegenüber
3	rechts vom	7	zwischen
4	links vom	8	hinter

4.4C (S. 58)

1	Anfrage	4	Auftragsbestätigung
2	Angebot	5	Lieferschein
3	Auftrag	6	Rechnung

4.4E (S. 59)
1 Sekretärin
2 Verkaufsberater
3 Buchhalterin, Rechnungswesen/Buchhaltung
4 Einkäufer/ Industriekaufmann, Einkauf/Materialwirtschaft.

4.5A (S. 60)

1	h)	4	c)	7	a)
2	d)	5	e)	8	f)
3	g)	6	b)		

4.5E (S. 61)
(*Muster*)
Papierzufuhr
Ziehen Sie die Papierkassette heraus. Dann legen Sie zirka 250 Blatt Papier ein. Achten Sie darauf, daß das Papier unter den Befestigungsecken liegt. Dann schieben Sie die Kassette in den Kopierer zurück und kopieren Sie weiter.

Papierstau
Öffnen Sie die vordere Abdeckung. Dann legen Sie den grünen Hebel um und ziehen Sie das gestaute Papier vorsichtig heraus. Achten Sie darauf, daß das Papier nicht reißt. Machen Sie die Abdeckung wieder zu und kopieren Sie weiter.

KAPITEL 5

5.1A (S. 66)
ÜBUNG 2
1 Landeskennzahl: 41, Ortsnetzkennzahl: 022, Rufnummer: 9 25 11 41.
Die Firma ist in der Schweiz. Von Deutschland aus wählt man (00 41) 22 / 9 25 11 41.
2 a)
3 a)

5.4B (S. 72)
ÜBUNG 2
An Herrn Becker
Herr Cipolli
Firma Castelli, Bologna
Betrifft: Lieferung von Auftrag Nr. 123/b. Die Maschine ist defekt. Erbittet Besuch eines Kundendienstmitarbeiters.

5.4E (S. 73)
(*Muster*)
Nachricht 1
Mein Name ist ... von der Firma ... . Es ist [*Datum*], [*Uhrzeit*]. Ich möchte eine Nachricht für Frau Doliwa hinterlassen. Ich komme am Montag um 15.10 Uhr am Flughafen Frankfurt an. Die Flugnummer ist LH 103. Könnte Frau Doliwa mich vom Flughafen abholen? Bitte rufen Sie mich unter [*Telefonnummer*] zurück. Danke. Auf Wiederhören.

Nachricht 2
[*Name*], [*Firma*], guten Tag. Es ist [*Datum*], [*Uhrzeit*]. Ich möchte eine Nachricht für Herrn Fromme hinterlassen. Ich bin nächsten Dienstag in Nürnberg. Können wir uns treffen? Bitte rufen Sie mich unter [*Telefonnummer*] zurück, um einen passenden Termin zu vereinbaren.

KAPITEL 6

6.1B (S. 76)
ÜBUNG 1
1 Die Konferenz hat ca. 70 Teilnehmer.
2 Alle Teilnehmer sollen im Hotel wohnen.
3 Das Hotel soll einen großen Konferenzraum und zwei kleinere Räume haben.
4 Es soll ein Luxus- oder First-Class-Hotel sein.
5 Es kann zentral oder auch etwas außerhalb der Stadt liegen.
6 Das Hotel muß ein eigenes Restaurant haben, sowie Parkmöglichkeiten.

6.3C (S. 82)
Schloß Reinach ist billiger:

	Hotel Dorint	Schloß Reinach
Zimmerpreis	DM 180,- pro Person/Tag	DM 105,- pro Person/Tag
Konferenz-pauschale	DM 69,- exkl. Abendessen	DM 55,- exkl. Abendessen DM 70,- inkl. Abendessen
Zusätzliche Tagungsräume	im Pauschalpreis inbegriffen	im Pauschalpreis inbegriffen

KAPITEL 7

7.1B (S.92)

1	e)	5	i)	9	f)
2	h)	6	c)	10	d)
3	b)	7	k)	11	a)
4	l)	8	j)	12	g)

7.2A (S. 93)
ÜBUNG 1
1 Zu den neun hier aufgelisteten Zügen kommen noch: EuroNight, InterCityNight (für den Fernverkehr), CityBahn, Regionalbahn (für den Nahverkehr).
2 Züge für den Fernverkehr: ICE, EC, IC, IR, D; für den Nahverkehr: RSB, E, N, S.
3 Zuschlagpflichtige Züge: EC, IC.

7.3B (S. 96)
ÜBUNG 2
(*Musterdialoge*)
1 Staatsgalerie
A: Wie komme ich (am besten) zur Staatsgalerie?
B: Gehen Sie hier links raus und die Straße entlang bis zur Kreuzung. Gehen Sie über die Kreuzung und nehmen Sie die erste Straße rechts. Sie sehen sie auf der linken Seite. Das sind nur 5 Minuten zu Fuß.

2 Altes Schloß
A: Wie komme ich (am besten) zum Alten Schloß?
B: Gehen Sie durch die Straßenunterführung und nehmen Sie den Ausgang Königstraße. Wenn Sie aus der Unterführung rauskommen, gehen Sie geradeaus die Königstraße runter. Nach zirka 500 Metern kommen Sie zu einer Grünanlage. Gehen Sie an der Grünanlage vorbei und dann links. Sie sehen es direkt vor sich.

3 Haus der Wirtschaft
A: Wie komme ich (am besten) zum Haus der Wirtschaft?
B: Gehen Sie durch die Straßenunterführung und nehmen Sie den Ausgang Theodor-Heuss-Straße. Gehen Sie die Theodor-Heuss-Straße entlang bis zum U-Bahnhof. Dort gehen Sie links in die Schloßstraße. Sie sehen es auf der linken Seite. Das sind etwa 10 bis 15 Minuten zu Fuß.

4 Leonhardskirche
A: Wie komme ich (am besten) zur Leonhardskirche?
B: Gehen Sie hier links raus, die Straße entlang bis zur Kreuzung, dann gehen Sie links in die Konrad-Adenauer-Straße. Gehen Sie immer geradeaus, über die zweite Kreuzung, und Sie sehen die Kirche auf der linken Seite. Das sind gute 20 Minuten zu Fuß.

7.4A (S. 98)
ÜBUNG 1

1	B	2	C	3	A

KAPITEL 8

8.3C (S. 108)

1	B	3	D
2	A	4	C

8.3D (S. 109)
ÜBUNG 4

verstellen	liefern
abnehmen	zusammenlegen
einsetzen	

8.4A (S. 110)

1	bessere	5	billiger
2	höhere	6	niedriger
3	größere	7	leiser
4	gute		

Messeplatz Deutschland (S. 114)
Checkliste für die Messebeteiligung
1. Vor der Messe
Messeziele erarbeiten ...
Budgetfestlegung
Auswahl der Exponate ...
Anmeldung beim Veranstalter
Bestätigung der Standfläche ...
Bearbeitung des Serviceangebotes ...
Bestellung der benötigten Standausstattung
Werbe-Konzeption
Terminplanung
Besucher-Einladungen versenden
Training des Messeteams
Unterkunftsreservierung ...
2. Während der Messe
Gesprächsprotokolle ausfüllen
Tägliche Lagebesprechungen
Pressekonferenz

Manöverkritik am letzten Messetag
Standabbau und Abreise
3. Nach der Messe
Dankeschön an das Messeteam
Auswerten der Gesprächsprotokolle
Internen Abschlußbericht anfertigen
Nachbearbeiten der Messekontakte

Kosten einer Messebeteiligung
1. Kostenbeiträge an den Veranstalter
2. Kosten für das Ausstellungsgut
3. Kosten für Standbau und Versorgung
4. Kosten für Werbung, Presse und Verkaufsförderung
5. Personalkosten

KAPITEL 9

9.1A (S. 116)
ÜBUNG 1

Der Käufer		Der Verkäufer	
1	b)	1	c)
2	e)	2	f)
3	g)	3	d)
4	i)	4	b)
5	a)	5	h)
6	c)	6	i)
7	d)	7	g)
8	h)	8	a)
9	f)	9	e)

ÜBUNG 3
Lieferanten werden von der Einkaufsabteilung gesucht.
Ein Angebot wird von der Vertriebsabteilung erstellt.
Die Ware wird von der Versandabteilung geliefert.
Die Rechnung wird von der Buchhaltung bezahlt.

9.1B (S. 116)
ÜBUNG 2
1 Ja, aber nur mit schriftlicher Bestätigung.
2 Mit der schriftlichen Bestätigung des Auftrags.
3 In DM.
4 30 Tage.
5 Bei Bar- oder Scheckzahlung innerhalb von 14 Tagen ab Rechnungsdatum.
6 Der Verkäufer berechnet Verzugszinsen in Höhe von 2%.
7 Der Käufer.
8 Der Käufer hat Anspruch auf Schadenersatz.
9 Sechs Monate.

9.1C (S. 118)

1	b)	3	d)
2	c)	4	a)

9.1D (S. 118)
ÜBUNG 2

1	c)	3	d)
2	b)	4	a)

🔊 9.2A (S. 119)
ÜBUNG 2
Mindestabnahmemenge: 1.000 Stück
Mengenrabatt: 2,5% ab 5.000 Stück, 5% ab 10.000 Stück
Stückpreis: muß ausgerechnet werden
Zahlungsfrist: 90 Tage netto
Skonto: 14 Tage - 3%
Lieferbedingungen: CIF
Lieferzeit: 4 Wochen

9.2C (S. 120)
(*Musterdialog*)
A: Guten Tag, Holtkamp.
B: Guten Tag. Hier Legrand, von der Firma ... . Wir sind Einzelhändler für Spielzeugwaren und sind sehr an Ihrer Oldtimer Replica-Serie interessiert. Wir planen, einen Markttest durchzuführen und möchten gern einen Probeauftrag erteilen.
A: An welchen Artikeln sind Sie interessiert?
B: An den Replica Doktorwagen, Ford Coupés und Renault 6CVs.
A: Und wieviel Stück brauchen Sie?
B: Je zwanzig Stück. Geben Sie Rabatt auf Ihre Katalogpreise?
A: In diesem Falle könnten wir Ihnen einen fünfprozentigen Rabatt auf die Preise unserer Händlerpreisliste geben.
B: Gut. Wie sind Ihre Zahlungsbedingungen?
A: 30 Tage netto. Bei 14 Tagen geben wir 2% Skonto.
B: Und wie schnell können Sie liefern?
A: Wir können die Ware sofort nach Erhalt des Auftrags liefern.
B: Gut. Können Sie mir bitte ein schriftliches Angebot machen?
A: Selbstverständlich. Sagen Sie mir bitte die Adresse der Firma ...

9.2D (S. 121)
(*Musterbriefe*)
Anfrage

Sehr geehrte Frau Keller,

ich beziehe mich auf unser Telefongespräch vom 23.6.19--. Bitte senden Sie uns Ihr Angebot auf der Basis CIF München über folgende Artikel:

Bezeichnung	Menge
Bremspedale nach der beiliegenden Zeichnung KN 3594	10.000

Bitte teilen Sie uns mit, wie die Ware verpackt wird.
Bankreferenzen erhalten Sie jederzeit von der Deutschen Bank AG, München.

Mit freundlichen Grüßen

Angebot

Sehr geehrter Herr Schuster,

wir danken Ihnen für Ihre Anfrage vom 23.6.19-- und unterbreiten Ihnen gerne folgendes Angebot:

Bezeichnung	Menge	Stückpreis
Bremspedale nach Zeichnung KN 3594	10.000	DM 1,42

Die Preise verstehen sich CIF München einschließlich Verpackung. Die Ware wird in Pappkartons in Holzkisten verpackt.
Unsere Zahlungsbedingungen lauten: 14 Tage - 3% Skonto, 90 Tage netto. Die Lieferung erfolgt 4 Wochen nach Erhalt des Auftrags.
Wir halten Ihnen unser Angebot für 4 Wochen offen.
Wir freuen uns auf Ihren Auftrag.

Mit freundlichen Grüßen

9.3C (S. 122)
ÜBUNG 1
1 10.000 Stück.
2 Der Kunde hat zuviel Rabatt abgezogen. Bei 6% Mengenrabatt ist der Stückpreis DM 1.41.
3 Der Gesamtbetrag lautet richtig DM 14.100.
4 Der Kunde gibt eine Lieferzeit von 3 Wochen an. Es ist nicht bekannt, ob Vulcan die Lieferfrist verkürzt hat, oder ob dies ein Fehler ist.

9.4A (S. 124)

1	d)	4	c)
2	a)	5	b)
3	e)		

9.4F (S. 125)
(*Muster*)
... festgestellt, daß die Ware außerhalb Ihrer Annahmezeiten am Freitag nachmittag in München eingetroffen ist. Die Ware wird heute an Sie geliefert.

9.4G (S. 125)
(*Muster*)
... festgestellt, daß die Lastwagen wegen des schlechten Wetters Verspätung haben. Die Ware wird übermorgen an Sie geliefert.

KAPITEL 10

10.2A (S. 134)
1 Hauptschulabschluß
2 Mittlere Reife/Realschulabschluß
3 Fachhochschulreife
4 Allgemeine Hochschulreife/Abitur

10.4B (S. 138)
16 EDV und Organisation
Staatliche Lotterieverwaltung
30 Verkauf/Vertrieb
Borchardt & Partner GmbH
34 Kaufmännische Berufe
AVIS
36 Sekretariat
MDC
42 Planung/Konstruktion
Pöttinger Bauunternehmung
64 Hotel und Gaststättengewerbe
Pizza Hut
78 Ausbildungsplätze
PR-Agentur

10.6D (S. 145)
(*Muster*)
Können Sie mir sagen, ob ich eine feste Anstellung nach der Ausbildung bekommen werde?
Können Sie mir Näheres über die Arbeitszeiten sagen?/Bitte geben Sie mir noch Auskunft über die Arbeitszeiten.
Würden Sie mir bitte sagen,/Ich möchte gern wissen, ob Sie Umzugskosten erstatten.
Ich möchte gern wissen, ob die Firma Weiterbildungsmöglichkeiten bietet.
Würden Sie mir bitte sagen, welche Sozialleistungen Sie bieten?
Sagen Sie mir bitte, wann/zu welchem Termin ich bei der Firma anfangen soll/meine Tätigkeit bei der Firma aufnehmen soll.

Mitbestimmung im Betrieb (S. 147)
Die Rechte des Betriebsrats
Situation 1: Ja, der Arbeitgeber braucht die Zustimmung des Betriebsrats.
Situation 2: Nein, der Betriebsrat kann arbeitgeberseitige Kündigungen nur verzögern, nicht verhindern.
Situation 3: Ja, der Betriebsrat hat Beratungsrechte über die Einführung neuer Techniken und Fertigungsverfahren.
Situation 4: Nein, bei der Einstellung leitender Angestellten muß der Betriebsrat informiert werden, er hat aber kein Vetorecht.

Alphabetical Wordlist

This wordlist contains the key business-related vocabulary in the **Lehrbuch**. Nouns are given with their genitive and plural forms. Strong verbs are given with their imperfect form and past participle. The symbol | indicates a separable verb. Words and phrases are translated according to the context in which they appear in the book. Different senses of a word are separated by semi-colons (;). If a compound noun (a noun made up of more than one word) is not listed, try to find its meaning by looking up the separate elements.

Abbreviations:

o. Pl. = ohne Plural (no plural)
Pl. = im Plural (plural only)
Akk. = Akkusativ (accusative)
Dat. = Dativ (dative)
Gen. = Genitiv (genitive)
jdn. = jemanden (somebody)
jdm. = jemandem (somebody - dative)
etw. = etwas (something)

A

A: das ~ und O the be-all and end-all
ab (+ Dat.) from; **~ und zu** now and again
ab | bestellen to cancel
ab | biegen, bog ab, abgebogen to turn off
die **Abbiegespur** -, -en turning-off lane
die **Abdeckung** -, -en cover; panel
der **Abend** -s, -e evening; **Guten ~** good evening; **zu ~ essen** to have dinner
das **Abendgymnasium** -s, -gymnasien, die **Abendschule** -, -n evening classes, night school
abendlich (in the) evening
abends in the evening
aber but; **~ gerne!** of course, with pleasure; **Das ist ~ schön!** That's really nice!
ab | fahren to leave, go from
die **Abfahrt** -, -en departure; exit
die **Abfahrtsbucht** -, -en bus bay, departure bay
der **Abfall** -(e)s, ̈ e waste
der **Abflug** -(e)s, ̈ e take-off, departure
die **Abflughalle** -, -n departure lounge
die **Abfolge** -, -n sequence, order
abgasarm: ~ sein to have low exhaust emissions
ab | geben to hand in; to give off
ab | gehen (an + Akk.) to be sent off (to)
abgeschlossen successfully completed
ab | hängen, hing ab, abgehangen (von + Dat.) to depend (on)
abhängig (von + Dat.) dependent (on)
ab | heften to file (away)
ab | holen to collect
das **Abitur** -s, -e *school-leaving exam, required for higher education, ≃ A-levels*
der **Abiturient** -en, -en, die **Abiturientin** -, -nen *person who is sitting/has passed the Abitur*
die **Abkürzung** -, -en abbreviation
die **Ablage** -, -n filing; tray
der **Ablauf** -(e)s, ̈ e course, sequence of events
ab | lehnen to refuse
die **Abmessung** -, -en dimension
abnehmbar detachable
das **Abonnement** -s, -s season ticket, subscription
die **Abreise** -, -n departure
ab | runden to round off; **ein gut abgerundetes Programm** a well-rounded programme
ab | sagen to cancel
der **Absatz** -es, ̈ e sales; paragraph
die **Absatzchance** -, -n sales potential
ab | schaffen to do away with
ab | schalten to switch off
ab | schicken to send off
abschließbar lockable
ab | schließen to end, conclude, complete; **einen Auftrag ~** to get an order/contract
abschließend finally
der **Abschluß** -sses, ̈ sse end, close; qualification
der **Abschlußbericht** -(e)s, -e final report
die **Abschlußprüfung** -, -en (result of a) school-leaving examination
das **Abschlußsignal** -s, -e end-of-transmission signal

das **Abschlußzeugnis** -ses, -se (school-) leaving certificate
der **Absender** -s, - sender
der **Abstand** -(e)s, ̈ e interval
ab | stellen to put; to park
der **Abstellraum** -(e)s, ̈ e store room
ab | stimmen (über + Akk.) to take a vote (on); **aufeinander ~** to fit in with each other
die **Abteilung** -, -en department
der **Abteilungsleiter** -s, - departmental manager
der **Abteilwagen** -s, - carriage with separate compartments
ab | warten to wait for
abwärts down
der **Abwärtstrend** -s, -s downward trend
abwechselnd alternately, in turns
die **Abwechslung** -, -en variety
abwechslungsreich varied
ab | weichen, wich ab, abgewichen (von + Dat.) to deviate (from)
die **Abwesenheit** -, o. Pl. absence; **in/bei ~ von** in the absence of
ab | wickeln to deal with
das **Abzeichen** -s, - badge
ab | ziehen to deduct
achten (auf + Akk.) to pay attention (to); to look out (for); **darauf ~, daß** to take care that
der **Adreßaufkleber** -s, - (adhesive) address label
AG = Aktiengesellschaft
Agrar- agricultural
ähnlich similar
der **Akkord** -(e)s, -e piecework (rate)
die **Akte** -, -n file; **zu den ~n legen** to file (away)
die **Aktie** -, -n share
die **Aktiengesellschaft** -, -en joint-stock company
der **Aktionär** -s, -e shareholder/stockholder
aktiv active; **in welcher Branche ist die Firma ~?** What does the company do?
aktuell current, up-to-date
akzeptieren to accept
alkoholfrei non-alcoholic
alle all; **~ 10 Minuten** every 10 minutes; **in ~ Welt** all over the world
allein on his/her/its *etc* own
allerdings though
das **Allerheiligen** All Saints' Day
das **Allerseelen** All Souls' Day
alles everything; **das wäre ~** that's it; **~ zusammen** both/all together
allgemein general(ly); in general
allgemeinbildend providing a general education
der **Alltag** -s, o. Pl. everyday life
alltäglich everyday
das **Alpenvorland** -(e)s, o. Pl. foothills of the Alps
der **Alptraum** -(e)s, ̈ e nightmare
als than; as
also so, well
alt old
der **Altbau** -(e)s, -ten old building
die **Altenpflege** -, o. Pl. care of the elderly
die **Altersversorgung** -, o. Pl. old-age pension (scheme)
die **Altstadt** -, ̈ e the old (part of) town
die **Ampel** -, -n traffic light(s)
das **Amt** -(e)s, ̈ er office

amtl. = amtlich official
die **Amtsleitung** exchange line
an (+ Dat./Akk.) on; at; to
die **Ananas** -, -se pineapple
an | bieten to offer; to supply
das **Andenken** -s, - souvenir
änderbar alterable; **die Preise sind jederzeit ~** prices subject to alteration without notice
andere(r/s) other, another; **etwas anderes** something else; **unter anderem** among other things
(sich) **ändern** to change
andernfalls otherwise
anders in a different way
die **Änderung** -, -en alteration
anerkannt recognized
anerkennen, anerkannte, anerkannt to accept; to recognize
an | fallen to incur, be incurred; **die anfallende Korrespondenz** any correspondence that needs dealing with
der **Anfang** -(e)s, ̈ e beginning
an | fangen, fing an, angefangen to begin
an | fertigen to manufacture, make; to draw up
an | fordern to ask for, request
die **Anforderung** -, -en demand, requirement
die **Anfrage** -, -n inquiry; **auf ~** on request
die **Angaben Pl.** figures; information, details
an | geben to give
das **Angebot** -(e)s, -e range (on offer); quote, quotation; **das kulturelle ~** the range of cultural activities; **als zusätzliches ~** as an extra attraction; **ein ~ über** a quote for (the supply of)
an | gehen: was ... angeht as far as ... is/are concerned
der/die **Angehörige** -n, -n relative
die **Angelegenheit** -, -en matter
angelernt semi-skilled
angenehm pleasant; **sehr ~** pleased to meet you
angesagt (für + Akk.) scheduled (for), due (on)
angeschlossen (an + Dat.) plugged in (to); linked (to/with); **dem Haus ~** attached to the hotel
angesichts (+ Gen) in view of
der/die **Angestellte** -n, -n salaried employee
die **Angst** -, **Ängste** (vor + Dat.) fear (of)
an | halten to continue
anhaltend continuous
anhand (+ Gen.) using, with the help of
sich **an | hören** to listen to
an | kommen to arrive; **auf etw. ~** to depend on something; **es kommt darauf an** it depends
an | kreuzen to put a cross in/by
ankündigen to announce
die **Ankunft** -, ̈ e arrival
die **Ankunftshalle** -, -n arrivals lounge
die **Anlage** -, -n plant; equipment, installation; enclosure; **in der ~** enclosed
der **Anlagenbau** -s, o. Pl. plant construction
der **Anlagevermerk** -(e)s, -e note of enclosure
die **Anliegerstraße** -, -n adjoining street
die **Anmeldung** -, -en registration
annähernd: nicht ~ nothing like
die **Annahme** -, o. Pl. acceptance
an | nehmen to take delivery of; to accept
an | rechnen: jdm. etw. ~ to credit sth. to sb.

die **Anrede** -, -n form of address, **an | reden** to address
die **Anregung** -, -en stimulus
die **Anreise** -, o. Pl. arrival
an | reisen to arrive
der **Anreiz** -es, -e incentive
der **Anruf** -(e)s, -e (telephone) call
der **Anrufbeantworter** -s, - answering machine
an | rufen to phone, ring up
der **Anrufer** -s, - caller
die **Ansage** -, -n announcement
(sich) **an | schaffen** to get (oneself)
sich **an | schauen ► sich ansehen**
an | schließen (an + Akk.) to plug in; to link up with
anschließend subsequent
der **Anschluß** -es, ̈ e (an) number, line; connection, link-up; **kein ~ unter dieser Nummer** number unobtainable; **der ~ ist besetzt** the number/line is engaged/busy; **im ~** after that
die **Anschrift** -, -en address
sich **an | sehen** to have/take a look at
sich **an | siedeln** to become established
an | sprechen to approach, talk to
der **Ansprechpartner** -s, - contact
der **Anspruch** -(e)s, ̈ e demand, requirement
anspruchsvoll high-class, superior, sophisticated
anstatt (+ Gen.) instead (of)
die **Anstellung** -, -en job
anstrengend strenuous
der **Anteil** -(e)s, -e (an + Dat.) proportion; share (of)
der **Antrieb** -(e)s, -e (means of) propulsion
antworten to answer
an | wählen to dial
die **Anweisung** -, -en direction
der **Anwenderbereich** -(e)s, -e user sector
anwenderfreundlich user-friendly
die **Anwendung** -, -en application
anwesend present
der **Anwohner** -s, - resident
die **Anzahl** -, o. Pl. number
die **Anzeige** -, -n advertisement; indicator light
an | zeigen to notify
anziehend attractive
der **Anzug** -s, ̈ e suit
der **Apfelwein** -s, -e type of dry cider
die **Apotheke** -, -n chemist's (shop)/pharmacy
der **Apparat** -(e)s, -e: **Linz am ~** Linz here/speaking
das **Appartement** -s, -s (hotel) suite
der **Appetit** -s, -e: **guten ~!** enjoy your meal!
die **Arbeit** -, -en work
arbeiten to work
der **Arbeiter** -s, -, die **Arbeiterin** -, -nen worker
der **Arbeitgeber** -s, - employer
arbeitgeberseitig decided on by the employer
der **Arbeitgeberverband** -(e)s, ̈ e employers' association
der **Arbeitnehmer** -s, - employee
das **Arbeitsamt** -(e)s, ̈ er employment exchange
die **Arbeitsatmosphäre** -, -n ► **Arbeitsklima**
die **Arbeitsaufnahme** -, o. Pl. start of employment; **Termin der ~** start date
die **Arbeitsaufteilung** -, -en allocation of work
die **Arbeitsfreude** -, -n job satisfaction
das **Arbeitsgericht** -(e)s, -e industrial tribunal

das **Arbeitsgesetz -es, -e** labour law
das **Arbeitsklima -s, -s** atmosphere at work
die **Arbeitskraft -, ¨e** worker
arbeitslos unemployed
die **Arbeitslosigkeit -, o. Pl.** unemployment
der **Arbeitsmarkt -(e)s ¨e** labour market
der **Arbeitsplatz -es, ¨e** job; workplace
der/die **Arbeitsuchende -n, -n** job-seeker
das **Arbeitsverhältnis -ses, -se** employer-employee relationship
die **Arbeitsvermittlung -, o. Pl.** employment exchange
die **Arbeitsvorbereitung -, -en** production planning
die **Arbeitsweise -, -n** way of working
die **Arbeitszeit -, -en** working hours
das **Arbeitszimmer -s, -** study
architektonisch architectural(ly)
die **Art -, en** kind, type; way, method
der **Artikel -s, -n** product, article, item
Art. Nr. = Artikel-Nummer reference number
das **Arzneimittel -s, -** drug
die **Arzthelferin -, -nen** doctor's receptionist
der **Aschenbecher -s, -** ashtray
auch as well, too
auf (+ Dat./Akk.) on(to); in; to; ~ **der ganzen Welt** throughout the world
auf | bauen to build, create; to build up; to erect
die **Aufbauzeit -, -en** erection time
die **Aufbewahrungstasche -, -n** storage bag
auf | bleiben to stay open
auf | bringen to find, raise, afford
der **Aufenthalt -(e)s, -e** stay
auf | füllen to load
die **Aufgabe -, -n** job, task
das **Aufgabengebiet -(e)s, -e** area of responsibility
auf | geben to put in
auf | listen to list
aufgrund (+ Gen.) on the basis (of)
das **Aufhängeseil -s, -e** suspension rope
die **Aufhebung -, o. Pl.** abolition
auf | hören to stop, end
auf | kommen (für + Akk.) to pay (for)
die **Auflage -, -n** tray; print run; edition; cover
auf | legen to lay; to put down the receiver
die **Auflösung -, -en** resolution
aufmerksam attentive
die **Aufmerksamkeit -, o. Pl.** attention
auf | nehmen to take; to record; to take (down); to include; **Kontact ~** to get in contact with
auf | passen to pay attention, listen carefully
aufrecht | erhalten to keep up
aufregend exciting
aufrüstbar upgradable
auf | rüsten to upgrade
auf | schreiben to write down
der **Aufsichtsrat -(e)s, ¨e** board of directors
die **Aufstellung -, -en** drawing up
der **Aufstieg -(e)s, -e** promotion
die **Aufstiegschance -, -n, die Aufstiegs-möglichkeit -, -en** promotion prospects
auf | teilen to divide up
der **Auftrag -(e)s, ¨e** order; **im ~** p.p., for and on behalf of
die **Auftragsabwicklung -, -en** order processing
die **Auftragsbestätigung -, -en** confirmation of order
der **Auftragseingang -(e)s, ¨** receipt of order
die **Auftragserteilung -, -en** placement of order
der **Auftragssachbearbeiter -s, -, die Auftragssachbearbeiterin -, -nen** person in charge of order processing
auf | treten to arise, occur; to behave; **sicher ~** to appear confident
das **Auftreten -s, o. Pl.** manner
der **Aufwand -(e)s, o. Pl. (an + Dat.)** expenditure (on), investment (in)
aufwendig lavish
der **Augenblick -(e)s, -e** moment; **im ~** at the moment
aus (+ Dat.) from; for; made of; ~ **folgenden Gründen** for the following reasons; **von hier ~** from here

der **Ausbau -(e)s, o. Pl.** expansion
aus | bauen to build up; to expand
ausbaufähig with prospects
aus | bilden to train, educate
die **Ausbildung -, -en** training, education
der **Ausbildungsberuf -(e)s, -e** skilled occupation
der **Ausbildungsplatz -es, ¨e** training vacancy
das **Ausbildungszentrum -s, -zentren** training centre
ausdauernd with staying power
der **Ausdruck -(e)s, ¨e** expression, phrase
aus | drucken to print out
aus | drücken to express
ausdrücklich expressly
die **Ausfahrt -, -en** (*Autobahn*) exit
aus | fallen to be unable to attend, drop out; to turn out to be
der **Ausflug -(e)s, ¨e** (day) trip
die **Ausfuhr -, o. Pl.** exports
aus | führen to carry out
die **Ausfuhrgüter Pl.** export(ed) goods
ausführlich detailed
die **Ausführung -, -en** model, version
aus | füllen to fill in
die **Ausgabe -, -n** expenditure, outgoings; edition
ausgabenfähig disposable
das **Ausgabeverhalten -s, -** spending habits
der **Ausgang -(e)s, ¨e** exit; starting point
aus | geben to spend
ausgebucht booked up
✗**ausgelastet** working at full capacity
ausgeprägt highly developed
ausgesprochen definitely
die **Ausgestaltung -, -en** drawing up
ausgestattet (mit + Dat) fitted, equipped (with)
ausgezeichnet excellent
✗die **Aushilfskraft -, ¨e** temporary worker
sich **aus | kennen** to know one's way around
aus | kommen to get by, to manage; **mit jdm. (gut) ~** to get on (well) with somebody
die **Auskunft -, ¨e** directory enquiries; (über + Akk.) information (about); (person at the) information desk
der **Auskunftgeber -s, -** information line
das **Ausland -(e)s, o. Pl.: im ~** abroad
der **Ausländer -s, -** foreigner
Auslands- foreign, abroad
der **Auslandsanteil -(e)s, -e** foreign sales
die **Auslandsgesellschaft -, -en** foreign subsidiary
der **Auslandsvertrieb -(e)s, -e** sales office abroad
ausleihbar: ~ sein can be borrowed
aus | liefern to dispatch
die **Ausnahme -, -n** exception
ausreichend adequate
aus | richten: jdm. etw. ~ to give sb. a message
das **Ausrufezeichen -s, -** exclamation mark
sich **aus | ruhen** to relax
aus | rüsten (mit + Dat.) to equip (with)
die **Ausrüstung -, -en** equipment
die **Aussage -, -n** statement
aus | schalten to switch off
ausschließlich exclusively; excluding
die **Ausschreibung -, o. Pl. (von + Dat.)** advertising (of)
aus | sehen: wie sieht das aus? what's it like?
außen (on the) outside, outer
der **Außendienst -(e)s, -e** field sales
der **Außenhandel -s, o. Pl.** foreign trade
die **Außenwirtschaft -, o. Pl.** foreign trade
außer (+ Dat.) except (for), excepting
außerdem as well, in addition; besides
äußere(r/s) outer
außergewöhnlich exceptional
außerhalb (+ Gen.) outside (of); ~ **des Betriebs** out of house; **etwas ~ liegen** to lie a little outside
äußerst extremely
die **Aussicht -, -en** prospect; view
✗die **Ausstattung -, -en** fittings; furnishings
aus | steigen to get off
aus | stellen to exhibit; to issue
der **Aussteller -s, -** exhibitor

der **Ausstellerausweis -es, -e** exhibitor's ID card
die **Ausstellung -, -en** exhibition
das **Ausstellungsgut -(e)s, ¨er** trade fair exhibits
der **Austausch -es, ¨e** exchange
aus | tauschen to exchange
aus | üben to do
die **Auswahl -, o. Pl.** choice; selection
aus | wählen to choose
aus | werten to analyse
die **Auszeichnung -, -en** award
der/die **Auszubildende -n, -n** trainee
der **Auszug -(e)s, ¨e** (aus + Dat.) extract (from)
die **Autobahn -, -en** motorway/expressway
der **Autofahrer -s, -** driver, motorist
der **Automat -en, -en** ticket machine
automatisch automatic(ally)
automatisiert automated
die **Automatisierungstechnik -, o. Pl.** automation technology
der **Automobilbau -(e)s, o. Pl.** car manufacturing
die **Autovermietung -, -en** car hire/rental

B

B = Breite
backofenfrisch fresh from the oven
das **Bad -(e)s, ¨er** bath
der **Bad-Teppich -s, -e** bathmat
das **Badeboot -(e)s, -e** inflatable boat
das **Baden -s, o. Pl.** bathing
der **Badeurlaub -(e)s, -e** seaside holiday
badisch of the Baden region
die **Bahn -, o. Pl.** railway; **mit der ~** by train
das **Bahnhofsviertel -s, -** area around the railway station
der **Bahnsteig -(e)s, -e** platform
bald soon
baldig early; **wir freuen uns auf ein ~es Kennenlernen** we look forward to meeting you soon
das **Band -(e)s, ¨er** tape; **auf ~ aufnehmen** to record
die **Bandnudeln Pl.** ribbon noodles
die **Bankettabteilung -, -en** special functions department
der **Bankettsaal -(e)s, -säle** banqueting room
die **Bankkauffrau -, -en** qualified (woman) bank clerk
die **Banküberweisung -, -en** bank transfer
das **Bankwesen -s, o. Pl.** banking
das **Bargeld -(e)s, o. Pl.** cash
die **Barzahlung -, -en** payment in cash
basieren (auf + Dat.) to be based (on)
die **Basis -, Basen** basis; **auf der ~ CIF München** cif Munich
das **Basiswissen -s, o. Pl.** basic knowledge
basteln to do handicrafts
der **Bau -(e)s, o. Pl.** building, construction (industry); manufacture
der **Baubereich -(e)s, -e** construction industry
baubetrieblich of the construction industry
der **Bauchgurt -(e)s, -e** waist strap
bauen to build
der **Bauernhof -(e)s, ¨e** farm
das **Bauernvolk -(e)s, ¨er** farming people
das **Baugewerbe -s, o. Pl.** building trade
der **Bauleiter -s, -** (building) site manager
der **Baumwollaufbewahrungsbeutel -s, -** cotton storage bag
der **Baumwollbezug -(e)s, ¨e** cotton cover
der **Baumwollstoff -(e)s, -e** cotton (material)
die **Bauunternehmung -, -en** construction company
der **Bayer -n, -n** Bavarian
bayerisch Bavarian
das **Bayern** Bavaria
beabsichtigen to intend
beachten to note, take note of
der/die **Beamte -n, -n, die Beamtin -, -nen** official, public service employee
beantworten to answer
bearbeiten to deal with, process
der/die **Beauftragte -n, -n** person responsible for; officer
das **Becken -s, -** basin; (swimming) pool

sich **bedanken (für + Akk.)** to thank sb. (for sth.)
der **Bedarf -(e)s, o. Pl. (an + Dat.)** requirements; need; **bei ~** when required
bedauern to regret
bedeuten to mean
bedeutend important
die **Bedeutung -, -en** importance
bedienen to supply; to operate; **Sie werden gleich bedient!** Your call will be dealt with as soon as possible
das **Bedienfeld -(e)s, -er** control panel
die **Bedienung -, o. Pl.** service; operation; **zur ~** to operate
die **Bedienungsanleitung -, -en** operating instructions
das **Bedienungsgeld -(e)s, -er** service charge
die **Bedingungen Pl.** conditions
bedroht threatened
bedruckt printed
das **Bedürfnis -ses, -se** need, requirement
beeindruckend impressive
beeinflussen to influence
beenden to finish, complete
die **Beendigung -, o. Pl.** end, completion
die **Beere -, -n** berry
befahren, befuhr, befahren to use, drive along
sich **befassen (mit + Dat.)** to deal (with)
die **Befestigungsecke -, -n** retaining clip
sich **befinden, befand, befunden** to be (situated)
befördern to transport
befragen to ask; to survey
der/die **Befragte -n, -n** respondent
die **Befragung -, -en** survey
befürchten to be afraid, sorry
sich **begeben, begab, begeben** to go
die **Begegnung -, -en** meeting
begehrt sought-after; popular
begeistern to fill with enthusiasm
beginnen, begann, begonnen to begin;
der **beginnende Abend** early evening
begrenzen (auf + Akk.) to restrict, limit (to)
die **Begrenzung -, -en** restriction
der **Begriff -(e)s, -e** concept
begründen to give reasons for
begrüßen to greet
die **Begrüßung -, -en** welcoming speech; **bei der ~** when greeting sb.
behalten, behielt, behalten to remember
behandeln to deal with
der/die **Behinderte -n, -n** disabled person
behindertenfreundlich, behinderten-gerecht with special facilities for disabled people
die **Behörde -, -n** authority
bei (+ Dat.) with, at; when (doing sth.); in the case of; among, for; in the event of; near; ~ **der Firma ABD** with/at ABD; ~ **uns** in our company/country; ~ **der Buchung** when booking; ~ **einem Glas Bier** over a beer
beide both
die **Beilage -, -n** side dish
bei | legen to enclose
beiliegend enclosed
das **Bein -(e)s, -e** leg
beinhalten to comprise
das **Beispiel -(e)s, -e** example; **zum ~** for example
der **Beitrag -(e)s, ¨e** (zu + Dat.) contribution (to)
bei | tragen (zu + Dat.) to contribute (to)
bei | treten to join
bekannt (für/durch + Akk.) known; well-known (for)
der/die **Bekannte -n, -n** acquaintance
bekannt | machen to make known
die **Bekleidungsindustrie -, -n** clothing industry
bekommen, bekam, bekommen to get, receive
die **Belange Pl.: in administrativen ~n** in administrative matters
die **Belastbarkeit -, o. Pl.** ability to withstand heavy use; ability to work under pressure

die **Belastung** -, -en burden, strain
die **Belegschaft** -, -en staff
belegt busy
die **Beleuchtung** -, -en lighting
beliebt popular
bemalt painted, decorated
der **Bembel** -s, - stoneware mug (used for serving cider)
die **Bemerkung** -, -en remark, comment
sich **bemühen** to make every effort
die **Benachrichtigung** -, -en notification
benennen, benannte, benannt to specify
das **Benehmen** -s, - behaviour
benötigen to need
benötigt necessary
benutzen to use
die **Benutzung** -, o. Pl. use; **bei der ~** when using
-benutzung use of
beobachten to watch
bequem easy, easily; comfortable
beraten, beriet, beraten to advise
der **Berater** -s, - consultant; adviser
die **Beratung** -, -en advice, consultancy; counselling
das **Beratungsrecht** -(e)s, -e right of consultation
berechnen to charge for
die **Berechnung** -, -en charge; calculation; **gegen ~** for a charge
berechtigt: ~ sein, etw. zu tun to be entitled to do sth.
berechtigen to entitle
der **Bereich** -(e)s, -e sector, industry; department, division; sphere; **in welchem ~ ist die Firma tätig?** what business is the company in?; **der ~ Personal** the human resources division
bereit (zu + Dat.) willing, prepared (to do)
bereiten to cause
bereits already
die **Bereitschaft** -, o. Pl. willingness
bereit|stehen to be available
die **Bereitstellung** -, o. Pl. setting up
der **Bergbau** -(e)s, o. Pl. mining
das **Bergsteigen** -s, o. Pl. mountain climbing
berichten to report
berlinerisch: ~ sprechen to speak the Berlin dialect
berücksichtigen to take into account
der **Beruf** -(e)s, -e occupation, profession, job, career; **Was sind Sie von ~?** What do you do?
beruflich professional, vocational; **~e Tätigkeiten** (work) experience
die **Berufsausbildung** -, -en vocational training (course)
berufsbegleitend while working full-time
der **Berufsberater** -s, -, die **Berufsberaterin** -, -nen careers adviser
die **Berufsberatung** -, -en careers guidance
die **Berufsbezeichnung** -, -en job title
berufsbildend vocational
die **Berufserfahrung** -, -en work experience
die **Berufsfachschule** -, -n vocational college providing full-time training courses
das **Berufsfeld** -(e)s, -er occupation, profession
das **Berufsgrundbildungsjahr** -(e)s, -e foundation year
berufsqualifizierend professional
die **Berufsschule** -, -n vocational college providing part-time training courses
berufstätig working
der/die **Berufstätige** -n, -n working person
die **Berufstätigkeit** -, -en job
die **Berufswahl** -, o. Pl. choice of career; **bei der ~** when choosing a career
der **Berufsweg** -(e)s, -e career path
berühmt famous
beschädigt damaged
beschaffen to procure
beschäftigen to employ
sich **beschäftigen** (mit + Dat.) to deal with; to think about
beschäftigt busy
der/die **Beschäftigte** -n, -n employee
die **Beschäftigung** -, -en employment
beschäftigungssicher offering job security

Bescheid: jdm. ~ sagen to tell sb., let sb. know
beschichtet (mit + Dat.) laminated; coated (with)
sich **beschränken** (auf + Akk.) to be limited (to)
beschreiben, beschrieb, beschrieben to describe
die **Beschreibung** -, -en description
sich **beschweren** (bei jdm., über etw.) to complain (to sb., about sth.)
besetzt engaged/busy; manned
der **Besetztton** -(e)s, -̈e engaged/busy signal
besichtigen to look at, inspect
besiedelt: dicht ~ densely populated
besitzen, besaß, besessen to own
der **Besitzer** -s, - owner
besondere(r/s) special, particular
die **Besonderheit** -, -en special feature; peculiarity
besonders particularly, especially; special
besorgen to get, buy
besprechen, besprach, besprochen to discuss
die **Besprechung** -, -en meeting, discussion
besser (als) better (than)
der **Bestandteil** -(e)s, -e component
bestätigen to confirm
die **Bestätigung** -, -en confirmation
der/die/das **beste** (the) best (one/thing); **wir geben unser Bestes** we do our best
das **Besteck** -(e)s, -e cutlery
bestehen, bestand, bestanden to be; **~ aus** (+ Dat.) to consist of; **~ in** (+ Dat.) to involve; **Worin besteht Ihre Arbeit?** What does your job involve?
das **Bestelldatum** -s, -daten date of order
bestellen to order; **bei jdm. ~** to place an order with sb.
die **Bestellmenge** -, -n quantity
die **Bestell-Nr = Bestellnummer** -, -n order number
die **Bestellung** -, -en order
der **Bestellwert** -(e)s, -e value of order
am **besten** best; **Mit wem spreche ich am ~?** Who should I speak to?; **Wie komme ich am ~ hin?** What's the best way to get there?
bestens very well
bestimmen to decide
bestimmt specific; certain
die **Bestimmung** -, -en regulation; provision
der **Bestimmungshafen** -s, -häfen port of destination
der **Bestimmungsort** -(e)s, -e destination
die **Bestuhlung** -, o. Pl. seating
der **Besuch** -(e)s, -e visit; attendance; **~e machen** to visit; **~ bekommen** to have visitors
besuchen to visit; to attend
der **Besucher** -s, -, die **Besucherin** -n, -nen visitor
sich **beteiligen** (an + Dat.) to participate, take part (in)
der/die **Beteiligte** -n, -n participant
die **Beteiligung** -, o. Pl. participation
die **Beteiligungsgesellschaft** -, -en associated company; subsidiary
das **Bethmännchen** -s, - traditional Frankfurt marzipan figure in the shape of a man
Betr. = Betreff, betrifft re, subject
Betracht: in ~ kommen to be considered
der **Betrag** -(e)s, -̈e amount
betragen, betrug, betragen to be
Betreff re, subject
betreiben, betrieb, betrieben to carry out
betreuen to look after
die **Betreuung** -, o. Pl. looking after
der **Betrieb** -(e)s, -e company, business, firm
betrieben: elektrisch ~ electrically powered
die **Betriebsänderung** -, -en change in the nature of the company's operations
betriebsbereit ready (for operation)
die **Betriebsbesichtigung** , -en company tour
das **Betriebsklima** -s, -s atmosphere at work
die **Betriebskosten** Pl. operating costs
der **Betriebsrat** -(e)s, -̈e works council
die **Betriebsstörung** -, -en production problem
das **Betriebssystem** -s, -e operating system

das **Betriebsverfassungsgesetz** -es, -e Industrial Constitution Law
der **Betriebswirt** -(e)s, -e graduate in business administration
die **Betriebswirtschaft** -, o. Pl. business administration, business studies
betriebswirtschaftlich business, economic
betrifft re, subject
betrugen ▸ betragen
die **Beurlaubung** -, -en leave
beurteilen to judge
die **Bevölkerung** -, -en population
der/die **Bevollmächtigte** -n, -n authorized representative
bevor before
bevorzugen to prefer
bewaldet wooded
die **Bewältigung** -, o. Pl. **~ der Aufgaben** managing the work
bewarb ▸ bewerben
die **Bewegung** -, -en exercise
beweisen, bewies, bewiesen to show, prove
sich **bewerben, bewarb, beworben** (um + Akk.) to apply (for)
der **Bewerber** -s, -, die **Bewerberin** -, -nen applicant
die **Bewerbung** -, -en job application
das **Bewerbung(s)anschreiben** -s, -, der **Bewerbungsbrief** -s, -e letter of application
die **Bewerbungsunterlagen** Pl. documents supporting an application
bewerten to assess
der **Bewohner** -s, - inhabitant
beworben ▸ bewerben
bewundern to admire
bezahlen to pay
die **Bezahlung** -, -en pay
die **Bezeichnung** -, -en description
sich **beziehen** (auf + Akk.) to refer (to)
die **Beziehung** -, -en: **in dieser ~** in this respect
beziehungsweise or, and/or; rather
der **Bezirk** -(e)s, -e district
bezug: in ~ auf (+ Akk.) with respect to
der **Bezug** -(e)s, -̈e cover; **mit ~ auf** (+ Akk.) with reference to
bezüglich (+ Gen.) with respect to
die **Bezugnahme** -, -n: **mit ~ auf** (+ Akk.) with reference to
die **Biegung** -, -en bend
die **Bierbrauerei** -, o. Pl. (beer) brewing
das **Bierzelt** -(e)s, -e beer tent
bieten, bot, geboten to provide; to offer
bilden to form; to make up
der **Bildschirm** -(e)s, -e screen
die **Bildung** -, o. Pl. education
der **Bildungsgang** -(e)s, -̈e education
die **Bildungsstätte** -, -n educational establishment
das **Bildungswesen** -s, o. Pl. education system
der **Bildungsweg** -(e)s, -e: **der zweite ~** further/adult education
billig cheap
die **Billion** (BrE) billion, (AmE) trillion
der **Binnensee** -s, -n lake
die **Birke** -, -n birch tree
bis (+Akk.) up to; by; until, till; to, as far as; **zwei ~ drei** two to three
bisherig previous
bislang up to now
die **Bitte** -, -n request
bitte please; **~ schön** you're welcome
bitten, bat, gebeten (um + Akk.) to ask (for)
der **Blasebalg** -(e)s, -̈e (pair of) bellows
das **Blatt** -(e)s, -̈er leaf; **ein ~ Papier** a sheet of paper
der **Blattspinat** -(e)s, -e spinach
bleiben, blieb, geblieben to stay, remain; **Wo bleibt die Ware?** Where are the goods?
der **Blick** -(e)s, -e (über + Akk.) view (over); (in + Akk.) look, glance (at)
blieb ▸ bleiben
der **Block** -(e)s, -̈e: **ein ~ Papier** pad of (writing) paper
blühend blooming

blumengeschmückt decorated with flowers
der **Boden** -s, o. Pl. soil
der **Bodenbelag** -(e)s, -̈e floor covering
der **Bodensee** -s, o. Pl. Lake Constance
Bonner in Bonn
die **Börse** -, -n stock exchange
die **Box** -, -en speaker; parking space
brachte ▸ bringen
die **Branche** -, -n sector, industry, line of business
Bratkart. = die Bratkartoffeln Pl. sauté potatoes
die **Bratwurst** -, -̈e sausage
brauchen to need; to use
sich **bräunen** to tan
breit wide
die **Breite** -, -n width
das **Bremspedal** -s, -e brake pedal
der **Brennpunkt** -(e)s, -e focal point
das **Briefblatt** -(e)s, -̈er page (of a letter)
der **Briefkopf** -(e)s, -̈e letterhead
die **Briefmarke** -, -n (postage) stamp
der **Briefumschlag** -(e)s, -̈e envelope
bringen, brachte, gebracht to bring; **im Fernsehen ~** to show on TV
die **Brücke** -, -n bridge
der **Brunnen** -s, - fountain
der **Brustgurt** -(e)s, -e chest strap
brüten (über + Akk) to ponder (over)
brutto, Brutto- gross, before tax
das **Bruttosozialprodukt** -(e)s, -e gross national product
buchen to book; **auf die Rechnung ~** to debit to the account
der **Buchhalter** -s, - bookkeeper
die **Buchhaltung** -, o. Pl. accounts department
buchstabieren to spell
die **Buchstabiertafel** -, -n telephone alphabet
die **Buchung** -, -en booking
das **Bügeleisen** -s, - iron
der **Bummel** -s, - stroll
der **Bummler** -s, - stroller
Bundes- Federal
der **Bundesangestelltentarif** -s, o. Pl. statutory salary scale for civil servants
das **Bundesausbildungsförderungsgesetz** -es, -e Federal Education and Training Assistance Act
der **Bundeskanzler** -s, - Federal Chancellor
das **Bundesministerium für Arbeit und Sozialordnung** Federal Ministry for Employment and Social Administration
der **Bundesrat** -(e)s, o. Pl. upper house of the Federal German Parliament
die **Bundesrepublik Deutschland** Federal Republic of Germany
der **Bundestag** -(e)s, o. Pl. lower house of the Federal German Parliament
das **Bundesumweltministerium** -s, o. Pl. Federal Ministry of the Environment
die **Bundesvereinigung der Deutschen Arbeitgeberverbände** Federal Union of German Employers' Associations
die **Bundeswehr** -, o. Pl. armed forces (of Germany)
das **Bündnis 90** Alliance 90
bunt colourful
die **Burg** -, -en castle
der **Bürger** -s, - citizen
das **Büro** -s, -s office
die **Bürokauffrau** -, -en (office) buyer (in wholesale or foreign trade)
die **Bürotechnik** -, o. Pl. office technology
der **Buß- und Bettag** -(e)s, -e Day of Prayer and Repentance
der **Busbahnhof** -(e)s, -̈e bus station
der **Busfahrer** -s, - bus driver
die **Buslinie** -, -n bus route
bzw. = beziehungsweise

C

ca. = zirka
der **Campingbedarf** -(e)s, o. Pl. camping equipment
die **Cantileverbremse** -, -n cantilever brake
die **CDU = die Christlich-Demokratische Union** Christian Democratic Union

das **Champignonschnitzel -s, -** veal/pork cutlet with mushrooms
die **Chance -, -n** prospect; chance, opportunity
die **Chancengleichheit -, o. Pl.** equal opportunities
der **Chef -s, -s, die Chefin -, -nen** boss, manager
die **Chefsekretärin -, -nen** personal assistant
die **Chemie -, o. Pl.** chemicals
die **Chemikalien Pl.** chemicals
der **Chemiker -s, -** chemist
chemisch: die ~e Industrie chemicals industry
die **Christbaumkugel -, -n** Christmas tree bauble
die **Christi Himmelfahrt** Ascension Day
die **Clipmappe -, -n** clip folder

D

da there; as, since; **Ist ~ die Firma Adler?** Is that Adler?
dabei during this (process); with it, included
das **Dach -(e)s, ⁻er** roof
der **Dachausbau -s, -ten** loft conversion
dadurch in this way, thus
dafür to make up for it; in return; for this/it
dagegen in contrast
daher consequently, therefore
dahin | kommen to get there
die **Dame -, -n: meine ~n und Herren** ladies and gentlemen ▸ **geehrt**
damit thereby; thus; so (that)
das **Dampfbad -(e)s, ⁻er** steam bath
danach afterwards, after that
daneben next to it; at the same time
der **Dank -(e)s, o. Pl.: (recht) vielen ~** thank you very much
dank (+ Gen.) thanks to
dankbar grateful
danke thank you, thanks; **~ schön** thank you very much
danken to thank
dann then
dar | legen to set out
das **Darlehen -s, -** loan
dar | stellen to present
sich **dar | stellen: sich positiv ~** to show oneself in a positive light
die **Darstellung -, -en: farbige ~** colour printing
darüber about it; **~ hinaus** in addition
darunter among them
die **Daten Pl.** data
die **Datenautobahn -, -en** information highway
der **Datenton -(e)s, ⁻e** data transmission signal
die **Datenverarbeitung -, o. Pl.** data processing
das **Datum -s, Daten** date
die **Dauer -, o. Pl.** duration, period
die **Dauerbeschäftigung -, -en** permanent job
dauern to last
dauernd continually, all the time
der **Dauergebrauch -(e)s, o. Pl.** continuous use
der **Daunenschlafsack -(e)s, ⁻e** down-filled sleeping bag
davon of this/these
davor: im Jahr ~ in the previous year
dazu about, for, to this/it, in addition; **~ gehören** these include
dazwischen: es ist etwas ~ gekommen something has come up
dB = Dezibel
DB = Deutsche Bahn
die **DDR = Deutsche Demokratische Republik** Democratic Republic of Germany
die **Deckeltasche -, -n** top flap pocket
defekt defective
der **Deich -(e)s, -e** dyke/dike
denken, dachte, gedacht (an + Akk.) to think (about)
denn because; **Wo haben Sie denn gewohnt?** Where did you stay?
deren its
derzeit at present

deshalb for this reason; so
detailliert in detail
die **Deutsche Bahn** German Railways
die **Deutsche Industrie-Norm -, -en** German industrial standard
das **Deutsche Institut für Normung** German Standards Institute
deutschsprachig, deutschsprechend German-speaking
das **Dezibel -s, -** decibel
d.h. = das heißt
DHH = Doppelhaushälfte
der **Diaprojektor -s, -en** slide projector
die **Diätkost -, o. Pl.** food for people on special diets
dicht: ~ besiedelt densely populated; **mit ~em Taktverkehr** with a frequent service
dick substantial
der **Dichter -s, -** poet
dienen to serve
der **Dienst -(e)s, -e** service; **öffentlicher ~** public services
die **Dienstleistung -, -en** service
der **Dienstleistungsbereich -(e)s, -e** service sector
das **Dienstleistungsgewerbe -s, o. Pl.** service industries
die **Dienstreise -, -n** business trip
der **Dienstwagen -s, -** company car
diese(r/s) this, these
dieselbe the same
DIN = Deutsche Industrie-Norm; Deutsches Institut für Normung
das **Ding -(e)s, -e** thing; **vor allen ~en** above all
Dipl.-Ing. = Diplom-Ingenieur
die **Dipl.-Kauffrau -, -en** (female) holder of a diploma in commerce
die **Diplom-Betriebswirtin -, -nen** (female) graduate in business management
der **Diplom-Ingenieur -s, -e** qualified engineer
die **Diplomarbeit -, -en** dissertation (for degree or similar)
die **Diplomprüfung -, -en** degree examination
die **Direktion -, -en** management
der **Direktor -s, -en** director
das **Direktwahltelefon -s, -e** direct-dial telephone
die **Direktwerbung -, -en** direct mail promotion
das **Distributionslager -s, -** distribution depot
DM = Deutsche Mark Deutschmark, German mark
doch (used to add emphasis) don't they? isn't it?; but, nevertheless
der **Doktor -s, -en** doctor; **Herr ~** Doctor
die **Doktorprüfung -, -en** doctoral examination
der **Dolmetscher -s, -** interpreter
der **Dom -(e)s, -e** cathedral
die **Donau -, o. Pl.** the Danube
die **Donnerechse -, -n** dinosaur
die **Doppelarbeit -, -en: ~ machen** to duplicate work
die **Doppelhaushälfte -, -n** semi-detached house
doppelt: in ~er Hinsicht in two respects
das **Doppelzimmer -s, -** double room
das **Dorf -(e)s, ⁻er** village
dort there
dorthin there
dpi = dots per inch
der **Dreher -s, -** lathe operator
dreigliedrig tripartite
das **Dreiländereck -s, o. Pl.** area of southwestern Germany where three countries border each other
drin in it, inside; **Einsparungen von 4% sind ~** savings of 4% are possible
dringend urgent(ly)
dringendst very urgently
dritte(r/s) third
das **Drittel -s, -** third; **zwei ~** two thirds
die **Drittelzahlung -, -en** payment in three equal instalments
drüben over there
der **Druck -(e)s, o. Pl.** printing
drucken to print

drücken to press
der **Drucker -s, -** printer
das **Druckpapier -s, o. Pl.** media type
der **Druckraum -(e)s, ⁻e** print room
die **Drucksache -, -n** circular
DSD = Duales System Deutschland system of collecting and sorting waste for recycling
das **duale System (der Berufsbildung)** dual system (of vocational education)
durch by; through; by means of
durchdacht thought out
durch | führen to carry out
die **Durchführung -, o. Pl.** implementation
durch | geben to give, tell
durch | lesen to read through
die **Durchsage -, -n** announcement
der **Durchschnitt -(e)s, -e** average
durchschnittlich average
Durchschnitts- average
das **Durchsetzungsvermögen -s, -** ability to get things done
die **Durchwahl -, o. Pl.** internal telephone number (obtainable by direct dialling)
dürfen, durfte, gedurft to be allowed (to do sth.); **Darf ich rauchen?** May I smoke?
der **Durst -(e)s, o. Pl.** thirst; **~ haben** to be thirsty
die **Dusche -, -n** shower
der **Duschvorhang -(e)s, ⁻e** shower curtain
DV = Datenverarbeitung
die **DV-Anlage -, -n** data-processing equipment

E

eben just
die **Ebene -, -n** level
ebenso ... wie (just) as ... as
echt genuine
die **Ecke -, -n** corner
EDV = elektronische Datenverarbeitung
die **EDV-Kenntnisse Pl.** data-processing skills
der **Effizienzgewinn -(e)s, -e** gain in efficiency
egal: Das ist ~ It makes no difference
ehemalig former
eher rather
ehrgeizig ambitious
ehrlich honest(ly); **~ gesagt** to be honest
eigen (my/your/its etc) own
die **Eigeninitiative -, -n** initiative
die **Eigenschaft -, -en** characteristic, feature, quality
eigentlich actually
die **Eigentumswohnung -, -en** private flat/appartment
die **Eignung** suitability
der **Eilzug -(e)s, ⁻e** fast stopping train
einander (to) one another
ein | arbeiten to incorporate
die **Einarbeitung -, o. Pl.** training
die **Einbahnstraße -, -n** one-way street
das **Einbettzimmer -s, -** single room
ein | biegen, bog ein, eingebogen (in + Akk.) to turn off (into)
die **Einbindung -, o. Pl.** (in + Akk.) integration (into)
eindeutig unambiguously; definitely
der **Eindruck -(e)s, ⁻e** impression
eindrucksvoll impressive
einfach simply; single/one-way; **Fahren Sie ~?** Do you want a single (ticket)?
die **Einfahrt -, -en** entry; **Der Zug hat ~ auf Gleis 3** the train is arriving at platform 3
das **Einfamilienhaus -es, ⁻er** detached house
der **Einfluß -sses, -sse** influence
die **Einfuhrgüter Pl.** imports
ein | führen to bring in, introduce
die **Einführung -, o. Pl.** introduction
der **Eingang -(e)s, ⁻e** entrance; receipt (of booking)
eingebaut installed
ein | gehen (auf + Akk.) to adapt (to); to deal with
eingehend incoming
eingepackt when packed
eingeschränkt limited
ein | halten to keep; to observe, obey

die **Einheit -, -en** unity; unit
ein | holen to obtain
einige some, a few, a number of
sich **einigen (auf + Akk.)** to agree (on)
die **Einigung -, -en** agreement
die **Einigungsstelle -, -n** arbitration board
der **Einkauf -(e)s, o. Pl.** purchasing department
ein | kaufen to shop; to buy in; **~ gehen** to go shopping
der **Einkäufer -s, -, die Einkäuferin -, -nen** buyer
die **Einkaufsabteilung -, -en** purchasing department
die **Einkaufsbedingungen Pl.** conditions of purchase
der **Einkaufsbummel -s, -** shopping expedition
der **Einkaufsleiter -s, -, die Einkaufsleiterin -, -nen** purchasing manager
die **Einkaufsmöglichkeiten Pl.** shopping facilities
ein | kleben to stick in
das **Einkommen -s, -** income
ein | laden to invite
die **Einladung -, -en** invitation
die **Einlage -, -n** sth. that goes inside sth.; (Cooking) meat, noodles, egg etc added to a clear soup
ein | lagern to store
ein | legen to put in
die **Einleitung -, -en** introduction
ein | lösen to cash, change
einmal once; **noch ~** (once) again; **~ Hacksteak** one hamburger
die **Einnahmequelle -, -n** source of income
ein | nehmen to eat
sich **ein | ordnen** to get in lane
ein | räumen to grant, allow
die **Einrichtung -, -en** installation; facility; equipment
die **Einsammlung -, -en** collection
der **Einsatz -es, ⁻e** use; employment; **Ärzte im ~** doctors on duty
einsatzbereit keen
der **Einsatzzweck -s, -e** purpose
ein | schalten to switch on
sich **ein | schalten** to intervene
ein | schätzen: hoch ~ to have a high opinion of
einschließlich including
einseitig one-sided
einsetzbar usable
ein | setzen to put in
ein | sparen to save
die **Einsparung -, -en** saving
einst once
ein | steigen to board
ein | stellen to take on, appoint; to adjust
der **Einstellplatz -es, ⁻e** parking space
die **Einstellung -, -en** opinion; appointment, employment
der **Einstieg -(e)s, -e** entry; **zum ~** on entry
ein | stufen to classify
ein | teilen to divide (up)
ein | tragen to put down, write
der **Eintrag -(e)s, ⁻e, die Eintragung -, -en** entry
ein | treffen to arrive
der **Eintrittspreis -es, -e** admission charge
die **Einwegverpackungssteuer -, -n** tax on throw-away packaging
der **Einwohner -s, -** inhabitant
Einzel- individual; single
der **Einzelblatteinzug -(e)s, ⁻e, die Einzelblattzuführung -, -en** sheet feeder
die **Einzelgesellschaft -, -en** single company
der **Einzelhandel -s, o. Pl.** retail trade
der **Einzelhändler -s, -** retailer
die **Einzelheit -, -en** detail
einzeln separate, individual
das **Einzelzimmer -s, -** single room
ein | ziehen to pull in, feed in
einzige(r/s) only
das **Eisbein -(e)s, -e** knuckle of pork
die **Eisenbahnschiene -, -n** railway/rail road track

205

die **Eisköstlichkeit** -, -en ice-cream special(i)ty

das **Eisstockschießen** -s, o. Pl. curling

der **Eiswein** -(e)s, -e sweet white wine (*made from grapes exposed to frost*)

Flektro- electrical

das **Elektro-Großgerät** -s, -e large electrical appliance

der **Elektroinstallateur** -s, -e electrician

die **Elektronik** -, o. Pl. electronics (industry)

der **Elektroniker** -s, - electronics engineer

elektronisch electronic; **~e Post** E-mail

die **Elektrotechnik** -, o. Pl. electrical engineering (industry)

der **Elektrotechniker** -s, - electrical engineer

elektrotechnisch electrical

das **Elektrowerk** -(e)s, -e electrical goods factory

der **Empfang** -(e)s, ̈e reception; receipt

empfangen, empfing, empfangen to meet

der **Empfänger** -s, - recipient

empfehlen, empfahl, empfohlen to recommend

empfehlenswert recommended

die **Empfehlung** -, -en recommendation

empfinden, empfand, empfunden to feel (about), to find

empfohlen ▶ empfehlen

die **Emulation** -, -en emulation

emulieren to emulate

das **Ende** -s, -n end; **zu ~ gehen** to run out

endgültig final

das **Endlospapier** -s, o. Pl. fan fold paper

die **Energiewirtschaft** -, o. Pl. energy industry

eng closely

das **Engagement** -s, o. Pl. commitment

sich **engagieren** (für + Akk.) to be committed (to)

engagiert committed

entbeint boned

entdecken to discover

die **Entdeckung** -, -en discovery

die **Ente** -, -n duck

entfallen, entfiel, entfallen not to apply

entfernen to remove

entfernt (away) from

die **Entfernung** -, -en distance

entgegen|nehmen to receive, take

enthalten, enthielt, enthalten to contain, include

entladen, entlud, entladen to unload

entlang|gehen to go along

entlassen, entließ, entlassen to dismiss

die **Entlohnungsgrundsätze Pl.** principles of remuneration

entnehmen, entnahm, entnommen to gather from

entscheiden, entschied, entschieden (über + Akk.) to decide (about)

sich **entscheiden** (für + Akk.) to decide (on)

die **Entscheidung** -, -en decision

die **Entscheidungskompetenz** -, -en authority to make decisions

der **Entscheidungsträger** -s, - decision-maker

entschieden decidedly, considerably

Entschuldigung excuse me, pardon

sich **entspannen** to relax

die **Entspannung** -, o. Pl. relaxation

entsprechen, entsprach, entsprochen to correspond to; to be in accordance with; to meet

entsprechend (+ Dat.) in accordance with; corresponding, relevant

entspringen, entsprang, entsprungen to rise, have its source

entstehen, entstand, entstanden to come into being

entweder ... oder either ... or

entwerfen, entwarf, entworfen to draw up

(sich) **entwickeln** to develop

die **Entwicklung** -, -en development

Erachten: meines ~s in my opinion

erarbeiten to produce; to work out

erbauen to build

erbitten, erbat, erbeten to request; **Reservierung erbeten** booking advised

das **Erdgeschoß** -sses, -sse (*BrE*) ground floor, (*AmE*) first floor

das **Ereignis** -ses, -se event

erfahren, erfuhr, erfahren to find out

die **Erfahrung** -, -en experience

erfinden to invent

der **Erfolg** -(e)s, -e success; **Viel ~!** Good luck

erfolgen to be carried out

erfolgreich successful

erforderlich necessary

erfordern to demand

erfragen to ascertain

erfreut: sehr ~ pleased to meet you

die **Erfrischungen Pl.** refreshments

erfüllen to fulfil

ergänzen to fill in, complete

die **Ergänzung** -, -en extension, completion

das **Ergebnis** -ses, -se result; conclusion

ergreifen, ergriff, ergriffen to grasp

der **Erhalt** -(e)s, o. Pl. receipt

erhalten, erhielt, erhalten to obtain; to receive

erhältlich available

erheblich considerably

erhöhen to increase, raise

sich **erholen** to have a rest

die **Erholung** -, -en rest, relaxation

das **Erholungsgebiet** -(e)s, -e vacation area

erinnern (an + Akk.) to remind (of)

die **Erkältungsmittel** -s, - medication for a cold

erkennen, erkannte, erkannt to recognize; to spot

erklären to explain

sich **erkundigen** (nach + Dat.) to find out (about)

erlangen to achieve

erlauben to allow

erläutern to explain

erleben to experience

das **Erlebnis** -ses, -se experience

erledigen to deal with

erleichtern to facilitate, to make (sth.) easier

erlernt: ~er Beruf profession one has trained for

ermäßigt reduced

die **Ermäßigung** -, -en reduction, discount

erneut again

ernst serious(ly)

ernsthaft serious

eröffnen to open

die **Eröffnung** -, -en opening

erreichbar able to be reached

erreichen to amount to; to reach; to get through to; to achieve; **nicht zu ~** unavailable

der **Ersatz** -es, o. Pl. (für + Akk.) replacement(s)

das **Ersatzteil** -(e)s, -e spare (part)

erscheinen, erschien, erschienen to appear

ersehen, ersah, ersehen to see

ersetzen to replace

ersparen: jdm. etw. ~ to save sb. (doing) sth.

erst only after, not until; **~ einmal** first

der/die/das **erste** (the) first

die **Erstattung** -, -en reimbursement

erstellen to draw up, compile

erstenmal: zum ~ for the first time

erstklassig first-class

erstmals for the first time, first

erteilen to place

ertönen to sound

der/die **Erwachsene** -n, -n adult

erwähnen to mention

erwarten to await; to wait for, expect

die **Erwartung** -, -en expectation

erwerben, erwarb, erworben to obtain, gain; to acquire

das **Erwerbsleben** -s, o. Pl.: **im** ~ in employment

der/die **Erwerbstätige** -n, -n working person

erwirtschaften to earn

erworben ▶ erwerben

erwünscht desired

erzählen: jdm etw. ~ to tell sb. sth.

erzeugen to produce

die **Erzeugerabfüllung** -, o. Pl. bottled by the producer

das **Erzeugnis** -ses, -se product

erziehen to bring up

die **Erziehung** -, o. Pl. childcare

die **Erziehungszeit** -, -en maternity/childcare leave

erzielen to make

erzwingbar enforceable

essen, aß, gegessen to eat; **~ Sie gerne chinesisch?** do you like Chinese food?; **~ gehen** to go (out) for a meal

der **Essenszuschuß** -sses, ̈sse meals allowance

etabliert established, long-standing

die **Etage** -, -n floor, storey

die **Etagenheizung** -, -en *heating that serves an individual apartment*

etwa about; roughly, more or less

etwas something; a little, a bit; **so ~ wie** something like; **~ außerhalb** a little (way) outside

EU = Europäische Union European Union

europaweit throughout Europe

eventuell if necessary; if you like, perhaps; possible

exakt precisely

das **Exemplar** -s, -e copy; specimen

exklusive (+ Gen.) exclusive of, excluding

das **Exponat** -(e)s, -e exhibit

die **Exportkaufleute Pl.** export sales staff

der **Exportleiter** -s, - export manager/director

F

die **Fabrik** -, -en factory

das **Fach** -(e)s, ̈er subject

der **Facharbeiter** -s, -, die **Facharbeiterin** -, -nen skilled worker

der **Fachhandel** -s, o. Pl. specialist trade

der **Fachhändler** -s, - specialist retailer

die **Fachhochschule** -, -n *higher education college for professional training*

die **Fachhochschulreife** -, -n college diploma

die **Fachkraft** -, ̈e qualified employee, skilled worker

die **Fachleute Pl.** experts, specialists

fachlich technical

die **Fachliteratur** -, -en specialist literature

die **Fachmesse** -, -n specialist trade fair

die **Fachoberschule** -, -n *vocational 6th Form college/upper school*

die **Fachschule** -, -n technical college

das **Fachwerkhaus** -es, ̈er half-timbered house

die **Fachzeitschrift** -, -en trade magazine

der **Faden** -s, ̈: **der rote ~ sein** to be the guiding thread

die **Fähigkeit** -, -en ability

fahrbar movable

fahren, fuhr, gefahren (nach/zu + Dat.) to go, drive, travel; **mit der Bahn ~** to go by train, take the train

der **Fahrgast** -(e)s, ̈e passenger

das **Fahrgeld** -(e)s, -er fare

die **Fahrkarte** -, -n ticket

der **Fahrkartenschalter** -s, - ticket office

der **Fahrplan** -(e)s, ̈e timetable

der **Fahrpreis** -es, -e fare

die **Fahrradvermietung** -, -en cycle hire

der **Fahrschein** -s, -e ticket

die **Fahrt** -, -en journey; trip

der **Fahrtantritt** -(e)s, -e: **vor** ~ before boarding

der **Fahrthinweis** -es, -e directions

die **Fahrtreppe** -, -n escalator

das **Fahrzeug** -(e)s, -e vehicle

fahrzeugbezogen vehicle-oriented

der **Fall** -(e)s, ̈e case; **im ~e** (+ Gen.) in the event of; **in jedem ~** in any case; **für den ~, daß** in case

fallen, fiel, gefallen to fall

der **Fallhammer** -s, - drop forge hammer

falls if

falsch wrong

familiär family

der/die **Familienangehörige** -n, -n family member

die **Familienfirma** -, -firmen family firm

der **Familienstand** -(e)s, ̈e marital status

fanden ▶ finden

die **Farbe** -, -n colour

farbenfroh colourful

farbig colour

der **Farbstoff** -(e)s, -e dye

das **Faß** -sses, ̈sser: **vom** ~ on tap

fassen to hold

sich **fassen: sich kurz** ~ to keep it short

fast almost, nearly

das **Faxgerät** -(e)s, -e fax machine

FDP = Freie Demokratische Partei Free Democratic Party

das **Federwerk** -(e)s, -e springs

fehlen to be missing; **es ~ ...** there is/are ... missing

der **Fehler** -s, - mistake

fehlerhaft faulty, defective

fehl|leiten to misdirect

der **Feierabend** -s, o. Pl.: ~ **machen** to finish work

feiern to celebrate

der **Feiertag** -(e)s, -e holiday

fein choice

das **Feinblech** -(e)s, -e sheet metal

die **feinmechanische Industrie** precision engineering industry

das **Feinschmeckerrestaurant** -s, -s gourmet restaurant

der **Feldsalat** -(e)s, -e lamb's lettuce

der **Fensterplatz** -es, ̈e window seat

Ferien- holiday/vacation

ferner further

der **Fernlehrgang** -(e)s, ̈e correspondence course

der **Fernsehapparat** -(e)s, -e television set

fern|sehen to watch television

der **Fernseher** -s, - television set

der **Fernsehtechniker** -s, - television engineer

der **Fernsehturm** -(e)s, -e television tower

der **Fernverkehr** -(e)s, o. Pl. long-distance travel

der **Fernzug** -(e)s, ̈e long-distance train

fertig ready; finished; ~! that's it!

fertigen to manufacture

die **Fertigkeit** -, -en skill

das **Fertiglager** -s, - finished goods store

das **Fertigprodukt** -(e)s, -e finished product

die **Fertigung** -, -en production

die **Fertigungshalle** -, -n production workshop

die **Fertigungsstätte** -, -n factory

die **Fertigungssteuerung** -, o. Pl production control

das **Fertigungsverfahren** -s, - production process

die **Fertigware** -, -n finished product

fest fixed, permanent

das **Fest** -(e)s, -e festival

der/die **Festangestellte** -n, -n permanent employee

fest|halten to hold

fest|legen to fix

die **Festplatte** -, -n hard disk

fest|stellen to ascertain, find out

der **Festumzug** -(e)s, ̈e procession

das **Festzelt** -(e)s, -e marquee

die **Feuchtigkeit** -, o. Pl. moisture

feuchtigkeitsbeständig waterproof, showerproof

das **Feuerwerk** -(e)s, -e firework display

die **Filiale** -, -n branch (office)

der **Filmregisseur** -s, -e film director

die **Finanzberatung und -vermittlung** Financial Consultants and Investment Brokers

die **Finanzbuchhaltung** -, o. Pl. financial accounts department

die **Finanzdienstleistungen Pl.** financial services

finanziell financial(ly)

das **Finanz- und Rechnungswesen** -s, o. Pl. Finance and Accounts (department)

das **Finanzwesen** -s, o. Pl. finance

finden, fand, gefunden to find; to think; **Haben Sie gut zu uns gefunden?** Did you get here all right?

sich **finden** to be (situated)

die **Firma -, Firmen** company, firm
der **Firmensprecher -s, -** company spokesman
das **Firmenzeichen -s, -** trademark
die **Fischerei -, -en** fishing
flach flat
die **Fläche -, -n** area
der **Flaschenwein -(e)s, -e** wine by the bottle
der **Fleck -(e)s, -e** stain
der **Flecken -s, -** (small) place
das **Fleisch -es, o. Pl.** meat
fliegen, flog, geflogen to fly
fließen, floß, geflossen to flow; **fließendes Wasser** running water
der **Flohmarkt -(e)s, ⁻e** flea market
der **Flug -(e)s, ⁻e** flight
die **Fluggesellschaft -, -en** airline
der **Flughafen -s, ⁻** airport
der **Fluglotse -n, -n** air-traffic controller
das **Flugzeug -(e)s, -e** plane
der **Fluß -sses, ⁻sse** river
flüssig fluent(ly)
die **Folge -, -n** consequence; **als ~** as a result
die **Folgekosten Pl.** resultant costs
folgen to follow; **wie folgt** as follows; **es geht um folgendes** it's about ...
folglich consequently
die **Folie -, -n** film; OHP transparency
der **Fön -(e)s, -e** hair-dryer
fordern to request, demand
fördern to promote; to sponsor
die **Förderung -, -en** promotion; sponsorship
die **Form -, -en** form
die **Förmlichkeit -, -en** formality
das **Formular -s, -e** form
formulieren to formulate
die **Forschung -, -en** research; **~ und Entwicklung** research and development
das **Forschungsinstitut -(e)s, -e** research institute
die **Forschungseinrichtung -, -en** research establishment
die **Fortbildung -, o. Pl.** further training
fort|führen to uphold
der **Fortschritt -(e)s, -e** progress
der **Fotofilm -(e)s, -e** film
der **Fotograf -en, -en** photographer
der **Fotokopierer -s, -** photocopier
die **Frachtkosten Pl.** freight charges
das **Frachtstück -(e)s, -e** freight item
die **Frage -, -n** question; matter; **in ~ kommen** to be an option
der **Fragebogen -s, -** questionnaire
fragen (nach + Dat./um + Akk.) to ask (about/for)
sich **fragen** to wonder
der **Franken -s, -** (Swiss) franc
das **Frankenland -(e)s, o. Pl.** Franconia
französisch French
die **Frau -, -en** woman; Mrs, Ms; **~ Professor** Professor ▶ **geehrt**
frauenfreundlich favourable to women
das **Fräulein -s, -** Miss
frei free; **im Freien** in the open (air)
frei|halten to keep
der **Freiraum -(e)s, ⁻e** freedom
freistehend free-standing
die **Freiterrasse -, -n** terrace
der **Freiton -(e)s, ⁻e** dial tone
die **Freizeit -, o. Pl.** leisure time
das **Freizeitangebot -(e)s, -e** leisure facilities
der **Freizeitartikel -s, -** leisure good(s)
fremd strange, unfamiliar
der/die **Fremde -n, -n** foreigner
die **Fremdsprache -, -n** foreign language
der **Fremdsprachenkorrespondent -en, -en,** die **Fremdsprachensekretärin -, -nen** bilingual/multilingual secretary
fressen, fraß, gefressen to stuff oneself
sich **freuen** to be pleased/glad; (auf + Akk.) to look forward to; **Freut mich** Pleased to meet you
der **Freund -(e)s, -e** friend
freundlich friendly
friedlich peaceful
frieren, fror, gefroren to freeze
frisch fresh; **~ definiert** redefined
der **Friseur -s, -e,** die **Friseurin -, -nen** hairdresser, stylist

fröhlich happily
Fronleichnam -(e)s, o. Pl. Corpus Christi
die **Frucht -, ⁻e** fruit
fruchtbar fertile
früh early
früher in the old days
der/die/das **frühestmögliche** (the) earliest possible
sich **fühlen** to feel
führen to take, conduct; to run, manage; to go; to lead, supervise; **Statistik ~** to collect/compile statistics; **~ zu** (+ Dat.) to bring about; to lead to
führend leading
der **Führerschein -s, -e** driving/driver's licence
die **Führung -, o. Pl.** management; supervision
das **Führungsgremium -s, -ien** management board
die **Führungskraft -, ⁻e** senior executive
die **Führungsnachwuchskräfte Pl.** trainee managers
füllen to fill
die **Füllung -, -en** filling
das **Fundament -(e)s, -e** foundation
die **Funkausstellung -, -en** radio and television exhibition
die **Funktionsbezeichnung -, -en** job title
funktionsfähig: ~ sein to work
für (+ Akk.) for
der **Fuß -sses, ⁻sse** foot; **zu ~** on foot
der **Fußball -s, o. Pl.** football
der **Fußgänger -s, -** pedestrian
füßgängerfreundlich pedestrian-friendly
FVV= Frankfurt Verkehrsverbund Frankfurt Transport Authority

G

der **Gang -(e)s, ⁻e** course (of a meal); corridor
der **Gangplatz -es, ⁻e** aisle seat
die **Gänsedaune -, o. Pl.** goose down
ganz quite, entirely; whole; **auf der ~en Welt** all over the world; **~e 4 Wochen** 4 whole weeks
gar nicht not at all
die **Garantie -, -n** guarantee, warranty
die **Garantiezeit -, -en** warranty period
die **Gardine -, -n** curtain
die **Garnele -, -n** prawn
die **Garnitur -, -en** set
der **Gartenanteil -(e)s, -e** share of garden
die **Gartenbauausstellung -, -en** horticultural exhibition
das **Gartenlokal -s, -e** beer garden
der **Gartenmöbel -s, -** garden/outdoor furniture
der **Gartenschirm -(e)s, -e** sunshade
die **Gasse -, -n** alley, street
der **Gast -(e)s, ⁻e** guest; customer
das **Gästezimmer -s, -** guest room
der **Gastgeber -s, -,** die **Gastgeberin -, -nen** host
das **Gastgeschenk -(e)s, -e** gift (brought by a guest)
das **Gastgewerbe -s, o. Pl.** hotel and catering industry
der **Gasthof -(e)s, ⁻e** inn
gastieren to make a guest appearance
die **Gastlichkeit -, -en** hospitality
der **Gastraum -(e)s, ⁻e** public room
die **Gaststätte -, -n** restaurant
das **Gaststättengewerbe -s, o. Pl.** catering industry
das **Gebäck -(e)s, -e** biscuits/cookies
das **Gebäude -, -n** building
geben, gab, gegeben to give; **es gibt** there is/are
gebeten ▶ **bitten**
das **Gebiet -(e)s, -e** area, region
das **Gebirge -s, o. Pl.** mountains
geboren born
die **Gebrauchsgüter Pl.** consumer goods
gebraucht used; **Gebraucht-PC** second-hand/used PC
die **Gebühr -, -en** charge, fee; (Straßen~) toll
gebunden (an + Akk) tied to
das **Geburtsdatum -s, -daten** date of birth
das **Geburtshaus -es, ⁻er** house where sb. was born

der **Geburtsort -(e)s, -e** birthplace; place of birth
die **Gedächtniskirche -, -n** memorial church
die **Gedächtnisstätte -, -n** memorial
geduldig patient
geehrt: sehr ~e Frau Dear Ms/Mrs; **sehr ~e Damen und Herren** Dear Sir or Madam
geeignet (für + Akk.) suitable (for)
die **Gefahr -, -en** risk; **auf ~ des Käufers** at the buyer's risk
gefährden to endanger, jeopardize
der **Gefahrenübergang -s, ⁻e** transfer of risk
gefallen, gefiel, gefallen to please; **es gefällt mir** I like/enjoy it
geflogen ▶ **fliegen**
geformt shaped
gefragt in demand
das **Gefriergerät -(e)s, -e** freezer (unit)
gefunden ▶ **finden**
gegangen ▶ **gehen**
gegebenenfalls possibly
gegen (+ Akk.) for; against; about, around
die **Gegend -, -en** area, region
gegenseitig: sich ~ informieren to keep one another informed
gegenüber opposite
gegliedert (in + Akk.) subdivided, organized (into)
das **Gehalt -(e)s, ⁻er** salary, pay
die **Gehaltserhöhung -, -en** salary increase
die **Gehaltsvorstellung -, -en** salary expectations
geheim secret
gehen, ging, gegangen to go; **Das geht nicht** It's not allowed; **Wie geht's Ihnen?** How are you?; **es geht um** it's about, it concerns
die **Gehminute -, -n: wenige ~n von** a few minutes' walk from
gehoben: mit ~em Komfort luxury
gehören (zu + Dat.) to belong to; to be one of; **zu der Gruppe ~** the group includes
der **Geist -(e)s, -er** mind, spirit
die **Geisteswissenschaften Pl.** the humanities
gekocht boiled
das **Gelände -s, -** premises; site
der **Geländeplan -(e)s, ⁻e** site plan
gelassen calm
der **Geldwechsel -s, -** currency exchange
der/das **Gelee -s, -s** jelly
die **Gelegenheit -, -en** opportunity
der **Gelegenheitsjob -s, -s** casual work
das **Gelenk -(e)s, -e** hinge
gelten, galt, gegolten to apply, be in force; **~ als** to be (regarded as); **~ für** (+ Akk.) to go for; **das gilt auch für** the same goes for
gem. = gemischt mixed
gemäß (+ Dat.) in accordance with
gemeinsam joint; common; jointly, together
die **Gemeinde -, -n** local authority
die **Gemeinschaft -, -en** community
das **Gemüse -s, -** vegetables
gemütlich friendly, informal, cosy
die **Gemütlichkeit -, o. Pl.** friendliness, conviviality
genau exact(ly), precise(ly); meticulous; **~ere Informationen** details
der **Genfer See** Lake Geneva
genießen, genoß, genossen to enjoy
gennant ▶ **nennen**
genommen ▶ **nehmen**
genügend sufficient
das **Genußmittel -s, -** (luxury) food and drinks
geöffnet open
die **Gepäckaufgabe -, -n** baggage check-in
die **Gepäckausgabe -, -n** baggage reclaim
die **Gepäcknachforschung -, -en** baggage tracing
das **Gepäckschließfach -(e)s, ⁻er** luggage locker
der **Gepäckwagen -s, -** baggage trolley
gepflegt well looked-after
geprägt: stark industriell ~ highly industrialized
Geprüfte Sicherheit safety-tested
gerade just; exactly; precisely

geradeaus straight ahead
das **Gerät -(e)s, -e** appliance; machine; piece of equipment; tool
geraten, geriet, geraten to become
geräumig spacious
die **Geräuschentwicklung -, -en** noise level
geräuschgekapselt with anti-noise device
der **Geräuschpegel -s, -** noise level
das **Gericht -(e)s, -e** dish
gering little; low
gern(e) with pleasure; willingly; **etw. ~ tun** to like (doing sth.)
das **Gerümpel -s, o. Pl.** junk
gesamt entire, total
Gesamt- total, whole of; overall
die **Gesamtschule -, -n** non-selective school, ≈ comprehensive school
geschäftlich on business; business
die **Geschäftsbedingungen Pl.** terms of business, terms and conditions
der **Geschäftsbereich -(e)s, -e** division
der **Geschäftsbesorgungsvertrag -(e)s, ⁻e** agency agreement
die **Geschäftsentwicklung -, -en** (company) track record
der **Geschäftsfreund -(e)s, -e** business associate
der **Geschäftsführer -s, -** managing director
die **Geschäftsführung -, o. Pl.**
die **Geschäftsleitung -, o. Pl.** management (board)
der **Geschäftspartner -s, -** business associate
die **Geschäftsreise -, -n** business trip
die **Geschäftszeit -, -en** hours of business
geschehen, geschah, geschehen to happen; **gern ~** my pleasure, you're welcome
das **Geschenk -(e)s, -e** gift, present
die **Geschichte -, o. Pl.** history
geschickt (in + Dat.) good (at)
geschieden divorced
der **Geschirrspüler -s, -,** die **Geschirrspülmaschine -, -n** dishwasher
das **Geschlecht -(e)s, -er** sex
geschlossen closed; **~e Gesellschaft** private party
der **Geschmack -(e)s, ⁻e** taste
geschmackvoll tasteful(ly)
geschrieben ▶ **schreiben**
die **Geschwindigkeit -, -en** speed
die **Geschwister Pl.** brothers and/or sisters
geschwommen ▶ **schwimmen**
die **Gesellschaft -, -en** company; **~ mit beschränkter Haftung** company with limited liability, ≈ private limited company/close corporation
der **Gesellschafter -s, -** shareholder
gesellschaftlich company
gesellschaftsrechtlich in respect of company law
das **Gesenk -(e)s, -e** (hot closed) die
das **Gesetz -es, -e** law
gesetzlich legal
der **Gesichtspunkt -(e)s, -e** point of view
gespannt tense
das **Gespräch -(e)s, -e** conversation; talks; interview
die **Gesprächsnotiz -, -en** memo (of phone conversation)
das **Gesprächsprotokoll -s, -e** notes of discussion
gesprochen ▶ **sprechen**
gestalten to organize
gestaut jammed
das **Gestell -s, -e** framework
gestern yesterday
gestiegen ▶ **steigen**
gestrig of yesterday
die **Gesundheit -, o. Pl.** health
das **Gesundheitswesen -s, -** health service
getan ▶ **tun**
das **Getränk -(e)s, -e** drink
getrennt (von + Dat.) separate(ly); separated, apart (from); **mit ~er Post** under separate cover
getroffen ▶ **treffen**
gewähren to give, grant
gewerblich blue-collar, manual

gewerblich-technisch skilled manual
die Gewerkschaft -, -en (trade) union
gewesen ▶ sein
das Gewicht -(e)s, -e weight
der Gewinn -(e)s, -e profit; gain
gewinnen, gewann, gewonnen (an + Dat.) to increase (in); to win, gain
gewiß certain
die Gewohnheit -, -en habit, custom
gewöhnt (an + Dat.) used (to)
geworden ▶ werden
gewünscht desired
das Gewürz -es, -e spice
gezielt specific; in a purposeful way
das Glas -es, ̈er glass (of)
glauben to think, believe
gleich the same; equally; immediately
gleichzeitig at the same time
das Gleis -es, -e platform
gleitend: ~e Arbeitszeit flexitime
die Gleitzeit -, -e flexitime
gliedern (in + Akk.) to subdivide, organize
die Gliederung -, -en structure, organization
die Glühlampe -, -n electric light bulb
GmbH = Gesellschaft mit beschränkter Haftung
golftaschenähnlich like a golf bag
der Grad -(e)s, -e degree
graphisch graphic(ally)
die Grenze -, -n border; limit; an der ~ zu on the border with
das Grillgerät -(e)s, -e barbecue
groß large, big, great
der Großbetrieb -(e)s, -e large concern
die Großbuchstabe -, -n capital letter
das Groschen -s, - 10-pfennig piece
die Größe -, -n size
größenvariabel adjustable for size
großformatig large-format
der Großhändler -s, - wholesaler
der Großkunde -n, -n major customer
Grosso wholesale
der Großraum -(e)s, ̈e: ~ München Greater Munich
das Großraumbüro -s, -s open-plan office
der Großraumwagen -s, - open-plan carriage/car
größtenteils for the most part
das Großunternehmen -s, - large concern/corporation
großzügig spacious
die Grünanlage -, -n green space
der Grund -(e)s, ̈e (für + Akk.) reason; auf ~ (+ Gen.) on the basis of
die Grundausstattung -, -en standard equipment
gründen to found, set up
der Gründer -s, - founder
das Grundkapital -s, -e equity capital/original stock
die Grundkenntnisse Pl. basic knowledge
die Grundlage -, -n basis
gründlich thorough
grundsätzlich always; in principle; basically
die Grundschule -, -n primary/elementary school
der Grundstoff -(e)s, -e raw material
das Grundstück -(e)s, ̈e plot (of land)
die Gründung -, -en foundation
die Grünen the Green Party
der Grüne Punkt symbol identifying recyclable packaging
die Grünfläche -, -n green area
das Gruppenunternehmen -s, - company in the group
der Gruß -sses, ̈sse: mit freundlichen Grüßen Yours faithfully/sincerely
Grüß Gott hello (in Southern Germany/Austria)
die Grütze: Rote ~ red fruit jelly
GS = Geprüfte Sicherheit
gültig valid
günstig favourable
der Gürtel -s, - belt
gut good; well; ~ eine Million a good million; Du hast es aber ~ You're lucky; auf ~ deutsch to tell you straight
gutdotiert well-paid
die Güte -, o. Pl. quality

die Güteklasse -, -n grade
gutmütig good-humoured
der Gutschein -(e)s, -e voucher
der Gutshof -(e)s, ̈e estate
gymnasial: ~e Oberstufe upper school
das Gymnasium -s, -ien secondary/high school for academically inclined students, ≈ grammar school

H

H = Höhe
ha. = Hektar hectare
der Haartrockner -s, - hair dryer
haben, hatte, gehabt to have; wir ~'s nicht weit zum ... we're not far from ...
das Hackfleisch -es, o. Pl. mince(meat)
das Hacksteak -s, -s hamburger
die Hafenstadt -, ̈e port
haften (für + Akk.) to be liable, accept liability (for)
die Haftung -, -en liability
halb half; ~ sieben half past six
halbtrocken medium dry
die Halbwand -, ̈e rail skirt
die Halle -, -n lounge; hall
das Hallenbad -s, ̈er indoor swimming pool
halten, hielt, gehalten to hold; to stop; to keep; für (+ Akk.) to consider (to be); ~ von (+ Dat.) to think of
sich halten: sich geradeaus ~ to keep going straight ahead; sich an jdn ~ to stay close to sb.
die Haltebucht -, -en (bus) bay
die Haltestelle -, -n (bus) stop
die Hand -, ̈e hand; sich die ~ geben to shake hands; von ~ by hand
die Handarbeit -, -en handicraft
die Handbremse -, -n handbrake
der Handel -s, o. Pl. trade, trading
handeln to trade, do business; es handelt sich um it's about
die Handelskammer -, -n chamber of commerce
die Handelsmesse -, -n trade fair
der Handelspartner -s, - trading partner
das Handelszentrum -s, -zentren commercial centre
der Handkäs(e) -s, - small hand-formed curd cheese
der Händler -s, - dealer
die Händlerpreisliste -, -n trade price list
das Handwerk -(e)s, -e craft profession(s)
der Handwerker -s, - manual worker
handwerklich: ~e Geräte craftsman's tools
der Hängesitz -es, -e swing
hart hard
das Hartholz -es, ̈er hardwood
hassen to hate
hätte would; ich ~ gern I'd like
hätten would; ~ Sie Zeit? Do you have time?
häufig often
Haupt- main
der Hauptbahnhof -s, ̈e main railway station
das Hauptgericht -(e)s, -e main course
hauptsächlich mainly
der Hauptschalter -s, - power switch
die Hauptschule -, -n secondary/high school for less academically inclined students
der Hauptsitz -es, -e head office, headquarters
die Hauptspeise -, -n main course
die Hauptstadt -, ̈e capital
das Hauptstudium -s, -ien major (subject)
die Hauptverwaltung -, -en head office
das Haus -es, ̈er house; nach ~e home; zu ~e at home; nicht im ~ not in the office
die Hausfrau -, -en housewife
die Hausführung -, -en tour of the premises
hausgem. = hausgemacht home-made
das Hausgerät ▶ Haushaltsgerät
der Haushalt -(e)s, -e household
haus|halten: sparsam ~ to be economical
die Haushaltsausgaben Pl. household expenditure
das Haushaltsgerät -(e)s, -e domestic appliance

der Hausruf -(e)s, -e internal telephone number
das Haustier -(e)s, -e pet
das Hauszelt -(e)s, -e ridge tent
die Hautcreme -, -s skin cream
Hd.: zu Händen (von) for the attention of
der Hebel -s, - lever
heften (auf + Akk.) to attach (to)
die Heftklammer -, -n staple
die Heide -, -n heath
das Heidekraut -(e)s, ̈er heather
die Heidelbeere -, -n bilberry
das Heilbuttsteak -s, -s halibut steak
Heilige drei Könige Epiphany
die Heimanwendung -, o. Pl. home use
die Heimat -, -en home (town)
die Heimatstadt -, ̈e home town
die Heimtextilien Pl. soft furnishings
heimwerken do-it-yourself/DIY
heiß hot
heißen to be called; Wie heißt er? What's his name?; das heißt that is
die Hektik -, o. Pl. hustle and bustle
helfen, half, geholfen to help
hell light
her: lange ~ a long time ago; vom Umsatz ~ in terms of turnover
heraus|bringen to publish
heraus|finden to find out
herausfordernd challenging
heraus|geben to publish
heraus|ziehen to pull out, remove
herkömmlich traditional
der Herr -n, -en Mr; ~ Doktor Doctor ▶ geehrt
herrlich marvellous
die Herrschaften Pl.: Was bekommen die ~? What would you like to order?
herrschen to be, prevail
her|stellen to produce, to manufacture
der Hersteller -s, - producer, manufacturer
die Herstellung -, o. Pl. manufacture
herüber|kommen to come over here
herum|kommandieren to order about
heruntergekommen run-down
hervor|gehen (aus + Dat.) to be evident (from)
hervor|heben to emphasize
hervorragend exceptional
das Herz -ens, -en heart
herzlich: ~ willkommen welcome; ~e Grüße best wishes; ~en Dank many thanks
heute today; ~ morgen/nachmittag this morning/afternoon
heutig (of) today
heutzutage nowadays
hierfür for this
die Hilfe -, -n help
hilfsbereit helpful
hin to, there; wo wollen Sie ~? Where do you want to go?; ~ und zurück return/round trip
hinauf|fahren to go/drive up
hinauf|gehen to go up; die Treppe ~ to go upstairs
hinaus: darüber ~ in addition, over and above that
hinein: Wer darf ~? Who is allowed in?
die Hinfahrt -, -en outward journey
hin|gehen to go (there)
hin|kommen to get to
die Hinsicht -, -en: in doppelter ~ in two respects
hinter behind; after
hintereinander one after the other
der Hintergrund -(e)s, ̈e: im ~ in the background
hinterlassen, hinterließ, hinterlassen: eine Nachricht ~ to leave a message
hinunter|fahren to drive down
der Hinweis -es, -e direction (for reaching a place)
die Hinweisansage -, -n announcement
das Hinweisschild -(e)s, -er (road) sign
hoch high(ly)
das Hochformat -s, -e portrait
hoch|gehen to go up
der Hochgeschwindigkeitszug -(e)s, ̈e high speed train

hochrangig high-ranking
der Hochschulabsolvent -en, -en, die Hochschulabsolventin -, -nen graduate
die Hochschule -, -n university, college
die Hochschulreife -, -n: Allgemeine ~ school-leaving qualification required for higher education
der/die/das höchste (the) highest
der Höchststand -(e)s, o. Pl. peak
hochwertig high-quality
hoffen to hope
höflich polite(ly)
die Höhe -, -n height; die ~n der Stadt the hills above the city
hohe(r/s) ▶ hoch
höhenverstellbar adjustable for height
der Höhepunkt -(e)s, -e high point
höher (als) higher (than)
holen to get, fetch
der/das Hol- und Bringservice -, -s shuttle service
das Holz -es, ̈er wood
die Holzkiste -, -n wooden crate
hören to listen to; to hear
der Hörtext -(e)s, -e tapescript
der Hosenbügler -s, - trouser press
hoteleigen belonging to the hotel
das Hotelverzeichnis -ses, -se hotel guide
der Hubschrauber -s, - helicopter
der Hügel -s, - hill
das Hügelland -(e)s, ̈er hilly country
die Hühnerbrühe -, -n clear chicken broth
humorvoll with a sense of humour
hundefreundlich dogs welcome
das Hustenmittel -s, - cough medicine
der Hustensaft -(e)s, ̈e cough syrup

I

i.A. = im Auftrag p.p., for and on behalf of
die Illustrierte -n, -n magazine
immer always; ~ mehr more and more; ~ wieder again and again; ~ noch still
immerhin all the same
der Immobilien-Markt -(e)s, ̈e property/real estate
der Immobilienmakler -s, - real-estate agent
imposant imposing
der Impuls -es, -e stimulus, impetus
in (+ Akk./Dat.) in, into
der Inbegriff -(e)s, o. Pl. epitome
inbegriffen included
die Inbetriebnahme -, o. Pl. start-up
indem by doing sth.
industrialisiert industrialized
Industrie- industrial
der Industriekaufmann -(e)s, -leute industrial clerical worker (qualified in business administration)
der Industriemechaniker -s, - industrial mechanic/machinist
der Industriesprengstoff -(e)s, -e industrial explosive
die Information -, -en (über + Akk.) (piece of) information (about)
das Informationsblatt -(e)s, ̈er information sheet
das Informationsmaterial -s, -ien literature, information
das Informationsrecht -(e)s, -e right to be informed
die Informationssysteme Pl. information systems, computer systems
die Informationstafel -, -n information board
die Informationstechnik -, o. Pl. information technology
informieren (über +Akk.) to inform (about/of)
sich informieren (über + Akk.) to find out (about)
der Ingenieur -s, -e engineer
das Ingenieurwesen -s, o. Pl. engineering
ingenieurwissenschaftlich engineering science
der Inhaber -s, - proprietor, owner
der Inhalt -(e)s, -e contents
die Inhaltsangabe -, -n indication of content(s)
das Initiativrecht -(e)s, -e right to initiate

inklusive (+ Gen.) inclusive
das **Inland** -s, o. Pl.: im ~ at home, domestic
innen inside
der **Innendienst** -(e)s, -e order-processing department
die **Innenstadt** -, ¨e town/city centre
innerhalb (von + Dat.) within, in
das **Innere** -n, -n: im ~n inside
der **Insasse** -n, -n occupant
insbesondere especially
die **Insel** -, -n island
inserieren to advertise
insgesamt in all, altogether
die **Instandhaltung** -, o. Pl. maintenance
inspizieren to inspect
der **Interessent** -en, -en, die **Interessentin** -, -nen interested person; prospective customer
sich **interessieren** (für + Akk.) to be interested (in)
interessiert (an + Dat.) interested (in)
die **Investition** -, -en investment
die **Investitionsgüterindustrie** -, -n capital goods industry
irgendwann some time
ISO = International Standards Organization

J

ja yes; of course, after all
das **Jahr** -(e)s, -e year; im ~(e) 1993 in 1993; im ~ per year, in a year; mit 6 ~n at the age of 6
Jahres- annual
der **Jahresabschluß** -sses, ¨sse annual/year-end accounts
das **Jahresende** -s, -n end of year
die **Jahreszeit** -, -en season
das **Jahrhundert** -s, -e century
jahrhundertelang for centuries
die **Jahrhundertwende** -, -n turn of the century
-jährig: das 50~e Jubiläum the 50th anniversary (jubilee)
jährlich annual(ly)
der **Jahrmarkt** -(e)s, ¨e fair
das **Jahrzehnt** -(e)s, -e decade
je each; ~ Stück per item/unit; ~ nach depending on; je ... desto the ... the; ~ nachdem depending
jede(r/s) every; jeden Tag every day; jede vierte one in four
jederzeit at all times
jedoch however
jemand somebody
jetzig present
jetzt now
jeweilig respective
jeweils at the time
das **Jubiläum** -s, **Jubiläen** anniversary, jubilee
der/die **Jugendliche** -n, -n young person
der **Junge** -n, -n boy
jünger more recent
der **Jurist** -en, -en lawyer
der **Justitiar** -s, -e legal adviser

K

der **Kabelanschluß** -sses, ¨sse with cable TV
das **Kaffeeservice** -s, - coffee set
der **Kaiser** -s, - emperor
der **Kalender** -s, - calendar
kalibriert calibrated
kalt cold
kamen ▶ **kommen**
der **Kamin** -s, -e fireplace
das **Kammersystem** -s, -e system of (inner) compartments
der **Kanal** -s, ¨e canal; channel
die **Kandidatenwahl** -, -en choice of candidate
die **Kanutour** -, -en canoe trip
die **Kanzlei** -, -en chancellery
die **Kapitalgesellschaft** -, -en joint-stock company/stock corporation; limited company
das **Kapitel** -s, - chapter
kaputt out of order
der **Karfreitag** -(e)s, -e Good Friday

die **Karriere** -, -n career; ~ machen to make a career for oneself
die **Karte** -, -n card; map
der **Karton** -s, -s (cardboard) box
der **Käse** -s, - cheese
der **Kassierer** -s, -, die **Kassiererin** -, -nen cashier
der **Kasten** -s, ¨ box
der **Katalysator** -s, -en catalytic converter
der **Kauf** -(e)s, ¨e purchase; in ~ nehmen to accept
kaufen to buy
der **Käufer** -s, - buyer
die **Kauffrau** -, -en (female) clerical worker; salesperson
das **Kaufhaus** -es, ¨er department store
die **Kaufhilfe** -, -n guidance in choosing products
die **Kaufkraft** -, ¨e buying power
der **Kaufmann** -s, **-leute** (qualified) clerical worker
kaufmännisch commercial; ~e Abteilung Finance and Purchasing Department; ~e(r) Angestellte clerical worker
der **Kaufpreis** -es, -e purchase price
der **Kaugummi** -s, -s chewing gum
kaum hardly
die **Kaution** -, -en deposit
die **Kegelbahn** -, -en skittle, bowling alley
kegeln to play skittles, go bowling
keine(r/s) no, not a, not any
der **Keks** -es, -e biscuit/cookie
der **Keller** -s, - cellar
der **Kellner** -s, - waiter
kennen, kannte, gekannt to know
sich **kennen | lernen** to get to know
die **Kennmarke** -, -n identification mark
-kenntnisse knowledge of
die **Kenntnisnahme** -, o. Pl.: mit der Bitte um ~ for your attention
die **Kennzahl** -, -en code
das **Kennzeichen** -s, - sign, means of identification
kennzeichnen to characterize
die **Keramikfliese** -, -n ceramic tile
der **Kern** -(e)s, -e centre, heart
die **Kernzeit** -, -en core working hours
Kfz = Kraftfahrzeug
der **Kfz-Mechaniker** -s, - motor mechanic
die **Kiefer** -, -n pine (tree)
die **Kinderermäßigung** -, -en reduction for children
das **Kino** -s, -s cinema
die **Kirche** -, -n church
klar clear(ly); im ~en sein to be aware of
klären to clarify, clear up
die **Klarheit** -, o. Pl.: jdm. ~ über etw. geben to help sb. get clear about sth.
das **Klarsichtfenster** -, - transparent window
die **Klarsichtfolie** -, -n clear folder, pocket
die **Klavierunterhaltung**: bei ~ speisen to dine to piano accompaniment
kleben (auf + Akk.) to stick (onto)
sich **kleiden** to dress
die **Kleidung** -, o. Pl. clothes
der **Kleinbetrieb** -(s), -e small business
der **Kleinbuchstabe** -n small letter
das **Kleingeld** -(e)s, o. Pl. (small) change
das **Klima** -s, -s climate; atmosphere
die **Klima-Anlage, Klimaanlage** -, -n air-conditioning
klingen to sound
km/h = kph, kilometers per hour
die **Kneipe** -, -n pub, bar
der **Knoblauch** -(e)s, o. Pl. garlic
der **Knödel** -s, - dumpling
der **Knotenpunkt** -(e)s, -e crossroads
knüpfen: Kontakte ~ to make contacts
der **Koffer** -s, - suitcase
die **Kohle** -, -n coal
die **Kohlroulade** -, -n cabbage roulade
das **Kolleg** -s, -s adult-education college (offering full-time courses)
der **Kollege** -n, -n, die **Kollegin** -, -nen colleague
der **Kollegenkreis** -es, -e: sich im ~ wohl fühlen to get on well with one's colleagues
das **Kollo** -s, **Kolli** freight item

das **Komma** -s, -s comma; sechs ~ vier six point four
kommen, kam, gekommen to come; ~ aus (+ Dat.) to come from; die kommenden Jahre the next few years
kommunal municipal
die **Kommunikation** -, -en communications
das **Kommunikationsmittel** -s, - means of communication
die **Kompetenz** -, -en area of responsibility
komplett entire; all
die **Komponente** -, -n component
die **Konferenzeinrichtungen** Pl. conference facilities
die **Konfession** -, -en denomination
der **Kongreß** -sses, -sse convention, conference
das **Kongreßhaus** -es, ¨er convention centre
der **König** -s, -e king
die **Königin** -, -nen queen
der **Konkurrent** -en, -en competitor
die **Konkurrenz** -, o. Pl. competition, competitors
das **Konkurrenzangebot** -s -e rival quote
konkurrenzfähig competitive
konkurrieren to compete
können, konnte, gekonnt to be able to
könnte, könnten could, would be able to
konsolidieren to consolidate
die **Konstruktion** -, -en design
das **Konstruktionsbüro** -s, -s drawing office
der **Konsument** -en, -en consumer
die **Konsumgüter** Pl. consumer goods
die **Kontaktaufnahme** -, o. Pl. establishing contact
die **Kontaktfreudigkeit** -, o. Pl. sociability
die **Kontenführung** bookkeeping; die ~ machen to keep the accounts
kontinuierlich continuous(ly)
das **Konto** -s, -ten account
die **Kontrolle** -, -n inspection; monitoring
kontrollieren to check
das **Kontrollorgan** -s, -e controlling body
die **Kontur** -, -en contour, outline
sich **konzentrieren** to concentrate
das **Konzept** -(e)s, -e concept, idea
der **Konzern** -(e)s, -e concern, group
der **Konzertinterpret** -en, -en concert performer
der **Konzertsaal** -(e)s, -säle concert hall
konzipieren to design
das **Kopfkissen** -s, - pillow
die **Kopie** -, -n copy, photocopy
der **Kopienauffang** -s, ¨e copy tray
der **Kopierer** -s, - photocopier
der **Kopierraum** -(e)s, ¨e photocopying room
die **Kornkammer** -, -n bread basket
körperlich physical(ly)
korrekt appropriate(ly)
korrigieren to correct
kosten to try, taste; to cost
die **Kosten** Pl. cost(s)
der **Kostenbeitrag** -(e)s, ¨e payment
kostenfrei without charge
kostengerecht: ~es Denken understanding of cost control
kostenlos free (of charge)
die **Kostenübernahme** -, o. Pl. absorption of costs
köstlich delicious
die **Kraft** -, ¨e: in ~ treten to come into force
das **Kraftfahrzeug** -(e)s, -e motor vehicle
der **Kraftfahrzeugbau** -(e)s, o. Pl. motor vehicle industry
das **Kraftwerk** -(e)s, -e power station
krank ill
das **Krankenhaus** -es, ¨er hospital
die **Krankenkasse** -, -n health insurance scheme
die **Krankenpflege** -, o. Pl. nursing
der **Krankenpfleger** -s, - (male) nurse
die **Krankenschwester** -, -n (female) nurse
das **Kraut** -(e)s, o. Pl. cabbage; sauerkraut
krebserregend carcinogenic
der **Kreis** -es, -e circle
die **Kreislaufwirtschaft** -, -en recycling
die **Kreuzrahmen-Konstruktion** -, -en double truss design
die **Kreuzung** -, -en crossroads/intersection

die **Kriminalität** -, o. Pl. crime
die **Krone** -, -n (Swedish) krona
die **Krönung** -, -en coronation
die **Krönungsstätte** -, -n place where kings/emperors were crowned
die **Küche** -, -n kitchen; cuisine; warme ~ hot food
die **Kuh** -, ¨e cow
das **Kühlgerät** -(e)s, -e, der **Kühlschrank** -(e)s, ¨e refrigerator
die **Kühltasche** -, -n cool bag
kulinarisch culinary
die **Kulisse** -, -n setting
die **Kultur** -, -en culture; philosophy
der **Kulturinteressent** -en, -en person interested in culture
sich **kümmern** (um + Akk.) to deal with, take care of
der **Kunde** -n, -n, die **Kundin** -, -nen customer
die **Kundenaufschrift** -, -en custom artwork
der **Kundenbesuch** -(e)s, -e business (sales) call
die **Kundenbetreuung** -, o. Pl. customer service
der **Kundendienst** -(e)s, o. Pl. after-sales service
die **Kündigung** -, -en dismissal
die **Kündigungsfrist** -, -en notice period
die **Kundschaft** -, -en customers
künftig future
die **Kunst** -, ¨e art
die **Kunsthalle** -, -n art gallery
der **Kunststoff** -(e)s, -e synthetic material, plastic
der **Kurort** -(e)s, -e spa
der **Kurs** -es, -e course, class
der **Kursteilnehmer** -s, - course participant, class member
kurz short, brief(ly); vor ~em recently
die **Kurzarbeit** -, o. Pl. short-time working
die **Kürze**: in ~ shortly
kürzen to reduce
kurzlebig short-lived

L

das **Labor** -s, -s laboratory
der **Lack** -(e)s, -e varnish
der **Lackierer** -s, - varnisher, sprayer
laden, lud, geladen to load
der **Ladenbesitzer** -s, - shopkeeper
das **Ladenschlußgesetz** -es, -e law regulating shop opening hours
der **Ladenschluß** -, -en shop closing time
lag ▶ **liegen**
die **Lage** -, -n location; position; in der ~ sein to be in a position (to do sth.)
die **Lagebesprechung** -, -en meeting to discuss the current position
das **Lager** -s, - stock room; ab ~ from stock; auf ~ in stock
der **Lagerbestand** -(e)s, ¨e stock
der **Lagerhalter** -s, - storekeeper, warehouseman
die **Lagerhaltung** -, o. Pl. stockkeeping, warehousing
der **Lagerist** -en, -en stock clerk, warehouseman
lagern to store
die **Lagerung** -, -en storage
das **Land** -(e)s, ¨er country; (Bundes~) Land, state
landeseigen in your own country
das **Landesinnere** -s, o. Pl.: ins ~ inland
die **Landkarte** -, -n map
die **Landschaft** -, -en landscape
landschaftlich scenic; regional
der **Landtag** -(e)s, -e Landtag, state parliament
die **Landwirtschaft** -, o. Pl. agriculture
lang long; zehn Jahre ~ for ten years
lange long; so ~ in the meantime; ~ arbeiten to work long hours
die **Länge** -, -n length
längenverstellbar adjustable for length
langfristig long-term
langsam slow(ly)
längst a long time ago
der **Langzeitvergleich** long-term comparison

der **Laserdrucker -s, -** laser printer
die **Laserdruckqualität -, o. Pl.** laser print quality
lassen, ließ, gelassen to let, allow; to have (sth. done); **hier läßt sich gut reden** this is a good place to talk
der **Lastkraftwagen -s, -,** der **Lastwagen -s, -** lorry, truck
der **Lauf -(e)s, Läufe: im ~e des Jahres** in the course of the year
laufen, lief, gelaufen to walk
laufend day-to-day
laut noisy, loud; (+ Gen./Dat.) according to
lauten to read
leben to live
das **Leben -s, -** life
lebendig lively
die **Lebensart -, -en** way of life
die **Lebenschancen Pl.** opportunities
die **Lebensdauer -, o. Pl.** life
die **Lebensfreude -, -n** joie de vivre
das **Lebensjahr -(e)s, -e: bis zum 18. ~** until the age of 18
die **Lebenskosten Pl.** cost of living
der **Lebenslauf -(e)s, ̈-e** curriculum vitae/resumé
die **Lebensmittel Pl.** foodstuffs
der **Lebenspartner -s, -** partner, person one lives with
der **Lebensunterhalt -(e)s, o. Pl.: die Kosten für seinen ~ aufbringen** to support oneself
die **Leberknödelsuppe -, -n** liver dumpling soup
lecker delicious
die **Lederhose -, -n** leather shorts
ledig single
lediglich only
der **Leerlauf -(e)s, o. Pl.** neutral
legen to lay
die **Legende -, -n** key
der **Lehrling -s, -e** apprentice
der **Lehrplan -(e)s, ̈-e** curriculum
die **Lehrwerkstätte -, -n** training workshop
leicht easy; slight; easy/easily; **~er gesagt als getan** easier said than done
die **Leichtigkeit -, o. Pl.** lightness
leid: es tut mir ~ I'm sorry
leider unfortunately
die **Leinwand -, ̈-e** screen
leise quiet(ly)
leisten to achieve
sich **leisten** to afford
die **Leistung -, -en** service; performance; power; productivity
die **Leistungskontrolle -, -n** productivity monitoring
leistungsorientiert performance-related
leistungsstark powerful, high-performance
leiten to be head of/in charge of; to lead; **leitende Angestellte** senior management/executives
der **Leiter -s, -,** die **Leiterin -, -nen** manager, head
die **Leitmesse -, -n** leading trade fair
die **Leitung -, -en** (phone) line; management; **er spricht auf der anderen ~** he's on the other line
der **Lenker -s, -** handlebars
die **Lernbereitschaft -, o. Pl.** willingness to learn
lernen to learn
das **Lernzentrum -s, -zentren** training centre
lesen, las, gelesen to read
letzte(r/s) last; final
leuchten to be on, flash
die **Leute Pl.** people
das **Licht: sich in ein gutes ~ setzen** to show oneself in a good light
die **Lichtanlage -, -n** lights
das **Lichtbild -(e)s, -er** photograph
lieben to love
lieber rather; **etw. ~ tun** to prefer to do sth.
der **Liebhaber -s, -** lover; **~ der Natur** nature lover
Lieblings- favourite
am **liebsten** best of all, ideally
die **Lieferanschrift -, -en** delivery address

der **Lieferant -en, -en** supplier
lieferbar available
die **Lieferbedingungen Pl.** terms of delivery
die **Lieferfrist -, -en** delivery time
das **Lieferhindernis -ses, -se** delivery problem
liefern to deliver
der **Lieferschein -(e)s, -e** delivery note
der **Liefertermin -s, -e** delivery date
die **Lieferung -, -en** delivery, consignment
der **Lieferverzug -(e)s, ̈-e** delay in delivery
der **Lieferwagen -s, -** delivery van
die **Lieferzeit -, -en** delivery time
liegen, lag, gelegen to lie, be (situated)
der **Lift -, -s** lift/elevator
die **Linie -, -n** line; route; **Bus ~ 33** Number 33 bus; **in erster ~** first and foremost
der **Linienbus -ses, -se** regular bus
linke(r/s) left(-hand)
links left, on/to the left; **nach ~** left
die **Lizenzgebühr -, -en** licence fee
LKW = Lastkraftwagen
locken to attract
die **Logistik -, o. Pl.** logistics
der **Lohn -(e)s, ̈-e** wage(s)
sich **lohnen** to be worthwhile; **es lohnt sich** it's worth it
das **Lokal -s, -e** restaurant, bar
die **Lokalbrauerei -, -en** local brewery
die **Lokalzeitung -, -en** local paper
los: was ist ~? what's on?
lösen to release; to buy (a ticket)
die **Lösung -, -en** solution
die **Lücke -, -n** gap
die **Luftfahrt -, o. Pl.** aviation; **Luft- und Raumfahrt** aerospace
die **Luftfracht -, -en** air freight
die **Luftmatratze -, -n** airbed
die **Lust -, o. Pl.: Hätten Sie ~ ... ?** Would you like... ?

M

machen to do, make; to give; **das macht DM 318,-** that comes to 318 marks
das **Magenmittel -s, -** stomach preparation
die **Magisterprüfung -, -en** Master's exam
der **Maifeiertag -(e)s, -e** May Day
mal by; **3 × 3** 3 times 3; **~ gucken** let's see; **gehen wir ~ weiter** let's go on
das **Mal -s, -e: zum ersten ~** for the first time
der **Maler -s, -** painter
malerisch picturesque
man one, you, they, people
manche(r/s) some, quite a few
manchmal sometimes
der **Mangel -s, ̈-** defect
mangelhaft defective
der **Mann -(e)s, ̈-er** man
die **Männerdomäne -, -n** male preserve
die **Manöverkritik** post-mortem
der **Mantel -s, ̈-** coat
die **Mappe -, -n** folder (containing information/promotional material)
die **Mariä Empfängnis** the Immaculate Conception
die **Mariä Himmelfahrt** Assumption
die **Mark -, -** (German) mark
die **Marke -, -n** brand (name)
markieren to label
der **Markt -(e)s, ̈-e** market; **auf den ~ bringen** to launch
die **Marktchancen Pl.** sales prospects
die **Marktforschung -, -en** market research
marktgerecht competitive
die **Marktinformationen Pl.** market intelligence; **~ sammeln** to research the market
die **Marktnische -, -n** market niche
der **Marktplatz -es, ̈-e** market place
der **Markttest -(e)s, -s: einen ~ durchführen** to test the market
die **Marktwirtschaft -, o. Pl.** market economy
das **Maß -es, -e** dimension
die **Maschine -, -n** machine; flight
der **Maschinenbau -(e)s, o. Pl.** mechanical engineering
die **Maßnahme -, -n** measure
massieren to massage
das **Material -s, -ien** (raw) material

die **Materialauswahl -, o. Pl.** choosing suppliers
das **Materiallager -s, -** stores
die **Materialwirtschaft -, -en** purchasing, procurement
materiell financial
die **Mathe -, o. Pl.** maths
die **Mauer -, -n** wall
der **Maurer -s, -** bricklayer
die **Mechanik -, o. Pl.** mechanics
das **Meer -(e)s, -e** sea
mehr (als) more (than); **~ oder weniger** more or less
mehrere Pl. several
mehreres more than one
die **Mehrfachnennung -, -en** multiple response
die **Mehrheit -, -en** majority
die **Mehrjahresübersicht -, o. Pl.** overview covering several years
der **Mehrpreis -es, -e: gegen ~** for an additional charge
die **Mehrwegverpackung -, -en** reusable packaging
die **Mehrwertsteuer -, o. Pl.** value added tax/sales tax
die **Meinung -, -en** opinion; **meiner ~ nach** in my opinion
die **Meinungsumfrage -, -n** survey
meist usually
der/die/das **meiste** (the) most
am **meisten** most
meistens mostly
der **Meister -s, -** master craftsman; supervisor
melden to report
sich **melden: es meldet sich niemand** there's no answer
die **Menge -, -n** quantity
der **Mengenrabatt -(e)s, -e** bulk discount
der **Mensch -en, -en** person
das **Menü -s, -s** (set) menu
sich **merken** to remember
merklich noticeable
das **Merkmal -s, -e** feature, characteristic; aspect
die **Messe -, -n** trade fair, exhibition
das **Messegelände -s, -** exhibition site
der **Messeplatz -es, ̈-e** trade-fair centre
das **Messeprivileg -(e)s, -ien** right to hold a fair
die **Messerfabrik -, -en** knife factory
die **Messeveranstaltung -, -en** trade fair
das **Messewesen -s, o. Pl.** trade fairs
die **Metallerin -, -nen** (female) metalworker
die **Metallverarbeitung -, o. Pl.** metalworking
die **Metaplanwand -, ̈-e** velcro board
das **Metzgermesser -s, -** butcher's knife
die **Miete -, -n** rent; rental, charge
mieten to rent, hire
das **Mietshaus -es, ̈-er** rented house
der **Mietwagen -s, -** hire car/rented car
die **Mietwohnung -, -en** rented flat
die **Mikroelektronik -, o. Pl.** microelectronics
die **Mikrografie -, o. Pl.** micrography
das **Mikrowellengerät -(e)s, -e** microwave oven
die **Milliarde -, -n** (BrE) thousand million, (AmE) billion
die **Million -, -en** million
die **Minderung -, -en** alleviation
die **Mindestabnahmemenge -, -n** minimum order quantity
mindestens at least
das **Mineral-Bad -es, -̈er,** das **Mineral-schwimmbad -es, -̈er** spa bath
die **Mineralölgesellschaft -, -en** oil company
Mio. = Million
das **Mißverständnis -ses, -se** mis-understanding
mit (+ Dat.) with
der **Mitarbeiter -s, -,** die **Mitarbeiterin -, -nen** employee
die **Mitbestimmung -, o. Pl.** worker participation, co-determination
mit|bringen to bring along; to поезд
miteinander with one another
das **Miteinander -s, o. Pl.** cooperation
mit|entscheiden to participate in decision-making

mit|geben: jdm. etw. ~ to give sb. sth. (to take with them)
das **Mitglied -(e)s, -er** member
mit|kommen to come with sb.
mit|mischen (in + Dat.) to get involved (in)
mit|nehmen to take (with one)
der **Mittag -s, -e** midday; **zu ~ essen** to have lunch
das **Mittagessen -s, -** lunch; **beim ~** having/at lunch
der **Mittagstisch -es, -e** lunch
die **Mitte -, -n** middle, mid; **~ Juni** mid June
mit|teilen: jdm. etw. ~ to inform sb. of sth.
das **Mittelalter -s, o. Pl.** Middle Ages
mittelalterlich medieval
der **Mittelbetrieb -(e)s, -e** medium-sized company
(das) **Mitteldeutschland** Central Germany
das **Mittelgebirge -s, o. Pl.** low mountain range
die **Mittelgebirgslandschaft -, -en** hill country
mittelgroß medium-sized
der **Mittelpunkt -(e)s, -e** centre
mittels (+ Gen.) by means of
mittelständisch medium-sized; **~e Konturen gewinnen** to be made up increasingly of medium-sized companies
mittlere(r/s) medium-sized; **Mittlerer Bildungsabschluß/Mittlere Reife** first public exam in secondary/junior high school, ≈ GCSE
die **Mitwirkung -, o. Pl.** cooperation
das **Möbel -s, -** (piece of) furniture
das **Möbelhaus -es, ̈-er** furniture store
das **Mobilfunktelefon -s, -e** mobile phone
möbliert furnished
möchte, möchten would like
die **Mode -, -n** fashion
das **Modellspielzeug -s, -e** model toy
moderiert (von + Dat.) moderated by
der **Modeschöpfer -s, -** fashion designer
die **Modewaren Pl.** fashion goods
mögen, mochte, gemocht to like
möglich possible
möglicherweise possibly
die **Möglichkeit -, -en** possibility, opportunity
möglichst: ~ viele/genau as many/precisely as possible
der **Moment -s, -e** moment; **im ~** at the moment
-monatig -month
monatlich monthly
Monats- monthly
die **Montageanleitung -, -en** assembly instructions
montieren to assemble
morgen tomorrow; **heute ~** this morning
der **Morgen -s, -** morning; **guten ~** good morning
morgens in the morning
der **Moselaner -s, -** inhabitant of the Moselle valley
der **Motorbauteil -(e)s, -e** engine component
die **Motorhaube -, -n** bonnet/hood
das **Motorrad -(e)s, ̈-er** motorcycle
der **Motorraum -(e)s, ̈-e** engine compartment
Mrd. = Milliarde
die **Mühe -, -n** trouble; **ohne ~** easily
der **Müll -s, o. Pl.** refuse
die **Müllentsorgung -, o. Pl.** refuse disposal
die **Münze -, -n** coin
der **Musikkeller -s, -** basement night club
müssen, mußte, gemußt to have to
das **Muster -s, -** sample
der **Mut -(e)s, o. Pl.** courage
die **Muttergesellschaft -, -en** parent company
MwSt. = Mehrwertsteuer

N

nach (+ Dat.) to; after; according to
der **Nachbar -n, -n** neighbour
nach|bearbeiten to follow up
die **Nachbesserung -, -en** repair
nachdem after
nach|denken (über + Akk.) to think (about); to consider

die **Nachfolgeinstitution -, -en** successor institution

die **Nachfrage -, -n** (nach + Dat.) demand (for); further question

nach | holen to make up

nach | lesen to read

nach | lösen to buy (a ticket) on the train

nachmittags in the afternoon

die **Nachnahme -, -n** cash on delivery

der **Nachname -, -n** surname; **wie heißt er mit ~n?** what's his surname?

nach | prüfen to check

die **Nachricht -, -en** message

die **Nachrichten Pl.** the news

nach | schauen, nach | sehen to have a look

nach | spielen to re-enact

nach | sprechen to repeat

der/die/das **nächste** (the) next

nachstehend following

nächstmöglich: zum ~en Termin as soon as possible

die **Nacht -, ̈-e** night; **Gute ~** good night

der **Nachteil -(e)s, -e** disadvantage

das **Nachtlokal -s, -e** night club

der **Nachweis -es, -e** proof

nach | weisen to show (evidence of)

die **Nähe -, o. Pl.** proximity; **in der ~** nearby

nähen to sew

näher: in ~er Zukunft in the near future

Näheres: ~ sagen (über + Akk.) to give more details (of)

das **Nahrungsmittel -s, -** food

der **Nahverkehr -(e)s, o. Pl.** local travel

der **Nahverkehrszug -(e)s, ̈-e** local train

der **Name -ns, -n** name; **auf den ~n** in the name of

namhaft famous

nämlich you see; namely

NASA = National Aeronautics and Space Administration

die **Nationalmannschaft -, -en** national team

der **Nationalrat -(e)s, -e** (Austria) National Assembly; (Switzerland) National Council

die **Nationalversammlung -, -en** National Assembly

naturbelassen natural (colour)

der **Naturfreund -(e)s, -e** nature lover

die **Naturkunde -, o. Pl.** natural history

natürlich naturally, of course

das **Naturschutzgebiet -(e)s, -e** nature reserve

die **Naturwissenschaft -, -en** natural sciences

der **Naturwissenschaftler -s, -** (natural) scientist

neben (+ Dat.) beside, next to; besides, as well as

nebenan next door

der **Nebenberuf -(e)s, -e** second job

die **Nebenkosten Pl.** costs (heating, lighting, services)

die **Nebenstelle -, -n** extension

die **Nebenstellenvermittlung -, -en** switchboard

der **Neffe -n, -n** nephew

nehmen, nahm, genommen to take; to have

die **Neigung -, -en** inclination

nennen, nannte, genannt to name; to mention, state; (Beispiel) to give

nett nice

netto net

das **Netz -es, e** network

der **Netzteil -(e)s, -e** mains adaptor

das **Netzwerk -(e)s, -e** network

neu new; again

der **Neubau -(e)s, -ten** new building

die **Neuerung -, -en** innovation

die **Neuheit -, -en** new product

das **Neujahr -(e)s, o. Pl.** New Year

der **Neukauf -(e)s, ̈-e** sth. bought new

neulich recently

die **Nichteinigung -, o. Pl.: bei ~** in the event of disagreement

der **Nichtraucher -s, -** non-smoker

nichts nothing

nie never

(das) **Niederbayern -s, o. Pl.** Lower Bavaria

die **Niederlande Pl.** Netherlands

die **Niederlassung -, -en** branch, location

niedrig low

niemand nobody

noch still; even; more, further; **~ (ein)mal** (once) again; **~ nicht** not yet; **~ nie** never; **~ ein** another

der **Norden -s, o. Pl.** North

nordfriesisch North Friesian

(das) **Nordrhein-Westfalen -s, o. Pl.** North Rhine Westphalia

normalerweise normally

das **Normalpapier -s, o. Pl.** standard paper

die **Norm -, -en** norm

die **Note -, -n** mark

notieren to make a note of

nötig necessary

die **Notiz -, -en** note; **sich ~en machen** to take/make notes

der **Notizblock -s, -̈e** notepad

notwendig necessary

die **Nudeln Pl.** pasta

Null zero

die **Null-Fehler-Produktion -, -en** zero-fault production

numerieren to number

der **Numerus Clausus -, o. Pl.** restricted entry to higher education

nun now; **~ gut** well, all right

nunmehr: seit ~ 40 Jahren for 40 years now

nur only; **~ noch zwei Fragen** just two more questions

die **Nuß -, Nüsse** nut

nutzen to use

nützen to be of use

das **Nutzfahrzeug -(e)s, -e** commercial vehicle

die **Nutzfläche -, -n** usable floor space

nützlich useful

die **Nutzung -, -en** use

der **Nylonpacksack -(e)s, -̈e** nylon storage bag

O

ob whether, if

oben upstairs; above; **~ genannt** above-mentioned; **rechts ~** in the top right-hand corner

der **Ober -s, -** waiter; **Herr ~!** Waiter!

obere(r/s) upper

das **Obergeschoß -sses, -sse** upper storey

oberhalb (+ Gen.) above

die **Oberstufe -, -n** upper school; ≈ sixth form

obgleich although

das **Objektmöbel -s, -** occasional furniture

der **Obstkorb -(e)s, -̈e** bowl of fruit

obwohl although

offen open; **~e Weine** wine by the glass

offen | halten to keep open

offen | stehen to be open

öffentlich public

die **Öffentlichkeitsabteilung -, -en** public relations department

das **Offiziersmesser -s, -: Schweizer ~** Swiss Army knife

öffnen to open

die **Öffnungszeit -, -en** opening time

öfter every now and again

ohne (+ Akk.) without

ohnehin nevertheless

ökologisch ecological(ly)

das **Öl -(e)s, -e** oil

die **Oper -, -n** opera

die **Optik -, -en** optics

optimal optimum, most effective

die **Orchideensammlung -, -en** orchid collection

ordentlich orderly

ordnen (in + Akk.) to order, arrange

die **Ordnung -, -en: (das geht) in ~** (that's) all right, fine; **die ~ des Betriebs** company regulations

das **Organigramm -s, -e** organization chart

das **Organisationstalent -s, -e** talent for organization

sich **orientieren** to find one's way around

original original, genuine

die **Originalabdeckung -, -en** platen glass cover

die **Originalauflage -, -n** document tray

der **Ort -(e)s, -e** place; (Ferien~) resort; **am ~** on the spot

die **Ortsangabe -, -n** town/city

die **Ortsnetzkennzahl -, -en, die Ortsvorwahl -, -en** area dialling code

der **Ortswechsel -s, -** relocation

der **Osten -s, o. Pl.** East

der **Ostermontag -s, -e** Easter Monday

der **Österreicher -s, -** Austrian

der **Ostersonntag -s, -e** Easter Sunday

östlich eastern

die **Ostsee -, o. Pl.** Baltic Sea

der **Oxidationskatalysator -s, -en** catalytic converter (for diesel engines)

P

paar: ein ~ a few

das **Packmaß -es, -e** dimensions when packed

das **Paket -s, -e** pack, package

die **Palette -, -n** pallet

die **Panoramastraße -, -n** road with panoramic views

das **Papierformat -s, -e** paper format

die **Papierführung -, -en** paper guide

die **Papierkassette -, -n** paper cassette

das **Papier-Management -s, o. Pl.** media handling

der **Papierstau -(e)s, -e** paper jam

die **Papierverarbeitung -, o. Pl.** media handling

die **Papierzufuhr -, o. Pl.** Add Paper

die **Pappe -, -n** cardboard

der **Pappkarton -s, -s** cardboard box

das **Pärchen -s, -** pair

die **Parkanlage -, -n** park

die **Parkgarage -, -n, das Parkhaus -, -̈er** multi-storey car park

der **Parkplatz -es, -̈e** car park/parking lot

der **Parkschein -(e)s, -e** parking permit

das **Parlament -s, -e** parliament; parliamentary-style seating

das **Paßbildformat -s, -e** passport-photograph size

passen (zu + Dat.) to go with; to suit, be convenient

passend suitable

passieren to happen

patentiert patented

die **Pauschale -, -n** package

die **Pause -, -n** (coffee/lunch) break

PC = Personalcomputer

die **Pension -, -en** guest house

per (+ Akk.) by

das **Personal -s, o. Pl.** personnel, staff

die **Personalabteilung -, -en** personnel/human resources department

der **Personen(kraft)wagen -s, -** private car/automobile

der **Personalreferent -en, -en, die Personalreferentin -, -nen** assistant personnel manager

die **Personalverwaltung -, -en** personnel/human resources management

das **Personalwesen -, -** personnel

personell personnel

die **Personen-Schiffahrt -, o. Pl.** passenger boat service

persönlich personal(ly)

die **Perspektive -, -n** prospect

der **Pfad -(e)s, -e** track

die **Pfeffersauce -, -n** pepper sauce

der **Pfingstmontag -(e)s, -e** Whit Monday

der **Pfingstsonntag -(e)s, -e** Whit Sunday

die **Pflanze -, -n** plant

das **Pflaumenkompott -(e)s, -e** stewed plums

die **Pflege -, o. Pl.** care

pflegeleicht easy-care

pflegen to maintain; to look after

das **Pflegepersonal -s, o. Pl.** nursing staff

die **Pflegeversicherung -, -en** compulsory insurance for nursing in old age

die **Pflicht -, -en** duty

die **Pflichtschule -, -n** school at which attendance is compulsory

die **Pharmaindustrie -, -n** pharmaceutials industry

der **Pilz -es, -e** mushroom

die **Pinnwand -, -̈e** pinboard

planen to plan

planmäßig on time, according to schedule

die **Planung -, -en** planning

plattdeutsch Low German

der **Platz -es, -̈e** seat; square; room, space; **Nehmen Sie ~** Take a seat

die **Plenarsitzung -, -en** plenary session

das **Plenum -s, Plena** meeting, conference

plötzlich suddenly

die **Politik -, o. Pl.** politics; policy

politisch political(ly)

das **Porzellan -s, -e** porcelain

das **Postamt -es, -̈er** post office

die **Postanschrift -, -en** postal address

das **Postfach -(e)s, -̈er** post office box

die **Postleitzahl -, -en** post code/Zip code

der **Postraum -(e)s, -̈e** post room

potentiell potential(ly)

die **PR-Agentur -, -en** PR agency

prächtig magnificent

das **Prädikat -s, -e** rating

prägen to formulate

der **Praktikant -en, -en** student doing work experience, trainee

die **Praktikantenstelle -, -n** job providing work experience, traineeship

das **Praktikum -s, Praktika** period of on-the-job training, work experience

praktisch practical

die **Prämie -, -n** bonus

präsent: ~ sein to be represented, have a presence

präsentieren to present

die **Praxis -, Praxen** practice; policy; **in der ~** in practice

praxisbezogen vocationally oriented

das **Praxissemester -s, -** practical semester

die **Präzisionsarbeit -, -en** precision work

das **Präzisionswerkzeug -(e)s, -e** precision tool

der **Preis -es, -e** price; **zum ~ von** at (the rate of)

die **Preiselbeere -, -n** cranberry

die **Preisempfehlung -, -en** recommended retail price

preisgünstig cheap

die **Preisliste -, -n** price list

der **Preisnachlaß -sses, -sse** price reduction, discount

preiswert good value

die **Presse -, o. Pl.** press

die **Pressekonferenz -, -en** press conference

preußisch Prussian

prima great

das **Prinzip -s, -ien** principle; **im ~** in principle

privat-, Privat- home, private

privatwirtschaftlich through private enterprise

pro per

der **Probeauftrag -(e)s, -̈e** trial order

die **Probezeit -, -en** probationary period

probieren to try, taste

das **Problem -s, -e** problem; **ohne ~e** with no trouble

problematisch problematic

problemlos with no problems

das **Produkt -(e)s, -e** product

das **Produktangebot -s, -e** product range

die **Produktinnovation -, -en** new product

die **Produktionsabteilung -, -en** production department

die **Produktionsanlage -, -n** production facilities

die **Produktionsgesellschaft -, -en** manufacturing company

der **Produktionsleiter -s, -** production manager/director

das **Produktionsmaterial -s, -ien** (raw) material

die **Produktionsstätte -, -n** manufacturing plant

die **Produktpalette -, -n, das Produktsortiment -(e)s, -e** product range

das **Produktspektrum -s, -spektren** range of products

die **Produktvorführung -, -en** product demonstration

der **Produktzyklus -, -zyklen** product cycle

produzieren to make, produce, manufacture

der **Professor** -s, -en professor
das **Profil** -s, -e profile
der **Programmierer** -s, - programmer
der **Projektleiter** -s, - project manager
die **Promotion** -, -en doctorate
der **Prospekt** -(e)s, -e brochure, catalogue
protestantisch Protestant
das **Protokoll** -s, -e: ~ **führen** to take the minutes
✓ die **Provision** -, -en commission
-prozentig per cent
der **Prozentsatz** -es, ⁻e percentage
die **Prozentzahl** -, -en percentage
der **Prozeß** -sses, -sse process
prüfen to check, test, inspect
das **Prüflabor** -s, -s test laboratory
der **Prüfraum** -(e)s, ⁻e testing area
die **Prüfung** -, -en checking, inspection; **bei der ~** on inspection
die **Publizistik** -, o. Pl. journalism
die **Pumpe** -, -n pump
der **Punkt** -(e)s, -e point; spot; **zum wichtigen ~ kommen** to get to the point
die **Punktgröße** -, -n point size
pünktlich punctual(ly)
die **Pünktlichkeit** -, o. Pl. punctuality

Q

der/das **Quadratmeter** -s, - square metre
die **Qualifizierung** -, -en qualification
die **Qualifizierungsmaßnahme** -, -n training course
Qualitäts- quality
die **Qualitätskontrolle** -, -n quality control
die **Qualitätssicherung** -, -en quality assurance
der **Qualitätswein** -(e)s, -e *wine of certified origin and quality*
die **Quelle** -, -n source
quer diagonally
das **Querformat** -s, -e landscape

R

der **Rabatt** -(e)s, -e discount
das **Rad** -es, ⁻er bicycle; **~ fahren** to go cycling
der **Radweg** -(e)s, -e cycle track
die **Raffinesse** -, -n refinement
raffiniert sophisticated
der **Rahmen** -s, - frame; **im ~** (+ Gen.) as part of, in the context of
die **Rahmsauce** -, -n cream sauce
der **Rand** -es, ⁻er edge
der **Rang** -(e)s, ⁻e rank, ranking
die **Rangordnung** -, -en: **in ~** in order of importance
das **Rasierwasser** -s, - after-shave lotion
rasch fast, quick(ly)
rassig sleek, sporty
der **Rat** -(e)s, ⁻e help, advice
raten to advise
der **Ratgeber** -s, - guide
das **Rathaus** -es, ⁻er town hall
rationell efficient
der **Ratschlag** -(e)s, ⁻e (piece of) advice, suggestion
rauchen to smoke
der **Raucherwagen** -s, - smoking carriage/car
das **Rauchverbot** -(e)s, -e smoking ban
der **Raum** -(e)s, ⁻e area; room; **im ~ Düsseldorf** in the Düsseldorf area
das **Raumangebot** -(e)s, -e rooms (available)
Raumfahrt- space
räumlich: ~ getrennt in different locations
die **Räumlichkeiten** Pl. rooms
raus | gehen to go out
reagieren (auf + Akk.) to react (to)
die **Realschule** -, -n *secondary/high school preparing students for the first public examination at 16,* ≈ secondary modern
recherchieren to research
rechnen (mit + Dat.) to expect; **mit weniger ~** to expect less
die **Rechnung** -, -en bill/check; invoice
die **Rechnungserhalt: bei ~** on receipt of invoice

das **Rechnungswesen** -s, - accountancy, bookkeeping
recht: wir bedanken uns ~ herzlich thank you very much; **nicht ~ zufrieden** not entirely satisfied
das **Recht** -(e)s, -e right; **mit ~** rightly; **zu ihrem ~ kommen** to be given their due
rechte(r/s) right(-hand)
rechtlich by law; legal
rechts right, on/to the right; **nach ~** right
die **Rechtsform** -, -en legal form
rechtzeitig on time
recyceln to recycle
recyclingfähig recyclable
das **Recyclingpapier** -s, o. Pl. recycled paper
reden to talk
der **Rednerpult** -s, -e lectern
die **Reduzierung** -, -en reduction
das **Referat** -(e)s, -e paper
der **Referent** -en -en, die **Referentin** -, -nen speaker; assistant manager
die **Referenz** -, -en reference
die **Regel** -, -n rule; **in der ~** as a rule
regelbar adjustable
regelmäßig regular(ly)
regeln to regulate; to settle
die **Regelung** -, -en regulation; settlement
der **Regenschutz** -es, o. Pl. protection against the rain
die **Regierung** -, -en government; **an der ~** in power
regierungsbevollmächtigt government authorized
regnen to rain
der **Rehrücken** -s, - saddle of venison
reich rich
reichen to be enough
der **Reichstag** -s, o. Pl. Reichstag, Parliament
die **Reihenfolge** -, -n order, sequence
das **Reihenhaus** -es, ⁻er terraced house
rein pure(ly)
die **Reinigung** -, o. Pl. dry-cleaning
die **Reise** -, -n journey
der **Reisebus** -ses, -se coach
das **Reiseland** -(e)s, ⁻er holiday/vacation destination
reisen to travel
der/die **Reisende** -n, -n traveller
der **Reiseprospekt** -s, -e travel brochure
der **Reisescheck** -s, -s traveller's cheque/check
der **Reißverschluß** -sses, ⁻sse zip (fastener)
reizvoll charming, delightful
die **Reklamation** -, -en complaint
reklamieren to complain
renommiert famous
renovieren to renovate
die **Rentenversicherung** -, -en pension scheme
die **Reparatur** -, -en repair
die **Reportage** -, -n report
die **Republikaner** Republican Party
die **Reservierung** -, -en reservation, booking
der **Ressortleiter** -s, - group executive
die **Ressourcenschonung** -, o. Pl. saving resources
der **Rest** -(e)s, -e rest; **ein ~ bleibt** a few will remain
restaurieren to restore, renovate
restlich remaining
der **Rettungsdienst** -(e)s, -e emergency service
rezeptfrei available without a prescription
die **Rezeption** -, -en reception
richten (an + Akk.) to address (to)
sich **richten** (nach + Dat.) to follow, comply with
richtig right, correct; properly
die **Richtung** -, -en direction; **aus ~ Köln** from Cologne
riesig huge, giant
der **Rinderbraten** -s, - roast beef
die **Ringlinie** -, -n circular route
das **Ringstraßennetz** -es, -e network of ringroads
das **Risiko** -s, -ken risk
der **Riß** -sses, -sse crack, tear; **einen ~ haben** to be cracked
die **Robotik** -, o. Pl. robotics
der **Rohling** -s, -e blank

das **Rohmaterial** -s, -ien, der **Rohstoff** -(e)s, -e raw material
die **Rolle** -, -n role
das **Rollenspiel** -(e)s, -e role-play
die **Rolltreppe** -, -n escalator
die **Romantik** -, o. Pl. romance
römisch Roman
die **Röstzwiebeln** Pl. fried onions
das **Rotkraut** -s, o. Pl. red cabbage
die **Routinearbeit** -, -en routine work
die **Rubrik** -, -en rubric, instruction
die **Rückfahrt** -, -en return journey; **Hin- und ~ round trip**
die **Rückfrage** -, -n query
die **Rücknahme** -, -n taking back
die **Rücknahmepflicht** -, -en obligation to take back
der **Rückruf** -(e)s, -e return call
das **Rudern** -s, o. Pl. rowing
rufen, rief, gerufen to call
die **Rufnummer** -, -n telephone number
die **Ruhe** -, o. Pl. peace, quiet
ruhig peaceful(ly), quiet(ly); **Fragen Sie mich ~** don't be afraid to ask me
das **Ruhrgebiet** -(e)s, o. Pl. the Ruhr
rund round; about, roughly; **am ~en Tisch** round-table talks; **~ um** around; **~ um die Uhr** round the clock; **~ um die Firma** all about the company; **~ ums Telefon** all about using the phone
der **Rundgang** -(e)s, ⁻e tour
runter | gehen to go down
russisch Russian
rustikal rustic
das **Rütteln** rattling

S

s. = siehe
S = Süd-, Süden; Seite
der **Saal** -(e)s, **Säle** room; hall
der **Sachbearbeiter** -s, -, die **Sachbearbeiterin** -, -nen clerical worker, person dealing with sth.
das **Sachbuch** -(e)s, ⁻er non-fiction (book)
die **Sache** -, -n thing
das **Sachgebiet** -(e)s, -e area of responsibility
sachlich objectively, in a matter-of-fact way
(das) **Sachsen** -s, o. Pl. Saxony
der **Saft** -(e)s, ⁻e juice
sagen to say, tell
die **Sahne** -, -n cream
saisonbedingt seasonal
die **Salatschüssel** -, -n bowl of salad
Salzkart. = die Salzkartoffeln Pl. boiled potatoes
sammeln to gather
die **Sammelquote** -, -n collection quota
die **Sammlung** -, -en collection
sämtlich all
sandig sandy
satt full
der **Sattel** -s, ⁻ saddle
der **Sattelschlepper** -s, - articulated lorry
der **Satz** -es, ⁻e sentence; set
sauber clean
säuerlich sour, tart
der **Saurier** -s, - dinosaur
die **S-Bahn** -, -en = **Stadbahn** city and suburban railway
schade: Ach, ~! What a shame!
der **Schadenersatz** -es, o. Pl. compensation
der **Schadstoff** -(e)s, -e pollutant
schadstoffarm low-emission
schaffen to create; **das schaffe ich nicht** I won't manage it
der **Schafskäse** -s, - sheep's cheese
der **Schalter** -s, - switch; desk, counter; ticket office
der **Schalthebel** -s, - gear lever
scharf hot; **~ links abbiegen** to turn sharp left
schätzen to appreciate; **~ auf** (+ Akk.) to estimate, assess (at)
die **Schätzung** -, -en estimate
das **Schaubild** -(e)s, -er diagram, table
der **Schaufensterbummel** -s, -: **einen ~ machen** to go window-shopping
schaukeln to swing, rock

der **Schauplatz** -es, ⁻e exhibition site
das **Schauspiel** -(e)s, -e play
das **Schauspielhaus** -es, ⁻er theatre
der **Scheck** -s, -s cheque/check
scheinen, schien, geschienen to shine
die **Schichtarbeit** -, -en, der **Schichtdienst** -(e)s, -e shift work
schicken (an + Akk.) to send (to)
schien ▸ scheinen
die **Schiene** -, -n rail
das **Schiff** -(e)s, -e boat, ship
das **Schild** -(e)s, -er sign
schildern to describe
der **Schinken** -s, - ham
der **Schlafraum** -(e)s, ⁻e bedroom
der **Schlafsack** -(e)s, ⁻e sleeping bag
der **Schlag** -(e)s, ⁻e: **auf einen ~** in one go
die **Schlagfertigkeit** -, -en quick-wittedness
schlecht bad
schließen, schloß, geschlossen to close
die **Schließung** -, o. Pl. closure, shutdown
das **Schloß** -sses, ⁻sser castle
der **Schluß** -sses, ⁻sse: **zum ~** in conclusion
die **Schlußformel** -, -n close (*in a letter*)
der **Schlüssel** -s, - key
schmecken to taste; **es schmeckt mir** I like it; **Hat's geschmeckt?** Did you enjoy your meal?
das **Schmerzmittel** -s, - painkiller
die **Schmerztablette** -, -n painkiller, ≈ aspirin
die **Schmiede** -, -n drop forge
schmieden: Pläne ~ to make plans
das **Schmiedeteil** -(e)s, -e forged product
schmuck neat
schmutzig dirty
schnell fast
das **Schnellbahnnetz** -es, -e high-speed rail network
der **Schnellhefter** -s, - ring-binder
der **Schnellzug** -(e)s, ⁻e express (train)
der **Schnupfen** -s, - cold; **gegen ~** for colds
schon already; **~ gut, aber** all right, but; **~ einmal** before, ever
schön beautiful; nice
schonen to protect, spare
die **Schönheit** -, -en beauty
schrecklich terrible
schreiben, schrieb, geschrieben (an + Akk.) to write (to)
die **Schreibkraft** -, ⁻e typist
die **Schreibmaschine** -, -n typewriter
der **Schreibtisch** -es, -e desk
schrieb ▸ schreiben
die **Schrift** -, -en font, typeface ▸ **Wort**
die **Schriftart** -, -en font
die **Schriftkarte** -, -n font card
schriftlich written; in writing
der **Schriftsteller** -s, - writer, author
der **Schritt** -(e)s, -e step, stage
der **Schuhputzautomat** -en, -en shoe-shine machine
der **Schulabschluß** -sses, ⁻sse school-leaving qualification
der **Schüler** -s, - pupil, student
schulisch school
die **Schulpflicht** -, o. Pl. compulsory schooling
der **Schutz** -es, o. Pl. protection
das **Schutzdach** -(e)s, ⁻er shelter, canopy
schützen (vor + Dat.) to protect (from)
die **Schutzhülle** -, -n protective cover
die **Schutzkleider** Pl. protective clothing
der **Schwabe** -n, -n Swabian
schwach weak, slack
der **Schwager** -s, - brother-in-law
schwarz black
das **Schwein** -s, -e pig, pork
das **Schweinelendchen** -s, - loin of pork
die **Schweinshaxe** -, -n knuckle of pork
der **Schweizer** -s, - Swiss
schwer heavy; difficult; with difficulty
der/die **Schwerbehinderte** -n, -n disabled person
die **Schwerindustrie** -, -n heavy industry
schwerpflegebedürftig requiring special care
der **Schwerpunkt** -(e)s, -e main emphasis
schwierig difficult
die **Schwierigkeit** -, -en difficulty
das **Schwimmbad** -(e)s, ⁻er swimming pool

schwimmen, schwamm, geschwommen to swim
der **See** -s, -n lake
die **See** -, -n the sea
die **Seefahrt** -, -en seafaring
das **Seengebiet** -(e)s, -e lake district
das **Segeln** -s, o. Pl. sailing
sehen, sah, gesehen to see
sehenswert worth seeing
die **Sehenswürdigkeit** -, -en sight; **die ~en besichtigen** to go sightseeing
sehr very (much)
die **Seife** -, -n soap
die **Seilbahn** -, -en cable railway
sein, war, gewesen to be
seit (+ Dat.) since, for
die **Seite** -, -n page; side
die **Seitentasche** -, -n side pocket
die **Seitenwand** -, -̈e sidewall
seither since then
das **Sekretariat** -s, -e secretary's office; secretarial work
selber, selbst my/your/him/herself, ourselves etc
selbständig independent(ly), on one's own; **sich ~ machen** to become self-employed
die **Selbstbedienung** (for TV) remote control
selbstbestimmt self-determined
die **Selbsteinschätzung** -, -en self-evaluation
die **Selbstkostenbasis** -, o. Pl.: **auf ~** at cost price
der **Selbstversorger** -s, -: **Ferienwohnungen für ~** self-catering flats/apartments
selbstverständlich of course
die **Selbstverständlichkeit** -, -en: **eine ~ sein** to be taken for granted
die **Selbstwahl** -, o. Pl. direct dialling
der **Semmelkloß** -sses, -̈sse bread dumpling
der **Sendebeginn** -(e)s, o. Pl. start of transmission
senden, sandte, gesandt to send
die **Sendung** -, -en programme; consignment, shipment
separat separate(ly)
die **Serie** -, -n series, line
der **Service-Monteur** -s, -e service engineer
setzen to put
sich oneself, him/herself etc; **zu ~ nach Hause** to one's home; **von ~ aus** on one's on initiative
sicher secure, safe, reliable; self-confident; certainly, for sure
die **Sicherheit** -, -en safety
sichern to safeguard, protect
die **Sicht** -, o. Pl. view
sicherlich certainly
siehe: ~ Seite 52 see page 52
der **Signalton** -(e)s, -̈e tone, beep
das **Silikontal** -(e)s o. Pl. Silicon Valley
singen, sang, gesungen to sing
sinken, sank, gesunken to decrease
der **Sinn** -(e)s, -e sense; **~ für etw. haben** to have a feeling for sth.
sinnvoll sensible
der **Sitz** -es, -e head office, headquarters
sitzen, saß, gesessen to sit
das **Sitzpolster** -s, - seat cushion
die **Sitzung** -, -en meeting
die **Skalierbarkeit** -, o. Pl. expandability
das **Skelett** -(e)s, -e skeleton
das **Skilaufen** -s, o. Pl. skiing
skizzieren to sketch
das **Skonto** -s, -s (cash) discount
so so; like this; thus; well, right; **Ach ~!** I see, aha; **Na ~ was!** Well I never!; **so ... wie** as ... as; **~ was** that sort of thing
sobald as soon as
sofort immediately, at once
sofortig immediate
sogar even
sogenannt so-called
das **Solarium** -s, **Solarien** sunbed
solche(r/s) such; **solche Sachen** things like that
solid(e) sound
sollen should; to be intended to
sollte(n) should
somit thus, therefore
Sonder- special

sondern but; **nicht nur ... ~ auch** not only ... but also
sonnenreich sunny
der **Sonnenschutz** -es, o. Pl. protection against the sun
sonnig sunny
sonst, sonstig other
die **Sorge** -, -n (für + Akk.) care (for)
sorgen: dafür ~, daß to make sure that
sorgfältig careful
soviel so much
sowie and, as well as
sowohl ... als auch both ... and
sozial social; **~e Berufe** jobs in social work; **Soziales** social work
das **Sozialleben** -s, o. Pl. way of life
die **Sozialleistungen** Pl. social benefits
die **Sozialversicherung** -, o. Pl. national insurance/social security
das **Sozialwesen** -s, o. Pl. social sciences
die **Spalte** -, -n column
sparen to save
die **Sparkasse** -, -n savings bank
sparsam economical(ly)
der **Spaß** -sses, o. Pl. fun; **es macht mir ~** I enjoy (doing) it; **~ am Job** job satisfaction; **Viel ~!** Enjoy yourself
spät late
später later; future
spätestens at the latest
die **Spätlese** -, -n late vintage
spazieren | gehen to go for a walk
SPD = Sozialdemokratische Partei Deutschlands Social Democratic Party of Germany
Speckkart. = die Speckkartoffeln Pl. potatoes fried with bacon
der **Spediteur** -s, -e, die **Speditionsfirma** -, -firmen haulage contractor, shipping agent
der **Speicher** -s, - memory
die **Speichererweiterung** -, -en memory expansion
die **Speicherkapazität** -, -en memory
die **Speise** -, -n food, dish; **kleinere ~n** snacks
die **Speisegaststätte** restaurant
die **Speisekarte** -, -n menu
speisen to dine
spendieren to stand sb. sth.
die **Spezialität** -, -en speciality/specialty
die **Spezifikation** -, -en specifications
das **Spiel** -(e)s, -e game
spielen to act out; to play
der **Spielfilm** -(e)s, -e feature film
das **Spielzeug** -(e)s, -e toy
die **Spitze** -, -n top; **an der ~ stehen** to be top of the league
das **Spitzenerzeugnis** -ses, -se top-quality product
der **Spitzenreiter** -s, - leader
die **Spitzenzeit** -, -en peak time
der **Sportartikel** -s, - sports equipment
der **Sportler** -s, - sportsman
sportlich: ~ aktiv sein to do/go in for sport
der **Sportverein** -(e)s, -e sports club
die **Sprache** -, -n language
sprachlich linguistic
sprechen, sprach, gesprochen (über + Akk.) to talk (about); to speak (to); **Hier spricht ...** This is ...
der **Sprecher** -s, - speaker
die **Spur** -, -en lane
spüren to sense, become aware of
St. = Sankt Saint
die **Staatsangehörigkeit** -, o. Pl. nationality
der **Staatsdienst** -(e)s, o. Pl. civil service
stabil sturdy
das **Städtchen** -s, - small town
städtisch municipal
der **Stadtkern** -(e)s, -e, die **Stadtmitte** -, -n city centre
der **Stadtplan** -(e)s, -̈e street map
der **Stadtrand** -(e)s, -̈er outskirts, suburbs
die **Stadtrundfahrt** -, -en sightseeing tour
der **Stadtrundgang** -(e)s, -̈e sightseeing tour (on foot)
der **Stadtteil** -(e)s, -e district
der **Stahl** -(e)s, -̈e steel
das **Stahlrohr** -s, -en tubular steel

das **Stammkapital** -s, -e ordinary capital
der **Stammkunde** -n, -n regular customer
der **Stammsitz** -es, -e headquarters
der **Stand** -(e)s, -̈e trade show stand, sales booth; **~ 1992** as at 1992
der **Standabbau** -(e)s, o. Pl. dismantling of the stand
der **Standard** -s, -s standard, norm
Standard- standard
die **Standbeschriftung** -, -en signs/artwork for the stand
die **Standbewachung** -, o. Pl. stand security
die **Standbildkamera** -, -s (still) camera
ständig continually
der **Standort** -(e)s, -e location
der **Standpunkt** -(e)s, -e point of view
stark strong, heavy; **~ besucht** heavily frequented
stärken to strengthen
die **Stärke** -, -n strength
stärker (als) stronger (than); more; **immer ~** increasingly
stärksten most heavily
der **Startknopf** -es, -̈e start button, start key
die **Station** -, -en station; stage, phase
statt: ~ dessen instead
statt | finden to be, to take place; to be held
der **Stau** -(e)s, -e traffic jam
der **Staubsauger** -s, - vacuum cleaner
die **Stechuhr** -, -en time clock
die **Steckdose** -, -n socket
der **Stecker** -s, - plug
stehen, stand, gestanden to be; **~ für** (+ Akk.) to stand for; **wie ~ meine Chancen?** what are my chances?; **wie steht es mit ...?** what's the situation regarding ...?
steigen, stieg, gestiegen to increase
steigern to increase
das **Steinzeug** -(e)s, -e stoneware
die **Stelle** -, -n job, position
stellen to put; **eine Frage ~** to ask a question
das **Stellenangebot** -(e)s, -e, die **Stellenanzeige** -, -n job advertisement
die **Stellenbezeichnung** -, -en job description
der **Stellenmarkt** -(e)s, -̈e situations vacant
die **Stellenvermittlung** -, -en employment exchange
der **Stellenwert** -(e)s, -e value, importance
der **Stellplatz** -es, -̈e parking space
die **Stellung** -, -en job; position
die **Stellungnahme** -, -n: **Mit der Bitte um ~** for comment
stellvertretend deputy, acting
die **Stereoanlage** -, -n stereo (system)
stets always
die **Steuer** -, -n tax
die **Steuerung** -, o. Pl. control, management
der **Stichpunkt** -(e)s, -e main/key point
das **Stichwort** -(e)s, -̈er cue, keyword
stichwortartig brief
stieg ► steigen
der **Stift** -(e)s, -e pen
die **Stiftung Warentest** German Consumer Council
die **Stillegung** -, -en closure, shutdown
stilvoll stylish
stimmen to be true, correct; **jdn. optimistisch ~** to make sb. feel optimistic
stimmungsvoll pleasant
die **Stipendiat** -en, -en, die **Stipendiatin** -, -nen grant/scholarship holder
das **Stipendium** -s, -ien grant, scholarship
der **Stock** -(e)s, -e floor, storey
stolz (auf + Akk.) proud (of)
die **Stornierung** -, -en cancellation
stornieren to disturb, bother
die **Störung** -, -en problem, disruption; fault
straff tight(ly)
der **Strand** -(e)s, -̈e beach
die **Straßenbahn** -, -en tram
die **Straßenunterführung** -, -en underpass, subway
die **Straßenverbindungen** Pl. road network
das **Straßenverkehrsgewerbe** -s, - road transport industry
der **Straßenverlauf** -(e)s, o. Pl.: **dem ~ folgen** to follow the road

der **Streckennetz** -(e)s, -e rail network
das **Streifenmuster** -s, - striped pattern
streng strict(ly)
stricken to knit
der **Strom** -(e)s, o. Pl. electricity
der **Stromanschluß** -sses, -̈sse mains connection
strukturieren to structure
das **Stück** -(e)s, -e piece; item, unit
der **Stückpreis** -es, -e unit price
die **Stückzahl** -, -en quantity
der **Studienabgänger** -s, - college leaver
der **Studiengang** -(e)s, -̈e course of studies
die **Studiengebühr** -, -en fee
das **Studium** -s, -ien studies
die **Stuhlreihe** -, -n row of seats
die **Stundenbasis: auf ~** paid by the hour
stündlich hourly, every hour
suchen to look for
Süd- South; south-facing
der **Süden** -s, o. Pl. South
südlich (+ Gen.) southern; south of
der/die/das **südlichste** (the) southernmost
die **Supermarktkette** -, -n supermarket chain
die **Suppe** -, -n soup
das **Surfen** -s, o. Pl. surfing, wind-surfing
das **Süßgebäck** -(e)s, -e biscuits/cookies
SW = Südwesten, Südwest- southwest (-facing)
sympathisch nice, pleasant
der **Systemanalytiker** -s, - systems analyst
die **Systemintegration** -, o. Pl. systems integration

T

T = Tiefe
tabellarisch in table form
die **Tabelle** -, -n table
der **Tag** -(e)s, -e day; **Guten ~** hello
das **Tagegeld** -(e)s, -er daily allowance
das **Tageslicht** -(e)s, o. Pl. daylight
der **Tagespreis** -es, -e price per day
die **Tagespresse** -, o. Pl. daily press
täglich daily, every day
die **Tagung** -, -en conference
der **Tagungsort** -(e)s, -e conference venue
die **Tagungstechnik** -, o. Pl. conference equipment
der **Takt** -(e)s, -e: **im 2-Stunden-~** every two hours
der **Taktverkehr** -(e)s, o. Pl.: **mit dichtem ~** with a frequent service
das **Tal** -(e)s, -̈er valley
der **Tanz** -es, -̈e dance
tanzen to dance
der **Tarif** -s, -e tariff; pay scale
tariflich agreed (between unions and management)
der **Tariflohn** -(e)s, -̈e (agreed) pay scale
der **Tarifpartner** -s, - unions and management
der **Tarifvertrag** -(e)s, -̈e collective pay agreement
das **Taschenmesser** -s, - penknife
der **Taschenrechner** -s, - pocket calculator
die **Tasse** -, -n cup (of)
die **Taste** -, -n button, key
tätig: ~ sein to be in (a line of business)
tätigen to effect, carry out
die **Tätigkeit** -, -en activity; job, occupation; **Berufliche T~en** work/professional experience
der **Tätigkeitsbereich** -(e)s, -e job, area of responsibility
die **Tatsache** -, -n fact
Taxen Pl. von Taxi
das **Taxi** -s, -s taxi/cab
der **Taxistand** -(e)s, -̈e taxi rank
das **Teambewußtsein** -s, o. Pl. team spirit
teamfähig able to work in a team
die **Technik** -, -en technology; technique
der **Techniker** -s, - engineer
technisch technical; technological; **~e/r Leiter(in)** Technical Director; **~e/r Zeichner/in** engineering draughtsman; **~e Daten** specifications; **T~er Überwachungsverein** German Technical Inspectorate; **~e Hochschule/Universität** university specializing in technical subjects

der **Teich** -(e)s, -e pond
der **Teil** -(e)s, -e part; **zum** ~ partly
sich **teilen** to divide, split up
teil|nehmen (an + Dat.) to attend, take part in
der **Teilnehmer** -s, - participant; the person/company you wish to speak to
die **Teilzeit** -, o. Pl. part-time
die **Teilzeitform** -, -en: **in** ~ on a part-time basis
das **Telefax** -, -(e) fax (machine)
die **Telefonauskunft** -, o. Pl. directory enquiries
telefonisch by phone; **~e Aufträge** telephone orders
die **Telekommunikation** -, o. Pl. telecommunications
der **Temperaturbereich** -(e)s, -e temperature range
das **Tempolimit** -s, -s speed limit
die **Tendenz** -, -en tendency
der **Teppichboden** -s, ⸚ carpet
der **Termin** -s, -e (bei/mit + Dat.) appointment (with)
termingerecht on schedule
der **Terminkalender** -s, - appointments diary
teuer expensive
die **Textilien** Pl. textiles
thailändisch Thai
das **Thema** -s, **Themen** topic
(das) **Thüringen** -s, o. Pl. Thuringia
die **Tiefe** -, -n depth
tiefer: zwei Etagen ~ two floors down
die **Tiefgarage** -, -n underground carpark
das **Tiefland** -(e)s, -e lowlands
der **Tierarzt** -es, ⸚e veterinarian
der **Tierpark** -s, -s zoo
die **Tinte** -, -n ink
die **Tintenpatrone** -, -n ink cartridge
der **Tintenstrahldrucker** -s, - bubble jet printer
die **Tochtergesellschaft** -, -en subsidiary
todlangweilig deadly dull
die **Toilettenartikel** Pl. toiletries
die **Toleranz** -, -en tolerance
toll great
das **Tonband** -(e)s, ⸚er tape
die **Tonne** -, -n ton(ne)
das **Tor** -(e)s, -e gate
die **Touristik** -, o. Pl. tourism, tourist industry
traditionsreich rich in tradition
das **Tragegestell** -(e)s, -e carrying frame
tragen, trug, getragen to wear; to carry; (Kosten) to meet; (Risiko) to bear
der **Traum** -(e)s, ⸚e dream
treffen, traf, getroffen to meet; (Wahl) to choose; (Vereinbarung, Entscheidung) to make
sich **treffen** to meet
der **Treffpunkt** -(e)s, -e meeting point
treiben, trieb, getrieben: Sport ~ to do/go in for sport; **Handel** ~ to trade
die **Treppe** -, -n (flight of) stairs; **die** ~ **hinauf/runtergehen** to go up/downstairs
trimmen to do keep-fit exercises
der **Trimmpfad** -(e)s, -e keep-fit trail
trinken, trank, getrunken to drink
trocken dry
trotz (+ Gen./Dat.) in spite of, despite
die **Tschechische Republik** Czech Republic
tschüs 'bye!
tun, tat, getan to do

U

die **U-Bahn** -, -en Underground/Subway
üben to practise
über (+ Akk./Dat.) about, concerning; more than; over; through, via; **nicht ~ 20.00 Uhr hinaus** not later than 8 o'clock; **eine Bestellung** ~ an order for
überall everywhere
überaus extremely
überbacken grilled
der **Überblick** -(e)s, -e (über + Akk.) overview
überbrücken to bridge
überdurchschnittlich exceptionally
überein|stimmen (mit + Dat.) to correspond to; to agree with

die **Übergabe** -, o. Pl. hand-over
der **Übergang** -(e)s, ⸚e transfer
übergeben, übergab, übergeben to hand over
überhaupt absolutely; at all
überlassen, überließ, überlassen: es jdm. ~ to leave it up to sb.; **jdm. etw.** ~ to entrust sth. to sb.
überlegen to think about, consider
die **Überlegung** -, -en consideration
übermorgen the day after tomorrow
übernachten to spend the night
die **Übernachtung** -, -en overnight stay
übernehmen, übernahm, übernommen to take over; to accept; to take on
überprüfen to check
die **Überprüfung** -, -en testing, inspection
überqueren to cross
überraschen to surprise
überregional serving more than one region
überreichen to hand over
die **Überschrift** -, -en heading
übersenden, übersandte, übersandt to send, enclose
die **Übersetzung** -, -en translation
übersichtlich clear
die **Übertragung** -, -en transmission
das **Übertragungsprotokoll** -s, -e transaction activity report
übertreiben, übertrieb, übertrieben to exaggerate
überwachen to supervise, monitor
überwiegend predominantly
überzeugen to convince
überzeugend convincing(ly), persuasive(ly)
üblich usual, normal
übrig other, rest of; left (over), spare
das **Ufer** -s, - (river)bank
die **Uhr** -, -en: **um (11.00)** ~ at (11) o'clock
die **Uhrzeit** -, -en time
um (+ Akk.) at; round, around; for; ~ **wenig Prozent** by a few percent; ~ **... zu** in order to
um|buchen to change a reservation/booking
umfangreich wide, comprehensive
umfassen to comprise
die **Umfrage** -, -n survey
der **Umgang** -s, o. Pl. (mit + Dat.): ~ **mit Menschen** dealing with people
die **Umgebung** -, -en surrounding area
um|gehen: mit Menschen ~ to deal with people
umgehend immediate, prompt
die **Umgruppierung** -, -en redeploying
das **Umland** -(e)s, o. Pl. surrounding countryside
um|legen to turn
umliegend surrounding
umsonst free
der **Umsatz** -es, ⸚e turnover
die **Umschulung** -, -en retraining
umseitig overleaf
der **Umstand** -(e)s, ⸚e: **unter Umständen** possibly
der **Umsteigeknoten** -s, - transfer point
um|steigen to change
die **Umstellung** -, -en, der **Umstieg** -(e)s, -e (auf + Akk.) change-over (to)
die **Umstrukturierung** -, -en restructuring
die **Umwelt** -, o. Pl. the environment
das **Umweltbewußtsein** -s, o. Pl. environmental awareness
der **Umweltengel** -s, symbol indicating environmentally friendly products
umweltfreundlich, umweltgerecht environmentally friendly
das **Umweltministerium** -s, -ien Ministry of the Environment
der **Umweltschutz** -es, o. Pl. environmental protection
die **Umweltverschmutzung** -, -en environmental pollution
um|ziehen to move
die **Umzugskosten** Pl. removal costs
die **Unabhängigkeit** -, o. Pl. independence

die **Unannehmlichkeit** -, -en trouble, inconvenience
unbedingt absolutely; **nicht** ~ not necessarily
unbrauchbar useless
(das) **Ungarn** -s, o. Pl. Hungary
ungefähr approximately
ungelernt unskilled
ungestört undisturbed
ungewöhnlich unusual(ly)
ungiftig non-poisonous
der **Unkostenbetrag** -(e)s, ⸚e sum to cover expenses
die **Unmenge** -, -n (von + Dat.) vast quantity
unseriös not serious
unten below; downstairs; **nach** ~ face down
unter (+ Akk./Dat.) under; below; ~ **anderem** among other things; ~ **Telefon 040 ...** on 040 ...
unterbreiten to present
sich **unterhalten, unterhielt, unterhalten** to talk
die **Unterhaltung** -, -en entertainment; conversation
die **Unterkunft** -, ⸚e accommodation
die **Unterlagen** Pl. documents, papers
unterliegen, unterlag, unterlegen to be subject to
das **Unternehmen** -s, - company/corporation
der **Unternehmensberater** -s, - management consultant
der **Unternehmensbereich** -s, -e division
die **Unternehmensgruppe** -, -n group
die **Unternehmensleitung** -, o. Pl. management
der **Unternehmer** -s, - operator
der **Unterricht** -(e)s, -e instruction
die **Unterrichtung** -, o. Pl. information
unterscheiden, unterschied, unterschieden to distinguish
sich **unterscheiden** to differ
der **Unterschied** -(e)s, -e difference
unterschiedlich variable; different
unterschreiben, unterschrieb, unterschrieben to sign
die **Unterschrift** -, -en signature
unterstrichen underlined
unterstützen to support, subsidize
die **Unterstützung** -, o. Pl.: **mit Batterie~** battery powered
untersuchen to investigate
die **Untersuchung** -, -en examination
(sich) **unterteilen** (in + Akk.) to divide, subdivide (into)
die **Unterteilung** -, -en subdivision
unterwegs away, on the way, on the road
unveränderlich invariable
unverbindlich not binding; **~e Preisempfehlung** recommended price
unvermeidbar unavoidable
unverzüglich without delay, immediately
unvollständig incomplete
der **Urlaub** -s, -e holiday/vacation; **im** ~ on holiday
das **Urlaubsgeld** -(e)s, -er holiday pay
ursprünglich originally
usw. = und so weiter etc

V

die **Variante** -, -n variation, version
sich **verabschieden** to say goodbye; **beim V~** when saying goodbye
verallgemeinern to generalize
verändern to change, alter
veranstalten to organize
der **Veranstalter** -s, - organizer
die **Veranstaltung** -, -en performance; event, function
der **Veranstaltungskalender** -s, - guide to what's on
der **Veranstaltungsraum** -(e)s, ⸚e conference room
verantwortlich (für + Akk.) responsible (for)
der/die **Verantwortliche** -n, -n person responsible for
die **Verantwortung** -, -en responsibility
die **Verantwortungsbereitschaft** -, o. Pl.

willingness to take responsibility
verantwortungsvoll responsible
die **verarbeitende Industrie** manufacturing industry
die **Verarbeitung** -, o. Pl. processing
der **Verband** -(e)s, ⸚e association
sich **verbergen, verbarg, verborgen** to hide
verbessern to improve
die **Verbesserung** -, -en improvement
verbiegen, verbog, verbogen to buckle
verbinden, verband, verbunden to connect; to combine; **ich verbinde** I'll put you through; **Sie sind falsch verbunden** You've got the wrong number
verbindlich binding
die **Verbindung** -, -en link, connection
verbracht ▶ verbringen
der **Verbrauch** -(e)s, o. Pl. consumption
der **Verbraucher** -s, - consumer
der **Verbraucherpreis** -, -e retail price
verbraucht used, second-hand
verbringen, verbrachte, verbracht to spend (time)
der **Verbund** -(e)s, -e association, authority; compound
verbunden ▶ verbinden
der **Verdichtungsverkehr** -(e)s, o. Pl.: **Zug des ~s** local train
verdienen to earn
der **Verdiener** -s, - wage-earner
der **Verdienst** -(e)s, -e pay, salary
(sich) **verdoppeln** to double
verdorben spoiled
der **Verein** -(e)s, -e club; association, organization
vereinbaren to arrange (an appointment); **zur vereinbarten Zeit** on time
die **Vereinbarung** -, -en agreement; **nach** ~ by arrangement
vereinen to unite, combine
verfassen to write
verfehlen to miss
verfügen (über + Akk) to have, possess
die **Verfügung**: (jdm.) **zur** ~ **stehen** to be available; to be at sb.'s disposal
vergangen past
vergessen, vergaß, vergessen to forget
der **Vergleich** -(e)s, -e: **im** ~ **zu** (+ Dat.) in comparison with
vergleichen, verglich, verglichen (mit + Dat.) to compare with
das **Vergnügen** -s, - pleasure
das **Vergnügungsviertel** -s, - entertainment district
die **Vergünstigung** -, -en (price) reduction
die **Vergütung** -, -e remuneration
sich **verhalten** to behave, conduct oneself
das **Verhalten** -s, o. Pl. conduct, behaviour
die **Verhaltensregel** -, -n etiquette
das **Verhältnis** -ses, -se circumstances
verhandeln (über + Akk.) to negotiate (about)
das **Verhandlungsgeschick** -(e)s, o. Pl. negotiating skills
verheiratet married
verhelfen, verhalf, verholfen: jdm. zu etw. ~ to help sb. get sth.
verhindern to prevent
der **Verkauf** -(e)s, ⸚e sale; sales
(sich) **verkaufen** to sell
der **Verkäufer** -s, - seller
die **Verkaufsabteilung** -, -en sales department
die **Verkaufsaktion** -, -en sales drive, promotion
die **Verkaufsbedingungen** Pl. conditions of sale
der **Verkaufsberater** -s, - sales consultant
der **Verkaufspreis** -es, -e retail price
der **Verkaufsschalter** -s, - ticket office
die **Verkaufsstelle** -, -n outlet
die **Verkaufszeit** -, -en shop opening hours
der **Verkehr** -(e)s, o. Pl. transport; traffic
verkehren to go, run, operate
das **Verkehrsamt** -(e)s, ⸚er tourist information office
die **Verkehrsanbindung** -, -en communications
die **Verkehrsdichte** -, o. Pl. volume of traffic

verkehrsgünstig convenient for (public) transport

der **Verkehrslinienplan** -(e)s, ¨e public transport map

das **Verkehrsmittel** -s, -: **öffentliche ~** public transport

die **Verkehrsverbindung** -, -en (public) transport system; travel connection

der **Verkehrsverbund** -(e)s, ¨e transport authority

verkürzen to shorten

die **Verkürzung** -, -en shortening

verladen, verlud, verladen to load

verlangen to ask for; to demand, to charge

verlängern to extend

die **Verlängerung** -, -en extension; lengthening

verlassen, verließ, verlassen to leave

der **Verlauf** -(e)s, ¨e course; **der weitere ~ des Abends** the rest of the evening

die **Verlegung** -, o. Pl. relocation

verleihen, verlieh, verliehen to award

verloren | gehen to get lost

der **Verlust** -(e)s, -e loss; **bei ~** in the event of loss

vermeiden, vermied, vermieden to avoid

die **Vermeidung** -, o. Pl. avoidance, prevention

vermeintlich supposed

der **Vermerk** -(e)s, -e note, remark

vermieden ▸ vermeiden

vermieten to rent

vermitteln to impart, create

veröffentlichen to publish

die **Veröffentlichung** -, -en publication

die **Verordnung** -, -en decree, regulation

verpacken to pack

die **Verpackung** -, -en packaging

der **Verpackungshelfer** -s, - packer

der **Verpackungsstoff** -(e)s, -e packaging material

sich **verpflichten** (zu + Dat.) to undertake

verpflichtet: ~ sein to be obliged

die **Verringerung** -, -en reduction

der **Versand** -(e)s, o. Pl. dispatch/despatch (department)

der **Versandhandel** -s, o. Pl. mail order operation

das **Versandhaus** -es, ¨er mail order company

versäumen to miss; **Versäumtes** what one has missed

das **Versehen: aus ~** by mistake

verschieben, verschob, verschoben (auf + Akk.) to put off, postpone

verschieden different, various

verschlingen, verschlang, verschlungen to consume

die **Versendung** -, -en shipment

die **Versetzung** -, -en transfer

die **Versicherung** -, -en insurance (company)

versorgen (mit + Dat.) to supply (with)

die **Versorgung** -, o. Pl. service, supply

verspätet late

die **Verspätung** -, -en delay; late delivery

versprechen, versprach, versprochen to promise

verstanden ▸ verstehen

das **Verständnis** -ses, o. Pl. understanding; **um ~ bitten** to apologize

der **Verstärker** -s, - amplifier

verstärkt reinforced

versteckt hidden

verstehen, verstand, verstanden to understand

sich **verstehen: die Preise ~ sich ohne MwSt.** prices are inclusive of VAT

verstellbar adjustable

versuchen to try

die **Verteidigungstechnik** -, o. Pl. defence technology

die **Vertragspartei** -, -en contracting party

vertrauen (auf + Akk.) to trust (in)

vertreten, vertrat, vertreten to represent

der **Vertreter** -s, - sales representative, agent

die **Vertretung** agency; **in ~** pp/for and on behalf of

der **Vertrieb** -(e)s, o. Pl. sales (department)

die **Vertriebsgesellschaft** -, -en sales subsidiary, distributor

der **Vertriebsleiter** -s, -, die **Vertriebsleiterin** -, -nen sales manager/director

das **Vertriebsnetz** -es, -e sales/distribution network

das **Verursacherprinzip** -s, o. Pl. *principle that the one responsible pays*

vervollständigen to complete

verwalten to manage, be in charge of

die **Verwaltung** -, -en administration

der **Verwaltungsvorgang** -s, ¨e administration

verwandt related

verwenden to use

der **Verwendungszweck** -(e)s, -e use, purpose

verwerten to recover, recycle

die **Verwertung** -, o. Pl. recycling

verwitwet widowed

verwöhnen to spoil; **lassen Sie sich ~** spoil yourself

Verzeihung: (I'm) sorry, excuse me

verzichten (auf + Akk.) to give up

verzinkt galvanized

die **Verzögerung** -, -en delay, hold-up

der **Verzug** -(e)s, ¨e delay; arrears

der **Verzugszins** -es, -en interest on arrears

das **Vesper** -s, - snack

das **Vetorecht** -(e)s, -e right of veto

viel a lot (of), much; **Sehen Sie ~ fern?** Do you watch a lot of TV?

vielbesucht popular

viele a lot of, many

die **Vielfalt** -, o. Pl (great) variety

vielfältig varied

vielleicht perhaps

vielseitig versatile

die **Vielzahl** -, o. Pl. (von + Dat.) a wealth of

die **Visitenkarte** -, -n business card

die **Volkswirtschaft** -, -en national economy

voll total; fully

das **Vollbad** -(e)s, ¨er bath

die **Vollendung** -, o. Pl. completion

völlig completely

vollklimatisiert fully air-conditioned

der **Vollkunststoff** -(e)s, -e solid plastic

die **Vollmacht** -, ¨e: **in ~** pp, for and on behalf of

vollständig complete(ly)

die **Vollzeit** -, o. Pl. fulltime

von (+ Dat.) from; of; by; **vom Umsatz her** in terms of turnover

vor (+ Akk./Dat.) before; in front of; **~ vier Wochen** four weeks ago; **~ allem** above all, first and foremost, particularly

voraus: im ~ in advance

voraus | setzen to require

die **Voraussetzung** -, -en requirement

voraussichtlich expected

die **Vorauszahlung** -, -en prepayment, advance payment

vor | behalten: Preisänderungen ~ prices subject to change without notice

vorbei past

(sich) **vor | bereiten** (auf + Akk.) to prepare (oneself) for

die **Vorbereitung** -, -en (auf + Akk.) preparation (for)

vor | bestellen to reserve, book in advance

das **Vorbild** -(e)s, -er example, model

vordere(r/s) front

der **Vordergrund** -(e)s, ¨e: **im ~ stehen** to be at the fore

vor | führen to demonstrate

das **Vorführmodell** -s, -e exhibit

die **Vorführung** -, -en performance; demonstration

vorgesehen planned; provided

der/die **Vorgesetzte** -n, -n superior

vorhanden available

vorher beforehand, in advance

vor | herrschen to predominate

vor | kommen to occur, be found

das **Vorlagenglas** platen glass

vor | legen to present

vor | lesen to read out

vormittags in the morning(s)

der **Vorname** -ns, -n first name

vorne at the front, in front

der/das **Vor-Ort-Service** on-site service

die **Vorplanung** -s, o.Pl. planning stage

der **Vorrang** -(e)s, o. Pl.: **~ haben** to have priority

vor | reservieren to reserve

die **Vorrichtung** -, -en equipment

der **Vorschlag** -(e)s, ¨e suggestion, recommendation

vor | schlagen, schlug vor, vorgeschlagen to propose

die **Vorschrift** -, -en regulation

der **Vorschuß** -sses, ¨sse advance

die **Vorsicht** -, o. Pl. care, caution; **V~!** Be careful

vorsichtig careful(ly)

der/die **Vorsitzende** -n, -n chairperson, president

vor | sorgen (für + Akk.) to provide for

die **Vorspeise** -, -n starter

der **Vorstand** -(e)s, o. Pl. executive board/management

vor | stellen: jdn. jdm. ~ to introduce sb. to sb.

sich **vor | stellen** to imagine

die **Vorstellung** -, -en introduction; vision, idea

das **Vorstellungsgespräch** -(e)s, -e job interview

der **Vorstellungstermin** -s, -e interview (date)

der **Vorteil** -(e)s, -e advantage

vorübergehend temporary

das **Vorurteil** -(e)s, -e prejudice

die **Vorwahl** -, -en dialling/area code

die **Vorwärtsfahrt** -, o. Pl. forward drive

vorwiegend predominant(ly)

W

wachen (über + Akk.) to ensure

wachsen, wuchs, gewachsen to grow, increase

das **Wachstum** -s, o. Pl. growth

der **Wagen** -s, - car/automobile; railway carriage/car

die **Wahl** -, -en choice; election

wahlberechtigt entitled to vote

die **Wahlberechtigung** -, o. Pl. right to vote

wählen to choose, select; to dial

der **Wählton** -(e)s, ¨e dialling tone

wahr true; **nicht ~?** isn't it? right?

während (+ Gen.) during, in the course of; while

wahr | nehmen to make use of

die **Wahrnehmung** -, -en: **bei der ~** when it comes to dealing with

wahrscheinlich probably

die **Währung** -, -en currency

das **Wahrzeichen** -s, - symbol

der **Wald** -(e)s, ¨er wood

der **Wandel** -s, o. Pl. change

der **Wanderfreund** -(e)s, -e keen hiker

wandern to go walking/hiking

die **Wanderung** -, -en walk, hike

wann when

die **Wanne** -, -n bathtub

die **Ware** -, -n product, goods; **wo bleibt die ~?** what's happened to the consignment?

wäre, wären would be; **wie wär's mit ...?** how about ...?

der **Warenannahmetermin** -s, -e, die **Warenannahmezeit** -, -en delivery time

der **Wareneingang** -(e)s, ¨e incoming goods

das **Warenhaus** -es, ¨er department store

das **Warenverteilzentrum** -s, -zentren distribution depot

das **Warenzeichen** -s, - trade mark

warten to wait; to maintain, service

warum why

was what; that; **~ für** what kind of

die **Wäsche** -, o. Pl. laundry

wasserdicht waterproof

wasserlöslich water soluble

die **Wechselausstellung** -, -en temporary exhibit(ion)

wechseln (in + Akk) to change; to transfer (to)

wecken to wake; to arouse

der **Weckruf** -(e)s, -e alarm call

der **Weg** -s, -e way; route; path; method; distance; **nach dem ~ fragen** to ask for directions

wegen (+ Gen.) about, because/on account of

weg | fallen to be lost

weg | lassen to leave out

weiblich female

das **Weihnachten** -, - Christmas

das **Weihnachtsgeld** -(e)s, -er Christmas bonus

der **Weihnachtstag** -(e)s, -e: **der 1. ~** Christmas Day; **der 2. ~** Boxing Day

weil because

der **Weinberg** -(e)s, -e vineyard

die **Weinernte** -, -n grape harvest

die **Weinkarte** -, -n wine list

das **Weinlokal** -s, -e wine bar

der **Weinort** -(e)s, -e place where wine is produced

die **Weinprobe** -, -n wine tasting

das **Weinset** -s, -s set of wine glasses

die **Weinstube** -, -n wine bar

das **Weißblech** -(e)s, -e tinplate

der **Weißkohl** -(e)s, o. Pl. white cabbage

weit far

weiter, weiter- to go on, continue to

sich **weiter | bilden** to continue one's education/training

die **Weiterbildung** -, o. Pl. further education/training

die **Weiterbildungsveranstaltung** -, -en training course

weitere(r/s) more, further, other; future; **alles weitere** everything else

weiter | führen to continue

weiter | leiten (an + Akk.) to pass on (to)

weitgehend to a large extent

welche(r/s) which, that

die **Welt** -, -en world

weltbekannt, weltberühmt world-famous

der **Weltkrieg** -(e)s, -e: **der Erste ~** First World War

die **Weltmeisterschaft** -, -en World Cup

weltoffen cosmopolitan

der **Weltruf** -(e)s, -e worldwide reputation

weltweit worldwide

wem, wen (to) whom

sich **wenden** (an + Akk.) to ask

wenig (a) few, (a) little, not much

wenn when; if

wer who

die **Werbeagentur** -, -en advertising agency

das **Werbegeschenk** -(e)s, -e free gift

werben, warb, geworben to win, attract

die **Werbung** advertising

werden, wurde, geworden *auxiliary verb used to form future and passive*

das **Werk** -(e)s, -e factory, works, plant

der **Werksleiter** -s, - works supervisor/plant manager

das **Werkzeug** -(e)s, -e tool

der **Wert** -(e)s, -e value

werten to judge

die **Wertgegenstände** valuables

wertlos valueless

die **Wertorientierung** -, -en value

wertvoll valuable

West- West; west-facing

der **Westen** -s, o. Pl. West

westlich western; **die ~e Bundesrepublik** West Germany

der **Wettbewerb** -(e)s, -e competition; **Mut zum ~** courage to compete; **~ der Geschlechter** battle of the sexes

das **Wetter** -s, - weather

wichtig important

der **Widerspruchsrecht** -(e)s, ¨e right to raise objections

der **Widerstand** -(e)s, ¨e resistance

wie how; what; as; **~ bitte?** Pardon, Excuse me?; **~ ist Ihr Name?** what's your name?; **~ viele** how many; **~ lange** how long; **~ oft** how often; **~ gesagt** as I said

wieder again

wiederholen to repeat

Wiederhören: auf ~ Goodbye (*on the phone*)

wieder | kommen to come back

Wiedersehen: auf ~ Goodbye

die **Wiederverwertbarkeit** -, o. Pl. recyclability

die **Wiederverwertung** -, o. Pl. recycling
die **Wiege** -, -n cradle, birthplace
wiegen, wog, gewogen to weigh
die **Wiese** -, -n meadow, field
wieviel how much; **um ~ Uhr?** what time?
das **Wild** -s, o. Pl. game
die **Wildente** -, -n wild duck
der **Wildlachssteak** -s, -s (wild) salmon steak
das **Wildschweinkotelett** -s, -s wild boar cutlet/chop
der **Wille** -n, -n will
willkommen welcome
winddicht windproof
der **Wintergarten** -s, ⁻ conservatory
wirken to give the impression
wirklich really
die **Wirklichkeit** -, -en reality
wirksam effective(ly)
ɤ die **Wirtschaft** -, -en economy, trade and industry, business; **die private ~** the private sector
wirtschaften to budget effectively
wirtschaftlich economic, financial
der **Wirtschaftsaufschwung** -(e)s, ⁻e economic upturn
die **Wirtschaftsleistung** -, -en economic output
der **Wirtschaftsraum** -(e)s, ⁻e industrial area
der **Wirtschaftszweig** -(e)s, -e branch of industry, industrial sector
wissen, wußte, gewußt to know (*a fact*)
die **Wissenschaft** -, -en science
wissenschaftlich academic
die **Witterung** -, -en: **bei extremer ~** in extreme weather conditions
der **Witz** -es, -e wit
wo where
die **Woche** -, -n week
das **Wochenende** -s, -n weekend
der **Wochenmarkt** -(e)s, ⁻e weekly market
der **Wochentag** -(e)s, -e day of the week
wöchentlich weekly
wofür what ... for?
woher where ... from; **~ Sie wissen** how you know
wohl happy; **das wäre ~ schwierig** that may be difficult
ɤ das **Wohl** welfare, wellbeing; **zum ~e aller** for the good of all; **zum ~!** cheers!
der **Wohn-Eßbereich** -(e)s, -e living-dining area
wohnen to live; to stay
der **Wohnblock** -(e)s, -s block of flats/apartment house
die **Wohnfläche** -, -n living space
das **Wohngeld** -(e)s, -er accommodation allowance/subsidy
die **Wohnküche** -, -n eat-in kitchen
die **Wohnqualität** -, -en quality of life
die **Wohnung** -, -en flat/apartment
der **Wolkenkratzer** -s, - skyscraper
wollen, wollte, gewollt to want to
das **Wort** -(e)s, ⁻er word; **in ~ und Schrift** spoken and written
das **Wortfeld** -(e)s, -er word field
der **Wunsch** -(e)s, ⁻e wish, desire; **auf ~** on request
wünschen: jdm. etw. ~ to wish sb. sth.
wunschgemäß as requested
wurde, wurden ▸ werden
würde, würden would

Z

zäh tough
die **Zahl** -, -en number; figure

zahlen to pay
zählen (zu + Dat.) to be included; to count (as)
zahlreich numerous
die **Zahlung** -, -en payment
die **Zahlungsbedingungen** Pl. terms of payment
die **Zahlungsfrist** -, -en payment term
der **Zahlungsverzug** -(e)s, ⁻e late payment, default
das **Zahlungsziel** -(e)s, -e period for payment
der **Zahnarzt** -es, ⁻e dentist
die **Zahnpasta** -, -pasten toothpaste
z.B. = zum Beispiel for example
der **Zehnmarkschein** -(e)s, -e ten mark note
das **Zehnpfennigstück** -(e)s, -e ten pfennig piece
das **Zeichen** -s, - character; sign, symbol; **Ihr ~** Your ref(erence)
die **Zeichenerklärung** -, -en key
zeichnen to draw
die **Zeichnung** -, -en (technical) drawing
zeigen to show
der **Zeigestock** -(e)s, ⁻e pointer
die **Zeile** -, -n line
die **Zeit** -, -en time; **vor der ~** early; **zur ~** at the moment
die **Zeitangabe** -, -n time
ɤ das **Zeitarbeitbüro** -s, -s temping agency
zeitlich chronological
der **Zeitlohn** -(e)s, ⁻e time wages/rate
der **Zeitpunkt** -(e)s, -e time
der **Zeitrahmen** -s, - time period
die **Zeitschrift** -, -en magazine, periodical
die **Zeitung** -, -en newspaper
zementieren to reinforce
die **Zentrale** -, -n switchboard
das **Zentrum** -s, **Zentren** centre
zentrumsnah central
zerbrochen broken
zertifiziert certified
der **Zettel** -s, - form, chit
das **Zeugnis** -ses, -se report, certificate, testimonial
ziehen, zog, gezogen to draw
das **Ziel** -(e)s, -e objective, goal; destination
ziemlich quite
die **Ziffer** -, -n digit, figure
das **Zimmer** -s, - room
zirka approximately
die **Zitrone** -, -n lemon
das **Zögern** -s, - hesitation
das **Zollamt** -(e)s, ⁻er Customs
zu (+ Dat.) to; about; too; with; at; **~ diesen Punkten** on these points; **zur Förderung** for the promotion of
das **Zubehör** -(e)s, o. Pl. accessories, attachments
die **Zubereitungsmethode** -, -n method of preparation
der **Zucker** -s, - sugar
die **Zuckertüte** -, -n bag of sweets/candies
zueinander to one another
zuerst first (of all)
die **Zufahrt** -, -en entry; approach (road)
zufrieden satisfied
die **Zufriedenheit** -, o. Pl. satisfaction
zufriedenstellend satisfactory
zu|führen: der Wiederverwertung ~ to send for recycling
der **Zug** -(e)s, ⁻e train
der **Zugang** -(e)s, ⁻e entrance; access; entry
zugänglich approachable
zügig speedily, swiftly

zugleich at the same time
zu|hören to listen to
die **Zukunft** -, ⁻e future
zukünftig future
zukunftsorientiert forward-looking
die **Zulage** -, -n bonus; **Münchner ~** Munich weighting
die **Zulassungsbeschränkung** -, -en restriction on admissions
zuletzt finally, last; **nicht ~** not least
der **Zulieferant** -en, -en, die **Zulieferungsfirma** -, -firmen supplier
zu|machen to close
zunächst first of all
der **Zündfunke** -n, -n ignition spark
zunehmend increasing(ly)
ɤ **zunutze: sich etw. ~ machen** to make use of sth.
zuoberst at the top
zu|ordnen to match; to order
sich **zurecht|finden** (in + Dat.) to cope
zurück, zurück- back
zurück|blicken to look back
zurück|führen (auf + Akk.) to put down to, to be due to
zurück|rufen to phone/call back
zurück|treten to step back
zurück|schieben, schob zurück, zurückgeschoben to push back
zu|sagen: jdm. ~ to appeal to sb.
zusammen, zusammen- together
zusammen|fassen to summarize
zusammengesetzt: immer neu ~e Teams ever-changing teams
zusammen|halten to stick together
zusammenlegbar folding
zusammen|stellen to put together
die **Zusammenstellung** -, o. Pl. arrangement
das **Zusammenwirken** -s, o. Pl. cooperation
zusätzlich additional; **~ zu** (+ Dat.) in addition to
zu|schicken to send to
der **Zuschlag** -(e)s, ⁻e supplement
zuschlagpflichtig subject to a supplement
zu|senden to send
zuständig (für + Akk.) responsible (for)
die **Zuständigkeit** -, -en responsibility
die **Zustimmung** -, o. Pl. agreement, consent
das **Zustimmungserfordernis** -ses, -se consent required
das **Zustimmungsrecht** -(e)s, -e right of consent
zu|treffen (auf + Akk.) to apply (to), to be true (of); **das Zutreffende ankreuzen** put a cross in the appropriate box
zuverlässig reliable
die **Zuverlässigkeit** -, o. Pl. reliability
zuviel too much
zuvor before
zuwenig too little
zuzüglich plus
zwanziger: in den ~ Jahren in the twenties
zwar: und ~ that is, namely; **~ ... , doch** although ... yet/still
der **Zweck** -(e)s, -e purpose
das **Zweckform-Etikett** -s, -en custom label
der **Zweig** -(e)s, -e branch
zweimal twice
der/die/das **zweitgrößte** (the) second largest
die **Zwiebel** -, -n onion
der **Zwiebelturm** -(e)s, -e onion dome
zwischen (+ Akk./ Dat.) between
zwischendurch from time to time